D1723310

HELEN MACDONALD

H wie Habicht

Aus dem Englischen
von Ulrike Kretschmer

Büchergilde Gutenberg

Die Originalausgabe erschien 2014 unter dem Titel
H is for Hawk
im Verlag Jonathan Cape, Random House,
20 Vauxhall Bridge Road, London SW1V 2SA.

Wir danken allen Rechteinhabern für die freundliche Erteilung der
Abdruckgenehmigung der Textauszüge. Der Verlag hat die Quellenlage
mit größter Sorgfalt recherchiert und die Nennung der Rechteinhaber
dementsprechend vorgenommen. Sollte dennoch eine Textpassage
nicht ausreichend als Zitat gekennzeichnet worden sein, bittet der
Verlag um einen entsprechenden Hinweis des Rechteinhabers.

Lizenzausgabe für die Büchergilde Gutenberg,
Frankfurt am Main, Zürich, Wien
www.buechergilde.de
Mit freundlicher Genehmigung
der Ullstein Buchverlage GmbH, Berlin
© der deutschen Ausgabe 2015 by Ullstein Buchverlage GmbH, Berlin
© der Originalausgabe 2014 by Helen Macdonald
Übersetzung: Ulrike Kretschmer
Lektorat: Gabriele Banas
Sachverständigenprüfung: Matthias Bartek, Falkner, München
Satz: Keller & Keller GbR
Gesetzt aus der Berkeley
Druck und Bindung: GGP Media GmbH, Pößneck
Printed in Germany 2016
ISBN 978-3-7632-6851-1

Für meine Familie

Inhalt

TEIL I

1

Geduld

Fünfundvierzig Autominuten nordöstlich von Cambridge beginnt eine Landschaft, die mir im Laufe der Zeit sehr ans Herz gewachsen ist. Dort geht feuchtes Moor in ausgedörrten Sand über. Es ist ein Land der knorrigen Kiefern, der ausgebrannten Autos, der kugeldurchlöcherten Straßenschilder und der US-Air-Force-Stützpunkte. Es herrscht eine nahezu gespenstische Atmosphäre. In den nummerierten Häuserblocks der Kiefernforstbetriebe verfallen die Gebäude. Hinter dreieinhalb Meter hohen Zäunen gibt es inmitten grasbewachsener Hügelgräber Stellflächen für atomare Luftwaffen, Tätowierstudios und Golfplätze der Air Force. Im Frühling setzt hier ein Lärmchaos ein: ununterbrochener Flugverkehr, Schüsse aus Druckluftgewehren über Erbsenfeldern, rufende Heidelerchen und dröhnende Düsentriebwerke.

Die Landschaft heißt Brecklands – das gebrochene, zerklüftete Land –, und dort fand ich mich an diesem Morgen zu Beginn des Frühjahrs vor sieben Jahren wieder, auf einer Reise, die ich ganz und gar nicht geplant hatte. Um fünf Uhr morgens starrte ich auf einen erleuchteten quadratischen Fleck, den das Licht der Straßenlaterne an die Zimmerdecke warf, und hörte einem Paar zu, das sich draußen auf dem späten Nachhauseweg von einer Party unterhielt. Ich fühlte mich komisch: übermüdet, überreizt, unangenehmerweise irgendwie, als wäre mein

Gehirn entfernt und mein Schädel stattdessen mit Alufolie aus der Mikrowelle ausgestopft worden, zerknüllt, verschmort und kurzschlussfunkensprühend. *Nnngh. Aufstehen,* dachte ich und warf die Bettdecke zurück. *Los, raus!* Ich schlüpfte in Jeans, Stiefel und Pulli, verbrühte mir den Mund an zu heißem Kaffee, und erst als mein eiskalter, uralter Volkswagen und ich die A14 schon halb hinter uns hatten, fiel mir wieder ein, wohin ich fuhr und warum. Da draußen, jenseits der beschlagenen Windschutzscheibe und der Straßenmarkierung, war der Wald. Der zerklüftete Wald. Dorthin war ich unterwegs. Um Habichte zu sehen.

Ich wusste, dass das schwierig werden würde. Habichte *sind* schwierig. Haben Sie schon einmal einen Greifvogel gesehen, der in Ihrem Garten einen anderen Vogel fängt? Ich nicht, aber ich weiß, dass es geschieht. Ich habe Beweise gefunden, manchmal winzige Spuren auf den Steinplatten der Terrasse: ein kleines insektenähnliches Singvogelbein, der Fuß dort eingekrallt, wie die Sehnen ihn bewegt hatten. Oder – noch grausiger – ein abgetrennter Schnabel, der Ober- oder Unterschnabel eines Sperlings, ein kleiner kegelförmiger Tropfen geröteten Blaugraus, durchsichtig schimmernd, noch mit ein paar hellen Federn daran. Aber vielleicht haben Sie es ja tatsächlich schon einmal gesehen. Vielleicht haben Sie zufällig aus dem Fenster geblickt, als ein verdammt großer Vogel mitten auf dem Rasen gerade eine Taube ermordete oder eine Amsel oder eine Elster – das gewaltigste, eindrucksvollste Stück Wildnis, das man sich vorstellen kann. Als hätte jemand einen Schneeleoparden in Ihre Küche gesetzt, der dann die Katze frisst. Es ist schon vorgekommen, dass ich von Leuten im Supermarkt oder in der Bibliothek angesprochen wurde, die mir mit weit aufgerissenen Augen erzählten: *Heute Morgen hat ein Greifvogel in meinem Gar-*

ten einen anderen Vogel gefangen! Mir liegt schon auf der Zunge zu antworten: *Ein Sperber!*, da sagt mein Gegenüber: »Ich habe im Bestimmungsbuch nachgeschaut. Es war ein *Habicht!*« Aber es ist nie einer – die Bestimmungsbücher funktionieren nicht. Beim Kampf gegen die Taube wird der Greifvogel auf Ihrem Rasen plötzlich überlebensgroß, und die Illustrationen im Buch stimmen mit der Erinnerung nicht überein. Der Sperber ist grau mit schwarz-weiß quergebänderter Körperunterseite, gelben Augen und langem Schwanz. Auch der Habicht ist grau mit schwarz-weiß quergebänderter Körperunterseite, gelben Augen und langem Schwanz. *Hmm,* denken Sie beim Lesen der Beschreibung. Sperber: dreißig bis vierzig Zentimeter groß. Habicht: achtundvierzig bis sechzig Zentimeter. Na also! Der Vogel war riesig. Es muss ein Habicht gewesen sein. Sie sehen absolut identisch aus, Habichte sind nur größer. Einfach nur größer.

Nein. Im echten Leben ähnelt der Habicht dem Sperber ungefähr so wie der Leopard der Hauskatze. Er ist größer, ja. Aber er ist auch massiger, blutiger, tödlicher, furchterregender und viel, viel seltener zu sehen. Diese Vögel der tiefen Wälder – nicht der Gärten – sind der geheimnisumwitterte Gral der Vogelbeobachter. Man kann eine Woche in einem Wald voller Habichte verbringen und nie einen zu Gesicht bekommen, höchstens Spuren ihrer Anwesenheit wahrnehmen. Eine plötzliche Stille, gefolgt von den Rufen zu Tode erschrockener Waldvögel, das Gefühl, dass sich etwas knapp außerhalb des Gesichtsfeldes bewegt. Vielleicht eine halb aufgefressene Taube, ausgestreckt auf dem Waldboden inmitten einer Explosion weißer Federn. Oder Sie haben Glück: Sie gehen im nebligen Morgengrauen spazieren, schauen sich um und sehen für den Bruchteil einer Sekunde einen Vogel vorbeifliegen, die Zehen mit den riesigen Klauen locker gekrümmt gehalten, die Augen auf ein fernes Ziel gerichtet. In diesem Sekundenbruchteil prägt sich das Bild unauslöschlich in Ihr Gedächtnis ein und lässt Sie begierig nach mehr zurück. Die Suche nach Habichten ist wie die Suche nach Gnade: Sie wird einem gewährt, aber nicht oft, und man weiß nie, wann oder wie. Etwas besser stehen die Chancen an einem stillen, klaren Morgen im Vorfrühling, denn dann verlassen die Habichte ihre Welt in den Bäumen und vollführen ihre Balzflüge am offenen Himmel. Darauf hoffte auch ich an jenem Morgen.

Ich schlug die rostende Autotür zu und machte mich mit meinem Fernglas auf den Weg durch den vom Frost zinnfarben getünchten Wald. Teile davon waren verschwunden, seit ich das letzte Mal hier gewesen war. Ich stieß auf zerstörten Boden, abgeholzte Flächen voller ausgerissener Wurzeln und vertrocknete Nadeln im Sand. Lichtungen. Die brauchte ich. Allmählich drang mein Gehirn wieder in Bereiche vor, die es seit Monaten nicht benutzt hatte – so lange hatte ich in Bibliotheken und Hörsälen gesessen, auf Bildschirme gestarrt, Seminararbeiten korrigiert, akademische Querverweise aufgespürt. Dies war eine ganz andere Art der Jagd. Hier war ich ein anderes Tier. Haben Sie schon einmal ein Reh beobachtet, das die Deckung verlässt? Es tritt heraus, hält inne und bleibt stehen, reglos, die Nase in der Luft; es blickt sich um und schnuppert. Vielleicht fährt ein nervöses Zucken über seine Flanke. Und wenn es sich vergewissert hat, dass alles sicher ist, stakst es aus dem Unterholz, um zu äsen. An jenem Morgen fühlte ich mich wie dieses Reh. Nicht dass ich in der Luft geschnuppert oder ängstlich innegehalten hätte – aber wie das Reh bewegte auch ich mich nach archaischen und emotional verankerten Mustern durch die Natur, in einer Weise und mit einer Wachsamkeit, die sich der bewussten Kontrolle entzieht. Irgendetwas in meinem Inneren befahl mir, wie und wohin ich treten sollte, ohne dass ich selbst viel darüber wusste. Vielleicht sind es Jahrmillionen der Evolution, vielleicht ist es Intuition, aber auf der Jagd mit meinem Habicht bin ich angespannt, wenn ich mich in der Sonne bewege oder im Sonnenlicht stehen bleibe. Unbewusst nähere ich mich dann den vom Licht durchbrochenen Stellen oder schlüpfe in die engen, kalten Schatten entlang der breiten Schneisen zwischen den Kiefernwäldchen. Ich zucke zusammen, wenn ich einen Häher rufen oder eine Krähe krächzen höre, zorniger Alarm. Beides kann entweder *Achtung, Mensch!* oder *Achtung, Habicht!* heißen. Und an diesem Morgen versuchte ich, das eine aufzuspüren, indem ich das andere verbarg. Die uralten geisterhaften Eingebungen, die seit Tausenden von Jahren Sehnen und Seele zu einer Einheit verschmelzen, hatten die Führung übernommen, taten, was sie immer taten, verursachten mir im hellen Sonnenlicht auf der falschen Seite eines Hügelkamms, Unbehagen, zogen mich auf die andere Seite einer ausgebleichten grasbewachsenen Anhöhe – zu einem Tümpel. Von seinem Rand stoben Wolken kleiner Vögel auf: Buchfinken, Bergfinken, eine Schar Schwanzmeisen, die in den Weidenzweigen hängen blieben wie lebendige Wattebäusche.

Der Tümpel war ein Bombenkrater, einer von einer ganzen Reihe von Kratern, die ein deutsches Flugzeug im Krieg über Lakenheath hinterlassen hatte. Eine Wasseranomalie, ein Tümpel in den Dünen, von dicken Sandseggenbüscheln umgeben, viele Kilometer vom Meer entfernt. Ich schüttelte den Kopf. Seltsam. Andererseits ist es hier sehr seltsam, und bei einem Spaziergang im Wald trifft man auf alle möglichen Dinge, die man nicht erwartet. Weitläufige Flächen von Echter Rentierflechte zum Beispiel: winzige Sternchen und Röschen, Andeutungen einer uralten Flora, die das erschöpfte Land besiedelt. Im Sommer knirscht sie unter den Füßen und wirkt wie ein Stück Arktis, das am falschen Ort auf die Welt gefallen ist. Überall ragt knochiger und scharfkantiger Feuerstein empor. An einem feuchten Morgen kann man Bruchstücke davon aufsammeln, die Handwerker aus der Jungsteinzeit aus dem Gesteinskern herausgeschlagen haben, winzige Schuppen, die von kaltem Wasser benetzt glänzen. Die Gegend hier war in der Jungsteinzeit das Zentrum der Feuersteinverarbeitung. Später wurde sie für ihre Kaninchen berühmt, die man des Fleisches und des Fells wegen hielt. Riesige umzäunte und von Dornenböschungen eingeschlossene Gehege dehnten sich einst über die gesamte Sandlandschaft aus und gaben den Ortschaften hier Namen wie Wangford Warren oder Lakenheath Warren. Damit brach schließlich auch eine Katastrophe herein. Gemeinsam mit den Schafen grasten die Kaninchen das Land so vollständig ab, dass die ohnehin schon kurze Grasnarbe am Ende nur noch eine dünne Wurzelkruste über dem Sand bildete. An den schlimmsten Stellen häuften sich Sandverwehungen auf, die über das Land wanderten. Im Jahr 1688 türmten stürmische Winde aus Südwest die Verwehungen himmelhoch auf. Eine gewaltige gelbe Wolke verdunkelte die Sonne. Tonnen von Land verschoben, bewegten und senkten sich. Brandon war vollständig von Sand eingekesselt; Santon Downham versank, der Fluss erstickte. Als sich die Winde legten, erstreckten sich zwischen Brandon und Barton Mills kilometerweit Dünen. Fortan war die Gegend als furchtbar unwegsam berüchtigt: In den weichen Dünen herrschte im Sommer sengende Hitze, nachts lauerten Wegelagerer darin. Unser ganz persönliches *Arabia Deserta*. John Evelyn beschrieb die Dünen als »reisende Sande«, die

»dem Land schweren Schaden zufügten und wie der Sand in den Wüsten Libyens von Ort zu Ort rollten, dass sie die Ländereien einiger Gutsherren völlig verschütteten«.

Da stand ich nun in Evelyns reisenden Sanden. Die meisten der Dünen sind von Kiefern verdeckt – den Wald pflanzte man in den Zwanzigerjahren, um uns mit Holz für künftige Kriege zu versorgen –, Wegelagerer gibt es längst nicht mehr. Aber die Gegend macht noch immer einen gefährlichen Eindruck, halb vergraben, lädiert. Ich liebe sie, denn von allen Orten, die ich in England kenne, scheint sie mir die ursprünglichste zu sein. Keine unberührte Wildnis wie ein Berggipfel, eher eine morsche Wildnis, in der sich die Menschen und das Land zu Fremdheit verschworen haben. Sie ist vom Gefühl einer alternativen Geschichte der Landschaft durchdrungen – nicht nur der grandiose, müßige Traum weitläufiger Güter, sondern eine Geschichte der Industrie, der Forstwirtschaft, der Katastrophen, des Handels und der Arbeit. Ich konnte mir keinen besseren Ort vorstellen, um Habichte aufzuspüren. Sie passen perfekt zu dieser seltsamen Breckland-Landschaft, weil ihre Geschichte ebenso menschlich ist.

Eine faszinierende Geschichte. Früher brüteten Habichte auf den gesamten Britischen Inseln. »Es gibt verschiedene Arten und Größen von *Habichten*«, schrieb Richard Blome 1618, »die sich in Güte, Kraft und Zähigkeit gemäß den Ländern, aus denen sie stammen, unterscheiden; doch bringt kein Land so gute hervor wie das *Großfürstentum Moskau, Norwegen* und der Norden *Irlands*, insbesondere das County *Tyrone*.« Mit dem Aufkommen der Einhegungen, der »Land Enclosure«, bei der gemeinschaftlich genutztes Land in Privatbesitz überging, waren die Qualitäten von Habichten vergessen, denn nun konnte das einfache Volk Greifvögel nur noch begrenzt fliegen. Mit dem Aufkommen von Präzisionswaffen kam statt der Falken-beize die Jagd mit dem Gewehr in Mode. Nun waren Habichte Ungeziefer, keine Jagdgefährten mehr. Ihre Verfolgung durch Wildhüter gab der Habichtpopulation, die durch den immer weiter schwindenden Lebensraum schon geschwächt genug war, den Rest. Gegen Ende des neunzehnten Jahrhunderts waren die Habichte auf den Britischen Inseln ausgestorben. Ich habe eine Fotografie der ausgestopften Überreste eines der letzten Habichte, die geschossen wurden; der Schwarz-Weiß-Schnappschuss zeigt einen Vogel von einem schottischen An-wesen, schmuddelig, ausgestopft, mit Glasaugen. Die Habichte waren verschwunden.

Doch in den Sechziger- und Siebzigerjahren schmiedeten Falkner in aller Stille und ganz inoffiziell Pläne, wie man sie zurückbringen könnte. Der British Falconers' Club errechnete, dass man für das Geld, das man für den Import eines Beiz-habichts vom europäischen Festland ausgeben musste, auch einen zweiten Habicht ins Land bringen und freilassen könnte. Zwei kaufen, einen freilassen. Das war bei einem so autarken und räuberischen Vogel nicht schwer. Man suchte einfach einen Wald und öffnete die Kiste. Ähnlich gesinnte Falkner aus ganz Großbritannien folgten dem Beispiel des British Falconers' Club. Die Vögel kamen aus Schweden, Deutschland und Finn-land, die meisten waren riesige, hell gefiederte Habichte aus der Taiga. Einige ließ man absichtlich frei, andere gingen ver-loren. Sie überlebten, paarten sich und brüteten, im Geheimen und mit Erfolg. Heute beträgt die Zahl ihrer Nachkommen um die vierhundertfünfzig Paare. Der Gedanke an die scheuen und atemberaubenden Vögel, die sich in Großbritannien mittler-weile wieder völlig heimisch fühlen, macht mich glücklich. Ihre Existenz straft die Annahme Lügen, die Wildnis sei immer etwas von menschlichen Herzen und Händen Unberührtes. Auch Wildnis kann Menschenwerk sein.

Es war genau halb neun. Ich sah gerade auf einen kleinen Mahonienzweig hinunter, der aus dem Grashügel herauswuchs und dessen ochsenblutfarbene Blätter wie poliertes Schweineleder glänzten. Ich schaute kurz zum Himmel auf. Und erblickte meine Habichte. Da waren sie. Ein Paar, das in der sich rasch aufwärmenden Luft über den Baumkronen aufstieg. Wie eine flache, heiße Hand spürte ich die Sonne auf meinem Nacken, glaubte aber Eis zu riechen, als ich den beiden Habichten beim Aufsteigen zusah. Eis, Farnkraut und Kiefernharz. Habicht-Cocktail. Sie stiegen immer noch auf. Habichte im Flug sind ein komplexes Grau. Kein Schiefergrau, auch kein Taubengrau, eher ein Regenwolkengrau. Trotz der Entfernung konnte ich die große Puderquaste der weißen, fächerförmig gespreizten Bruck – der Unterschwanzdecken – und den kräftigen abgerundeten Schwanz dahinter erkennen. Ebenso die elegant gebogenen Armschwingen, die aufsteigende Habichte so einzigartig machen, dass man sie unmöglich mit Sperbern verwechseln kann. Sie wurden von Krähen schikaniert, aber das war ihnen egal, *na und?* Eine Krähe raste im Sturzflug auf das Männchen zu, das einfach einen Flügel anhob und die Krähe darunter wegfliegen ließ. Aber so dumm war die Krähe nun auch wieder nicht – sie blieb nicht lange unterhalb des Habichts. Ihr gesamtes Balzrepertoire zeigten die Habichte nicht: Ich konnte nichts von den Girlandenflügen ausmachen, über die ich so viel gelesen hatte. Aber sie liebten den Raum zwischen sich, den sie zu allen möglichen wunderschönen konzentrischen Akkorden und Abständen zuschnitten. Ein paar Flügelschläge und schon war das Männchen, der Terzel, über dem Weibchen; dann ließ er sich nordseits zu ihr treiben, bevor er plötzlich unter sie* glitt, blitzschnell und wie ein Messer, einen eleganten Schönschriftschnörkel am Himmel zeichnend. Sie senkte einen Flügel, dann stiegen sie gemeinsam wieder auf, standen direkt über einem Kiefernwäldchen ganz in der Nähe. Und dann waren sie plötzlich weg. Eben noch beschrieb mein Habichtpaar geometrische Figuren wie aus dem Lehrbuch am Himmel, und dann – nichts mehr. Ich erinnere mich nicht daran, dass ich weggesehen hätte. Vielleicht habe ich geblinzelt. Vielleicht war es nur das. Und in dieser winzigen schwarzen Lücke, die das Gehirn kaschiert, waren sie in den Wald abgetaucht.

Ich setzte mich, erschöpft, aber glücklich. Die Habichte waren verschwunden, der Himmel leer. Die Zeit verging. Die Wellenlänge des Lichts um mich herum wurde kürzer. Der Tag baute sich auf. Ein Sperber, leicht wie ein Modellflugzeug aus Balsaholz und Seidenpapier, schwirrte auf Kniehöhe vorbei, über Brombeergestrüpp hinweg und in die Bäume hinein. Ich schaute ihm nach, in Erinnerungen versunken. Diese Erinnerung leuchtete, war unwiderstehlich. Es roch nach Kiefernharz und dem pechartigen Essig der Waldameisen. Meine Kleinmädchenfinger hielten sich an Maschendrahtzaun aus Plastik fest, um den Hals spürte ich das Gewicht eines Feldstechers aus der DDR. Mir war langweilig. Ich war neun. Dad stand neben mir. Wir hielten Ausschau nach Sperbern. Sie nisteten ganz in der Nähe, und an diesem Nachmittag im Juli hofften wir, das zu Gesicht

---

* Anmerkung der Übersetzerin zur Verwendung des Personalpronomens: Spricht der Falkner von Habicht, meint er stets das Weibchen; meint er das Männchen, sagt er Habichtterzel. Deshalb beziehen sich die in diesem Buch verwendeten Personalpronomen auf das biologische Geschlecht des Vogels, nicht auf das grammatikalische.

zu bekommen, was sie manchmal zeigten: ein unterseeisches Kräuseln in den Kronen der Kiefern, wenn ein Vogel in den Wald ein- oder daraus auftauchte; ein aufblitzendes gelbes Auge; eine gebänderte Brust vor tanzenden Kiefernnadeln; oder eine schwarze Silhouette, die sich sekundenlang gegen den Himmel über Surrey abzeichnete. Eine Weile war es aufregend gewesen, in die Dunkelheit zwischen den Bäumen und dem Blutorange-Schwarz zu starren, wo die Sonne verrückte und Schatten über die Kiefern warf. Doch für Neunjährige ist Warten schwer. Ich trat mit meinen Gummistiefeln gegen den Zaun. Wand mich und zappelte herum. Stieß einen Seufzer aus. Hängte mich an den Zaun. Da sah mein Vater mich an, halb verärgert, halb amüsiert, und erklärte mir etwas. Er erklärte mir *Geduld*. Was man nie vergessen dürfe, sei dies: Wenn man etwas unbedingt sehen wollte, musste man manchmal stillhalten, an einem Ort ausharren, sich daran erinnern, wie sehr man es sehen wollte, und geduldig sein. »Bei der Arbeit, wenn ich Fotos für die Zeitung schieße«, sagte er, »muss ich manchmal stundenlang im Auto sitzen, um das Bild zu bekommen, das ich will. Ich kann nicht einfach aussteigen und mir einen Tee holen oder auf die Toilette gehen. Ich muss Geduld haben. Und wenn du Greifvögel sehen willst, dann musst du auch Geduld haben.« Er sagte das ernst und eindringlich, nicht böse; er vermittelte mir eine Erwachsenen-Wahrheit, aber ich nickte nur schmollend und starrte auf den Boden. Es klang wie eine Belehrung, nicht wie ein Rat, und ich verstand nicht, was er mir damit hatte sagen wollen.

Man lernt. *Heute,* dachte ich, nicht mehr neun Jahre alt und nicht mehr gelangweilt, *hatte ich Geduld gehabt, und die Habichte waren gekommen.* Langsam stand ich auf – die Beine waren mir vom langen, bewegungslosen Sitzen ein wenig eingeschlafen – und fand in meiner Hand ein kleines Stück Rentierflechte; die verästelte, helle grüngraue Pflanze kann fast alles überleben, was die Welt ihr antut. Sinnfällig gewordene Geduld. Sperr sie ins Dunkle, frier sie ein, trockne sie, bis sie beinahe zerbröselt – sterben wird sie nicht. Sie begibt sich in Vegetationsruhe und wartet, bis die Lage wieder besser wird. Beeindruckend. Ich wog das dürre Bällchen in meiner Hand. Kaum zu spüren. Einem plötzlichen Impuls folgend, verstaute ich das kleine gestohlene Andenken an den Tag, als ich Habichte gesehen hatte, in der Innentasche meines Anoraks und fuhr nach Hause. Ich legte es auf das Regal neben dem Telefon. Drei Wochen später war es die Rentierflechte, die ich anstarrte, als meine Mutter anrief und mir mitteilte, dass mein Vater gestorben war.

2

Verlust

Ich wollte gerade aus dem Haus, als das Telefon klingelte. Ich nahm ab, auf dem Sprung, den Haustürschlüssel bereits in der Hand. »Hallo?« Pause. Meine Mutter. Sie musste nur einen Satz sagen: »Ich hatte einen Anruf aus dem St-Thomas-Kranken-haus.« Und in dem Moment wusste ich es, wusste, dass mein Vater gestorben war. Ich wusste, dass mein Vater tot war, weil es dieser Satz war, den sie nach der Pause sagte, mit einer Stimme, die ich noch nie zuvor bei ihr gehört hatte. Tot. Meine Beine gaben nach, knickten ein, ich saß auf dem Teppich, den Hörer ans rechte Ohr gepresst, hörte meiner Mutter zu und starrte auf das Bällchen Rentierflechte auf dem Regal, unfassbar leicht, ein luftiges lockeres Gewirr harter grauer Stängel mit scharfen, staubigen Spitzen, und Mum sagte, sie hatten nichts mehr tun können im Krankenhaus, es war sein Herz, glaube ich, man konnte nichts tun, du musst heute Abend nicht mehr herkom-men, komm nicht, es ist zu weit, und es ist spät, so eine lange Fahrt, du brauchst nicht zu kommen – und das war natürlich Unsinn.

Weder sie noch ich wusste, was zum Teufel getan werden konnte oder sollte oder was hier los war, außer dass sie und ich und auch mein Bruder, wir alle also, uns an eine Welt klammer-ten, die es schon nicht mehr gab.

Ich legte auf. Den Schlüssel hatte ich immer noch in der Hand. In der Welt, die es schon nicht mehr gab, war ich mit Christina, einer befreundeten australischen Philosophin, zum Abendessen verabredet. Sie hatte auf dem Sofa gesessen, als der Anruf kam. Weiß wie eine Wand starrte sie mich an. Ich erzählte ihr, was passiert war. Und bestand darauf, trotzdem essen zu gehen, weil wir einen Tisch reserviert hatten, natürlich sollten wir gehen, und so gingen wir und bestellten, und als das Essen kam, rührte ich es nicht an. Der Kellner war verärgert und wollte wissen, ob irgendetwas nicht in Ordnung sei. Nun ja.

Ich glaube, Christina hat es ihm erzählt. Ich kann mich zwar nicht daran erinnern, aber der Kellner tat dann etwas ganz Außergewöhnliches. Er verschwand und erschien kurz darauf mit dem Ausdruck banger Besorgnis und einem Doppelschokoladenbrownie mit Eiscreme – auf Kosten des Hauses – wieder an unserem Tisch. Der Brownie war mit Kakao und Puderzucker bestäubt und mit einem Minzestängel garniert. Er lag auf einem schwarzen Teller. Ich starrte ihn an. *Lächerlich*, dachte ich. Und dann: *Was ist das?* Ich zog die Minze aus dem Eis, hielt sie hoch, blickte auf die beiden kleinen Blättchen und den winzigen schokoladenverschmierten Stängel und dachte: *Das wird nie wieder wachsen*. Dass ein Kellner gedacht hatte, gratis Kuchen und Eis würden mich trösten, berührte und befremdete mich zugleich. Ich blickte immer noch auf das abgeschnittene Ende der Minze. Es erinnerte mich an irgendetwas. Aber woran nur? Und dann war ich plötzlich, wie drei Tage zuvor an einem sonnigen Märzwochenende, wieder im Garten in Hampshire. Ich zuckte zusammen, als ich auf dem Unterarm meines Vaters eine hässliche Schnittwunde bemerkte. *Du hast dich verletzt!*, rief ich. *Ach, das*, erwiderte er und befestigte eine weitere Feder am Trampolin, das wir für meine Nichte aufbauten. *Ist neulich*

24

passiert. Weiß gar nicht mehr, wie. Irgendwie halt. Ist schon in Ord-
nung. Ist bald verheilt. Es heilt gut. Da war sie, die alte Welt; sie
flüsterte Lebwohl und verschwand. Ich rannte nach draußen.
Ich musste nach Hampshire fahren. *Jetzt.* Weil die Wunde sich
nicht schließen würde. Sie würde nicht heilen.

Hier ein Wort. *Verlust.* Oder *beraubt.* Lateinisch *privatus*,
abgesondert, beraubt, getrennt. Jeden trifft es. Aber man fühlt
es ganz allein. Einen erschütternden Verlust kann man nicht
teilen, wie sehr man es auch versucht. »Stellt euch vor«, sagte
ich damals zu ein paar Freunden – ich hatte allen Ernstes versucht, es ihnen zu erklären –, »stellt euch vor, eure gesamte
Familie befindet sich in einem Raum. Alle. All die Menschen,
die ihr liebt. Dann kommt plötzlich jemand in diesen Raum
und versetzt euch einen Schlag in die Magengrube. Jedem von
euch. Mit voller Wucht. Was passiert? Ihr brecht zusammen. Ihr
spürt also alle den gleichen Schmerz, genau den gleichen, aber
dieser Schmerz beherrscht euch so, dass ihr gar nicht anders
könnt, als euch völlig allein zu fühlen. Genau so fühlt es sich
an!« Triumphierend beendete ich meine kleine Ansprache, davon überzeugt, *das* perfekte Bild gefunden zu haben. Nur die
mitleidigen, erschrockenen Gesichter meiner Zuhörer irritierten
mich; ich wäre im Leben nicht auf die Idee gekommen, dass
das Bild – die Familie meiner Freunde befindet sich in einem
Raum und wird zusammengeschlagen – etwas von totalem
Wahnsinn hatte.

Ich kann es auch heute noch nicht in die richtige Reihen-
folge bringen. Die Erinnerungen sind wie schwere Glasbau-
steine. Ich kann sie an verschiedenen Orten aufstellen, aber
sie ergeben keine Geschichte. Einmal gingen wir bei bewölktem
Himmel von Waterloo aus zum Krankenhaus. Das Atmen fiel
uns schwer. Mum drehte sich zu mir um, ihr Gesicht war

angespannt, und sie sagte: »Eines Tages wird uns das alles wie ein böser Traum vorkommen.« Seine Brille, sorgsam zusammengeklappt auf der ausgestreckten Hand meiner Mutter. Seine Jacke. Ein Briefumschlag. Seine Uhr. Seine Schuhe. Als wir gingen, eine Plastiktüte mit seinen Sachen umklammernd, waren die Wolken immer noch da, ein Fries regloser Kumuli über der Themse, flach wie Vorsatzmalerei auf Glas. Auf der Waterloo Bridge lehnten wir uns über die Brüstung aus Portlandstein und blickten auf das Wasser hinunter. Ich lächelte, das erste Mal seit dem Anruf, glaube ich. Einerseits weil das Wasser zum Meer floss und dieser simple Grundsatz der Physik immer noch einen Sinn ergab, auch wenn der Rest der Welt es nicht mehr tat. Und andererseits wegen Dads wunderbar ausgefallenem Wochenend-Nebenprojekt vor zehn Jahren. Er hatte sich vorgenommen, jede einzelne Brücke über der Themse zu fotografieren. Ich habe ihn samstagvormittags manchmal auf seiner Fahrt in die Cotswolds begleitet. Mein Dad war nicht nur mein Dad, sondern auch mein Freund und bei Abenteuern wie diesen mein Komplize. Der Ausgangspunkt unserer Entdeckungsreise war die grasbewachsene Quelle in der Nähe von Cirencester; von dort aus folgten wir einem sich windenden, schlammigen Fluss, drangen unrechtmäßig in fremdes Gelände ein, um Bretterstege zu fotografieren, wurden von Bauern beschimpft und von Vieh bedroht, studierten hochkonzentriert Landkarten. Es dauerte ein Jahr. Aber er hat es geschafft. Jede einzelne Brücke. Irgendwo im Haus meiner Mutter steht eine Kiste mit Dias, die von der Quelle bis zum Meer Möglichkeiten dokumentieren, die Themse zu überqueren.

Ein andermal hatten wir Angst, sein Auto nicht wiederzufinden. Er hatte es irgendwo in der Nähe der Battersea Bridge geparkt und – natürlich – nicht wieder abgeholt. Wir suchten es stundenlang, mit wachsender Verzweiflung, in Nebenstraßen und Sackgassen, ohne Erfolg. Wir weiteten die Suche auf Straßen aus, die Kilometer von dort entfernt waren, wo das Auto auch nur annähernd vernünftigerweise hätte stehen können. Im Laufe des Tages wurde uns allmählich klar, dass die Suche hoffnungslos war – selbst wenn wir Dads blauen Peugeot mit seinem Presseausweis hinter der Sonnenblende und seinen Kameras im Kofferraum gefunden hätten. Selbstverständlich war er abgeschleppt worden. Ich fand die Nummer des Abschleppdiensts heraus, rief an und erzählte dem Mann am Telefon, dass der Besitzer des Wagens sein Auto nicht mehr abholen konnte, weil er tot war. Mein Vater. Er hatte nicht vor, das Auto dort stehen zu lassen, er ist nur gestorben. Er wollte es wirklich nicht stehen lassen. Irrsinnige Sätze, bedeutungslos, wie in Stein gemeißelt. Ich verstand gar nicht, warum der Mann so peinlich berührt schwieg. Dann sagte er: »Tut mir leid, o Gott. Es tut mir so leid«, aber er hätte irgendetwas sagen können, und es hätte ebenso wenig bedeutet. Wir mussten dem Abschleppdienst eine Kopie von Dads Sterbeurkunde vorlegen, damit wir das Abschleppen nicht zu bezahlen brauchten. Auch das hatte keinerlei Bedeutung.

Nach der Beerdigung kehrte ich nach Cambridge zurück. Ich konnte nicht mehr schlafen. Ich fuhr viel in der Gegend umher. Ich starrte auf den Sonnenuntergang, den Sonnenaufgang und die Sonne zwischendurch. Ich beobachtete die Tauben, die auf dem Rasen vor meinem Haus ihr Schwanzgefieder ausbreiteten und in einer imposanten Pavane umeinander balzten. Immer noch landeten Flugzeuge, Autos fuhren, die Leute gingen einkaufen, unterhielten sich und arbeiteten. Nichts davon ergab irgendeinen Sinn. Wochenlang fühlte ich mich wie dumpf glühendes Metall. Genau so war es; ich war trotz gegenteiliger Beweise davon überzeugt, hätte man mich auf einen Stuhl gesetzt, hätte ich ihn glatt abgesengt.

Ungefähr zu dieser Zeit setzte eine Art Wahnsinn ein. Rückblickend glaube ich nicht, dass ich wirklich wahnsinnig war. Mehr so irr bei Nordnordwest. Ich konnte immer einen Habicht von einem Reiher unterscheiden, manchmal erschienen sie mir nur auffällig ähnlich. Ich wusste, dass ich nicht verrückt im Sinne von wahnsinnig war, weil ich schon Menschen mit Psychosen gesehen hatte, und da war der Wahnsinn so offenkundig gewesen wie der Geschmack von Blut im Mund. Ich erlebte eine andere Form von Wahnsinn. Eine stille und äußerst gefährliche. Ein Wahnsinn, der mich geistig gesund halten sollte. Mein Geist mühte sich ab, die Lücke zu überbrücken, eine neue und bewohnbare Welt zu schaffen. Das Problem war nur, dass er nichts hatte, womit er arbeiten konnte. Keinen Partner, keine Kinder, kein Zuhause. Keinen geregelten Arbeitstag. Also klammerte er sich, woran er konnte. Er war verzweifelt und nahm die Welt falsch wahr. Ich bemerkte plötzlich seltsame Verbindungen zwischen den Dingen. Unwichtige Dinge bekamen auf einmal eine ungeheure Bedeutung. Ich las mein Horoskop und glaubte daran. Prophezeiungen. Unmengen von Déjà-vus. Fügungen. Erinnerungen an Dinge, die noch nicht geschehen waren. Die Zeit lief nicht mehr vorwärts. Sie wurde zu etwas Festem, an das man sich schmiegen konnte und das spürbar Widerstand bot; eine zähe Flüssigkeit, halb Luft, halb Glas, die in beide Richtungen floss, Wellen der Erinnerung nach vorn und neue Ereignisse zurücksandte, sodass mir Neues, auf das ich traf, wie eine Erinnerung aus einer fernen Vergangenheit erschien. Manchmal, einige Male, hatte ich das Gefühl, dass mein Vater im Zug oder im Café neben mir saß. Das war tröstlich. Alles war tröstlich. Denn das war der ganz normale Wahnsinn der Trauer. Das wusste ich aus Büchern. Ich hatte mir Bücher über Trauer und Verlust gekauft. Sie stapelten sich meterhoch auf meinem Schreibtisch. Wie jeder gute Akademiker glaubte auch ich daran, dass man in Büchern Antworten findet. War es beruhigend zu lesen, dass jeder Geister sieht? Dass man nichts mehr essen kann? Oder nicht mehr aufhören kann zu essen? Oder dass die Trauer in Phasen verläuft, die man benennen und wie Käfer in einer Schachtel aufspießen kann? Nach dem Leugnen kommt der Schmerz, las ich. Oder die Wut. Oder Schuld. Ich weiß noch, dass ich mich besorgt fragte, in welcher Phase ich mich wohl befand. Ich wollte den Prozess klassifizieren, ihn ordnen, ihn logisch nachvollziehbar machen. Aber es gab keine Logik, und ich erkannte nicht eine einzige der Emotionen wieder.

Die Wochen vergingen. Die Jahreszeit wechselte. Die Bäume bekamen Blätter, morgens wurde es früher hell, und die Schwalben kehrten zurück. Mit lauten Rufen flogen sie über den frühsommerlichen Himmel an meinem Haus in Cambridge vorbei, und ich begann zu glauben, mir ginge es besser. *Normale Trauer* nennen sie es. Das war es. Das ruhige, langsame Zurückkehren ins Leben nach einem schmerzlichen Verlust. *Ist bald verheilt.* Ich muss heute noch lächeln, wenn ich daran denke, wie einfältig ich daran geglaubt habe, denn das war ein schrecklicher Irrtum. Ein nicht wahrgenommenes Bedürfnis brach aus mir heraus. Ich hatte einen unstillbaren Hunger nach allem, nach Liebe, nach irgendetwas, das den Verlust ausglich, und dafür zog sich mein Geist skrupellos alles und jeden heran, der ihm dienlich erschien. Im Juni verliebte ich mich vorhersehbarerweise und unsterblich in einen Mann, der das Weite suchte, als er merkte, wie kaputt ich war. Sein Verschwinden ließ mich fast besinnungslos zurück. Mittlerweile kann ich mich kaum noch an sein Gesicht erinnern. Ich weiß nicht nur, warum er die Flucht ergriffen hat, sondern auch, dass er praktisch jeder hätte sein können. Trotzdem hängt in meinem Schrank noch immer ein rotes Kleid, das ich nie wieder anziehen werde. So ist das nun mal.

Dann begann auch die Welt zu trauern. Der Himmel öffnete seine Schleusen, es regnete und regnete. In den Nachrichten wechselten sich Berichte von Überschwemmungen und überfluteten Städte ab; in Seen ertrunkene Dörfer; Sturzfluten auf der M4, die den Ferienverkehr zum Erliegen brachten; Kajaks auf den Straßen von Berkshire; ansteigende Meeresspiegel; die Entdeckung, dass der Ärmelkanal vor Jahrmillionen durch das Bersten eines gigantischen Supersees entstanden ist. Und immer noch hielt der Regen an: In den Straßen stand zentimeterhoch das Wasser, er riss Markisen mit sich und verwandelte den Fluss Cam in eine milchkaffeebraune Brühe voller abgebrochener Äste und durchweichten Gestrüpps. Meine Stadt schien der Apokalypse entsprungen zu sein. »Ich finde das Wetter ganz und gar nicht merkwürdig«, sagte ich zu einer Freundin. Wir saßen vor einem Café, und der Regen prasselte hinter unseren Stühlen so heftig auf das Pflaster, dass wir unseren Kaffee von kaltem Dunst umgeben tranken.

Als es regnete, das Wasser stieg und ich versuchte zu überleben, begann etwas Neues. Ich wachte stirnrunzelnd auf. Ich hatte von Greifvögeln geträumt, schon wieder. Ich träumte die ganze Zeit von ihnen. Noch so ein Wort: *Raubvogel*, Beutegreifer, von Lateinisch *raptor,* Räuber, und *rapere,* entreißen, rauben. Berauben. Genau genommen träumte ich von Habichten, vor allem von einem bestimmten. Vor einigen Jahren hatte ich in einer Auffangstation für Greifvögel direkt an der Grenze zwischen England und Wales gearbeitet; eine Gegend der roten

Erde, der Kohlengruben, der feuchten Wälder und der wilden Habichte. Dieser Habicht, ein erwachsenes Weibchen, war bei der Jagd gegen einen Zaun geprallt und hatte das Bewusstsein verloren. Jemand hatte sie so gefunden, in einen Pappkarton gelegt und zu uns gebracht. Hatte sie sich etwas gebrochen? Hatte sie sonst Schaden genommen? Wir versammelten uns in einem abgedunkelten Raum, der Karton stand auf dem Tisch, und die Chefin schob ihre behandschuhte linke Hand hinein. Ein kurzes Handgemenge, und aus der Dunkelheit des Kartons tauchte in die nicht viel hellere Umgebung ein riesiger alter weiblicher Habicht auf, der graue Scheitel aufgestellt und die gebänderten Brustfedern in einer Mischung aus Aggression und Angst aufgeplustert. Alt, weil ihre Füße rau und schuppig waren, ihre Augen von einem dunklen, feurigen Orange – und sie einfach *wunderschön*. Schön wie eine Granitklippe oder eine Gewitterwolke. Sie füllte den Raum komplett aus. Ihr massiver Rücken war von sonnengebleichten grauen Federn bedeckt, sie hatte Muskeln wie ein Pitbull und wirkte höllisch einschüchternd, selbst auf die Mitarbeiter, die sich tagein, tagaus um Adler kümmerten. So wild und gespenstisch und reptilienartig. Sehr vorsichtig breiteten wir ihre großen, mächtigen Schwingen aus, während sie den Kopf in unsere Richtung schlängelte und uns, ohne zu blinzeln, anstarrte. Wir fuhren mit den Fingern an den schmalen Knochen ihrer Flügel und ihres Bugs entlang, um zu prüfen, ob etwas gebrochen war, die Knochen leicht wie Röhren, hohl, jeder im Inneren mit kragstufenartigen Knochenstreben ausgestattet, wie das Innere eines Flugzeugflügels. Wir untersuchten ihr Schlüsselbein, ihre stämmigen, beschuppten Beine, die Zehen und die zentimeterlangen schwarzen Klauen. Ihr Sehvermögen schien ebenfalls in Ordnung zu sein: Wir hielten ihr abwechselnd einen Finger vor jedes glühende Auge.

31

Schnapp, schnapp machte ihr Schnabel. Dann wandte sie den Kopf und sah mich direkt an. Der Blick aus ihren Augen über dem geschwungenen schwarzen Schnabel traf sich mit meinem, sie fixierte mich mit schwarzen Pupillen. Ich hatte damals das Gefühl, dieser Habicht ist größer als ich und bedeutsamer. Und viel älter: ein Dinosaurier aus dem Forest of Dean. Ihre Federn hatten einen deutlich wahrnehmbaren prähistorischen Geruch, der mir pfeffrig und rostig wie Gewitterregen in die Nase stieg.

Sie war kerngesund. Wir brachten sie nach draußen und ließen sie frei. Sie öffnete ihre Flügel und war weg. Sie verschwand über eine Hecke, einen Abhang hinunter ins Nichts. Als hätte sie einen Riss in der feuchten Gloucestershire-Luft gefunden und wäre hindurchgeschlüpft. Diesen Augenblick spulte ich immer und immer wieder vor meinem geistigen Auge ab. Das war der wiederkehrende Traum. Und von da an war der Habicht unausweichlich.

3

Kleine Welten

Ich war zwölf Jahre alt, als ich das erste Mal einen abgerichteten Habicht sah. *Bitte, bitte, BITTE!*, hatte ich meine Eltern angebettelt, und sie hatten es mir erlaubt. Mich sogar hingefahren. *Wir kümmern uns um sie*, sagten die Männer. Sie hatten Greifvögel auf der Faust: orangeäugige Habichte, unnahbar und reglos wie Statuen, mit gebändertem grauem Schwanz und Brustfedern, die die Farbe von fauligem Schnee hatten. Mir hatte es die Sprache verschlagen. Ich wollte, dass meine Eltern wegfuhren, doch als sie es taten, wäre ich fast hinter dem Auto hergerannt. Ich hatte Angst. Nicht vor den Vögeln – vor den Falknern. Männern wie ihnen war ich noch nie zuvor begegnet. Sie trugen Tweed und boten mir Schnupftabak an. Gesellige Männer mit zerbeulten Range Rovern und Vokalen, die Eton und Oxford verrieten. Ich hatte die erste ungute Vorahnung, dass ich zwar um jeden Preis eine Falknerin werden wollte, möglicherweise aber nicht *ganz* wie diese Männer sein könnte. Dass sie mich eher als Kuriosität, nicht als Seelenverwandte betrachteten. Doch ich schob meine Angst beiseite und beruhigte mich, denn dies war das erste Mal, dass ich die Falknerei im Feld erlebte. *Diesen Tag werde ich nie vergessen*, dachte ich. *Eines Tages werde ich das sein.*

Im schummrigen Winterlicht stiefelten wir über Felder, auf denen neuer Weizen zu sprießen begann. Riesige Wacholderdrosselschwärme überzogen netzartig den Himmel und verwandelten ihn in etwas, das seltsamerweise an einen perlenbestickten Ärmel aus dem sechzehnten Jahrhundert erinnerte. Es war kalt. Meine Schuhe wurden vom klumpigen Lehm immer schwerer. Und zwanzig Minuten nachdem wir aufgebrochen waren, passierte es – das, was ich erwartet hatte, worauf ich aber keineswegs vorbereitet gewesen war. Ein Habicht schlug einen Fasan. Es war nur ein kurzer, brutaler Sturzflug von einer Eiche in das Gewirr der feuchten Hecke; ein jäher, gedämpfter Aufprall, brechende Zweige, Flügelschlagen, rennende Männer und ein toter Vogel, den man ehrfürchtig in einer Falknertasche verstaute. Ich stand etwas abseits. Biss mir auf die Lippe. Fühlte Dinge, für die ich keine Namen hatte. Für eine Weile wollte ich die Männer und ihre Vögel nicht mehr sehen, meine Blicke schweiften ab in die dunklen Zweige und Äste vor dem helleren Himmel – ein Bild, das mich an einen Scherenschnitt erinnerte. Danach ging ich zu der Hecke hinüber, in der das Habichtweibchen seine Beute geschlagen hatte. Spähte hinein. Tief im Gewirr der Dunkelheit leuchteten sechs Kupferfasanfedern in ihrer Wiege aus Schlehendorn. Ich griff in die Dornen hinein und sammelte eine nach der anderen ein; dann steckte ich die Hand in die Tasche und barg die Federn in meiner Faust, als wollte ich einen Augenblick in sich selbst festhalten. Ich hatte den Tod gesehen. Und ich war mir nicht sicher, welche Gefühle das in mir ausgelöst hatte.

Doch ich erlebte an diesem Tag noch mehr als meinen ersten Blick auf den Tod. Etwas anderes, das mich aber auch tief beeindruckte. Im Laufe des Nachmittags verschwanden immer mehr Männer aus unserer Gruppe. Ein Habicht nach dem anderen hatte für sich beschlossen, es sei nun genug; sie hatten keine Lust mehr, zu ihrem Falkner zurückzukehren, und setzten sich stattdessen in die Bäume, wo sie, aufgeplustert und nicht zu erweichen, ihre Blicke über beinahe endlose Weiden und Wälder schweifen ließen. Schließlich gingen wir mit drei Männern und drei Habichten weniger nach Hause; Erstere warteten immer noch unter den Ästen, auf denen sich ihre Vögel niedergelassen hatten. Ich hatte schon gelesen, dass Habichte gern mal in Bäumen schmollen. »Wie zahm und umgänglich sie auch sein mögen«, schreibt Frank Illingworth in *Falcons and Falconry,* »es gibt Tage, da zeigt der Habicht ein eigentümliches Gemüt, ist dann schreckhaft, mürrisch und scheu. Es kommt vor, dass sich diese Symptome einer vorübergehenden Tollheit im Laufe einer Jagd entwickeln, und dann steht dem Falkner stundenlanger Verdruss bevor.«

Doch die Männer unter den Bäumen schienen nicht verdrossen, nur schicksalsergeben. Sie zuckten mit den gewachsten Schulterpolstern, stopften ihre Pfeifen, zündeten sie an und winkten uns zum Abschied. Wir stapften in die hereinbrechende Dämmerung. Das Ganze hatte etwas von einer verhängnisvollen Polarexpedition, von einem edwardianischen Heldenepos. *Nein, nein, geht nur! Ich würde euch bloß aufhalten.* Ihre Habichte zeigten in der Tat ein eigentümliches Gemüt. Scheu waren sie nicht. Es war viel seltsamer: als würden die Habichte uns überhaupt nicht wahrnehmen, als wären sie aus unserer Welt hinaus- und in eine andere, wildere hineingeschlüpft, aus welcher der Mensch komplett eliminiert worden war. Und die Männer wussten, dass die Vögel verschwunden waren. Ihnen blieb nichts anderes übrig, als zu warten. Also ließen wir sie zurück: drei einsame Figuren, die in der Winterdämmerung in Bäume starrten, während der Nebel auf den Feldern um sie herum immer dichter wurde und sie darauf vertrauten, dass sich die Welt wieder einrenkte und die Habichte zu ihnen zurückkehrten. Und ebenso wie die Federn in meiner Jackentasche berührte auch ihr Warten mein leicht verwirrtes Herz.

Diese schweigsamen, eigensinnigen Habichte habe ich niemals vergessen. Aber ich wollte nie einen fliegen, als ich selbst Falknerin wurde. Sie verunsicherten mich. Sie rochen nach Tod und Schwierigkeiten: gespenstische, fahläugige Psychopathen, die im Dickicht der Wälder lebten und töteten. Meine Liebe galt den Falken: Greifvögel wie Geschosse, mit scharf die Luft durchschneidenden Flügeln, dunklen Augen und außergewöhnlicher Eleganz beim Fliegen. Ich genoss ihre Rasanz in der Luft, ihre Gutmütigkeit, das atemberaubende Niederstoßen aus dreihundert Meter Höhe, bei dem sie mit den Flügeln das Geräusch einer zerreißenden Leinwand erzeugten. Sie unterschieden sich von Habichten wie Hunde von Katzen. Sie schienen mir sogar *besser* als Habichte: All meine Bücher versicherten mir, dass der Wanderfalke der beste Vogel auf Gottes Erde sei. »Er hat eine edle Natur«, schrieb Captain Gilbert Blaine 1936. »Von allen Kreaturen verkörpert er Kraft, Geschwindigkeit und Anmut am reinsten.« Es dauerte Jahre, bis mir klar wurde, dass der Grund für diese Glorifizierung teilweise darin zu suchen war, wer Falken fliegen konnte. Einen Habicht kann man fast überall fliegen: Sie jagen mit einem blitzschnellen Flug von der Faust nach Beute in der unmittelbaren Umgebung. Für die Beizjagd mit dem Falken braucht man Platz: Moore voller Raufußhühner, Landgüter voller Rebhühner, riesige Flächen offenen Ackerlands – nicht einfach zu finden, es sei denn, man ist sehr wohlhabend oder hat gute Verbindungen. »Unter den zivilisierten Völkern«, so Blaine weiter, »blieben der Gebrauch und Besitz der edlen Falken der Aristokratie als alleiniges Recht und Privileg vorbehalten.«

Im Vergleich zu diesen aristokratischen Falknern kam der *Autourserie,* der Habichtler, der auf das Abtragen von Habichten und Sperbern spezialisierte Falkner, nicht so gut weg. »Die plumpen Habichtler sind nicht im gleichen Raum wie die Falkner unterzubringen«, giftete der normannische Dichter Gace de la Bigne im vierzehnten Jahrhundert. »Sie sind in der Schrift verflucht, denn sie hassen Gesellschaft und begeben sich allein auf die Jagd. Sieht man einen missgestalten Mann mit riesigen Füßen und langen, unförmigen Schenkeln, der wie ein Stützbock gebaut ist, ganz krumm und schief und mit einem Buckel, und den man nachäffen möchte, so sagt man: ›Sieh nur, was für ein Habichtler!‹« Und wie der Habichtler, so der Habicht, auch noch in Büchern, die sechshundert Jahre später geschrieben wurden. »Man kann für einen Habicht einfach nicht denselben Respekt und dieselbe Bewunderung aufbringen wie für einen Wanderfalken«, meint Blaine. »Die Namen, die man ihr normalerweise gibt, zeugen ausreichend von ihrem Charakter. Namen wie ›Vampir‹, ›Jezebel‹, ›Swastika‹ oder ›Mrs Glasse‹ passen ausgezeichnet zu ihr; bei einem Wanderfalken wären sie völlig unangebracht.« Habichte galten als Rüpel: mordlustig, schwer abzutragen, launisch, aufsässig und fremd. *Blutrünstig,* schrieb der Falkner Major Charles Hawkins Fisher im neunzehnten Jahrhundert mit unverhohlener Missbilligung. *Abscheulich.* Jahrelang war ich geneigt zuzustimmen, da ich mir nach immer wieder geführten Gesprächen mehr als sicher war, es nie mit einem Habicht probieren zu wollen. »Sie fliegen Falken?«, wurde ich einmal von einem Falkner gefragt. »Ich ziehe Habichte vor. Da wissen Sie, woran Sie sind.«

»Gehen die einem nicht furchtbar auf die Nerven?«, fragte ich zurück und erinnerte mich an all die kauernden Umrisse, die da hoch oben in den winterlichen Bäumen gehockt hatten.

»Nicht, wenn man das Geheimnis kennt«, entgegnete er und beugte sich zu mir herüber. Wie in einer Filmszene mit Jack Nicholson. Leicht beunruhigt wich ich zurück. »Es ist ganz einfach. Wenn Sie einen braven Habicht wollen, müssen Sie eins tun: Geben Sie ihm die Gelegenheit zu töten. So oft wie möglich. *Mord* bringt ihn auf Linie.« Er grinste.

»Ah ja.« Eine Pause. Das war wohl nicht ganz die richtige Antwort gewesen. Ich versuchte es noch einmal: »Danke.« Und dachte nur: *Ja, verflucht! Da bleibe ich doch lieber bei meinen Falken!* Ich hätte nie gedacht, dass ich eines Tages einen Habicht abtragen würde. Nie. Nichts von mir hatte sich je in diesen kalten, mordlustigen Augen widergespiegelt. *Nicht für mich,* hatte ich immer wieder gedacht. *Nicht wie ich.* Aber die Welt hatte sich verändert. Und ich auch.

Es war Ende Juli, und ich redete mir ein, dass so ziemlich alles wieder beim Alten war. Und trotzdem wurde die Welt um mich herum immer seltsamer. Das Licht in meinem Haus war bleiern, eine Mischung aus Magnolien- und Regenwasserfarben. Dinge kauerten darin, waren dunkel und reglos. Manchmal hatte ich das Gefühl, in einem Haus auf dem Meeresgrund zu wohnen. Ich spürte einen kaum wahrnehmbaren Druck. Leise klopfende Wasserrohre. Ich hörte mich atmen und zuckte bei dem Geräusch zusammen. Ich war nicht allein; irgendetwas, das ich weder berühren noch sehen konnte, stand neben mir, war nur den Bruchteil eines Millimeters von mir entfernt, irgendetwas ungeheuer *Falsches,* das den Abstand zwischen mir und all den vertrauten Gegenständen in meinem Haus unüberbrückbar machte. Ich ignorierte es. *Es geht mir gut,* sagte ich mir. *Alles in Ordnung.* Ich ging spazieren, arbeitete, machte Tee, putzte, kochte, aß und schrieb. Nachts aber, wenn der Regen orangefarbene Lichtpunkte an die Fensterscheiben pikste, träumte ich von dem Habicht, der durch die feuchte Luft woandershin entschwand. Ich wollte ihm folgen.

Der graue Regen draußen vor dem Fenster dämpfte das Licht in meinem Arbeitszimmer. Ich saß am Computer. Telefonierte mit Freunden. Schrieb E-Mails. Fand einen Greifvogelzüchter in Nordirland, der einen jungen Habicht aus dem diesjährigen Gelege übrig hatte. Sie war zehn Wochen alt, zur Hälfte tschechisch, zu einem Viertel finnisch und zu einem Viertel deutsch. Und für einen Habicht war sie klein. Wir verabredeten uns in Schottland, wo ich sie abholen sollte. Der Gedanke an einen kleinen Habicht gefiel mir. »Klein« war die einzige Entscheidung, die ich traf. Was den Habicht selbst anging, glaubte ich nicht eine Sekunde daran, dass ich eine Wahl hatte. Der Habicht hatte mich gefangen. Nicht umgekehrt.

Als der Regen aufhörte, kam die Hitze. Hunde hechelten im dunklen Schatten unter den Linden und auf dem Rasen vor dem Haus, der fast versengt war. Ein feuchter, heißer Wind trieb Blätter vor sich her, schaffte es aber nicht, irgendetwas abzukühlen. Eigentlich machte er alles nur noch schlimmer, wie eine Hand, die heißes Wasser in der Badewanne verwirbelt. Spazierengehen fühlte sich an als wate man bis zum Hals in einer zähen Flüssigkeit. Ich quetschte mich in mein Auto, das einem Glutofen glich, und fuhr zu einem Freund, der in einem kleinen Ort knapp außerhalb der Stadt wohnte. Ich wollte über Habichte reden, und das kann ich mit niemandem besser als mit Stuart. Er ist mein Habichtguru. Vor Jahren bin ich mit ihm an Spätwinternachmittagen auf die Beizjagd gegangen; wir warfen lange Schatten, und unter unseren Füßen knirschten Zuckerrüben. Während wir auf der Suche nach wilden Moorfasanen waren, saß sein großes altes Habichtweibchen wie eine Galionsfigur auf seiner Faust und lehnte sich im goldenen Licht der Sonne gegen den Wind. Stuart ist ein klasse Typ, ein Schreiner und Ex-Biker, sicher und ruhig wie eine Welle mitten auf dem Ozean, und seine Partnerin Mandy ist unglaublich großzügig und humorvoll. Sie zu sehen baute mich total auf. Ich hatte schon fast vergessen, wie freundlich und warm die Welt sein kann. Stuart warf den Grill an, und bald darauf füllte sich der Garten mit Kindern, Teenagern, Zigarettenrauch, umherschnüffelnden Pointern und Frettchen, die in ihren Käfigen herumsausten. Als sich der Nachmittag dahinzog, wurde der Himmel allmählich weißer; die Sonne war hinter einer faserighellen Wolkenfront nur noch zu ahnen. Eine Spitfire donnerte über unsere Köpfe hinweg. Der Schweiß lief uns in Strömen herunter. Die Hunde hechelten, die Frettchen tranken aus ihren Wasserschalen, und Stuart schuftete am Grill. Als er um die Ecke kam, wischte er sich die Stirn mit dem Ärmel ab und rief überrascht: »Es wird kühler!« »Nein«, riefen wir zurück, »du bist nur vom Grill weg!«

Ich ließ mich mit einem Burger auf einen weißen Plastikstuhl fallen. Gegenüber, im Schatten der Hecke, stand eine Jule auf dem Rasen, und darauf saß, das Durcheinander völlig ignorierend, ein perfekter kleiner Wanderfalke und pflegte sorgfältig die langen, gebänderten Federn seines Brust- und Leibgefieders. »Halb tschechisch?«, fragte Stuart. »Der blutdurstigste Habicht, den ich je abgetragen habe, war ein tschechischer. Ein *Albtraum!* Bist du sicher, dass du das willst?«

Er nickte in Richtung der Jule. »Du kannst den fliegen, wenn du möchtest. Wanderfalke gefällig?«

Mein Herz setzte einen Schlag aus. Der Falke. Da saß er, ein unwirklich schönes Tier von der Farbe abgesplitterten

Feuersteins und weißen Kalks, die Flügel eng am Rücken gefaltet, das dunkle Gesicht zum Himmel gewandt. Er beobachtete die Spitfire über uns mit professioneller Neugier. Ich schaute auch zu dem Flugzeug hinauf. Der Klang seines Motors hatte sich verändert; er wurde gedrosselt, langsam glitt die Spitfire am weißen Himmel zu dem Luftfahrtmuseum hinunter, in dem sie Ausstellungsstück war. Der Falke hielt den Kopf schräg und verfolgte ebenfalls das Flugzeug. Unsere Blicke hatten genau dieselbe Richtung. Einen sehr langen Augenblick fragte ich mich, ob ich nicht im Begriff war, einen schrecklichen Fehler zu begehen.

»Das würde ich sehr gerne«, sagte ich steif, förmlich. Der halb aufgegessene Burger in meiner Hand schien mir plötzlich unappetitlich. Ich holte tief Luft, und dann sagte ich: »*Normalerweise* würde ich es auch tun, ich würde die Gelegenheit beim Schopf packen. Das ist wirklich ein unglaubliches Angebot, Stu. Aber ich will diesen Habicht.« Er nickte. Tapfer aß ich den Burger auf. Ketchup tropfte wie aus einer Wunde an meinem Arm herunter.

Es würde also ein Habicht sein. Und dann geschah Folgendes: Meine Augen begannen, einem ganz bestimmten Buch auf dem Regal neben meinem Schreibtisch auszuweichen. Zuerst war es nur ein optischer blinder Fleck, ein Zucken des Augenlids; dann wie ein Körnchen Schlaf in meinem Augenwinkel. Mit einem kurzen Aufblitzen von Unbehagen, das ich nicht so recht einordnen konnte, sah ich an der Stelle, an der das Buch stand, vorbei. Schon bald konnte ich nicht mehr an meinem Schreibtisch sitzen, ohne daran zu denken, dass es da war. Zweites Regalbrett von unten. Roter Leineneinband. Silberne Buchstaben auf dem Rücken. *The Goshawk*. Der Habicht. *Von T. H. White.*

Ich wollte das Buch da nicht, und ich wollte auch nicht darüber nachdenken, warum ich es nicht wollte. Bald war es so weit, dass ich nur noch das verdammte Buch sah, wenn ich an meinem Schreibtisch saß, auch wenn es der einzige Gegenstand in diesem Raum war, den ich mich weigerte anzusehen. Eines Morgens saß ich da, die Sonne schien auf den Tisch, der Kaffee dampfte, der Laptop war eingeschaltet und ich unfähig, mich zu konzentrieren. *Lächerlich,* zischte ich, beugte mich nach unten, zog das Buch aus dem Regal und legte es vor mir auf den Schreibtisch. Es war ja schließlich nur ein Buch. Noch nicht einmal ein besonders bösartiges. Es war alt und hatte Wasserflecken, die Enden des Buchrückens waren abgestoßen und abgeschabt, als hätte es Jahre in Taschen und Kisten verbracht. *Hmm,* dachte ich. Plötzlich interessierte ich mich für meine Gefühle diesem Buch gegenüber. Vorsichtig dachte ich darüber nach, ließ meine Gefühle darüber gleiten wie die Zunge über einen schmerzenden Zahn. Meine Abneigung war regelrecht greifbar, aber mit einer merkwürdigen Vorahnung verbunden, die auseinandergenommen werden wollte, weil ich wissen musste, woraus sie bestand. Ich öffnete das Buch und begann zu lesen. *Kapitel eins,* stand da. *Dienstag.* Und dann: *Als ich ihn das erste Mal sah, sah ich etwas Rundes, wie einen mit Sackleinen bedeckten Wäschekorb.* Ein Satz aus einer längst vergangenen Zeit, und als Vorahnung schwang ein anderes Selbst mit. Nicht der Mann, der ihn geschrieben hatte – ich. Ich, als ich acht Jahre alt war.

Ich war ein dürres, zu großes Kind mit tintenbefleckten Fingern, einem Fernglas um den Hals und Beinen voller Pflaster. Ich war schüchtern, ging über den großen Onkel, hatte X-Beine, war unglaublich ungeschickt, hoffnungslos unsportlich und allergisch gegen Hunde und Pferde. Aber ich hatte eine Obsession. Vögel. Vor allem Greifvögel. Ich war mir sicher, sie waren das Beste, das je existiert hatte. Meine Eltern dachten, auch diese Obsession würde ebenso vergehen wie die für Dinosaurier, Ponys und Vulkane. Doch das tat sie nicht. Sie wurde schlimmer. Als ich sechs war, versuchte ich, mit hinter dem Rücken verschränkten Armen – wie Flügel – zu schlafen. Das hielt nicht lange an, weil es sehr schwer ist, so zu schlafen. Als ich dann später Bilder des altägyptischen falkenköpfigen Gottes Horus sah – eine türkisbesetzte Fayence mit einem perfekten Bartstreif unter den großen, eindrucksvollen Augen –, kam noch eine Art religiöse Ehrfurcht hinzu. *Das* war mein Gott, nicht der, zu dem wir in der Schule beteten, der alte Mann mit Rauschebart und Faltengewand. Wochenlang flüsterte ich in geheimer Ketzerei *Lieber Horus,* wenn wir bei den Schülerversammlungen das Vaterunser aufsagen mussten. Eine angemessen formelle Anrede, wie ich fand, hatte ich sie doch vom Beantworten meiner Geburtstagskarten gelernt. Greifvogel-Verhaltensweisen, Greifvogelarten, wissenschaftliche Namen von Greifvögeln: Ich kannte sie alle, hängte Bilder der Beutegreifer in meinem Zimmer auf und zeichnete sie, immer und immer wieder, auf Zeitungsränder und Notizzettelschnipsel, in meine Schulbücher, in der Hoffnung, sie dadurch zum Leben zu erwecken. Ich weiß noch, wie uns ein Lehrer Bilder der Höhlenmalereien von Lascaux zeigte und sagte, niemand wüsste, warum die Menschen damals diese Tiere gemalt hätten. Ich war empört! Ich wusste *genau,* warum, konnte meine Erkenntnisse in diesem Alter aber noch nicht in Worte fassen, die einen Sinn ergeben hätten, noch nicht einmal für mich.

Dann entdeckte ich, dass es die Falknerei immer noch gab, und die Dinge nahmen eine weniger nebulös-religiöse Gestalt an. Ich teilte meinen leidgeprüften Eltern mit, dass ich, wenn ich groß sei, Falknerin werden wollte, und machte mich daran, alles über diese wunderbare Kunst zu lernen. Zunächst begaben Dad und ich uns bei Familienausflügen auf die Jagd nach Büchern über die Falknerei. Wir erstanden einen Klassiker nach dem anderen. Secondhandtrophäen in Papiertüten aus Buchhandlungen, die schon längst nicht mehr existieren: *Falconry* von Gilbert Blaine; *Falconry* von Freeman und Salvin; *Falcons and Falconry* von Frank Illingworth; das Buch mit dem wunderbar alliterativen Titel *Harting's Hints on Hawks*. Die ganzen Jungsbücher. Ich las sie immer und immer wieder und lernte lange Passagen von Prosa aus dem neunzehnten Jahrhundert auswendig. In der Gesellschaft dieser Autoren fühlte ich mich wie auf einer exklusiven Privatschule, denn es handelte sich fast ausnahmslos um raubeinige, aristokratische Sportsmänner, die Tweed trugen, Großwild in Afrika schossen und gewichtige Meinungen vertraten. Ich brachte mir nicht nur selbst die praktischen Grundlagen des Greifvogelabtragens bei, ich sog damit unbewusst auch die Haltungen einer imperialistischen Elite auf. Ich lebte in einer Welt, in der englische Wanderfalken vor ausländischen Greifvögeln immer die Nase vorn hatten, in einer Welt der Raufußhuhnmoore und Herrenhäuser, in der Frauen nicht existierten. Diese Männer waren meine Seelenverwandten. Ich fühlte mich wie einer von ihnen, einer der Auserwählten.

Ich wurde zum schrecklichsten aller Falknerei-Langweiler. Wenn ich an verregneten Nachmittagen von der Schule nach Hause kam, schrieb meine Mum Artikel für die Regionalzeitung – über Gerichtsverhandlungen, lokale Feste, Planungsausschüsse. Sie saß im Esszimmer, ihre Finger tanzten über die Tasten der Schreibmaschine; auf dem Tisch lag ein Päckchen Benson & Hedges, daneben eine Tasse Tee, ein Stenoblock –

und neben ihr stand eine Tochter, die unvollständig memo-
rierte gelernte Sätze aus Falknereibüchern des neunzehnten
Jahrhunderts herunterspulte. Es war mir ungeheuer wichtig,
meine Mutter wissen zu lassen, dass *Hundeleder sich für das
Beizvogelgeschirr zwar am besten eignete, heutzutage aber kaum
mehr zu bekommen war.* Dass das Problem mit Merlinen war,
dass sie *dazu neigten, die Beute davonzutragen.* Und wusste sie
schon, dass *Sakerfalken, die ursprünglich aus Wüstengebieten
stammen, unter den klimatischen Bedingungen Englands eher un-
zuverlässige Leistungen erbrachten?* Sie nahm sich ein weiteres
gelbes Blatt, fummelte mit dem Durchschlagpapier herum,
damit es nicht verrutschte, nickte zustimmend, sog an ihrer
Zigarette und versicherte, wie interessant das alles sei, wobei
sie mich mit bewundernswerter Leichtigkeit glauben machte,
dass es sie tatsächlich interessierte. Bald war ich Expertin für
Falknerei, etwa so wie der Teppichverkäufer, der immer in die
Buchhandlung kam, in der ich einmal gearbeitet hatte, Experte
für die Perserkriege war. Der schüchterne, zerknitterte, mittel-
alte Mann, den der Hauch einer unausgesprochenen Niederlage umwehte, fuhr sich immer nervös über das Gesicht, wenn
er an der Kasse Bücher bestellte.

Auf einem Schlachtfeld hätte er wahrscheinlich nicht lange
überlebt. Aber er wusste alles über die Perserkriege, unterhielt
gewissermaßen intime Beziehungen zu jeder einzelnen Schlacht
und wusste genau, wo die verschiedenen Einheiten der phoki-
schen Truppen auf den Hochgebirgspässen aufgestellt waren.
Und genau so kannte ich mich mit der Falknerei aus. Als ich
Jahre später meinen ersten Greifvogel bekam, war ich überrascht, wie real er war. Ich war der Teppichverkäufer in der
Schlacht bei den Thermopylen.

Es ist der Sommer des Jahres 1979. Ich bin acht Jahre alt, stehe in einer Buchhandlung unter einem Oberlicht und halte ein Taschenbuch in der Hand. Ich bin extrem verwirrt. *Was zum Teufel ist eine Verführungsgeschichte aus dem achtzehnten Jahrhundert?* Ich hatte nicht die leiseste Ahnung. Also las ich den Text auf dem Rückendeckel noch einmal:

> *Der Habicht* ist die Geschichte eines Duells zwischen Mr White und einem großartigen, wunderschönen Greifvogel während des Abrichtens des Letzteren – hier treffen zwei ungeheuer willensstarke Kreaturen aufeinander. Letztlich ist es die fast wahnhafte Willenskraft des schulmeisterlichen Falkners, die den Stolz und das Durchhaltevermögen des wilden Raubvogels bricht. Die Geschichte ist komisch, tragisch und fesselnd. Und sie erinnert an die Verführungs-Erzählungen des achtzehnten Jahrhunderts.

Noch immer keine Ahnung. Aber ich musste das Buch trotzdem haben, denn auf dem Umschlag vorn war ein Habicht abgebildet. Voller Trotz und Zorn stachen seine Augen unter den Brauen hervor, das schuppenartige Gefieder ein Chaos aus Safrangelb und Bronze. Seine Fänge hielten den bemalten Handschuh so fest umklammert, dass meine Finger in mitfühlender Taubheit zu kribbeln begannen. Er war wirklich wunderschön; angespannt vor Widerwillen wie ein zorniges Kind, dem man den Mund verboten hatte. Sobald wir zu Hause waren, rannte ich in mein Zimmer, warf mich aufs Bett, legte mich auf den Bauch und schlug das Buch auf. Und so – auf die Ellbogen gestützt und mit den Füßen in der Luft – las ich die ersten Zeilen von *The Goshawk* zum allerersten Mal.

Als ich ihn das erste Mal sah, erblickte ich etwas
Rundes, wie einen mit Sackleinen bedeckten
Wäschekorb. Aber er war ungestüm und furcht-
erregend, ähnlich abstoßend wie Schlangen auf
Menschen wirken, die sich mit diesen Tieren nicht
auskennen.

Ein ungewöhnlicher Anfang. Das klang so gar nicht wie meine
anderen Bücher über die Falknerei. Das achtjährige Mädchen
las stirnrunzelnd weiter. *So ganz und gar nicht!* Dieses Buch
über die Falknerei hatte ein Mann geschrieben, der absolut
nichts davon zu verstehen schien. Er sprach von dem Vogel, als
sei er ein Monster, und außerdem richtete er ihn nicht richtig
ab. Ich war fassungslos. Erwachsene waren Experten. Sie schrieben Bücher, um einem Dinge beizubringen, die man nicht
wusste; Bücher darüber, wie man etwas tat. Warum um alles
in der Welt sollte ein Erwachsener darüber schreiben, dass er
etwas *nicht* konnte? Und warum tauchten in dem Buch so viele
Sachen auf, die mit dem Thema nicht das Geringste zu tun
hatten? Enttäuschenderweise schrieb er auch über so etwas wie
Fuchsjagd und Krieg und Geschichte. Die Bezüge zum Heiligen
Römischen Reich und zu Strindberg und Mussolini verstand
ich nicht, was eine Pickelhaube war, wusste ich auch nicht,
und überhaupt: Was hatte all das in einem Buch zu suchen, das
angeblich von einem Habicht handelte?

Später stieß ich in einer alten Ausgabe des *Falconer,* der
Fachzeitschrift des British Falconers' Club, auf eine Rezension
des Buchs. Sie war ziemlich lapidar: »All diejenigen, die sich
für das langweilige introspektive Abtragen eines Greifvogels
interessieren, werden in *The Goshawk* eine hübsch verfasste
Aufstellung der meisten Dinge finden, die man dabei tunlichst

vermeiden sollte.« Die Männer in Tweed hatten gesprochen. Ich war auf der richtigen Seite: Ich durfte diesen Erwachsenen nicht leiden können und für einen Dummkopf halten. Mir tut es heute noch weh, wenn ich daran denke, wie erleichtert ich war, als ich das las. Die Erleichterung gründete in einer verzweifelten Fehleinschätzung darüber, wie groß die Welt wirklich war. Ich suchte Trost in jenem heiteren Überlegenheitsgefühl, in dem die Kleingeistigen Zuflucht finden. Doch trotz alledem verehrte mein achtjähriges Selbst den Habicht im Buch. Gos, wie White ihn nannte. Gos war real für mich. Gos hatte stahlharte Flügel und wilde ringelblumenfarbene Augen, er hüpfte und flog und mantelte über einem Stück roher Leber auf der Faust. Er tschirpte wie ein Singvogel und hatte Angst vor Autos. Ich mochte Gos. Ihn verstand ich, auch wenn der Autor für mich komplett unverständlich war.

Vor einigen Jahren begegnete ich einem pensionierten U-2-Piloten. Er war groß, beinhart und gut aussehend und verströmte genau die Art von tödlicher Stille, die man von einem Mann erwartet, der jahrelang am Rande des Weltraums ein staubigschwarzes US-Spionageflugzeug geflogen hatte. Die geopolitischen Aspekte seiner Tätigkeit waren alles andere als beruhigend, aber wer sein Geld mit so etwas verdient, ist einfach cool. In vierundzwanzigtausend Meter Höhe krümmt sich die Erde tief unter dir, und der Himmel über dir hat die Farbe von feuchter schwarzer Tinte. Der Pilot trägt einen Raumanzug und sitzt in einem Cockpit von der Größe einer Badewanne; die Maschine, die er fliegt, startete erstmals in dem Jahr, in dem James Dean starb. Da oben kannst du die Welt nicht berühren, nur dokumentieren. Du hast keine Waffen; deine einzige Verteidigung ist die Höhe. Doch was mich an diesem Mann am meisten beeindruckte, waren nicht seine mit trockenem Humor erzählten Abenteuergeschichten – »Vorfälle« mit russischen MiGs etwa –, sondern sein Kampf gegen die Langeweile. Die Neun-Stunden-Solomissionen. Die Zwölf-Stunden-Solomissionen. »War das nicht grauenhaft?«, fragte ich ihn. »Es konnte schon etwas einsam sein da oben«, erwiderte er. Er sagte das allerdings so, als sehnte er sich noch immer nach diesem Zustand. Und dann fügte er noch etwas Unerwartetes hinzu: »Ich habe gelesen.« In dem Moment änderten sich auch sein Gesicht und seine Stimme: Seine ausdruckslose, gedehnte Sprechweise à la Chuck Yeager wich einer schüchternen, kindlichen Begeisterung. »Der *König auf Camelot* von T. H. White«, sagte er. »Kennen Sie den? Ein englischer Schriftsteller. Ein tolles Buch. Das habe ich immer mit nach oben genommen und auf dem Hin- und Rückflug gelesen.«

»Wow«, sagte ich. »Ja.« Eine bemerkenswerte Geschichte, das finde ich heute immer noch. Es war einmal ein Mann in einem Raumanzug auf geheimer Mission in einem Aufklärungsflugzeug, der las *Der König auf Camelot,* das große historische Epos, die komische, tragische, romantische Nacherzählung der Artussage, die sich mit Dingen wie Krieg und Aggression und Macht und Recht herumschlägt und der Frage nachgeht, was eine Nation ist oder sein könnte.

White war nie besonders *en vogue.* Während meiner Englischvorlesungen an der Universität wurde nicht einmal sein Name erwähnt. Doch gab es eine Zeit, zu der White tatsächlich sehr berühmt war. 1938 veröffentlichte er ein Kinderbuch über den jungen König Artus – *Das Schwert im Stein* –, das ihm Ruhm und ein Vermögen einbrachte. Disney schnappte sich die Rechte und machte einen Zeichentrickfilm daraus. White schrieb weiter an *Der König auf Camelot,* brachte die Artussage zu Ende, und darauf wiederum basieren das Bühnenmusical sowie der Film *Camelot*. Whites Interpretation der Sage sollte sich als ungeheuer einflussreich erweisen: Als Kennedy das Weiße Haus als Camelot bezeichnete, konnte man White heraushören; nach der Ermordung ihres Ehemanns zitierte Jackie Kennedy Zeilen aus dem Musical. Der Zauberer Merlin mit hohem, spitzem, sternenbesticktem Hut – auch das ist White. Und beim Gedanken an den U-2-Piloten da oben, der ein Buch über König Artus liest, ein Buch, das sich plötzlich als Märchen über das politische Leben in Amerika wiederfand, muss ich an einen Satz der Dichterin Marianne Moore denken: *Das Heilmittel für Einsamkeit ist das Alleinsein.* Das Alleinsein des Piloten in dem Spionageflugzeug, der alles sieht und nichts berührt, der fünfzehntausend Meter über den Wolken *Der König auf Camelot* liest – das bricht mir das Herz, ein wenig zumindest, weil es so einsam ist und wegen einiger Dinge, die mir zugestoßen sind, und weil T. H. White einer der einsamsten Menschen auf der Welt war.

The Goshawk ist das Buch eines jungen Mannes. White schrieb es vor seinen bekannteren Werken, bevor er berühmt wurde. Es handelte von »den Bemühungen eines zweitklassigen Philosophen«, erklärte er traurig, »der allein im Wald lebte, zumindest der meisten Menschen überdrüssig war und jemanden erzog, der kein Mensch, sondern ein Vogel war«. Als ich das Buch Jahre später erneut las, sah ich mehr darin als nur schlechte Falknerei. Ich begriff, warum manche Menschen es für ein Meisterwerk hielten. Denn White machte aus der Falknerei ein metaphysisches Gefecht. Wie *Moby-Dick* oder *Der alte Mann und das Meer* war auch *The Goshawk* eine literarische Begegnung zwischen Tier und Mensch, deren Wurzeln in der puritanischen Tradition des spirituellen Kampfes lagen: Im

Kampf gegen Gott ging es um nichts Geringeres als um Erlösung. Älter und weiser geworden, entschied ich nun, dass Whites zugegebenes Unwissen mutig und nicht dumm war. Aber ich war immer noch böse auf ihn. Zum einen, weil sein Habicht bei dem Versuch, ihn abzurichten, furchtbar gelitten hatte. Und zum anderen, weil seine Darstellung der Falknerei als offene Feldschlacht zwischen Mensch und Vogel so nachhaltig bestimmt hat, wie wir Habichte und die Falknerei sehen. Offen gestanden, hasste ich, was er daraus gemacht hatte. Ich hielt die Falknerei nicht für einen Krieg und Habichte nicht für Monster. Das kleine Mädchen, das verärgert auf dem Bett gelegen hatte, war immer noch verärgert.

All das ging mir durch den Kopf, als ich vier Monate nach dem Tod meines Vaters auf das aufgeschlagene Buch auf meinem Schreibtisch starrte. Ich las weiter und zuckte plötzlich zusammen, als mir klar wurde, warum meine Augen dem Buch wochenlang ausgewichen waren. Zum ersten Mal beschlich mich das Gefühl, dass einen Habicht abzurichten ich nicht nur meine eigenen Gründe hatte. Teilweise waren es auch seine.

4

Mr White

16. März 1936. Auf der Ostseite eines prächtigen palladi-anischen Palasts, der Stowe School, schimpfen Dohlen in den Kastanienbäumen, vom Dach eines Gebäudekomplexes, der ehemaligen Stallungen, tropft Wasser, und im Inneren des Ge-bäudes sitzt Mr White, Fachleiter Englisch. Seine Beine sind in Decken gewickelt, auf den Knien balanciert er ein Notizbuch; er schreibt schnell, in einer sauberen kleinen Schrift. Er fragt sich, ob das vielleicht das wichtigste Buch ist, das er je geschrie-ben hat. Nicht, weil es ihm ein Vermögen einbringen wird. Son-dern weil es ihn retten wird.

Er überlegt, den Dienst zu quittieren. Das Schulleben ist unwirklich. Alles hier ist unwirklich. Er hat genug. Seine Kolle-gen kann er nicht ausstehen, auch die Jungs kann er nicht mehr ertragen. Wenn sie in Massen auftreten, sind sie grauenhaft, wie Schellfische. Er muss hier raus. Er wird von der Schriftstellerei leben. Sein letztes Buch hat sich gut verkauft. Er wird mehr schreiben. Er wird sich ein Cottage in Schottland kaufen und seine Tage damit verbringen, Lachse zu fangen. Vielleicht wird er das Mädchen an der Theke heiraten, die dunkeläugige Schön-heit, der er seit Monaten den Hof macht, obwohl er nur *emotional* in sie verliebt ist, jedenfalls bislang. Na ja, eigentlich ist er mit ihr nicht sehr weit gekommen, und die langen Stunden an der Theke enden allzu oft damit, dass er hoffnungslos betrun-

ken ist, voll wie eine Haubitze. Er trinkt zu viel. Hat schon lange
zu viel getrunken und ist schon lange unglücklich. Aber bestimmt würden die Dinge besser werden.

Das Notizbuch auf seinem Schoß ist grau. Auf den Umschlag hat er ein Foto einer seiner Ringelnattern geklebt, darüber steht mit Tinte geschrieben *ETC*. Die Schlange passt deshalb so gut, weil dies sein Traumtagebuch ist, auch wenn es
noch andere Dinge enthält: Gedankenfetzen, Unterrichtspläne,
Zeichnungen von Sphinxen und klauenbewehrten, fauchenden
Drachen sowie hier und da einen Versuch der Selbstanalyse:

1. Notwendigkeit, andere zu übertreffen, um geliebt zu werden.
2. Darin versagen, andere zu übertreffen.
3. Warum habe ich versagt? (Falsche Einstellung zu dem, was
   ich getan habe?)

Doch größtenteils sind in dem Notizbuch seine Träume festgehalten. Träume von Frauen mit Penissen, von Schachteln voller
Jungfernhäutchen wie abgesplitterte Fingernägel, von Kobras,
die drohend die Nackenhaut zu einer Haube ausbreiten, sich
aber als harmlos herausstellen. In manchen Träumen hat er sein
Gewehr vergessen, kann sich das seines Freundes aber nicht
ausleihen, weil der Freund es seiner Frau gegeben hat. In anderen spioniert er Hitler-Anhänger aus und versteckt sich in
einem Loch, aus dem nur seine Zigarette herausragt. In wieder
anderen muss er sein Gewehr im Kofferraum des Wagens seiner
Mutter verstecken, damit es nicht andauernd vom Blitz getroffen wird. Und schließlich der Traum, in dem ihm sein Psychoanalytiker zu seinen hervorragenden Träumen gratuliert.

»Bennet heißt der Mann, seine Initialen sind E. A.«, schrieb
White an Leonard Potts, seinen alten Tutor in Cambridge,
eine Art Vaterfigur. »Muss ein großer Mann sein, da Heilung in

Fällen wie meinem, glaube ich, sehr selten, wenn nicht gar einzigartig ist.« Dann folgt die Beschreibung dessen, was sicherlich als Wunschvorstellung seines zukünftigen Selbst gedeutet werden kann: »Ein Freund von mir, ein sadistischer Homosexueller, ist jetzt glücklich verheiratet und hat Kinder.« Im Jahr zuvor hatte Whites Begierde, sich analysieren zu lassen, überhandgenommen. Er war sich sicher, dass Bennet ihn heilen konnte, und zwar von allem: seiner Homosexualität, seinem Elend, seinem Gefühl der Unwirklichkeit, seinem Sadismus; von all seiner Verwirrung und all seinen Ängsten. Es lief gut. Er war sich *fast* sicher, in das Mädchen an der Theke verliebt zu sein. »Ich hüpfe herum wie eine Bachstelze, so glücklich bin ich«, schrieb er an Potts voller Stolz, in dem sich wie ein kleiner Vogel in der hohlen Hand seine schreckliche Angst vor dem Versagen versteckte.

Die Jungs begegneten ihm mit beinahe heiliger Ehrfurcht. Wenn er in seinen grauen Flanellhosen, einem Rollkragenpullover und im Talar die Korridore entlangrauschte, sah Mr White ein bisschen wie Byron aus. Er war groß, hatte volle Lippen und sehr helle blaue Augen, einen gepflegten roten Schnurrbart und dunkles widerspenstiges Haar. Und er machte tolle Sachen: flog Flugzeuge, schoss mit einem Gewehr, fischte nach Lachs, ging auf die Jagd. Noch besser: Er machte auch schlimme Sachen, hielt Ringelnattern, ritt an Wettkampftagen mit seinem Pferd die Eingangstreppe der Schule hinauf und – das Allerbeste! – veröffentlichte gewagte Romane unter dem Pseudonym James Aston. Als der Direktor das herausfand, war er stinksauer: Mr White musste ihm schriftlich versichern, so einen Schund nie wieder zu verfassen. Das wussten die Jungs, die die Romane heimlich und mit wohliger Lustangst untereinander austauschten. Er war eine erstaunliche, unbekümmerte Gestalt mit sarkastischem Humor. Aber ein unangenehmer Lehrer. Er schlug die Jungs zwar nie, aber sie fürchteten sich vor seiner Geringschätzung. Er verlangte von ihnen emotionale Aufrichtigkeit. Blieb die aus, verwies er seine Schüler in die Schranken und durchstach ihren frischen Panzer der Anmaßung mit einer Lust, die an Grausamkeit grenzte. Dennoch sahen sie in ihm irgendwie einen Verbündeten: Ging es ihnen schlecht, vertrauten sie sich ihm an; für seinen Ungehorsam und seine Verwegenheit vergötterten sie ihn. Sie spürten, dass er nicht ganz zu den anderen Lehrern von Stowe passte. *Wusstet ihr, dass er mit seinem Bentley einmal in ein Bauernhaus gekracht ist und beinahe ums Leben gekommen wäre?*, flüsterten sie. Und dann der legendäre Montagmorgen, an dem Mr White zu spät und völlig verkatert zum Unterricht erschien, der Klasse befahl, einen Aufsatz über die Gefahren des Teufels Alkohol zu schreiben, die Füße aufs Pult legte und einfach einschlief.

Doch trotz all dieses augenscheinlichen Wagemuts und trotz seines Könnens hatte Mr White, Mr Terence Hanbury White, den alle nur Tim, nach der Apothekenkette Timothy Whites, nannten – trotz alledem also hatte Mr White schreckliche Angst. Er war neunundzwanzig Jahre alt und seit fünf Jahren Lehrer in Stowe sowie seit sieben Jahren Schriftsteller; aber Angst hatte er schon gehabt, solange er denken konnte. »Weil ich Angst vor Sachen habe – davor, verletzt zu werden, und vor dem Tod –, muss ich sie in Angriff nehmen«, heißt es in *England Have My Bones,* einer Essaysammlung aus dem Jahr zuvor. Er musste tapfer sein. Nach dem Unterricht raste er mit Höchstgeschwindigkeit zum Flugplatz, das Herz schlug ihm bis zum Hals; er hatte Angst davor, den Motor abzuwürgen, er hatte Angst vor der Verachtung seines Fluglehrers, Angst davor, ins

Trudeln zu geraten und nicht mehr herauszukommen, Angst davor, unter einem zerknautschten Wrack, Flugzeugteilen und Erde begraben zu werden. Er flog die Grafton über die matschigen Felder von Buckinghamshire in ewiger Angst zu versagen: nicht tapfer genug zu sein, nicht gut genug zu fliegen, nicht als Gentleman durchzugehen, sich den Zorn des Jagdmeisters zuzuziehen. Und in seiner Anfangszeit in Indien erinnerte er sich nicht nur an Geckos und Feuerwerk und Kerzen in der Dunkelheit und Erwachsene in Abendgarderobe. Er erinnerte sich auch an die Schläge, die Streitereien, dass seine Mutter seinen Vater und er sie gehasst hatte, an die Alkoholexzesse seines Vaters; an den endlosen, entsetzlichen, gewalttätigen Krieg zwischen den beiden, in dem er das Bauernopfer gewesen war. Seine Mutter überhäufte die Hunde mit Zärtlichkeit, ihr Ehemann ließ sie erschießen. Sie überhäufte den Jungen mit Zärtlichkeit, und er war sicher, er wäre der Nächste. »Man hat mir erzählt«, schrieb White, »mein Vater und meine Mutter hätten über meinem Kinderbett um eine Pistole gerungen und dabei geschrien, dass sie erst den anderen und dann sich selbst erschießen, aber auf jeden Fall mit mir anfangen würden.« Dem fügte er noch hinzu: »Keine wirklich sichere Kindheit.«

Er legt den Füller an die Lippen und denkt über das nach, was er geschrieben hat.

Ich stürze mich auf einen Vogel mit grausamen
Klauen und erbittertem Schnabel. Er mag mich
leicht verletzt haben, doch es hätte mehr wehgetan,
hätte ich losgelassen. Ich hielt ihn fest, sodass er
mir nichts mehr zuleide tun konnte, und rief
jemanden, der seine Füße festhalten sollte.
Es war ein englischer Vogel.

Als White im Januar 1964 an Herzversagen starb, fern der Heimat in einer Kabine der *SS Exeter* vor Griechenland, waren seine Freunde um seine Reputation besorgt. In seinen Tagebüchern gab es Dinge, die besser nicht ans Licht kommen sollten; Dinge, die mit seiner Sexualität zu tun hatten und die man – wenn überhaupt – nur mit äußerstem Feingefühl behandelte. So machten sie sich auf die Suche nach einem geeigneten Biografen und entschieden sich für Sylvia Townsend Warner, da sie schon mit White korrespondiert und er ihre Bücher gemocht hatte. Doch es gab noch einen weiteren Grund: Sie war lesbisch. »Sie werden seinen Charakter verstehen«, teilte Michael Howard ihr mit. »Wenn es ein hinreichend schlechter Charakter ist, ganz bestimmt«, war ihre Antwort. Sie machte sich auf den Weg nach Alderney und fand dort, in Whites Haus, ihr Thema. Sie fand ihn, in seinen Habseligkeiten. An ihren Freund William Maxwell schrieb sie:

> Sein Nähkorb mit einer noch nicht fertigen Falken-
> haube, seine Köder zum Fliegenfischen, seine
> Bücher, die geschmacklosen Schmuckstücke seiner
> pöbelhaften Freunde, die vulgären Spielzeuge von
> Jahrmärkten in Cherbourg, die penibel geordneten
> Reihen voller Bücher über das Auspeitschen – all das
> war da, so wehrlos wie ein Leichnam. Und auch er
> war da, argwöhnisch, mürrisch und entschlossen zu
> verzweifeln. Ich hatte noch nie so stark das Gefühl
> einer bevorstehenden Heimsuchung gehabt.

Bevorstehende Heimsuchung. Ich stutzte. Denn genau das traf zu, als ich meinen Vogel abtrug: White war da, sogar als ich von dem verschwindenden Habicht träumte. Er suchte mich heim.

Nicht wie das Weiße-Laken-Gespenst, das unheilverkündend an die Fensterscheibe klopft – aber eine Heimsuchung war es dennoch. Seit ich *The Goshawk* zum ersten Mal gelesen hatte, fragte ich mich, was für ein Mann White wohl gewesen war und warum er sich an einen Vogel gebunden hatte, den er gehasst haben musste. Als ich meinen eigenen Habicht abrichtete, öffnete sich ein kleiner Spalt, wie ein Fenster zwischen den Blättern, durch den ich dieses andere Leben sehen konnte. Dort gab es einen Mann, der verletzt war, und einen Greifvogel, der verletzt wurde, und beide sah ich nun klarer. Wie White wollte auch ich mich von der Welt lossagen; ich teilte sein Bedürfnis, in die Wildnis zu fliehen. Ein Bedürfnis, das alle menschliche Sanftheit herunterreißen und einen gestrandet in einer Welt wilder, höflicher Verzweiflung zurücklassen kann.

Das Buch, das Sie lesen, ist meine Geschichte, nicht die Biografie von Terence Hanbury White. Gleichwohl ist White Teil meiner Geschichte. Ich kann ihn nicht unerwähnt lassen, denn er war da. Als ich meinen Habicht abtrug, hielt ich gewissermaßen stille Zwiesprache mit den Taten und Werken eines längst verstorbenen Mannes, der argwöhnisch, mürrisch und entschlossen war zu verzweifeln. Eines Mannes, dessen Leben mich irritierte. Aber auch eines Mannes, der die Natur liebte, der von ihr überrascht und bezaubert war und dem es in ihr nie langweilig wurde. Er konnte Sätze schreiben wie: »Eine Elster fliegt wie eine Bratpfanne!«, voller Freude, wieder etwas Neues in der Welt entdeckt zu haben. Diese Freude, dieses kindliche Entzücken, das Staunen über das Leben von Geschöpfen, die es außer dem Menschen noch gibt – das ist es, was ich an White am meisten liebe. Er war ein komplizierter und unglücklicher Mensch; aber er wusste auch, dass die Welt voller kleiner Wunder ist. »Es lässt einen die Schöpfung ahnen«, schrieb er, verwundert, nachdem er gemeinsam mit einem Bauern einer Stute dabei geholfen hatte, ein Fohlen zur Welt zu bringen. »Als ich ging, standen mehr Pferde auf der Koppel als vorher.«

In *England Have My Bones* steht einer der traurigsten Sätze, die ich je gelesen habe: »Sich zu verlieben ist eine verheerende Erfahrung, außer man verliebt sich in eine Landschaft.« Die Vorstellung, ein Mensch könnte seine Liebe erwidern, war ihm fremd. Er musste seine Sehnsüchte auf Landschaften verlagern, auf endlose, leere grüne Felder, die einen nicht zurückblieben, einem aber auch nicht wehtun können. Als er dem Schriftsteller David Garnett bei ihrem letzten Treffen gestand, ein Sadist zu sein, schob Garnett die Schuld dafür auf Whites frühkindliche emotionale Misshandlung und die jahrelange Prügelstrafe in der Schule. »Er war ein äußerst zartfühlender und sensibler Mann«, schrieb Garnett, der »in dem Dilemma steckte, entweder aufrichtig und grausam oder unaufrichtig und unnatürlich zu sein. Wofür er sich auch entschied: Er stieß das Objekt seiner Liebe ab und widerte sich selbst an.«

Als White 1932 Lehrer in Stowe wurde, war er bereits Experte darin, zu verbergen, wer er wirklich war. Jahrelang hatte er nach der Maxime gelebt, die Henry Green in seinen Schulmemoiren *Pack My Bag* so wunderschön formuliert: »Wenn man das Gefühl hat, nicht ganz in die Gemeinschaft zu passen, geht man Ärger am sichersten aus dem Weg, wenn man so viel wie möglich an allem teilnimmt, was passiert.« Um Anerkennung zu erlangen und Ärger aus dem Weg zu gehen, musste er zum Spiegel seiner Umgebung werden; so hatte er schon als Kind versucht, die Liebe seiner Mutter zu erringen. Er führte ein Leben ständiger Verstellung. Nachdem er Cambridge mit der Bestnote in Englisch verlassen hatte, beschloss White, ein –

in eigenen Worten – Dandy zu werden. Snobismus »ist eines der besten Gesellschaftsspiele«, erklärte er Potts mit unbeschwerter Beiläufigkeit, allerdings eines mit sehr hohen Einsätzen. Er musste sich als Gentleman ausgeben. Dazu gehörten zunächst einmal die richtigen Hobbys: Schießen, Fischen, Fliegen und die Fuchsjagd. Letztere war das perfekte Übungsobjekt: Es gab Tausende von Regeln und Protokollen, sie erforderte Mut, Geld, soziale Kompetenz, reiterliches Können und exquisite Verkleidungen. »Darf man Zylinder, schwarzen Überzieher und Jacken ohne Stulpen tragen?«, fragte er besorgt Ronald McNair Scott, einen Freund aus Cambridge. Auch bei den Reithosen war er sich nicht sicher: »Die Farbe stimmt, glaube ich (eine Art Kakhi [sic]), aber vielleicht ist die Webart (die Rippung oder wie immer das heißt) zu grob oder nicht grob genug?« Zu grob. Nicht grob genug.

Mit allergrößter Sorgfalt führte er Jagdtagebücher, in denen er seine Fortschritte festhielt: gerittene Kilometer, Zeichnungen von Dickichten, Menschen, denen er auf der Jagd begegnet war, Hecken und Gräben, über die er erfolgreich hinweggesetzt hatte, Gedanken zum Verhalten seines Pferdes und schmerzhaft umständliche Einschätzungen seiner selbst: »Ich glaube, ich habe mich nicht unpassend benommen, zumindest wurde ich nie gerügt.« Defensiv, negativ formuliert – die Worte eines Mannes, der verzweifelt dazugehören will. In *England Have My Bones* beschreibt er Buckinghamshire in ganz ähnlicher Weise – durch das, was es nicht ist. Seiner Grafschaft mangelt es an herausragenden Qualitäten, Schönheit und historischer Bedeutung; so zieht sie die Aufmerksamkeit der Welt nicht auf sich. Sie ist sicher. Wenn White weiterhin schreibt, Buckinghamshire »verbarg seine Individualität, um sie sich zu bewahren«, sei aber »insgeheim auf seine ganz eigene Art und Weise von überbordender Fülle«, merkt man, dass er über sich selbst schreibt. Mehr Verstellung. Der Spiegel funktioniert in beide Richtungen. Die Grenze zwischen Mann und Landschaft verschwimmt. Wenn White über seine Liebe zur Natur schreibt, ist es im Grunde Ausdruck seiner sehnsüchtigen Hoffnung, sich eines Tages selbst lieben zu können.

Doch war die Natur nicht nur etwas, das White gefahrlos lieben konnte – er konnte auch gefahrlos über diese Liebe schreiben. Ich habe sehr lange gebraucht, bis mir klar wurde, wie viele unserer Klassiker über Tiere von homosexuellen Schriftstellern verfasst wurden. Sie schrieben über ihre Liebe zu Tieren statt über die zu Menschen, da sie davon nicht sprechen durften. Gavin Maxwells *Im Spiel der hellen Wasser* beispielsweise: die Geschichte eines einsamen Mannes, der an der schottischen Küste lebt und einen Fischotter auf dem Sofa hält. Oder die Bücher des BBC-Naturforschers Maxwell Knight, der außerdem Chef eines Spionagerings beim MI5 und heimlicher Homosexueller war. Er konnte also in mehrfacher Hinsicht nicht offen über seine Loyalitäten reden und schrieb stattdessen ein Buch über die Handaufzucht eines Kuckucks namens Goo. Die Besessenheit von seinem kleinen, gierigen, gefiederten, parasitischen Freund ist herzzerreißend; seine Spezies vereint alle versteckten Elemente von Knights Leben: List, Täuschung, sich als jemand ausgeben, der man nicht ist.

Auch White gehört dieser schmerzlichen literarischen Tradition an. Er blieb sein ganzes Leben lang allein. Er hatte ein paar entmutigende Liebschaften mit Frauen; eine hätte er fast geheiratet, einer anderen hätte er beinahe einen Heiratsantrag gemacht. Alle waren sie sehr jung. Vor erwachsenen Frauen hatte er Angst. Er gab zu, dass er ihre Gestalt unangenehm fand, und konnte es nur selten über sich bringen, sie zu zeichnen.

Sehr viel später verliebte er sich in den Teenagersohn eines Freundes; es war seine letzte Liebe, hoffnungslos und unerwidert. Doch Tiere gab es immer. Sie bevölkerten Whites Leben und seine Bücher. Hunde, Eulen, Greifvögel, Schlangen, Dachse, Igel, sogar Ameisen. Und abgesehen von seinem Setter Brownie, den er vergötterte, bestand er darauf, seine Tiere seien keine Haustiere: denn Haustiere seien »fast immer fatal, für uns oder für sie selbst«. Ihre Besitzer ruinieren sie, ebenso wie »Mütter ihre Kinder ruinieren und wie Efeu ersticken«. Haustiere bedeuteten Abhängigkeit, und die war ihm zuwider.

Zu Beginn eines der Kapitel in *England Have My Bones* findet sich eine Passage von Stella Benson, die deutlich macht, warum White von einem Habicht träumte:

Unabhängigkeit – der Zustand der Eigenständigkeit – ist das einzige Zugeständnis, dachte ich, die einzige Wohltat, die man von einem Lebewesen in Anspruch nehmen darf. Der innerste Kern des anderen ist unantastbar; das ist unser einziges Recht – ihn unantastbar zu lassen. Der innerste Kern muss die Achse eines Globus aus einbruchsicherem Glas sein. Wenn man einen Habicht sieht, kann man nicht sagen: »Ich sollte dies oder jenes vielleicht für ihn tun.« So ist nicht nur er sicher vor mir, sondern ich auch vor ihm.

Noch in seiner Zeit als Lehrer legte er sich zwei siamesische Katzen zu – die Rasse ist für ihre Unabhängigkeit berühmt – und versuchte, »sie so zu erziehen, dass sie nur sich selbst Vertrauen und Zuneigung entgegenbrachten«. Das hatte er seit Jahren auch bei sich versucht. »Vergeblich«, resümierte er mit

Abscheu. »Laufen sie frei und unabhängig umher? Nein, sie schlafen den ganzen Tag im Wohnzimmer, wenn sie mich nicht gerade maunzend um Futter anbetteln.« Die Katzen waren ein Misserfolg – die Ringelnattern nicht. Sie hielt er, weil »es unmöglich war, sich ihnen aufzudrängen oder ihre Zuneigung zu stehlen«. Er liebte sie, weil sie missverstanden, verleumdet und »unweigerlich sie selbst« waren: Versionen dessen, was er gern gewesen wäre, ebenso wie die Figuren in seinen Büchern. Merlin, der ideale Lehrer; »the Wart«, die Warze, das Waisenkind, das König werden soll; und Sir Lanzelot, der missratene Ritter, den White zu seinem Alter Ego auserkor.

Lanzelot war ein Sadist, den jedoch sein Ehrgefühl – sein *Wort* – davon abhielt, Menschen wehzutun. Sein *Wort* war das Versprechen, ritterlich zu sein, und eines der Dinge, die ihn zum besten Ritter der Welt machten. »Sein ganzes Leben hindurch«, so White über Lanzelot, »– sogar dann noch, als er ein großer Mann war, dem die Welt zu Füßen lag – sollte er diese Lücke verspüren, diesen Riss: Im Innersten war da etwas, dessen er sich bewusst war und dessen er sich schämte, das er jedoch nicht fassen konnte, nicht begriff.« White war immer sehr sorgsam darauf bedacht, ritterlich zu sein, gerade weil er grausam sein wollte. Deshalb schlug er seine Schüler in Stowe auch nie.

Obwohl Whites *Wort* ebenfalls darin bestand, der Grausamkeit abzuschwören, spielten Tiere eine seltsame Rolle dabei, dass er ihr eben nicht abschwor. Mit distanzierter Faszination beschrieb White das Töten der Beute auf einer Jagd mit der Old Surrey and Burstow Hunt, das erste Mal, dass er so etwas erlebte. Man holte den Fuchs aus einem Graben, in den er sich geflüchtet hatte, und warf ihn den Hunden vor. Sie rissen ihn in Stücke, während die umstehenden Zuschauer »sie kreischend anfeuerten«. Die Menschen, fand White, waren widerwärtig,

ihre Schreie »angespannt, selbstbezogen und hysterisch ani-
malisch«. Die Hunde waren das nicht. »Die Grausamkeit der
Hunde«, schrieb er, »war tief in ihnen verwurzelt und schrecklich; aber sie war wahrhaftig und deshalb nicht so grauenhaft
wie die der Menschen.«

In dieser blutigen Szene entkam nur ein Mensch Whites
Abscheu: der Meuteführer, eine rotgesichtige, ernste und gentle-
manhafte Gestalt, die bei den Hunden stand und das *Fuchs tot*
auf dem Jagdhorn blies, das formelle Signal zum Gedenken an
den Tod des Fuchses. Irgendeine seltsame Alchemie – die Nähe
zur Meute, sein fachmännisches Kommando über sie – hatte
bewirkt, dass der Meuteführer dem Prädikat »grauenhaft« entrinnen konnte. Für White bedeutete das einen moralischen
Zaubertrick, einen Ausweg aus seinem Dilemma. Durch das
gekonnte Abrichten eines Jagdtiers, durch die enge Bindung zu
ihm, die Identifizierung mit ihm, durfte man vielleicht all seine
vitalen, ehrlichen Begierden ausleben, auch die blutrünstigsten,
und dabei dennoch völlig unschuldig bleiben. Man durfte sich
selbst treu bleiben.

Als White von seinem Habicht träumte, hielt sein falsches Selbst
dem Druck nicht mehr stand und bekam Risse. Er »kochte vor
merkwürdiger Unruhe«, hatte immer mehr das Bedürfnis, zu
erschrecken und zu schockieren. Manchmal tauchte er völlig be-
trunken auf Partys auf und verkündete: »Diese Party hat keine
Rassenzukunft. Partys sollten wie Vogelschutzgebiete sein – die
Menschen sollten sie aufsuchen, um sich zu paaren.« Er hatte
beschlossen, Menschen zu hassen. Er zog Tiere vor. Er trank
immer noch zu viel. Seinen ehemaligen Leidenschaften Fuchsjagd und Fliegen hatte er bereits abgeschworen. Sie waren ver-
dorben durch den Tod und Snobismus und das Verlangen,

andere zu übertreffen und sie fußten auf schlechten Beweg-
gründen: auf der Angst zu fallen und durchzufallen, zu versagen. Er hatte das Spiel der Ritterlichkeit gespielt, aber aus den
falschen Gründen; also spielte er es nicht mehr. »Mir ging es
wie diesem armen Mann bei Thurber, der eine Packkiste wollte,
in der er sich verstecken konnte«, schrieb White. »Und die
Lösung schien in Splendid Isolation zu bestehen.«

In den Frühjahrsferien fuhr er allein nach Belmullet an der
Westküste Irlands zum Angeln. Nun war er sich seines einge-
schlagenen Weges sicherer denn je. Von dort aus kündigte er
seine Stellung in Stowe. »Es erforderte Mut«, schrieb er an
Potts, »denn mein Analytiker hat mich erst zu etwa einem Viertel geheilt. Ich weiß nicht, wie meine Zukunft aussehen wird,
wenn ich überhaupt eine habe.« Und fügte dann hinzu: »Die
Kellnerin ist abgeschrieben.«

Schließlich brach ein neuer Schrecken an: der Krieg. Jeder
spürte ihn näher kommen; er war fast greifbar und schmeckte
beißend nach Angstschweiß. »Wir werden alle von einer großen Furcht überschattet«, hatte der Oxford-Historiker Denis
Brogan zwei Monate zuvor geschrieben. »Und sollte der Engel
des Todes noch nicht in unserem Land angekommen sein, so
hören wir doch das Rauschen seiner Schwingen, können sie
an dem uns so vertrauten Himmel sogar sehen.« Auch White
konnte sie sehen und schrieb, schuld am Krieg seien die »Herrscher der Menschen, überall auf der Welt, die andere unterbe-
wusst ins Leid stürzen, um ihre eigene Macht auszudehnen«.

Seine Angst vor dem Krieg vermischte sich dunkel mit all
seinen anderen Ängsten. Schon seit Langem hatte er Albträume
von Bomben und Giftgas, von Tunneln, Flucht und Flucht-
wegen unter dem Meer. Im Jahr zuvor hatte er *Gone to Ground*
veröffentlicht, eine Art zeitgenössisches *Decamerone,* in dem

sich Fuchsjäger in einem unterirdischen Bunker verstecken und gegenseitig Geschichten erzählen, während draußen Gas- und Brandbomben vom Himmel fallen, um dieses ganze nervenzerrüttete, kaputte Ding namens Zivilisation auszulöschen. Die Zivilisation gab es nicht mehr. Sie war zwecklos geworden. Die Moderne war Blödsinn, Gefahr, Politik und Getue und im Begriff, allem ein Ende zu setzen. Er musste fliehen. Vielleicht konnte er sich in die Vergangenheit retten. Dort wäre es sicher. Und er begann, ein Buch über Falknerei zu lesen, von Captain Gilbert Blaine.

In diesem Buch stieß White auf die Geschichte eines verstoßenen, eines während der Jagd verloren gegangenen Habichts. »Noch am Tag der Jagd war sie so zutraulich wie der Familienpapagei gewesen«, so Blaine, »doch innerhalb einer Woche kehrte sie zu einem wilden Zustand zurück. Danach wurde sie zu Mythos und Legende der Nachbarschaft.« Für White war dieser Satz wie eine göttliche Offenbarung. Der Habicht als Mythos, als Legende. »Ein Satz hatte plötzlich Funken in meinem Kopf geschlagen«, schrieb er.

Und der Satz war: »Sie kehrte zu einem wilden Zustand zurück.« Plötzlich sehnte ich mich danach, selbst dazu in der Lage zu sein. Das Wort »wild« hatte Zauberkraft und verbündete sich sogleich mit zwei anderen Wörtern: »verwildert« und »frei«. Mit dem magischen Klang des lateinischen »ferox« schwangen außerdem »Fee«, »feenhaft« und weitere anrüchige Verbündete. Zu einem wilden Zustand zurückkehren! Ich mietete ein Bauern-Cottage an für fünf Schilling die Woche, und schrieb wegen eines Habichts nach Deutschland.

Wild. Er wollte frei sein. Er wollte verwildern. Er wollte »ferox« sein und feenhaft. All die Aspekte seiner Persönlichkeit, die er beiseitegeschoben hatte, seine Sexualität, sein Verlangen nach Grausamkeit, nach Herrschaft. All das vereinte sich plötzlich in der Gestalt des Habichts. White hatte sich in Blaines verstoßenem Habicht wiedergefunden. Er hielt ihn umklammert. Vielleicht tat ihm der Habicht weh, aber er würde nicht loslassen. Er würde ihn abrichten. Ja. Er würde den Greifvogel lehren, würde sich selbst lehren und ein Buch darüber schreiben, das seine Leser diese verlorene alte Kunst lehren würde. Als hielte er die Flagge eines längst besiegten Landes in die Höhe, dem er den Fahneneid leistete. Er würde seinen Habicht in den Ruinen seines früheren Lebens abrichten. Und wenn dann der Krieg kam, denn der würde sicher kommen, und alles um ihn herum zu Staub und Anarchie verfiel, würde er seinen Habicht fliegen und die erbeuteten Fasane essen. Ein Überlebender, ein Freisasse, der von seinem Land lebt, fern der bitteren sexuellen Verwirrung der Stadt und der Kleinkriege des Klassenzimmers.

5

Festhalten

Wenn einem das Herz bricht, dann flieht man. Manchmal läuft man allerdings nicht einfach weg, sondern vor lauter Hilflosigkeit stattdessen auf etwas zu. Ich hatte zwar nicht dieselben Gründe wie White, doch floh ich ebenfalls. An einem Morgen Anfang August fand ich mich sechshundertfünfzig Kilometer von zu Hause wieder. Was ich vorhatte, fühlte sich an wie ein Drogendeal. Auf jeden Fall sah es so aus. Minutenlang war ich an einem schottischen Kai auf und ab gelaufen, in der einen Hand eine koffeinhaltige Limo, in der anderen eine Zigarette, in der Hosentasche einen Umschlag mit achthundert Pfund in kleinen Scheinen. Im Auto saß Christina, die mit ihrer Pilotensonnenbrille umwerfend cool aussah. Sie war mitgekommen, um mir Gesellschaft zu leisten; hoffentlich war ihr nicht langweilig. Wahrscheinlich schon. Vielleicht war sie auch eingeschlafen. Ich ging zum Auto, das meinem Vater gehört hatte. Jetzt war es meins, doch im Kofferraum lagen immer noch Dinge, die ich einfach nicht übers Herz brachte wegzuwerfen: 35-mm-Filmdosen, eine zerdrückte Schachtel Aspirin, eine Zeitung mit einem von meinem Vater nur zur Hälfte gelösten Kreuzworträtsel, ein Paar Winterhandschuhe. Ich lehnte mich an die Motorhaube, rieb mir die Augen und sah auf den Hafen hinaus. Wann kam denn diese Fähre endlich? Die Irische See schimmerte in einem hellen Türkis. Möwen, die wie kleine

Kreuze aussahen, flogen darüber hinweg. Seltsam, dass es überhaupt schon Tag war; beide waren wir von der langen Fahrt am Tag zuvor erschöpft und genervt von dem Hotel, in dem wir übernachtet hatten. *21st Century Hotel!* stand auf einem laminierten Pappschild an der Tür. Als wir sie öffneten, war das Erste, das uns ins Auge fiel, eine Plastikbulldogge an der Rezeption, die mit ihrem boshaften Grinsen aussah wie einem Albtraum entsprungen.

In unserem Zimmer fanden wir einen kaputten Computer, ein nicht angeschlossenes Waschbecken und einen voll funktionsfähigen Wasserkocher vor, den wir, so hatte man uns instruiert, unter keinen Umständen benutzen durften. »Sicherheitsvorschrift«, hatte der Hotelbesitzer seufzend erklärt und die Augen verdreht. Außerdem gab es interessanterweise zwei Fernseher, die Wände waren mit braunem Veloursimitat verkleidet, und im Badezimmer war eine große Wanne in den Boden eingelassen. Christina legte sich hinein und staunte über das teefarbene Moorwasser. Ich ließ mich in einen Sessel fallen und spulte die Reise – wie ein Roadmovie, bei dem der drogenbenebelte Autor selbst Regie geführt hatte – noch einmal vor meinem inneren Auge ab: riesige Irn-Bru-Laster voller Flaschen des orangefarbenen, nach Kaugummi schmeckenden schottischen Softdrinks. Ein Rabe in einer Pfütze an der Straße, mit nassen Füßen und kräftigem Schnabel. Autobahn-Tankstelle A. Autobahn-Tankstelle B. Ein Sandwich. Ein großer Becher ungenießbarer Kaffee. Endlose Kilometer. Weite Himmel. Ein Beinaheunfall irgendwo an einem Abhang, verursacht durch Unaufmerksamkeit. Autobahn-Tankstellen C und D. Ich massierte mir die schmerzende rechte Wade, blinzelte die Bilder weg und machte mich daran, die Geschühriemen und Kurzfessel zu fertigen.

Ich hätte das längst erledigen sollen, doch ich hatte es nicht vermocht. Da jetzt der Habicht Realität geworden war, musste ich die Fesseln anfertigen. Die Riemen aus weichem Leder werden am Geschüh befestigt, den Ledermanschetten am Ständer, am Bein, des abgerichteten Greifvogels. Einiges aus dem Vokabular der Falknerei – etwa der Habichtler, der *Autourserie* – stammt aus dem französischen Wortschatz des vierzehnten Jahrhunderts, aus einer Zeit, als diese Kunst zu den Lieblingsspielen der herrschenden Elite gehörte. So verbirgt sich im Namen für einen speziellen Falkner auch ein bisschen Sozialgeschichte. Als Kind hielt mich die irritierend komplexe Terminologie der Falknerei regelrecht gefangen. In meinen alten Büchern war jeder einzelne Teil eines Greifvogels benannt: Die Flügel hießen *Schwingen*, die Krallen *Klauen*, der Schwanz *Staart* oder *Stoß*, der Schnabel *Beck*. Männliche Greifvögel sind rund ein Drittel kleiner und leichter als weibliche und heißen deshalb *Terzel*, vom lateinischen *tertius*, dritter. Jungvögel sind *Nestlinge*, ältere Vögel *Ästlinge* und erwachsene sind *adult*. Ein Wildfang im Altersgefieder heißt *Haggard*. Beim Abtragen wird der Vogel zunächst an einer *Lockschnur* geflogen. Greifvögel werden nicht gefüttert, sondern *geatzt*. Nehmen sie Nahrung auf, *kröpfen* sie; nehmen sie Wasser auf, *schöpfen* sie. Werfen sie Exkremente – *Schmelz* – aus, *schmelzen* sie. Diese verwirrende Palette äußerst präziser Fachausdrücke ließe sich beinahe endlos fortsetzen. Für die Präzision gab es einen Grund: Wer sein Falknereivokabular kannte, brauchte sich um seinen Platz in der Gesellschaft keine Sorgen zu machen. Ebenso wie T. H. White in den Dreißigerjahren darüber nachgrübelte, ob eine Jagdgerte korrekterweise vielleicht Jagdpeitsche oder Reitgerte oder Reitpeitsche oder einfach nur Gerte oder Peitsche hieß, hatte im sechzehnten Jahrhundert auch der jesuitische Spion

Robert Southwell Angst davor, entdeckt zu werden, weil er ständig sein Falknervokabular vergaß. Doch als ich klein war, wusste ich von diesen sozialen Ängsten noch nichts. Für mich waren es magische Worte, geheime, verlorene Worte. Ich wollte diese Welt, die keiner kannte, beherrschen, wollte Expertin in ihrer vollkommenen Geheimsprache sein.

Natürlich kann man Geschüh, Lang- und Kurzfesseln, Hauben, Bells, Falknerhandschuhe und all das inzwischen auch über das Internet beziehen. Doch in meiner Anfangszeit als Falknerin stellten die meisten von uns ihre Ausrüstung selbst her. Im Laden für Hochseefischereibedarf kauften wir Wirbel für die Drahlen, mit denen man Geschühriemen und Kurz- beziehungsweise Langfessel verbindet; Leinen bekamen wir vom Schiffsausrüster; und für die Riemen und Hauben erbettelten wir uns Lederreste in Gerbereien und Schuhfabriken. Wir übernahmen und passten an, verbesserten aber für gewöhnlich nicht. Ich jedenfalls ganz bestimmt nicht. Ich verbrachte unzählige Stunden damit, Baumwollgarn zu wachsen, durchlöcherte versehentlich meine Finger statt des Leders, ärgerte mich, wischte das Blut ab und versuchte wieder und wieder, Dinge zuzuschneiden, herzustellen und zu nähen, die am Ende so aussehen sollten wie auf den Abbildungen in den Büchern. Und die ganze Zeit über wartete ich auf den großartigen Tag, an dem ich endlich einen eigenen Greifvogel haben würde.

Ich habe den Verdacht, dass all die Stunden, die ich damit zubrachte, Fesseln und Riemen herzustellen, nicht nur vorbereitende Spielereien gewesen waren. In einem Büchlein mit meinen Kinderzeichnungen findet sich die kleine Bleistiftskizze eines Turmfalken auf einem Handschuh. Vom Handschuh sind nur die Umrisse gezeichnet – und die nicht einmal besonders gut; ich war sechs, als das Bild entstand. Der Falke hat dunkle Augen, einen langen Schwanz und ein winziges, flauschiges Federbüschel unter dem gebogenen Schnabel. Ein glücklicher Turmfalke, aber auch ein geisterhafter; genau wie der Handschuh wirkt er merkwürdig transparent. Doch ein Teil von ihm ist sehr sorgfältig ausgearbeitet: die Hände und die Finger mit den Klauen. Sie sind größer, als sie sein sollten, und schweben über dem Handschuh, weil ich keine Ahnung hatte, wie man Finger zeichnet, die etwas umklammern. Die Hornschuppen und Klauen an allen Fingern sind ungeheuer detailliert dargestellt ebenso wie die Riemen um die Läufe des Falken. Eine breite schwarze Linie – die Langfessel – führt zu einem großen schwarzen Punkt auf dem Handschuh, den ich mit dem Bleistift so lange übermalt habe, bis das Papier glänzte und durchgedrückt war. Ein Ankerpunkt. *Hier,* sagt das Bild, *habe ich einen Turmfalken auf der Faust. Er wird nicht wegfliegen. Er kann nicht wegfliegen.*

Ein trauriges Bild. Es erinnert mich an einen Aufsatz des Psychoanalytikers D. W. Winnicott, in dem es um ein Kind geht, das von Schnüren besessen ist. Der Junge band Stühle und Tische zusammen sowie Kissen an den Kamin, legte – beunruhigenderweise – auch eine Schnur um den Hals seiner Schwester. Winnicott deutete das Verhalten als Art, mit Ängsten vor dem Verlassenwerden umzugehen; die Mutter des Jungen hatte immer wieder unter Depressionen gelitten. Für ihn war die Schnur eine Möglichkeit der nonverbalen Kommunikation, ein symbolisches Instrument des Verbindens, das Leugnen der Trennung. *Festhalten.* Vielleicht waren die Fesseln unausgesprochene Versuche, an etwas festzuhalten, das schon weggeflogen war. Ich habe die ersten Wochen meines Lebens in einem Inkubator voller Schläuche und unter künstlichem Licht verbracht; meine Haut war fleckig und rau, die Augen hatte ich zusammengekniffen. Ich hatte Glück. Ich war winzig, überlebte aber. Mein Zwillingsbruder nicht. Er starb kurz nach der Geburt. Von all diesen Ereignissen weiß ich fast nichts, nur dass es eine Tragödie war, über die man nicht sprach. Das zumindest hatte man im Krankenhaus den trauernden Eltern geraten. Was in dieser Zeit nicht ungewöhnlich war. Lassen Sie es hinter sich, vergessen Sie es. Sie haben doch ein Kind! Leben Sie Ihr Leben weiter. Als ich viele Jahre später erfuhr, dass ich einen Zwillingsbruder gehabt hatte, war ich überrascht. Aber *so* überrascht nun auch wieder nicht. Ich hatte immer das Gefühl gehabt, dass ein Teil von mir fehlt – ein alter, schlichter Mangel. War es möglich, dass meine Leidenschaft für Vögel, vor allem für die Falknerei, aus diesem ersten Verlust heraus entstanden ist? War dieser geisterhafte Turmfalke eine Ahnung von meinem Zwillingsbruder, die mit großer Sorgfalt gezeichneten Fesseln der Versuch, an etwas festzuhalten, von dem ich zwar nicht wusste, dass ich es verloren hatte, aber von dem ich wusste, dass es nicht mehr da war? Ich denke schon, dass das möglich ist.

Doch jetzt war mein Vater gestorben. *Festhalten.* Ich hätte mir nie träumen lassen, dass die Fertigung von Fesseln ein symbolischer Akt sein könnte. Doch als ich dasaß und Leder in lange Streifen schnitt, sie in warmem Wasser einweichte, sie dehnte, sie mit Lederfett geschmeidig machte und sie in diesem seltsamen Zimmer voller kaputter Gegenstände hin und her drehte, wusste ich, dass sie mehr waren als bloße Lederstücke. Sie würden mich mit dem Habicht verbinden und den Habicht mit mir. Ich nahm das Tapeziermesser und schnitt das Ende eines Geschühriemens mit einem langen, glatten Schnitt zu. *So.* Damit beschwor ich etwas herauf. Plötzlich war der Habicht sehr real. Und ebenso plötzlich, in einem jähen Aufflackern der Erinnerung, auch mein Vater – so real, dass er bei mir im

Zimmer hätte sein können. Graues Haar, Brille, blaues Baumwollhemd, leicht schief sitzende Krawatte und eine Tasse Kaffee in der Hand. Belustigung lag in seinem Blick. Er ärgerte mich immer damit, der Falknereiausrüstung falsche Namen zu geben. Hauben nannte er *Hüte*. Die Lockschnur eine *Leine*. Das machte er mit Absicht. Ich wurde böse und korrigierte ihn, dachte, er wollte mich aufziehen.

Dabei hatte Dad ganz genau gewusst, wie die Dinge heißen; doch in der Welt der Fotojournalisten erkannte man den Experten gerade daran, dass er die Dinge nicht beim richtigen Namen nannte. Für ihn waren Fotografien *Schnappschüsse* und Kameras einfach *Ausrüstung*. Er zog mich nicht auf – er erwies mir die Ehre. Verdammtes französisches Vokabular aus dem vierzehnten Jahrhundert. Scheiße. Scheiße, Scheiße, *Scheiße*. Das war so gar nicht seine Art. Ich hatte einen Kloß im Hals. Meine Augen brannten und mein Herz auch. Ich schnitt das Ende des anderen Geschühriemens zu. Meine Hände zitterten. Dann legte ich die Riemen nebeneinander auf die Glastischplatte. Sie passten. Morgen, dachte ich, *treffe ich mich am Anleger der Fähren aus Belfast mit einem mir völlig unbekannten Mann. Ich gebe ihm einen Umschlag voller Papier und bekomme dafür eine Kiste mit einem Habicht.* Das Ganze war einfach unvorstellbar.

Der Habicht, den ich abholen wollte, war in einer Voliere in der Nähe von Belfast gezüchtet worden. Die Habichtzucht ist nichts für Feiglinge. Einige meiner Freunde hatten es probiert und nach nur einer Saison kopfschüttelnd aufgegeben; sie hatten sich in einer Art posttraumatischer Benommenheit das frisch ergraute Haar gerauft und gesagt: »Nie wieder. Nie. Das Aufreibendste, was ich je erlebt habe.« Versuchen Sie es selbst, und Sie werden feststellen, dass zwischen der sexuellen Erregung eines Habichts und seiner schrecklichen, tödlichen Jagd-lust nur ein sehr schmaler Grat besteht. Sie müssen die Vögel ständig beobachten, ihr Verhalten überwachen und immer bereit sein einzugreifen. Ein Habichtpaar in eine gemeinsame Voliere sperren und die Vögel sich selbst überlassen? Keine gute Idee. In der Mehrzahl der Fälle wird das Weibchen seinen Partner töten. Also bringt man sie in getrennten, aber angren-zenden Volieren unter, die mit einer vergitterten Luke verbun-den sind, damit das Paar Sichtkontakt aufnehmen kann. Wenn es Frühling wird, führen die Vögel wie Pyramus und Thisbe ihre Balzrituale durch ein Loch in der Mauer aus: Sie rufen ein-ander, erregen die Aufmerksamkeit des anderen, senken die taubenblauen Flügel und plustern die weiße Bruck auf wie der Marabu seine Pluderhosen. Und erst wenn das Weibchen be-reit zu sein scheint – eine Einschätzung, die keinen Irrtum zu-lässt –, darf der Terzel in die Zuchtvoliere. Geht alles gut, paaren sie sich, legen Eier, und eine neue Generation selbst gezüchteter Habichte, ein Nest voller flaumiger weißer Küken mit noch trüben Augen und winzigen Klauen erblickt das Licht der Welt. Ich kannte den Züchter meines Habichts nicht, aber er musste Nerven aus Stahl und eine geradezu übermenschliche Geduld haben.

Whites Habicht war ein Wildfang. In den Dreißigerjahren züchtete niemand Habichte in Gefangenschaft nach, dafür gab es keinen Bedarf. In den Wäldern Europas lebten hundert-tausend wilde Habichte, Importbeschränkungen gab es so gut wie keine. Wie fast alle Beizhabichte damals stammte auch Whites Vogel aus einem Nest in Deutschland. »Ein paar Zweige und weißer Vogeldreck« – so stellte sich White die Geburts-stätte seines Habichts vor, einen echten Habichthorst hatte er noch nie gesehen. Doch Sie können sich einen anschauen, und dafür müssen Sie noch nicht einmal das Haus verlassen. Mittlerweile gibt es im Internet Webcam-Übertragungen aus Habichtnestern. Ein Klick – und Sie sind hautnah dran am Familienleben dieses beinahe scheuesten aller Greifvögel. In einem zehn Zentimeter großen Fenster sehen Sie in niedriger Auflösung einen Ausschnitt des englischen Waldes. Das Rauschen, das aus Ihren Computerlautsprechern dringt, ist eine digitalisierte Mischung aus Blätterrascheln, Windgeräusch und Buchfinkengezwitscher. Auch das Nest selbst sehen Sie, eine wuchtige Anordnung von Zweigen, fest an die Nadelbaumrinde gebaut und mit grünem Blattwerk ausgekleidet. Plötzlich taucht der Habichtterzel am Horst auf – so plötzlich, dass der Vogel mit seinem strahlend weißen und silbergrauen Gefieder an einen springenden Lachs erinnert. Die Kombination aus dieser Schnelligkeit und der Verzögerung des komprimierten Bildes spielt der Wahrnehmung Streiche: Man hat einen Eindruck des Vogels im Kopf, während man ihn beobachtet, und die Bewegungen des echten Vogels überschreiben diesen Eindruck so lange, bis der ganze Habicht nur noch aus seinem Wesen zu bestehen scheint. Das Wesen des Habichts. Dann beugt er den Kopf und ruft. *Gigigigigig.* Schwarzer Schlund, weicher Rauch an einem kalten Aprilmorgen. Schließlich gesellt sich das Weibchen hinzu. Sie ist groß, sehr groß. Als sie am Rand des Horsts landet, wackelt das Nest. Ihre knotigen Füße lassen die des Terzels winzig erscheinen. Sie ist wie ein Ozeanriese. Die *MS Habicht.*

Bei jeder Drehung kann man an ihren Läufen die Ledermanschetten sehen. Dieser Vogel ist irgendwo in Gefangenschaft gezüchtet worden, in einer Voliere ganz ähnlich der in Nordirland, aus der mein Habicht kommt. Sie war von einem namenlosen Falkner geflogen worden, war verloren gegangen und lässt sich nun auf vier hellen Eiern nieder – auf dem Computerbildschirm der Inbegriff von Wildnis.

Die Zeit verging an diesem Kai in Schottland, und allmählich breitete sich die Helligkeit vom Meer bis aufs Land aus. Dann kam ein Mann auf uns zu, in den Händen zwei riesige Pappkartons wie überdimensionierte Koffer. Seltsam fremdartige Koffer, die den Gesetzen der Physik nicht zu gehorchen schienen: Sie bewegten sich unvorhersehbar, im Einklang weder mit seinen Schritten noch mit der Schwerkraft. *Was auch immer darin ist, bewegt sich,* dachte ich, und mein Herz begann schneller zu schlagen. Er stellte die Kartons ab und fuhr sich mit der Hand durch die Haare. »Ich treffe mich hier gleich noch mit einem anderen Falkner. Er bekommt den jüngeren Vogel. Ihrer ist der ältere. Und größere«, erklärte er. »Na dann.« Er fuhr sich erneut mit der Hand durch die Haare, und dabei wurde ein langer Kratzer an seinem Handgelenk sichtbar. Die Ränder sahen entzündet aus, in der Mitte hatte sich eine dicke Schorfschicht aus getrocknetem Blut gebildet. »Wir gleichen die Ringnummern noch mal mit denen auf den Formularen ab«, sagte er, holte einen Stapel gelber Blätter aus dem Rucksack und faltete zwei der offiziellen Formulare auseinander, die in Gefangenschaft gezüchtete seltene Vögel ihr ganzes Leben lang begleiten. »Sie sollen ja nicht mit dem falschen Vogel nach Hause gehen.«

Wir notierten uns die Nummern und starrten auf die Kartons, auf ihre Griffe aus Paketklebeband, ihre Türen aus dünnem Sperrholz und die Scharniere aus sorgfältig geknüpften Schnüren. Dann kniete er sich auf den Betonboden, öffnete eines der Scharniere an dem kleineren Karton und spähte in das dunkle Innere. Ein plötzlicher dumpfer Schlag gefiederter Schultern hätte den Karton fast umgeworfen. »Sie hat keine

Haube mehr auf«, stellte er stirnrunzelnd fest. Die leichte Leder-
haube sollte dem Vogel furchteinflößende Anblicke ersparen.
Anblicke wie uns.

Er öffnete noch ein Scharnier. Konzentration. Unendliche
Vorsicht. Tageslicht fiel in den Karton. Kratzende Klauen, ein
weiterer Schlag. Und noch einer. *Rums.* Die Luft verwandelte
sich in Sirup, wurde zähflüssig, staubig. Wenige Sekunden vor
der Schlacht. Und als er schließlich den letzten Knoten gelöst
hatte, griff er in den Karton, und inmitten rauschenden, chaoti-
schen Schlagens von Flügeln, Füßen und Klauen und eines
schrillen Rufens – und das alles gleichzeitig – zieht er einen
gewaltigen, *gewaltigen* Vogel heraus. Im merkwürdigen Zusam-
mentreffen von Welt und Tat ergießt sich gleißendes Sonnenlicht über uns, und alles um uns herum ist Strahlen und Wildheit. Der Vogel schlägt ungestüm mit den gebänderten Flügeln,
die dunklen und scharfkantigen Spitzen der Handschwingen
durchschneiden die Luft, wie ein gereiztes Stachelschwein seine
Stacheln hat sie die Federn aufgestellt. Zwei riesengroße Augen.
Mein Herz schlägt unkontrolliert. Sie ist ein Zauberkunststück.
Ein Reptil. Ein gefallener Engel. Ein Greif aus einem illuminier-
ten Bestiarium. Etwas Strahlendes und Fernes, wie durch Wasser fallendes Gold. Eine kaputte Marionette aus Flügeln, Beinen
und lichtgesprenkelten Federn. Sie trägt Fesseln, die der Mann
in der Hand hält. Einen schrecklichen Augenblick lang hängt
sie kopfüber an seiner Faust, mit geöffneten Flügeln, wie ein
Truthahn beim Metzger; nur ihr Kopf weist in die richtige
Richtung, und nun sieht sie mehr, als sie in ihrem ganzen kurzen Leben bisher gesehen hat. Bisher war ihre Welt eine Voliere
in der Größe eines Wohnzimmers. Dann ein Karton. Doch jetzt
ist es das, und sie kann *alles* sehen: glitzernde Punkte auf den
Wellen, ein tauchender Kormoran hundert Meter weit draußen,

Pigmentschuppen unter Wachs an den Reihen geparkter Autos, ferne Hügel mit ihrer Heide und ein endloser Himmel, wo die Sonne über Staub und Wasser und rätselhaften Dingen wie weiße Möwen strahlt. Alles auf den Kopf gestellt und neu in ihr völlig erstauntes Gehirn eingebrannt.

Der Mann war die ganze Zeit über vollkommen ruhig geblieben. Er nahm den Vogel in einer einzigen geübten Bewegung wieder auf die Faust, faltete die Flügel, verankerte den breiten gefiederten Rücken an seiner Brust und ergriff mit einer Hand die schuppenbedeckten gelben Füße. »Setzen wir ihr die Haube wieder auf«, sagte er knapp. Seine Miene war besorgt, aber auch fürsorglich.

Dieser Vogel war in einem Inkubator ausgebrütet worden und hatte sich durch eine zerbrechliche blaue Eierschale in einen feuchten Plexiglaskasten gekämpft. In den ersten Tagen ihres Lebens hatte dieser Mann sie mithilfe einer Pinzette mit winzigen Fleischstückchen geatzt, hatte geduldig darauf gewartet, dass das plumpe Häufchen Flaum die Nahrung wahrnahm und aß, in der beständigen Anstrengung, den unverhältnismäßig schweren Kopf oben halten zu können. Ganz plötzlich liebte ich diesen Mann. Heftig. Ich nahm die Haube aus dem Karton und wendete mich dem Habicht zu. Ihr Schnabel stand offen, ihr Nackengefieder war aufgestellt; ihre wilden Augen hatten die Farbe von Sonne auf weißem Papier und waren deshalb so weit aufgerissen, weil die ganze Welt auf einmal in sie eingefallen war.

Eins, zwei, drei. Ich stülpte ihr die Haube über den Kopf. Die kurze Andeutung eines schmalen, kantigen Schädels unter den Federn, eines fremden, schreckerfüllten Gehirns, dann zog ich die Verschlussriemchen zu. Wir verglichen die Ringnummer mit der auf dem Formular.

Es war der falsche Vogel. Das hier war der jüngere. Der kleinere. Nicht mein Vogel.

Oh.

Also setzten wir sie wieder in den Karton und öffneten den anderen, in dem sich der größere, ältere Vogel befinden sollte. Und bei Gott, da war er auch. Alles an diesem zweiten Habicht war anders. Sie hatte ihren Auftritt wie in einem viktorianischen Melodram: die rasende Irre. Sie war rauchiger und dunkler und viel, viel größer. Sie rief nicht, sie heulte – entsetzliche Ausbrüche wie Schmerzensschreie; ein unerträgliches Geräusch. *Das ist mein Habicht,* sagte ich mir, und es war alles, was ich tun konnte, um weiterzuatmen.

Auch sie war ohne Haube, und wieder griff ich in den Karton, um die Haube herauszuholen. Doch als ich mich damit ihrem Gesicht näherte und ihr in die Augen sah, war da etwas Leeres und Irres in ihrem Blick. Ein Wahnsinn aus einem weit entfernten Land. Ich erkannte sie nicht. *Das ist nicht mein Habicht.* Haube auf, Ringnummer geprüft, der Vogel war wieder in dem Karton, das gelbe Formular zusammengefaltet, das Geld übergeben, und alles, was ich denken konnte, war: *Aber das ist nicht mein Habicht.* Allmählich setzte Panik ein. Ich wusste, was ich zu sagen hatte, wenngleich es einen ungeheuerlichen Verstoß gegen die Etikette bedeutete. »Es ist mir wirklich sehr peinlich«, begann ich, »aber mir hat der erste Vogel viel besser gefallen. Glauben Sie, es besteht irgendeine Möglichkeit, dass ich diesen Vogel haben könnte …?« Ich verstummte. Er hatte die Augenbrauen gehoben. Ich fing noch einmal von vorn an und gab noch dümmere Dinge von mir: »Sicher will der andere Falkner den größeren Vogel haben? Sie ist auch schöner als der erste, oder? Ich weiß, dass das eigentlich nicht üblich ist, aber ich … Dürfte ich? Wäre das in Ordnung, was meinen Sie?«

Und immer so weiter, ein verzweifeltes, aberwitziges Trommelfeuer unzusammenhängender Bitten.

Ich bin mir sicher: Nichts von dem, was ich von mir gab,
überzeugte ihn mehr als der Gesichtsausdruck, mit dem ich es
sagte. Vor ihm auf dem Kai stand eine große, bleiche Frau mit
windzerzausten Haaren und müden Augen, bettelte ihn an und
hatte die Arme ausgebreitet wie in einer Strandaufführung von
Medea. Bei diesem Anblick muss er gespürt haben, dass mein
stammelnd vorgebrachtes Anliegen kein einfaches war. Dass
etwas sehr Wichtiges dahintersteckte. Es folgte ein Augenblick
völliger Stille.

»In Ordnung«, sagte er. Und dann – er sah, dass ich ihm
noch nicht glaubte: »Ja. Ja, das ist ganz bestimmt in Ordnung.«

6

Eine Kiste voller Sterne

»Dabei kannst du nur verlieren!«, hatte mein alter Freund
Martin Jones ausgerufen und die Hände halb flehentlich, halb
verzweifelt gen Himmel erhoben. »Das ist, wie den Kopf gegen
eine Wand zu schlagen – tu es nicht, es wird dich in den Wahnsinn treiben.« Auf der Rückfahrt musste ich ständig über seine
Worte nachdenken. Kuppeln, vierter Gang. Kreisverkehr. Run-
terschalten. Heftig Gas geben. Leichter Groll. Ich wollte gar
nicht an all das denken, was die Männer mir gesagt hatten. »Es
wird dich in den Wahnsinn treiben. Überlass die Habichte den
Habicht-Jungs. Schaff dir was Vernünftigeres an.«

Mir war klar, dass das Abrichten dieses Greifvogels nicht
leicht werden würde. Habichte sind berüchtigtermaßen schwer
zu zähmen, *abzutragen,* wie es im Falknerjargon heißt. Einen
Merlin kann man in ein paar Tagen abtragen. Den ersten Freiflug mit einem Harris Hawk, einem Wüstenbussard, konnte
ich einmal nach nur vier Tagen wagen. Doch Habichte sind
nervöse, empfindliche Vögel; es dauert sehr lange, sie davon zu
überzeugen, dass man nicht der Feind ist. Dabei ist »nervös«
natürlich nicht ganz das richtige Wort: Sie haben nur hoch-
sensible Nervensysteme, bei denen die Nervenbahnen von den
Augen und Ohren zu den Motoneuronen, die die Muskelbe-
wegungen steuern, lediglich minimal mit den dazugehörigen
Nervenzellen im Gehirn verbunden sind. Habichte sind »ner-

vös«, weil sie das Leben zehnmal schneller leben als wir und weil sie auf Reize buchstäblich ohne nachzudenken reagieren.

»Von allen Greifvögeln«, so der Falkner Richard Blome im siebzehnten Jahrhundert, »ist der Habicht zweifelsohne der scheueste und schüchternste, sowohl gegenüber den Menschen als auch den Hunden. Er will eher wie eine Geliebte umworben, nicht von einem Meister beherrscht werden und ist bei unfreundlichem und grobem Verhalten ausgesprochen nachtragend. Im behutsamen Umgang aber ist er sehr fügsam und freundlich gegenüber seinem Falkner.« Freundlichkeit schenken, Freundlichkeit bekommen, so einfach war das. Hoffte ich jedenfalls.

Freundlichkeit und Liebe. Beim Fahren musste ich an den heftigen Ausbruch von Liebe vorhin auf dem Kai denken; Liebe zu einem Mann, der einen Vogel hielt, und dieser Vogel hatte Angst vor einer Welt, die er nicht verstand. Erst nach kilometerlangem Nachdenken kam ich darauf, dass es dabei um meinen Vater und mich ging. Nach seinem Tod hatte ich wochenlang vor dem Fernseher gesessen und mir immer wieder die BBC-Verfilmung von *Dame, König, As, Spion* angeschaut; Stunde um Stunde eines grobkörnigen 16-mm-Schmalfilms aus den Siebzigern, unscharf und zu dunkel auf einer alten Videokassette. Ich hatte mich innerlich in seinen dunklen Räumen, seinen Whitehall-Büros und Herrenclubs zusammengerollt. In der Geschichte von Spionage und Verrat greift alles wie in einem Uhrwerk ineinander; sie bewegt sich mit der Langsamkeit und Schönheit eines Gletschers vorwärts. Aber es ist auch die Geschichte eines Jungen namens Jumbo, Schüler eines zweitklassigen Internats in den Quantock Hills. Jumbo ist ein Verlierer: Der dicke, kurzsichtige, asthmatische Junge fühlt sich wortlos und schuldig an seinen zerrütteten Familienverhältnissen. Doch dann taucht ein Verbündeter auf: der neue Französischlehrer Prideaux, bucklig und piratenhaft. Jemand, der ihn versteht. »Du bist bestimmt ein guter Beobachter«, sagt Prideaux zu ihm. »Das sage ich dir gratis, alter Junge. Wir Einzelgänger sind alle gute Beobachter.« Was Jumbo nicht weiß, nicht wissen kann, ist, dass Prideaux ein Spion war und seine Rückenverletzung einer russischen Kugel verdankt – nicht die einzige Verletzung, war Prideaux doch von seinem alten Studienfreund und ehemaligen Liebhaber verraten worden. Das alles kann Jumbo in seiner kleinen Welt nicht begreifen, aber er spürt trotzdem, dass sein Lehrer einen einst treuen Freund verloren hat, und beschließt, diesen Freund bis zu dessen Rückkehr zu vertreten. Endlich kann er zu etwas nütze sein. Ich liebte Prideaux und seine Internatslandschaft – nebelverhangene Hügel, streitsüchtige Krähen in den Ulmen, Rugbyspiele und der weiße Atem der Jungs auf den winterlichen Feldern. In diesem Frühjahr hatte eine ganze Reihe meiner Trauerträume in dieser Kulisse gespielt.

Was der Seele nach einem schmerzlichen Verlust widerfährt, ergibt erst später einen Sinn. Mir war schon halb bewusst, dass ich mir Prideaux vermutlich als Vaterfigur ausgesucht hatte. Was mir auf den Straßen im Norden aber vielleicht auch hätte bewusst werden sollen, war, dass sich die Seele nach dem Verlust des Vaters nicht nur neue Väter in der Welt sucht, sondern auch ein neues Ich, mit dem sie diese neuen Väter lieben kann. In den ersten Wochen nach dem Tod meines Vaters wählte ich – klein und verzweifelt – Jumbo als neues Ich. Und auf diesem Kai in Schottland hatte ich für einen kurzen Moment und ohne zu wissen, warum, den Habicht gewählt. Ich fuhr und fuhr, die Landschaft glitt vorüber, und der Himmel verglühte zu einem Flecken aus dem kräftigsten Weiß und Blau.

Allmählich machte ich mir Sorgen. In der Transportkiste war es viel zu ruhig. Niedergeschlagen steuerte ich die nächste Autobahnraststätte an. Während Christina ein Eis kaufen ging, spähte ich durch eines der Luftlöcher in den Seitenwänden der Kiste. Nachdem ich stundenlang auf grellen Asphalt gestarrt hatte, war ich halb blind. Ich sah gar nichts und wollte eigentlich auch nichts sehen, denn der Habicht war mit Sicherheit tot. Und auf einmal – *mein Gott!* – war die Kiste voller Sterne.

Vor langer Zeit hatte ich in einer Kunstausstellung einen Koffer gesehen, einen kleinen braunen Handkoffer aus Leder, der auf einem weißen Tisch lag. Der banalste Gegenstand, den man sich vorstellen kann, und ein etwas trauriger obendrein, als hätte jemand ihn hier abgestellt und vergessen. Der Künstler hatte ein kleines Loch in das Leder geschnitten. *Sehen Sie hinein,* stand auf einem Aufkleber; mit der Verlegenheit, die wohl jeden überkommt, der gebeten wird, an einem Kunstwerk teilzunehmen, beugte ich mich herunter, um durch das Loch zu blicken. Zuckte überrascht zurück. Schaute noch einmal hindurch – und fühlte mich wie ein Herrscher über unendliche Weiten, leicht benommen, beschwingt, denn ich blickte in ein Sternenfeld, das sich bis zur Unendlichkeit hin erstreckte. Das Ganze war geschickt gemacht: Der Künstler hatte oben und unten im Koffer je einen mit Säure behandelten Spiegel angebracht, der von winzigen Glühlampen angestrahlt wurde. Die Reflexionen der Säureflecken und Löcher in den Spiegeln und die hellen Lichtpunkte verwandelten das Innere des Koffers in ein strahlendes, kaltes, endloses Universum.

Ich musste an diesen Koffer denken, als ich, über den Rücksitz gebeugt, in die Kiste spähte und erneut von einem Sternenfeld in ansonsten völliger Dunkelheit überrascht wurde.

Langsam verwandelten sich die Sterne in Federstaub, winzige
Keratinschuppen, die das wachsende junge Gefieder schützen,
sich gelöst hatten und durch einen Spalt in der Kiste von der
Sonne angestrahlt wurden. Augen und Hirn fanden wieder zu-
einander, und ich konnte das, was ich sah, richtig deuten –
einen zitronengelben, klauenbewehrten Fuß im Halbdunkel,
dunkle Federn, die vor Angst zitterten. Der Habicht wusste,
dass er beobachtet wurde. Auch ich zitterte. »Alles in Ordnung
mit ihr?«, fragte Christina und biss in ein Solero-Eis. »Ja«, antwortete ich. »Alles okay.« Ich startete den Motor, und wir fuhren los. Greifvögel werden seit Jahrhunderten gehandelt, rügte
ich mich. *Natürlich* war sie am Leben. Sieben Stunden sind
nichts. Im siebzehnten Jahrhundert hatten Falkenhändler wilde
Greifvögel aus Indien bis an den französischen Hof gebracht.
Der fünfte Earl of Bedford hatte Falken aus Nova Scotia und
Neuengland importiert – reihenweise Greifvögel auf Stangen in
hölzernen Schiffsrümpfen, verhaubt und vollkommen ruhig;
nur das Blöken des Viehs war zu hören, das man als Atzung
mitführte.

Whites Habicht hatte eine noch viel schlimmere Reise hinter sich: erst vom Nest zu einem deutschen Falkner; dann mit
dem Flugzeug nach England; dann mit dem Zug von Croydon
zu einem Falkner namens Nesbitt in Shropshire; dann zu einem
anderen Falkner in Schottland, wohl irgendein Tauschgeschäft.
Das schien allerdings nicht funktioniert zu haben, denn Nesbitt
bekam den Habicht zurück. Wenige Tage Atempause auf einem
zugigen Dachboden, dann wieder in der Bahn, dieses Mal nach
Buckingham, einem kleinen Marktflecken mit roten Backstein-
häusern, acht Kilometer von Stowe entfernt. Dort hat White
ihn dann abgeholt. Wie viele Kilometer insgesamt? Schätzungs-
weise zweieinhalbtausend, über mehrere Tage hinweg. Ich

kann mir kaum vorstellen, wie der Vogel das hat überleben können.

Kleine Seelen, aus ihrer Sicherheit gerissen. Auf den ersten Seiten von *The Goshawk* beschreibt White die furchtbare Reise seines jungen Habichts: aus dem Nest geholt, in einen Korb gesteckt und zum Abrichten in ein fremdes Land verbracht. Der Leser soll sich vorstellen, wie das ist, soll sich in den verängstigten Habicht hineinversetzen: die Hitze und der Lärm, das Chaos, die Furcht. »Es muss sich wie der Tod angefühlt haben«, so White. »Das große Unbekannte, von dem wir vorher nichts wissen.«

In der Art, wie wir Tiere sehen, spiegelt sich unsere Lebenserfahrung wider. Vor einiger Zeit stieß ich in einer College-Bibliothek auf eine gelbe Blechdose mit Fotografien von White als Kleinkind. Sie zeigen die staubige Landschaft um Karatschi, einen Jandi-Baum, lange Schatten, einen wolkenlosen Himmel. Auf dem ersten Bild sitzt der Junge auf einem Esel und blickt direkt in die Kamera. Er trägt einen losen Salwar Kamiz und einen Kindersonnenhut; sein kleines rundes Gesicht verrät keinerlei Interesse für den Esel, abgesehen von der Tatsache, dass er darauf sitzt. Hinter ihm steht seine Mutter, in makelloses edwardianisches Weiß gekleidet; sie sieht wunderschön und gelangweilt aus. Auf dem zweiten Bild läuft der Junge über ausgedörrten Boden auf die Kamera zu. Er läuft, so schnell er kann: Seine dicken Ärmchen verwischen in Bewegungsunschärfe, den Ausdruck auf seinem Gesicht – eine Mischung aus Furcht und Freude – habe ich noch bei keinem anderen Kind gesehen. Triumph, weil er auf dem Esel geritten ist, und Erleichterung, dass es vorbei ist. Ein Gesicht, das sich verzweifelt nach Sicherheit sehnt und gewiß ist, dass es die nicht gibt.

87

Keine Sicherheit. Die Ehe seiner Eltern hatte von Anfang an unter keinem guten Stern gestanden. Constance Aston war schon fast dreißig, als das Genörgel ihrer Mutter, wie teuer es sei, Constance durchzufüttern, unerträglich wurde. »Ich heirate den Nächsten, der mir einen Antrag macht«, blaffte sie zurück. Der Nächste war Garrick White, ein Bezirks-Polizeikommissar in Bombay. Die Jungvermählten reisten nach Indien, und sobald Terence auf der Welt war, weigerte sich Constance, je wieder mit ihrem Ehemann zu schlafen. Er kompensierte das mit Alkohol, und die Ehe glitt in Gewalttätigkeit ab. Fünf Jahre später kehrte die Familie nach England zurück, wo sie für eine Weile bei Constance' Eltern in St Leonards-on-Sea, einem Ferienort an der Südküste, wohnte. Dann gingen sie nach Indien zurück, allerdings ohne den Jungen. Er war verlassen, aber fürs Erste auch von seinen Ängsten befreit. *Die Zeit dort war zu schön, um sie in Worte fassen zu können* – so beschreibt White in einem leicht fiktionalisierten autobiografischen Fragment sein Leben in St Leonards. Stellenweise bricht Whites eigene, kindliche Stimme durch, die Stimme eines kleinen Jungen mit dem verzweifelten Bedürfnis nach Aufmerksamkeit und bereits begierig, sich in ein anderes, sichereres Selbst zu verwandeln: *Guck mal, Ruth, ich bin ein Piratenkapitän! Guck mal, ich bin ein Flugzeug! Guck mal, ich bin ein Eisbär! Guck! Guck! Guck!* Eine Zeit der Großen Gabelschwanzraupen, einer Schildkröte, einer Vorratskammer mit Schokoladen- und Zuckergläsern, der endlosen Spiele mit seinen Cousins.

Sein Glück sollte nicht ewig währen. »Sie rissen uns aus diesem Leben«, schrieb er bald darauf, »und schickten uns zur Schule.« Ende der Idylle, der Junge fand sich in ein Dasein der Angst und Gewalt zurückgeworfen. Der Schulleiter in Cheltenham war ein »sadistischer Junggeselle mittleren Alters mit düsterem Gesicht«, die Aufsichtsschüler seine Gefolgsmänner. Nach dem Abendgebet verpassten sie den jüngeren Schülern regelmäßig eine Tracht Prügel. Und so betete White jeden Tag aufs Neue: »Lieber Gott, bitte mach, dass sie mich heute Abend nicht schlagen.« Meist vergeblich. »Auf unbestimmte Weise wusste ich, dass es sexuelle Gewalt war«, schrieb er später, »auch wenn ich diese Anklage nicht hätte formulieren können.« Kein Wunder, dass er ein solches Mitgefühl mit dem Habicht hatte. Auch ihn hatte man dem einzigen Ort entrissen, der so etwas wie sein Zuhause gewesen war, auch ihn hatte man zum Abrichten in eine Welt penibler bürokratischer Grausamkeit verbracht. Den Stempel dieses Verrats trug White sein Leben lang. Genau wie sein Habicht.

Ferox. Fee. Frei. Tim White sitzt an seinem Küchentisch und taucht seinen Federhalter in ein Gefäß mit grüner Tinte, das auf dem Wachstischtuch steht. Die Tinte ist ein Schelm, ein verräterisches kleines Ding. Da sitzt er und schreibt über sein neues Leben, und die grüne Tinte ist – wie hat der Sexualforscher Havelock Ellis sie noch gleich genannt? – die Lieblingstinte der Homosexuellen. Morgen kommt der Habicht. Bald werden in diesem Haus drei Seelen leben: er selbst, sein Hund, sein Habicht. Ein aufregender Gedanke. Er liebt dieses Haus, nennt es sein Arbeiter-Cottage, seinen Dachsbau, seine Zuflucht. Draußen wandern Licht und Blätterschatten über die hohen grauen Giebel. Es ist kein prachtvolles Haus – das Wasser muss aus einem Brunnen geholt werden, im Garten steht ein Plumpsklo –, aber er findet es wunderschön. Es kostet ihn fünf Schilling Miete die Woche, für ihn jedoch ist es das erste eigene Zuhause. Er macht es dazu. Er hat die Decken gestrichen, alles in leuchtenden Farben. In Hochglanzrot und Blau.

Den Kaminsims hat er mit Vogelschwingen verziert. Daneben steht ein Glas mit Holzspänen zum Anzünden des Feuers. Gemusterte Tapeten. Ein Spiegel. Überall Bücher. Er hat sechsundsechzig Pfund für Hochflorteppiche ausgegeben, hat sich einen brokatbezogenen Ohrensessel gekauft und Madeira eingelagert. Das Gästezimmer oben hat er in ein Märchenzimmer von geheimer, romantischer Überschwänglichkeit verwandelt: vergoldete Spiegel, blaue Bettwäsche mit goldfarbener Überdecke, das Bett ist von Kerzen umgeben. Doch er hat sich immer noch nicht dazu durchringen können, darin zu schlafen. Das Feldbett in dem Zimmer mit den braunen Vorhängen soll vorerst genügen. Den Habicht will er in der Scheune draußen unterbringen, und beide werden dies ihr Zuhause nennen.

Die viktorianische Terrasse tauchte verschwommen in der sommerlichen Abenddämmerung auf. Mit der Kiste auf den Armen ging ich zu meiner Haustür. Ich kann mich nicht daran erinnern, dass ich die Kiste an diesem Abend geöffnet habe. Woran ich mich erinnern kann, sind meine nackten Füße auf dem Teppich und das Gewicht des Habichts auf meiner Faust. Ihr Umriss, hager und unruhig, das Zucken ihrer nervösen Schultern, als sie rückwärts auf den Sprenkel, die bogenförmige Stange auf dem Boden meines Wohnzimmers, tritt. Ich erinnere mich daran, dass mir eine Passage aus *Das Schwert im Stein* durch den Kopf ging, in der ein Falkner seinen Habicht wieder auf die Faust nimmt: »Er nahm Cully auf die Faust, nahm ihn glückselig wieder an sich, wie ein Einbeiniger sich das verloren geglaubte Holzbein wieder anschnallt.« Ja – den Habicht das erste Mal auf der Faust zu haben fühlte sich genau so an. Ganz genau so. Stumm kroch ich die Treppe hinauf und fiel ins Bett. Der Habicht war da. Die Reise war vorüber.

In dieser Nacht träumte ich von meinem Vater. Nicht den üblichen Traum der wiedervereinten Familie; in diesem Traum suchte ich nach etwas in einem Haus, einem leeren Haus mit ausgeblichenen Stellen an den Wänden, wo Bilder hätten hängen sollen. Ich kann nicht finden, wonach ich suche. Ich öffne eine Tür im oberen Stock; die Tür führt zu einem Zimmer, das nicht wie die anderen ist. An drei weißen Wänden läuft Wasser herunter, die vierte Wand ist verschwunden. Nichts mehr da – nur Luft, die sich mit dem Blassviolett der abendlichen Stadt vermengt. Unter mir hat eine Bombe eingeschlagen: tonnenweise Schutt und Trümmer, zwischen den Sparren und Holmen kaputter Stühle blüht Schmalblättriges Weidenröschen, und überall verdichten sich die Schatten zur Nacht. Doch nicht sie sind es, die ich ansehe. Denn auf dem größten Trümmerhaufen steht ein kleiner Junge mit sandfarbenem Haar. Obwohl er sich abgewendet hat, erkenne ich ihn sofort, und das nicht nur, weil er die gleichen kurzen Hosen und die gleiche ausgebeulte graue Jacke wie auf einem Familienfoto trägt. Es ist mein Vater.

Sobald ich ihn sehe, weiß ich, wo ich bin. Shepherd's Bush. Hier hat er als kleiner Junge gespielt, ist mit seinen Freunden in Bombenkrater geklettert, hat Dinge gesammelt, geborgen und versteckt; hat beobachtet. »Wir haben Steine mit Bomben aus Steinen beworfen«, hat er mir einmal erzählt. »Es gab sonst nicht viel, womit wir hätten spielen können.«

Plötzlich dreht sich der Junge um und schaut mich an, und ich weiß, dass er gleich etwas sagen wird. Aber es kommen keine Worte. Stattdessen deutet er mit dem Arm auf etwas. Er deutet nach oben. Ich sehe nach oben. Ein Flugzeug, Tausende Meter über uns; es fliegt so hoch, dass der Rumpf und die Tragflächen noch von der untergehenden Sonne beleuchtet werden. Hören kann ich das Flugzeug nicht, und nirgendwo sonst bewegt sich etwas. Nur dieser kleine Lichtpunkt am Himmel, der vorüberzieht und sich im Schatten der Welt verliert. Ich senke wieder den Blick. Der Junge, der mein Vater war, ist verschwunden.

7

Unsichtbar

Prrt? Prrt? Prrt? Ein fragender Ton, wieder und wieder, wie ein
Anruf von einem Vogel irgendwo aus den Ästen eines Baums.
Der Ton hatte mich geweckt. Er kam von einem Buchfinken in
der Linde vor dem Fenster; während es allmählich immer heller
wurde, lag ich da und hörte, wie sich der Ton in dem Baum
jenseits des Glases bewegte. Ein *Regenruf* – ein wunderschöner
Name für ein Geräusch, das wie eine unbeantwortete Frage
klingt. Niemand weiß, warum Buchfinken ihn machen, doch
einer Bauernweisheit zufolge kündigt er schlechtes Wetter an.

In den Fünfzigerjahren experimentierte ein Wissenschaftler
namens Thorpe in einer kleinen Forschungsstation in Madingley, ein paar Kilometer nördlich von hier, mit Buchfinken. Er
wollte herausfinden, wie sie singen lernen. Er zog junge Finken
vollkommen isoliert in schalldichten Käfigen auf und war fasziniert von dem rudimentären Gesang, den diese Vögel hervorbrachten. Das Zeitfenster, das die isolierten Jungvögel brauchten, um sich die kunstvollen Triller der Altvögel anzueignen,
war sehr klein; blieb dieses Fenster geschlossen, klangen die
Vögel nie ganz wie die anderen. Dann spielte er den jungen
Finken den Gesang anderer Vögel vor: Würden sie vielleicht
lernen können, wie Baumpieper zu singen? Thorpes Experimente zeitigten nicht nur bahnbrechende Erkenntnisse über
entwicklungsgeschichtliche Lernprozesse, sie waren auch tief

in den Ängsten in der Zeit des Kalten Krieges verwurzelt. Thorpe stellte die Fragen eines Nachkriegswestlers, der von der eigenen Identität besessen ist und Angst vor Gehirnwäsche hat. Wie lernst du, wer du bist? Kann man dich umpolen? Kann man dir trauen? Was macht dich zu einem Buchfinken? Wo liegen deine Wurzeln? Thorpe fand heraus, dass wilde Buchfinken aus verschiedenen Gegenden verschiedene Dialekte hatten. Ich lauschte dem Vogel draußen aufmerksam. Stimmt – der Gesang war anders als der der Buchfinken in Surrey, den ich aus meiner Kindheit kannte. Er war dünner, weniger kompliziert; schien abzubrechen, bevor er zu Ende war. Wie gerne hätte ich die Buchfinken von Surrey noch einmal gehört. Ich dachte an die traurigen Vögel in den schalldichten Käfigen und daran, wie unsere frühesten Erfahrungen uns prägen. Ich dachte an das Haus aus meinem Traum. Ich dachte an zu Hause. Ganz langsam schlich sich ein Gefühl in diese Gedanken, und mit einem wohligen Schauer wurde mir bewusst, dass in meinem Haus plötzlich alles anders war. Der Habicht. Ich schloss die Augen. Der Habicht hatte mein Haus mit Wildnis erfüllt, ebenso wie eine Vase voller Lilien ein Haus mit Duft erfüllen kann. Es konnte beginnen.

Im Halbdunkel der zugezogenen Vorhänge sitzt sie auf dem Sprenkel, entspannt, verhaubt, einfach unglaublich. Respekteinflößende Klauen, böser, gebogener schwarzer Schnabel, glatte milchkaffeebraune Brust, dicht von kakaofarbenen tropfenförmigen Tupfen überzogen. Sie sieht aus wie ein Cappuccino-Samurai. »Hallo, Habicht«, flüstere ich. Das Geräusch macht ihr Angst, sie legt das Gefieder an. »Shhh«, versuche ich, mich und den Vogel zu beruhigen. *Shhh.* Ich streife meinen Falknerhandschuh über, trete dicht an sie heran und nehme sie auf die Faust, wobei ich den Falknerknoten löse, der die Langfessel am Sprenkel sichert.

Sie schlägt wild mit den Flügeln. »Zornig und voller Angst taucht der auf der Faust stehende Greifvogel kopfüber nach unten und springt in wildem Freiheitsdrang von der Faust ab.« So beschreibt White es in *The Goshawk*. Die Pflicht des Falkners, so White weiter, besteht nun darin, »den Vogel mit der anderen Hand behutsam und geduldig wieder auf die Faust zu heben«. Behutsam und geduldig hebe ich sie wieder auf die Faust. Krampfhaft umklammern ihre Füße den Handschuh. *Ein Sprenkel, der sich bewegt.* Fast spürbar schlägt sich ihr Gehirn mit Neuem herum. *Aber immer noch das Einzige, was ich verstehe. Ich halte es fest.* Ich kann sie dazu bringen, auf eine Sitzstange an einer umgebauten Waage zu wechseln. Greifvögel haben ein Fluggewicht, ähnlich wie Boxer ein Kampfgewicht haben. Ein zu hoher, zu satter Greifvogel fliegt gar nicht erst oder kehrt nicht zum Falkner zurück. Ein hungriger Vogel ist etwas Erbarmungswürdiges: abgemagert, unglücklich, ohne Energie, um mit Leidenschaft und Stil zu fliegen. Als ich sie wieder auf die Faust nehme, taste ich mit den Fingern der bloßen Hand ihr Brustbein ab. Sie ist gut genährt, die Haut unter dem Gefieder fühlt sich heiß an. Mit den Fingerspitzen spüre ich ihr Herz schlagen, schnell, nervös. Als hätte ich mich verbrannt, ziehe ich meine Hand zurück. Aberglaube. Ich kann es nicht ertragen, dieses flackernde Lebenszeichen zu spüren, habe Angst, dass ich das Herz durch meine Aufmerksamkeit irgendwie zum Stillstand bringen könnte.

Ich setze mich ins Wohnzimmer und stecke ein Stückchen rohes Steak in den Handschuh unter ihren geschuppten Füßen. Ich warte. Eine Minute, zwei. Drei. Dann nehme ich ihr die Haube vom Kopf.

Für den Bruchteil einer Sekunde starren mich zwei aufgerissene Augen wild an, dann sind sie weg. Bevor der Habicht begreift, was zum Teufel hier los ist, versucht er, so schnell wie möglich zu entkommen. Sie wird durch die Fesseln ausgebremst und piepst in schriller Not, als ihr klar wird, in welcher verhassten Situation sie sich befindet. Sie kann nicht entkommen. Ich hebe sie wieder auf den Handschuh. Unter den Federn spüre ich Sehnen und Knochen und dieses rasende Herz. Sie springt wieder ab. Und noch einmal. Ich *hasse* das! In diesen ersten Minuten bleibt einem nichts anderes übrig, als zu akzeptieren, dass man den Vogel erschreckt, auch wenn es das genaue Gegenteil dessen ist, was man eigentlich will. Nach drei weiteren Malen Abspringen rast auch mein Herz, doch wenigstens ist sie wieder auf dem Handschuh, mit offenem Schnabel und flammenden Augen. Dann folgt ein langer Augenblick von ungeheurer Intensität.

Der Habicht starrt mich in Todesangst an, und ich spüre, wie sich die Stille zwischen unseren Herzschlägen synchronisiert. Ihre Augen leuchten silbern im Halbdunkel des Zimmers. Sie hat den Schnabel geöffnet und atmet mir heißen Habichtatem ins Gesicht. Er riecht nach Pfeffer und Moschus und verbranntem Stein. Sie hat das Gefieder halb aufgestellt und die Flügel halb geöffnet, mit den gebogenen schwarzen Klauen an den geschuppten gelben Füßen hält sie den Handschuh fest umklammert. Es fühlt sich an, als hielte ich eine lodernde Fackel in der Hand. Ich kann die Hitze ihrer Angst auf meinem Gesicht spüren. Sie starrt mich an. Starrt und starrt. Die Zeit zieht sich, unendlich langsam vergehen die Sekunden. Sie hat die Flügel tief gesenkt und duckt sich, bereit zum Fliegen. Ich sehe sie nicht an. Das darf ich nicht. Stattdessen konzentriere ich mich mit aller Macht darauf, *nicht da zu sein.*

Wenn ich in den Jahren als Falknerin eines gelernt habe, dann das: Man muss sich unsichtbar machen können. Man muss unsichtbar sein, wenn man einen neuen Greifvogel auf der linken Faust hat, unter seinen Füßen ein Stück Nahrung, er selbst im Zustand wilder, defensiver Angst. Greifvögel sind keine geselligen Tiere wie Hunde oder Pferde; sie verstehen weder Zwang noch Bestrafung. Die einzige Möglichkeit, sie abzurichten, besteht in der positiven Verstärkung, das heißt in der Belohnung mit Futter. Der Greifvogel soll die Atzung auf dem Handschuh annehmen – der erste Schritt in einem Prozess, an dessen Ende Mensch und Vogel Jagdpartner sind. Doch der Abgrund zwischen Angst und Nahrung ist riesig, eine beinahe unüberbrückbare Kluft, die man gemeinsam überwinden muss. Früher dachte ich, das würde durch unendliche Geduld geschehen. Aber es ist mehr als das. Man muss unsichtbar werden. Stellen Sie sich vor: Sie sitzen in einem dunklen Raum und haben einen Greifvogel auf der Faust. Der Vogel rührt sich nicht und ist angespannt wie ein Katapult kurz vor dem Abwurf des Geschosses. Unter seinen riesigen dornigen Füßen steckt ein Stück rohes Fleisch. Der Vogel soll das Fleisch ansehen, nicht Sie – denn obwohl Sie nicht hinsehen, wissen Sie, dass der Vogel Ihr Profil fixiert. Sie hören nur das feuchte *Klick, Klick, Klick* seines Blinzelns.

Um über den Abgrund aus Angst zur Nahrung zu gelangen und die beiden jetzt noch furchterstarrten Seelen schließlich in Einklang zu bringen, ist es dringend erforderlich, nicht da zu sein. Du leerst den Geist und wirst vollkommen ruhig. Du denkst an absolut nichts. Der Greifvogel wird zu einer seltsam hohlen Idee, einer Vorstellung, zweidimensional wie ein Bild oder eine schematische Zeichnung, zugleich so wichtig für dein Schicksal wie ein zorniger Richter für den Angeklagten.

Die behandschuhte Faust drückt das Fleisch ein ganz klein wenig zusammen; du spürst eine winzige Gewichtsverlagerung und siehst aus dem Augenwinkel, dass der Vogel auf das Fleisch geblickt hat. Du bleibst unsichtbar und machst das Futter zu dem einzigen Gegenstand, der sich außer dem Vogel noch im Raum befindet. Du selbst bist gar nicht da. Du hoffst darauf, dass er zu fressen beginnt; und wenn es so weit ist, kannst du dich ganz langsam wieder sichtbar machen. Selbst wenn du keinen Muskel bewegst und nur in eine entspanntere, normalere Gemütsverfassung zurückkehrst, merkt der Vogel das. Eine außergewöhnliche Erfahrung. Es dauert sehr lange, bis du mit einem neuen Greifvogel du selbst sein kannst.

Doch das Unsichtbarmachen musste ich nicht erst lernen, darin war ich Expertin. Und das bereits seit frühester Kindheit: ein kleines, etwas ängstliches Mädchen, das von Greifvögeln besessen war und gern verschwand. Wie Jumbo aus *Dame, König, As, Spion* war auch ich ein guter Beobachter. Immer schon. Als Kind war ich oft auf den Hügel hinter dem Haus geklettert und in meine Lieblingshöhle unter dem Rhododendronstrauch gekrochen; wie ein Miniatur-Heckenschütze hatte ich mich auf dem Bauch unter die überhängenden Zweige geschlängelt. Da lag ich nun in meinem geheimen Fuchsbau, die Nase nur wenige Zentimeter über dem Boden, atmete den farnigen, sauren Geruch der Erde und sah auf die Welt unter mir in dem wohligen Gefühl, unsichtbar zu sein, selbst aber alles sehen zu können. Beobachten, nicht handeln. Sich in der Unsichtbarkeit sicher fühlen. Sich willentlich unsichtbar zu machen kann zur Angewohnheit werden, die einem im Leben allerdings nicht weiterhilft. Glauben Sie mir: Sie hilft nicht. Nicht mit Menschen, nicht mit der Liebe, nicht, wenn es um das Herz geht oder darum, sich ein Zuhause zu schaffen, nicht bei der Arbeit. Doch beim Abtragen eines Greifvogels ist die Fähigkeit, sich unsichtbar zu machen, in den ersten Tagen die wichtigste überhaupt.

Ich hatte absolutes Vertrauen zu mir. *Ich weiß, wie man das macht. Wenigstens das kann ich. In diesem Tanz kenne ich alle Schritte.* Zuerst bringe ich den Vogel dazu, auf meiner behandschuhten Faust zu fressen. Allmählich wird sie dann etwas zutraulicher, teilweise auch deswegen, weil ich sie nicht rauslasse und immer bei ihr bin, so wie es die Falkner schon im fünfzehnten Jahrhundert machten. Bald wird sie von selbst auf die Faust treten, um Futter zu bekommen, später wird sie auf die Faust springen. Ich werde lange Spaziergänge mit ihr unternehmen, um sie an Autos und Hunde und fremde Menschen zu gewöhnen. Irgendwann wird sie auf mein Rufen hin zu mir geflogen kommen, zuerst an der Lockschnur, dann frei. Und dann …

Und dann. Ich hatte meine Freunde gebeten, mich vorerst in Ruhe zu lassen. Hatte den Kühlschrank mit Habichtatzung gefüllt und das Telefon ausgestöpselt. Ich war zum Einsiedler geworden: mit einem Habicht in einem abgedunkelten Raum voller Bücher, auf dem Boden ein ausgeblichener Perserteppich, darauf ein fleckiges gelbes Samtsofa. Über dem nicht vernagelten Kamin hing ein Spiegel, der ein altes Shell-Werbeplakat aus den Dreißigerjahren zurückwarf, seitenverkehrt und verschwommen. AUF SHELL KÖNNEN SIE SICH VERLASSEN, versicherte es, darunter waren aquarellierte Gewitterwolken und ein Stück der Küste von Devon zu sehen. Ein alter Fernseher, auf einem minzgrünen Plastiktuch der Sprenkel, die geblümten dunkelgrünen Vorhänge schotteten uns von der Welt ab. Mein Ziel war es, möglichst reglos sitzen zu bleiben, mit leerem Geist und dem Herzen voller Hoffnung. Doch natürlich musste ich mich ab und zu bewegen, wenn auch nur leicht: das Bein anwinkeln, damit es nicht einschlief, die Nase kraus ziehen, wenn sie juckte. Und jedes Mal zuckte der Habicht vor Schreck zusammen. Aber dann sah ich aus dem Augenwinkel, wie sie sich ein ganz klein wenig aufrichtete aus ihrer abflugbereiten Position auf der Sitzstange. Ihre Haltung war gerader. Es herrschte etwas weniger Angst im Raum.

Die Falkner nennen diese Phase des Abtragens *locke machen*, zahm machen. Ein meditativer, behutsamer, fast feierlicher Vorgang, der mir wunderbar vertraut war. Zum ersten Mal seit Monaten hatte ich wieder eine Aufgabe im Leben. Geduldig wartete ich auf den Augenblick, aus dem alles andere folgt: den Augenblick, in dem der Vogel den Kopf beugt und frisst. Mehr wollte ich nicht. Mehr gab es nicht. Warten. Beobachten. Es fühlte sich an, als könnte ich stundenlang den Atem anhalten. Kein Heben und Senken der Brust, nur mein Herzschlag, den ich bis in die Fingerspitzen spürte. Und weil das kleine Pochen die einzige Bewegung war, die ich spürte, hatte ich ganz und gar nicht das Gefühl, als gehörte es zu mir. Es schien mir wie das Herz eines anderen oder etwas Fremdes, das in mir lebte. Etwas mit einem reptilienartigen Kopf und zwei schweren, nach unten hängenden Flügeln. Verschattet, gestreift. Das grünliche Licht im Raum war angenehm dunkel und kühl, wie Licht unter Wasser. Draußen ging das Leben weiter, heiß, drückend, fernab. Die Schatten jenseits der Vorhänge waren Menschen beim Einkaufen, Studenten, Fahrräder, Hunde. Die vagen Umrisse machten blecherne Geräusche, undeutlich, unverständlich. Das *Tapp-tapp* vorbeieilender Füße. Ein zischendes Surren – noch ein Fahrrad. Die Minuten vergingen. Eine Daune aus dem Deckgefieder des Habichts landete auf dem Teppich zu meinen Füßen. Ein winziges Sternchen, fast ohne Federkiel, nur ein kleiner Bausch weichen weißen Flaums. Ich sah ihn an. Lange. Mit solch eindringlicher Aufmerksamkeit und zugleich so abgelenkt hatte ich zuletzt die Rentierflechte angesehen, an dem Tag, als der Anruf gekommen war.

Knochenjobs hatte Dad sie genannt, Fleet-Street-Jargon für gefährliche Aufträge: aus einem offenen Helikopter fotografieren, in der einen Hand die Kamera, die andere um den Türrahmen geklammert, weil der Sicherheitsgurt gerissen war. Oder von der Salisbury Cathedral hinunter durch ein Fischaugenobjektiv schauen, auf der rostigen Eisensprosse einer Leiter balancierend, die jemand in hundertzwanzig Meter Höhe in den Stein gehämmert hatte. »Wie ich die Knochenjobs durchstehe? Mit dem Blick in die Kamera«, sagte er. »Ich halte sie so ans Auge«, er machte die Bewegung vor, »und schaue durch den Sucher. Das schafft Distanz. Nimmt dir die Angst.« Lässt dich den Körper vergessen, der fallen oder versagen kann. Nun gibt es nur noch diesen Ausschnitt aus fein geschliffenem Glas und die Welt dahinter; nun musst du unzählige technische Entscheidungen treffen, hast nur noch Dinge wie Belichtung und Tiefenschärfe und das Bild, auf das du hoffst, im Kopf.

Als ich mit dem Habicht in dem abgedunkelten Raum saß, fühlte ich mich zum ersten Mal seit Monaten wieder sicherer. Zum einen, weil ich eine Aufgabe hatte. Zum anderen aber auch, weil ich mich von der Welt da draußen abgeschottet hatte. Jetzt konnte ich ungestört an meinen Vater denken. Ich dachte darüber nach, wie er mit Schwierigkeiten umgegangen war. Das Objektiv zwischen sich und der Welt hatte ihn vor mehr als nur körperlicher Gefahr beschützt. Es hatte ihn auch vor den Dingen beschützt, die er fotografieren musste: entsetzliche und tragische Dinge wie Unfälle, Zugunglücke, Kriegsschäden, bombenzerstörte Städte. Dennoch hatte er sich Sorgen gemacht, dass seine Überlebensstrategie zu einer schlechten Angewohnheit werden würde. »Ich sehe die Welt nur durch ein Objektiv«, hatte er einmal traurig gesagt, als wäre die Kamera immer da und hielte ihn davon ab, teilzunehmen – etwas zwischen ihm und dem Leben, das anderen vergönnt war.

Der Buchfink rief wieder. *Wie du lernst, was du bist.* Hatte ich das Beobachten von meinem Vater gelernt? Hatte ich als Kind seine professionelle Strategie, mit Schwierigkeiten umzugehen, nachgeahmt? Ich warf den Gedanken wie einen Ball hin und her, dann warf ich ihn weg. *Nein,* dachte ich. *Nein.* Eher ein Daran-darf-ich-nicht-denken-Nein als ein Das-stimmt-nicht-Nein.

Die vielen Tausende von Fotografien, die mein Vater gemacht hatte – daran solltest du denken. Jede einzelne ein Dokument, ein Testament, ein Bollwerk gegen das Vergessen, gegen die Nichtigkeit, gegen den Tod. Sieh hin: *Das ist geschehen.* Etwas ist geschehen, und nichts kann es ungeschehen machen. Es ist auf der Fotografie festgehalten: ein Baby, das seine winzige Hand in die eines Achtzigjährigen legt. Ein Fuchs, der über einen Waldweg schnürt, und ein Mann mit einem Gewehr, der auf den Fuchs anlegt. Ein Autowrack. Ein Flugzeugabsturz. Der Streif eines Kometen am Morgenhimmel. Ein Premierminister, der sich die Stirn abwischt. Die Beatles in einem Café auf den Champs-Elysées an einem kalten Januartag 1964: John Lennons blasses Gesicht unter der Krempe einer Fischermütze. All das hatte sich ereignet, und mein Vater hatte es im Gedächtnis verankert – nicht nur in seinem, auch im Gedächtnis der Welt. Im Leben meines Vaters war es nicht um das Verschwinden gegangen. Er hatte gegen das Verschwinden angearbeitet.

Eines Winterabends war er seltsam niedergeschlagen von der Arbeit nach Hause gekommen. Was los sei, hatten wir ihn gefragt. »Habt ihr den Himmel heute gesehen?« Auf dem Rückweg von einer Pressekonferenz war er durch einen Londoner Park gegangen. Er war menschenleer gewesen, nur ein kleiner Junge hatte an einem zugefrorenen See gespielt. »Sieh mal, da oben«, hatte er zu dem Jungen gesagt. »Vergiss das nicht. So etwas wirst du nie wieder sehen.« Am winterlich verhangenen Himmel über ihnen hatten sich riesige Eisringe und Nebensonnen gebildet. Ein Halo, ein 22-Grad-Ring, ein Zirkumzenitalbogen, der wie ein auf dem Kopf stehender Regenbogen aussah. Das Sonnenlicht war gebrochen und der Himmel fügte sich zu komplizierten geometrischen Mustern aus Eis, Luft und Feuer. Das schien den Jungen allerdings nicht im Geringsten interessiert zu haben. Dad war verwundert gewesen. »Vielleicht dachte er, du seist einer dieser komischen Männer«, zogen wir ihn auf und kicherten. Er wirkte verlegen und leicht verärgert. Und unendlich traurig über den Jungen, der nicht hatte sehen wollen.

Jetzt war Dad nicht mehr da, und allmählich begann ich zu begreifen, wie Vergänglichkeit mit Dingen wie einer Halo-Erscheinung an einem eisigen Himmel zusammenhängt. Dass die Welt voller Zeichen und Wunder ist, die kommen und gehen. Wenn wir Glück haben, sehen wir sie. Einmal, zweimal. Und dann vielleicht nie wieder.

Die Alben in den Regalen meiner Mutter sind voller Familienfotos. Es gibt darin aber auch Fotos mit anderen Motiven. Ein Star mit gebogenem Schnabel. Ein Tag voller Raureif und Rauch. Ein Kirschbaum voller Blüten. Gewitterwolken, Blitze, Kometen und Sonnenfinsternisse – Himmelsereignisse, erschreckend in ihrer Urgewalt, aber auch beruhigend, weil sie uns wissen lassen, dass die Welt immer noch da sein wird, wenn wir schon längst verschwunden sind.

Henri Cartier-Bresson hat das Gelingen einer guten Fotografie einmal als *ausschlaggebenden Moment* bezeichnet. »Das Auge muss eine Komposition oder einen Ausdruck erkennen, den das Leben dir bietet, und du musst intuitiv wissen, wann du auf den Auslöser drücken musst«, sagte er. »Der Moment! Ein Mal verpasst, kommt er nie wieder.« Ich dachte an einen dieser Momente, als ich darauf wartete, dass der Habicht auf meinem Handschuh fraß. Ein Schwarz-Weiß-Foto, das mein Vater vor vielen Jahren von einem älteren Straßenkehrer mit weißem Ziegenbärtchen, zerknitterten Socken und ausgetretenen Schuhen gemacht hatte. Ebenso zerknitterte Arbeitshosen, Arbeitshandschuhe, Wollmütze. Die Aufnahme entstand aus einem tiefen Blickwinkel: Dad muss sich auf den Gehweg gekauert haben, um sie zu machen. Der Mann beugt sich nach unten, sein Besen aus Birkenreisig lehnt an seiner Seite. Er hat einen Handschuh ausgezogen und hält zwischen Daumen und Zeigefinger der rechten Hand einen Krümel Brot, den er einem Spatzen im Rinnstein anbietet. Dad hat den Auslöser genau in dem Moment gedrückt, in dem der Spatz auf den Mann zuhüpft und ihm den Brotkrümel aus der Hand frisst. Der Ausdruck auf dem Gesicht des Mannes ist pure Glückseligkeit. Das Gesicht eines Engels.

Die Zeit verging. Wilde Greifvögel kröpfen, so viel sie können, und kommen dann tagelang ohne Nahrung aus. Ich wusste, dass der Habicht heute nicht von meinem Handschuh fressen würde. Sie hatte Angst, keinen Hunger und empfand die Welt um sich herum als Beleidigung. Wir brauchten beide eine Pause. Ich setzte ihr wieder die Haube auf. *Da.* Aufflammende Panik,

ein Nervenbündel; dann entspannte sie sich, denn der Tag
hatte sich in Nacht verwandelt, und ich war verschwunden.
Und mit mir die Angst. Ich hatte ihr Dunkelheit geschenkt, sie
gewissermaßen hinters Licht geführt – ein uralter Trick und ein
verzeihlicher obendrein. Die Dunkelheit gab ihr Raum, sich
wieder zu beruhigen. Mir auch. Während sie auf ihrem Sprenkel einschlief, breitete ich eine Bettdecke über das Sofa und
schlief ebenfalls ein. Als ich sie später wieder auf die Faust
nahm, hatte sich die Stimmung im Raum verändert. Sie kannte
das jetzt schon und war sich nicht mehr hundertprozentig sicher, es mit einem Monster zu tun zu haben. Sie sprang einmal
ab, aber in Richtung Boden, nicht in blindem Terror weg von
mir. Ich half ihr wieder auf den Handschuh und blieb noch
eine Weile ganz ruhig mit ihr sitzen. Plötzlich geschah etwas
Neues: Statt mich schreckerfüllt anzustarren, begann sie, ihre
Umgebung zu inspizieren. Regale, Wände, Boden – alles neu,
und alles beäugte sie neugierig mit kleinen Seitwärtsbewegun-
gen ihres Kopfes. Habichtparallaxe, sie schätzte die Entfernungen ab. Sie inspizierte die Decke, die oberste Reihe der Bücherregale darunter, neigte den Kopf, um sich die unordentlichen
Teppichfransen genauestens anzusehen. Dann kam der aus-
schlaggebende Moment. Nicht der, auf den ich gehofft hatte,
aber dennoch einer, der mir einen Schauer über den Rücken
jagte. Aufmerksam und neugierig betrachtete sie jeden einzelnen Gegenstand im Raum und sah plötzlich – mich. Zuckte
zusammen. Genau wie ein Mensch, der von etwas Unerwarte-
tem überrascht wird. Ich spürte das Kratzen ihrer Klauen, fühlte
auch ihre Überraschung wie einen kalten elektrischen Schlag.
Der Moment. Vor einer Minute war ich noch so furchterregend
gewesen, dass außer mir nichts existiert hatte. Doch dann hatte
sie mich vergessen. Nur für den Bruchteil einer Sekunde, aber

das genügte. Ich war glücklich, dass sie mich vergessen hatte, denn es bedeutete, dass sie begann, mich zu akzeptieren. Da war jedoch noch etwas anderes, Dunkleres, etwas weniger Offensichtliches: das erregende Gefühl, vergessen worden zu sein.

8

Das Rembrandt-Bild

White ließ seinen jungen Habichtterzel noch am selben Abend in der Scheune frei, und schon in den frühen Morgenstunden, um fünf Minuten nach drei, trat der Vogel auf seine Faust und fraß. Er war hungrig, an Menschen gewöhnt und vertraut damit, dass er auf der Faust des Falkners die Atzung bekam. So weit war mein Habicht noch nicht und würde es auch in den nächsten Tagen nicht sein. Hätte White gewusst, was er tat, dann hätte er mit Gos innerhalb einer Woche den ersten Freiflug unternehmen können. Leider wusste er nicht, was er tat. Er wusste nicht, dass der Greifvogel beim Abtragen immer etwas hungrig gehalten werden muss, da er den Falkner nur durch die Belohnung mit Futter als wohlwollendes Gegenüber und nicht als Affront gegen die gesamte Existenz begreift.

White war wie versteinert: Auf dem Stoß des Habichts waren seltsame blasse Querstreifen zu sehen, als wäre jemand mit einer Rasierklinge über die Federkiele gefahren. Er wusste, was das war: Grimale, Hungermale, die durch mangelhafte Ernährung während des Federwachstums entstehen. Schwachstellen, an denen die Federn leicht brechen können. Schuld und Schuldzuweisung. Hatte *er* diese Hungermale verursacht? Sie sollten verschwinden, er wollte wiedergutmachen, was auch immer versäumt worden war, was auch immer seinen Habicht gezeichnet und die Federn geschwächt hatte. Also atzte er ihn. Atzte ihn, bis ihm das Futter fast zum Hals herauskam. Er wusste wiederum nicht, dass sich die Hungermale nicht verschlimmern konnten, weil die Federn jetzt ausgewachsen waren. Er atzte den Habicht so lange, bis der Vogel nicht mehr fressen wollte, nicht einmal mehr den Anblick des Futters ertragen konnte. Da stand White, der besorgte Habichtler, und strich mit einem aufgebrochenen Kaninchenschädel über das Brustgefieder des Habichts; zeigte ihm das vorquellende Gehirn und versuchte verzweifelt, den Vogel zum Fressen zu bewegen, einen Vogel, der nicht fressen wollte, weil er satt war. *Ich will, dass du mich liebst,* sagt er damit. *Bitte. Ich kann es wiedergutmachen, kann dich heilen. Bitte friss.* Doch ein vollgefressener Habicht will einfach nur in Ruhe gelassen werden, in die Parallelwelt der Nichtmenschen verschwinden, satt und zufrieden; mit halb geschlossenen Augen und einem ins weiche Gefieder angezogenen Ständer will er verdauen und schlafen.

Über die folgenden Tage und Wochen probiert White es mit anderem, besserem Futter, versucht immer wieder, den Vogel dazu zu verführen, mehr zu fressen, als er vermag. Er bittet und bettelt und ist sich sicher, dass seine Geduld letztlich obsiegen wird. Natürlich hat der Habicht irgendwann wieder so viel Hunger, dass er wenigstens ein bisschen frisst; dann stopft White ihn wieder mit Atzung voll, überzeugt, dass alles gut wird. Der Vogel hasst ihn dafür, und der grauenhafte Kreislauf beginnt von vorn. »Tage des Angriffs und Gegenangriffs«, beschreibt White die Zeit. »Ein Hin- und Herfegen auf umkämpften Schlachtfeldern.«

Dem Ganzen haftet eine albtraumhafte Logik an: die Logik eines Sadisten, der seinen Habicht halb hasst, weil er sich selbst hasst, der ihm wehtun will, weil er ihn liebt, aber stattdessen darauf besteht, dass er frisst, damit er zurückgeliebt wird. Diese verdrehte Logik traf auf die natürliche Logik eines wilden und übersatten Habichts, der seinen Falkner für das abscheulichste Ding auf Erden hielt.

»Ich war der Menschheit gerade erst entkommen«, schrieb White, »und der arme Habicht war ihr gerade erst ins Netz gegangen.« Aber das stimmte nicht – er war ihr nicht entkommen. Nicht ganz. In *The Goshawk* bekommt der Leser den Eindruck, Whites Cottage läge mitten im Nirgendwo, ein abgelegener Außenposten im Wald, mindestens einen Kilometer von der nächsten Straße entfernt. Dabei stand das Cottage auf dem Grundstück der Schule; es war an einer der alten Straßen gebaut worden, die vor Jahrhunderten als Kutschenzufahrten zum Herrenhaus gedient hatten. Die sogenannten Ridings; eine davon verlief durch hohes, wogendes Gras direkt hinter Whites Cottage entlang über den Kamm eines Hügels, auf dem Schafe weideten, bis vor die Tore von Stowe. Das Cottage war rustikal, ja, mit Plumpsklo und Brunnen; und wenn White mit seinem Habicht in der Scheune stand, konnte er an der Scheunentür immer noch die Worte *phesant* – für *pheasant,* Fasan – und *harn* – für *harness,* Geschirr – lesen, die ein viktorianischer Wildhüter mit Bleistift dorthin gekritzelt hatte, weil mysteriöserweise Taschen voller Wild verschwunden waren. Aber abgeschieden war es keineswegs. Das Häuschen lag nicht wirklich im Wald, sondern an einer alten, offenen Straße nach Stowe, wie ein nicht ganz gehaltenes Versprechen. Darin wohnte White wie ein Hund an langer Leine oder ein Geschiedener, der ausziehen musste und nun in einem Haus am anderen Ende der Straße lebt. Bei aller neu gewonnenen Freiheit war der Lehrer den Grenzen der Schule nicht entkommen, ebenso wenig, wie er dem Schulmeistern entkommen war.

In Blaines Buch las White, dass die Falknerei die Kunst war, die Kontrolle über die wildeste und stolzeste aller lebenden Kreaturen zu erlangen; für ihn bestand das Abrichten im Kampf gegen den Trotz und die rebellische Haltung dieser Geschöpfe. Das Abtragen eines Greifvogels war wie das Erziehen eines Schuljungen: In beiden Fällen wird ein wildes und ungezogenes Subjekt geformt und zivilisiert; man bringt ihm gute Manieren und Gehorsam bei. Allerdings mit unterschiedlichen Methoden – und das machte White glücklich: »In meiner langen Zeit als Lehrer«, schrieb er, »war die Standardmethode, mit einer schwierigen Situation umzugehen, die Bestrafung. Ich war froh, eine Form der Erziehung entdeckt zu haben, bei der Bestrafung als lächerlich erachtet wird.«

Die perfekte Form der Erziehung, beschloss er, sowohl für sich als auch für den Habicht. *Der Habichtler* – so sollte sein Buch heißen, in dem er gemeinsam mit dem Leser einen »geduldigen Exkurs auf die Felder und in die Vergangenheit« unternehmen wollte. Der gedankliche Ausflug sollte nicht nur in eine imaginäre englische Vergangenheit führen, sondern auch in seine eigene. White hatte sich aus »dem merkwürdigen Wettbewerb erwachsener Heterosexueller« ausgeklinkt und war wieder zum »Klosterjungen« geworden. In seinen langen Psychoanalysesitzungen bei Bennet hatte White erfahren, dass man Dinge reparieren konnte, wenn man in der Vergangenheit zurückging; man konnte frühere Traumata aufdecken und ihnen durch erneutes Durchleben ihre Macht nehmen. Nun begab er sich mit seinem Habicht auf eine Reise in die Vergangenheit. Er hatte schon Mitgefühl mit dem Jungvogel im Korb empfunden, hatte sich mit ihm identifiziert. Jetzt spielte er unbewusst seine eigene Kindheit nach: der Habicht in der Rolle des Jungen, der erwachsene White in der des aufgeklärten Lehrers, der das ihm anvertraute Kind um keinen Preis schlagen oder anderweitig verletzen konnte, wollte, durfte.

Er hält die Falknerei für das wundervollste Mysterium überhaupt. Beibringen kann sie ihm niemand; alles, was er hat, sind zwei Bücher, die Definition in der *Encyclopaedia Britannica,* die er fast auswendig kann, nicht mitgerechnet. Neben Blaines *Falconry,* im Jahr zuvor erschienen, besitzt er das 1892 veröffentlichte *Coursing and Falconry* von Gerald Lascelles. Doch das Buch, das ihm wirklich am Herzen liegt, ist viel älter, von 1619: *An Approved Treatise of Hawkes and Hawking* von Edmund Bert, Gentleman; denn darin geht es fast ausschließlich um Habichte. Eine eigene Ausgabe besaß White zwar noch nicht – das Buch war selten und teuer; doch er hatte es gelesen. Vielleicht in der Ausgabe, die jetzt in der Universitätsbibliothek von Cambridge steht und die auch ich als Studentin verschlungen habe. Denn wie White hatte Berts Buch auch mich verführt. Ein verdammt gutes Buch. Bert ist gewissermaßen das antike Gegenstück einiger meiner raueren Habichtler-Bekannten in Yorkshire, bei denen der Charakter des Greifvogels auf die eigene Persönlichkeit abgefärbt hat. Bert ist versiert, zänkisch, geistreich und erfrischend anmaßend: Seine Vögel sind natürlich perfekt erzogen. Auf Zehenspitzen stehend, recken sie anmutig den Hals, um Rindermark von seinen Fingerspitzen zu picken; anscheinend bereitet ihnen nichts größere Freude, als ihn auf seinen Reisen zu begleiten. Dann, prahlt Bert, sitzen sie immer »auf einem Samt-Fauteuil im Speisesaal oder im Salon, wo auch ich zugegen bin, denn ich will den Vogel so weit wie möglich im Auge behalten. Mitunter kommt es vor, dass die Dame oder das Fräulein des Hauses den Vogel mit Missbilligung betrachtet«, witzelt er weiter, »doch kenne ich seine tadellosen Manieren so genau, dass ich verspreche, den Schmelz mit meiner höchsteigenen Zunge aufzulecken, sollte dem Tier ein derartiges Missgeschick passieren.«

Edmund Bert war Whites Heimsuchung, als er seinen Habicht abrichtete, ebenso wie White meine Heimsuchung war. Es war allerdings nicht ganz die gleiche Art von Heimsuchung. »Ich war verknallt wie ein Schulmädchen in diesen gravitätischen alten Mann, der vor dreihundert Jahren gelebt hat«, gestand White seinen Freunden. Er wollte Bert beeindrucken. Er war in ihn verliebt. Und da ihm seine mittelalterlich-romantischen Wunschvorstellungen von einem Falkner, der schon seit dreihundert Jahren tot war, den Kopf verdreht hatten, beschloss er, Blaine zu ignorieren, zumindest zum großen Teil, und seinen Habicht auf altmodische Art und Weise abzurichten.

> Die alten Habichtmeister hatten eine Methode des Abtragens erfunden, die scheinbar keine Grausamkeit beinhaltete, deren verborgene Grausamkeit aber nicht nur vom Vogel, sondern auch vom Falkner getragen werden musste. Sie hielten den Vogel wach. Nicht indem sie ihn anstießen oder durch ein anderes mechanisches Mittel; nein – sie liefen mit dem Schüler auf der Faust herum und mussten so selbst wach bleiben. Sie machten ihn locke, indem sie ihn, selbst schlaflos, den Schlaf entzogen, mindestens zwei bis drei, manchmal sogar neun Nächte hintereinander.

White missverstand Bert absichtlich. Der Habichtler im siebzehnten Jahrhundert hatte jede Menge Freunde und Untergebene, die übernahmen, während er schlief. Was White wollte, war ein Initiationsritus. Die Nachtwache eines echten Ritters. Und die musste er ganz allein bewältigen, sozusagen Mann gegen Mann. Den Vogel auf diese Weise abzutragen würde ihm Entbehrungen abverlangen, wäre eine Prüfung, die Feuerprobe für sein *Wort*. Er würde nicht grausam sein. Aber er würde sowohl den Vogel als auch sich selbst mit einem einzigen harten Schlag erobern. »Mensch gegen Vogel«, schrieb er. »Mit Gott als Schiedsrichter findet dieser Kampf schon seit dreitausend Jahren statt.« Die lange Nachtwache – White schlief an sechs Tagen insgesamt nur sechs Stunden – forderte ihren Tribut. Er saß in der Küche oder stand in der Scheune, hatte eine Lampe angezündet und delirierte vor Schlafmangel und Erschöpfung. Er nahm den übersatten und verängstigten Habicht auf die Faust und trug ihm Passagen aus *Hamlet, Macbeth, Richard II., Othello* – »nur die Tragik aus der Stimme heraushalten« – und alle Sonette vor, an die er sich erinnern konnte. Er pfiff Lieder, spielte ihm Opern von Gilbert und Sullivan und italienischen Komponisten vor und kam letztlich zu dem Schluss, dass Habichte Shakespeare am liebsten mögen.

Als Studentin musste ich für den Abschluss in Englisch einen Essay zum Thema Tragödie schreiben. Das entbehrte durchaus nicht der Ironie, denn ich war tatsächlich eine große Tragödin. Ich trug Schwarz, rauchte filterlose Camels, schlich mit schwarz geschminkten Augen über den Campus und schrieb schließlich nicht eine einzige Abhandlung – nicht über die griechische Tragödie, nicht über Rachetragödien, nicht über Shakespeare-Tragödien. Ich tat generell nicht viel. *Ich würde Miss Macdonald gerne eine enthusiastische Beurteilung schreiben,* bescheinigte mir einer meiner Professoren trocken, *doch da ich sie nie zu Gesicht bekommen und nicht die geringste Ahnung habe, wie sie überhaupt*

113

aussieht, kann ich das leider nicht tun. Was ich aber tat, war zu lesen. Viel lesen. Und ich fand heraus, dass sich Myriaden von Definitionen dieser Sache namens Tragödie durch die Literaturgeschichte gefressen hatten. Die schlichteste davon war diese: Eine Tragödie ist die Geschichte einer literarischen Figur, die aufgrund eines moralischen Makels oder persönlichen Scheiterns durch die Macht der Umstände ins Verderben gestürzt wird.

Der Essay, den ich über die Tragödie hätte schreiben sollen, führte schließlich dazu, dass ich Freud las; er war damals noch in Mode, und außerdem versuchten sich auch Psychoanalytiker gern an einer Definition der Tragödie. Nachdem ich Freud gelesen hatte, fielen mir plötzlich alle möglichen psychologischen Übertragungen in meinen Falknereibüchern auf. Die Falkner im neunzehnten Jahrhundert projizierten alle männlichen Eigenschaften, die sie durch das moderne Leben bedroht sahen, auf ihre Greifvögel: Wildheit, Stärke, Männlichkeit, Potenz, Unabhängigkeit und Kraft. Indem sie sich beim Abtragen der Vögel mit ihnen identifizierten, fand eine *Introjektion* statt – sie konnten die Eigenschaften wieder für sich beanspruchen. Gleichzeitig konnten sie durch das »Zivilisieren« einer wilden und primitiven Kreatur Macht ausüben. Maskulinität und Unterwerfung – zwei imperiale Mythen zum Preis von einem. Ein hübsches Tauschgeschäft: Der viktorianische Falkner eignete sich die Kraft und Stärke des Greifvogels an, der Greifvogel übernahm dafür menschliche Manieren.

Auch bei White fanden seltsame Projektionen statt, allerdings von völlig anderer Natur. Sein junger deutscher Habicht stand für all die dunklen, anrüchigen Begierden, die White seit Jahren zu verdrängen suchte, für das Feenhafte, Wilde, Grausame. Er hatte sich so lange bemüht, ein Gentleman zu sein.

Hatte versucht dazuzugehören, die Regeln der zivilisierten Gesellschaft zu befolgen, normal zu sein, wie alle anderen zu sein. Doch Stowe, die Analyse und seine Angst vor dem Krieg hatten ihn an einen kritischen Punkt gebracht. Er hatte sich der Menschheit zugunsten der Greifvögel verweigert – vor sich selbst konnte er jedoch nicht fliehen. Und wieder einmal war White in einen Kampf gegen die eigene Perversität und den eigenen Ungehorsam verwickelt. Diesmal hatte er diese Eigenschaften auf den Habicht verlagert und versuchte nun, sie in ihm zu zähmen. So fand er sich in einer sonderbaren, verbissenen Schlacht mit einem Vogel wieder, der all das war, was er je hatte sein wollen, aber immer bekämpft hatte. Ein grausames Paradoxon. Eine wirkliche Tragödie. Kein Wunder, dass das Leben mit Gos ihn an den Rand des Wahnsinns brachte.

Er kann nicht mehr. Die Scheune ist ein Kerker. Er fühlt sich benommen, trunken vor Müdigkeit. Durch die Wände pfeift ein kühler Sommerwind. Draußen jagen weiße Eulen: spitze, dünne Schreie unter dem tief stehenden orangefarbenen Mond. Er kommt sich wie ein Scharfrichter vor und sollte eigentlich eine Maske tragen, eine schwarze, die sein Gesicht verbirgt. Er hat die Zeit daran gemessen, wie oft der Vogel abgesprungen ist, an den Hunderten von Malen, an denen er den kreischenden Gefangenen zurück auf den Handschuh gehoben hat. Die Scheune ist die Bastille. Der Habicht ihr Insasse. Der Falkner ein Mann in Reithosen und karierter Jacke. Er steht in einem Rembrandt-Bild. Auf dem Backsteinboden ein Haufen Stöcke und leere Gläser, an den Wänden Spinnweben. Ein kaputter Kaminrost. Ein Fass Flowers-Bier. Ein Lichtkreis von der Öllampe. Und der Habicht. Der Habicht, der Habicht, der Habicht. Er steht auf seiner Faust, die sepiafarbenen Pfeilspitzen auf der hellen Brust sind von seinen Händen ganz zerzaust. Der Mann schwankt hin und her wie auf einem Schiff, als rollte der Boden unter seinen Füßen wie die See. Er versucht, wach zu bleiben, versucht, den Habicht wach zu halten. Der Vogel versucht, die Augen zu schließen und zu schlafen, doch das Schwanken reißt ihn zurück. Ich bin frei, versucht der Mann sich einzureden. *Frei.* Er starrt auf die Spinnweben hinter dem erschöpften Habicht. Ich trage die Parda, die Verschleierung, denkt er glücklich. Ich darf den Habicht nicht direkt ansehen. Ich darf ihn nicht bestrafen, auch wenn er immer wieder abspringt und mit den Flügeln schlägt und meine Hände voller Schnabelhiebe sind und mein Gesicht von den Striemen der Flügel brennt. Greifvögel kann man nicht bestrafen. Sie würden eher sterben, als sich zu unterwerfen. Meine einzige Waffe ist die Geduld. Die Geduld. Vom lateinischen *patior,* erdulden, *erleiden.* Es ist eine Prüfung. Ich werde siegen. Er schwankt hin und her und leidet, und auch der Habicht leidet. Die Eulen sind verstummt. Sie bevölkern die Ridings über dem vom Tau feuchten Gras.

9

Initiationsritus

Die Federn an ihrer Brust haben die Farbe sonnenbeschienenen Zeitungspapiers, teebefleckten Papiers. Jede einzelne läuft zu einer dunkleren Speerspitze mit Blattspreite aus, sodass sie von der Kehle bis zu den Füßen in einem Muster aus fallenden Regentropfen badet. Ihre Schwingen haben die Farbe fleckiger Eiche, die Decken sind in einem hellen Teakholzton gerändert, die gebänderten Schwungfedern liegen ordentlich gefaltet darunter. Daneben ist noch ein seltsamer Grauton wahrzunehmen, eher zu spüren, als zu sehen, eine Art silbriges Licht, wie ein Regenhimmel, der sich in einem Fluss spiegelt. Sie sieht so *neu* aus, so unantastbar. Als würde alles um sie herum von ihrem öligen, dichten Gefieder abtropfen. Je mehr Zeit ich mit ihr verbringe, desto mehr staune ich über ihre Reptilienhaftigkeit. Das Durchscheinende ihrer hellen runden Augen. Die gelbe Wachshaut über ihrem bakelitschwarzen Schnabel. Wie sie mit ihrem kleinen Kopf hin und her pendelt, um weiter entfernte Gegenstände zu fokussieren. Oft ist sie mir so fremd wie eine Schlange, ein aus Metall, Schuppen und Glas geschmiedetes Ding. Dann wieder entdecke ich unglaublich vogelähnliche Eigenschaften an ihr, vertraute Eigenschaften, die sie mir liebenswert und nahbar machen. Etwas umständlich hebt sie einen klauenbewehrten Fuß an, um sich das flauschige Kinn zu kratzen, niest, wenn winzige Daunen sich in ihre Nase verirren.

Als ich wieder hinschaue, ist sie weder Vogel noch Reptil, sondern ein Geschöpf, das Jahrmillionen der Evolution für ein noch nicht gelebtes Leben geformt haben. Die langen gebänderten Schwanzfedern und die kurzen breiten Schwingen sind wie geschaffen für steile Wendungen und atemberaubende Beschleunigungen in einem Wald voller Hindernisse; das Muster ihres Gefieders ist die perfekte Tarnung im Gewirr aus Licht und Schatten. Die feinen Federchen zwischen Schnabel und Auge sind dazu da, Blut beim Fressen aufzufangen, damit es trocknen und abfallen kann. Die kantigen Augenbrauen, die ihrem Gesicht die raubvogelhafte Stärke verleihen, sind eigentlich Knochenvorsprünge, die ihre Augen vor Verletzungen schützen, wenn sie auf der Jagd nach Beute ins Unterholz stößt.

Alles an diesem Greifvogel ist auf das Jagen und Töten ausgerichtet. Gestern habe ich laut die Luft durch die Zähne gesogen und gleichzeitig wie ein verletztes Kaninchen gefiept und war überwältigt von der Schnelligkeit, mit der sich die Sehnen in ihren Zehen angespannt haben, von der furchtbaren, vernichtenden Gewalt, mit der sie mir ihre Klauen in den Handschuh gegraben hat. Dieser Tötungsgriff ist als Muster seit Jahrmillionen tief in ihr Gehirn eingebrannt, eine angeborene Reaktion, die ihren auslösenden Reiz noch nicht gefunden hat. Denn sie erfolgt auch auf andere Geräusche: quietschende Türen, kreischende Bremsen, ungeölte Fahrräder – und einmal sogar Joan Sutherland, die eine Opernarie im Radio sang. *Autsch.* Dabei musste ich laut lachen. Reiz: *Oper.* Reaktion: *töten.* Später blieb mir das Lachen über solch fehlgeleitete Instinkte allerdings im Halse stecken. Kurz nach sechs drang ein kleines, unglückliches Klagen aus einem Kinderwagen durch das geöffnete Fenster zu uns herein. Sofort schlug der Habicht die Klauen in meinen Handschuh, stieß sie in brutalen, dolchstoßartigen Krämpfen immer tiefer hinein. *Töten.* Das Baby weint. *Töten töten töten.*

Zwei Tage vergehen. Ich sitze da und laufe herum, sitze und schlafe, der Habicht ist fast ständig auf meiner Faust. Mir tut der Arm weh, eine klamme Müdigkeit legt sich auf mein Herz. Im Radio läuft ein Bericht über Landwirtschaft. Weizen, Borretsch, Raps. Polytunnel und Kirschen. Der Habicht ist mal eine kauernde Kröte, mal ein nervöses Kind, mal ein Drache. Das Haus – eine Müllhalde. Der Abfalleimer ist mit Stücken rohen Fleischs dekoriert. Mir ist der Kaffee ausgegangen. Ich habe vergessen, wie man spricht. Mein Mund murmelt dem Habicht kleine Beruhigungen zu, *alles ist gut.* Sie begegnet ihnen mit Schweigen, schwachen Piepsern durch die Nase. Laufe ich herum, folgt sie meinen Füßen mit den Augen, als seien sie zwei kleine Tiere, die mit uns im Haus herumlaufen. Sie interessiert sich für Fliegen, für Staubflöckchen, für die Art, wie Licht auf bestimmte Gegenstände fällt. Was sieht sie? Was denkt sie? Ich höre das Klicken der Nickhaut, die sich über ihrem Auge zusammenzieht, wenn sie blinzelt, und jetzt, da ich ihre Augen aus der Nähe sehe, beginnen sie, mich zu irritieren. Wie zwei helle Papierkreise kleben sie seitlich an ihrem Kopf, jeder mit einer hineingestanzten schwarzen Pupille, über die sich Regenbogenhaut und Hornhaut wie Wasserbläschen wölben. Der Habicht ist mir fremder, als ich gedacht hätte. Und ruhiger, als ich es für möglich gehalten hatte.

Das beunruhigt mich wiederum. Stimmt mit ihr etwas nicht? Sie ist ungewöhnlich zahm. Was ist mit der Irren, die ich erwartet hatte? Ich bin seit zwei Tagen mit ihr zusammen und habe, im Gegensatz zu White, nicht ein einziges Mal das Bedürfnis verspürt, auf sie einzudreschen oder sie in Stücke zu reißen. Ich hatte einen zerstörerischen Wirbelsturm des Schreckens und der Wildheit erwartet, die große, schicksalhafte Schlacht zweier Seelen – und jetzt? Während das Licht allmählich schwindet und sich die späten Schwalben draußen mit flackernden Flügeln dem Himmel entgegenschwingen, sitze ich auf meinem Sofa und beobachte einen müden Habicht, der dabei ist einzuschlafen. Die vorderen Ränder ihrer Flügel senken sich sanft auf den Handschuh herab. Zuerst schiebt sich ein flaumiges graues Lid von unten über das Auge, dann das andere. Sie lässt die Schultern fallen, der Kopf nickt weg. Die Spitze ihres glänzenden schwarzen Schnabels sinkt in die Federn über ihrem Kropf. Beim Anblick des dösenden Vogels in der Abenddämmerung fallen auch mir die Augen zu, doch als der Schlaf kommt, stehe ich in den Ruinen eines ausgebrannten Hauses, die weiße reine Luft glitzert schwach vor Glimmer oder Frost. Um mich herum geschwärzte Balken und Dachsparren. Ich strecke eine Hand aus. Berühre ein Stück verkohltes Holz. Kalt, stumpf, falsch. Aufsteigende Panik. Leugnen. Das Gefühl unendlichen Entsetzens. Dann des Stürzens: Das Haus stürzt in sich zusammen und auf mich herab. Wir wachen zusammen auf, der Vogel und ich, sie mit einem ängstlichen Zusammenzucken, einem Ballen der Füße und Federn, ich mit langsamer, Übelkeit erregender Desorientierung. Verzweifelt hefte ich meinen Blick auf den Habicht, auf dass er mich in eine Welt ohne Asche zurückholt. Immer und immer wieder dieselben Gedanken. Warum schläft sie so viel? Greifvögel schlafen viel, wenn sie krank sind. Sie muss krank sein. Warum schlafe ich? Bin ich auch krank? Was stimmt nicht mit ihr? Was stimmt nicht mit uns?

Mit ihr stimmte alles. Sie war nicht krank – sie war ein Baby. Sie schlief, weil Babys nun einmal schlafen. Auch ich war nicht krank. Nur verwaist und ungeheuer empfindlich, und ich hatte keine Ahnung, was mit mir geschah. Jahrelang hatte ich über Whites Auffassung gespottet, das Abrichten eines Greifvogels sei ein Initiationsritus. Überzogen, hatte ich höhnisch gedacht. *Komplett durchgeknallt.* Denn das stimmte einfach nicht. Ich wusste, dass es nicht stimmte. Ich hatte schon eine Menge Greifvögel geflogen, jeder einzelne Schritt des Abtragens war mir bestens vertraut. Das war auch nicht das Problem: Die Schritte waren mir immer noch vertraut, nur die Person, die sie unternahm, war es nicht. Ich war am Ende. Irgendetwas tief in mir drinnen versuchte, sich neu zu erschaffen, und das Vorbild dafür saß vor mir, auf meiner Faust. Der Habicht war all das, was ich sein wollte: ein Einzelgänger, selbstbeherrscht, frei von Trauer und taub gegenüber den Verletzungen des Lebens.

Allmählich verwandelte ich mich in einen Habicht.

Ich bin zwar nicht geschrumpft, und mir ist auch kein Gefieder gewachsen wie Wart aus *Das Schwert im Stein,* der von seinem Lehrer Merlin passenderweise in einen Merlin verwandelt wird. Als Kind hatte ich diese Stelle geliebt und immer wieder gelesen: wie sich Warts Zehen in Klauen verwandeln und auf dem Boden kratzen, wie aus seinen Fingerspitzen Handschwingen mit weichen blauen Federkielen sprießen. Aber trotzdem wurde auch ich allmählich zum Greifvogel.

Bei mir wurde die Verwandlung durch die Trauer, das Beobachten des Habichts, durch das Nicht-ich-selbst-Sein ausgelöst. Die ersten Tage mit einem wilden Greifvogel sind ein Eiertanz, der Feingefühl und Reflexionsvermögen erfordert. Um beurteilen zu können, wann man sich ungestraft an der Nase kratzen darf, wann man herumlaufen und wann man sich hinsetzen darf, wann man sich besser zurückzieht und wann man näher kommen darf, muss man lernen, den Vogel zu lesen. Am besten anhand seiner Haltung und seiner Federn, denn die stellen ein sagenhaft präzises Stimmungsbarometer dar. Die grundlegenden Emotionen lassen sich relativ leicht ablesen. Sehr eng am Körper anliegendes Gefieder bedeutet *Ich habe Angst*. Lockeres Gefieder bedeutet *Ich fühle mich wohl*. Doch je länger man einen Greifvogel beobachtet, desto mehr Feinheiten sind zu erkennen – ich reagierte in meiner Hyperaufmerksamkeit bald auch auf den allerwinzigsten Hinweis. Zog sie die feinen Federn um ihren Schnabel in einer Art Stirnrunzeln zusammen und verengte dabei kaum wahrnehmbar die Augen, bedeutete das so viel wie *glücklich;* bekam ihr Gesichtsausdruck etwas Abschweifendes, etwas seltsam Distanziertes und Reserviertes, bedeutete das so viel wie *schläfrig*.

Um einen Greifvogel abzurichten, muss man ihn beobachten, wie es ein Greifvogel selbst täte. Erst dann kann man seine Stimmungen richtig deuten. Und erst dann kann man vorhersagen, was er als Nächstes tun wird. Der sechste Sinn des erfahrenen Tiertrainers. Schließlich sieht man die Körpersprache des Vogels gar nicht mehr – man scheint zu fühlen, was der Vogel fühlt. Wahrzunehmen, was er wahrnimmt. Die Wahrnehmung des Vogels wird zur eigenen. Man übt sich in dem, was Keats in seinem Vergleich des Dichters mit einem Chamäleon beschrieb: die Fähigkeit, »den Selbstverlust und den Verlust der Rationalität hinzunehmen, in dem Vertrauen darauf, sich in einer anderen Gestalt oder einer anderen Umgebung wiedererschaffen zu können«. Diese Art der imaginativen Neuerschaffung ist mir immer sehr leichtgefallen. Zu leicht. Sie gehört zum Beobachtersein dazu: sich selbst vergessen und sich in das hineinversetzen, was man beobachtet. Deshalb hat das kleine Mädchen, das ich war, so gern Vögel beobachtet. Es hat sich unsichtbar gemacht und ist dann in den Vögeln, die es beobachtete, davongeflogen. Dasselbe geschah nun wieder. Ich hatte mich in den wilden Habicht hineinversetzt, um ihn abzutragen, und als die Tage in dem abgedunkelten Raum vergingen, schmolz mein Menschsein von mir ab.

Drei Mal zögerliches Klopfen an der Haustür. »Moment«, rufe ich. Eine kleine Stimme in meinem Inneren zischt giftig *Hau ab*. Es ist Christina, mit zwei Kaffeebechern und der Sonntagszeitung. »So.« Damit lässt sie sich in einem Sessel neben dem Kamin nieder. »Wie läuft's? Geht's dem Vogel gut?« Ich nicke. Hebe die Augenbrauen. Mir ist vage bewusst, dass das kaum als Konversation durchgehen kann. »Mmm«, füge ich noch hinzu. Die Stimme kommt mir fremd vor. Christina zieht die Knie an die Brust und sieht mich neugierig an. *Ich muss mir mehr Mühe geben.* Also rede ich eine Weile über den Habicht, dann kann ich nicht mehr sprechen und starre auf den Pappbecher in meiner Hand.

Ich freue mich, sie zu sehen. *Sie sollte nicht hier sein.* Der Kaffee ist gut. *Wir sollten allein sein.* Die bissigen Gedanken überraschen mich. Beim Abtragen geht es darum, dem Vogel Neues zu zeigen. Christina ist etwas Neues. »Ich versuche mal was«, sage ich zu ihr. »Ignorier den Vogel. Lies einfach die Zeitung.« Ich hole ein frisches Stückchen Rindfleisch aus der Küche, setze mich mit dem Habicht aufs Sofa und nehme ihr die Haube ab. Ein Moment des rasenden Nichtbegreifens, in dem die Luft im Raum gefriert. Mit eng angelegtem Gefieder und Augen wie Porzellanuntertassen starrt der Habicht in wilder Unentschlossenheit Christina an. Mir blutet das Herz – sie wird abspringen. Aber der Moment zieht sich, und sie springt nicht ab. Nach eingehender, wenngleich vorsichtiger Beobachtung hat sie beschlossen, dass ein Zeitung lesender Mensch etwas absolut Faszinierendes ist.

Eine Stunde später ist alles wieder ruhig. Wir sitzen gemütlich zusammen und sehen fern. Der Habicht balanciert gleichmäßig auf den Ballen der Füße und ist von dem flackernden Bildschirm hypnotisiert. Winzige Büschel weißer Daunen aus ihrem Schultergefieder werden von einem Luftzug aus dem Flur erfasst und umhergeweht. Plötzlich springt sie ohne Vorwarnung wie ein Wirbelwind aus Flügeln und Klauen von meiner Faust ab. Zeitungspapier segelt durch die Luft. Christina weicht zurück. *Scheiße*, denke ich. *Ich sollte sie verhauben, sie braucht Ruhe. Das ist zu viel für sie.* Doch da liege ich falsch: Nicht aus Angst ist sie abgesprungen. Aus Frust. In übersprunghafter Wut zerrt sie mit dem Schnabel an ihren Fesseln, dann stürzt sie sich auf das Fleisch zu ihren Füßen. Sie hat Hunger! Das Futter ist eine wundervolle Entdeckung. Wie ein anspruchsvoller Feinschmecker pickt sie, beißt ab und schluckt; sie quiekt vor Vergnügen, beißt wieder ab und schluckt erneut. Ich bin überglücklich. Aber auch empört. Dieser Moment hätte der Einsamkeit und meditativen Dunkelheit entspringen sollen – jedenfalls nicht so! Nicht bei Tag und mit einer weiteren Person im Zimmer und 'Allo 'Allo! im Fernsehen. Nicht vor Sitcom-Nazis und einem Song über große Würstchen und die Besetzung Frankreichs. Sie verengt die Augen, sträubt das Gefieder um die Nase herum, die Federn fallen in weichen, ocker- und cremefarbenen Strömen an ihr herab. »Hat sie das schon mal gemacht?«, fragt Christina erstaunt. »Nein«, entgegne ich. »Das ist das erste Mal.« Eingespieltes Lachen des Studiopublikums, als ein SS-Offizier in Frauenkleidern ins Bild kommt. Der Habicht beendet das Mahl, plustert sich zu einem riesigen

Wischmopp aus Federn auf, verharrt einen Augenblick, schüttelt sich und legt das Gefieder dann locker wieder an. Ein Zeichen vollkommener Zufriedenheit. Auch das hat sie vorher noch nie getan.

Nun ist mein Habicht locke genug, um unverhaubt zu bleiben. Von ihrem Sprenkel am Fenster beobachtet sie die Vorhänge, die über den staubigen Teppich streichen. Noch kommt sie nicht auf den Handschuh, ohne dabei nervös mit den Flügeln zu schlagen. Daran arbeite ich jetzt. Vom Sofa aus schnipse ich ein daumennagelgroßes Stück Steak in ihre Richtung. Mit einem klebrigen *Pffft* landet es auf dem Plastiktuch unter dem Sprenkel. Sie sieht es an. Zieht die Augenbrauen zusammen. Dreht den Kopf zur Seite, um es genauer zu inspizieren. Hüpft mit kratzenden Klauen und sirrenden Federn vom Sprenkel, pickt vorsichtig das Fleisch auf und schluckt es hinunter. Weg. Sie steht noch eine Weile da, als ob sie sich an etwas erinnern wollte, das sie vergessen hat, und hüpft dann schwungvoll, mit aufgeplusterten Hosen und wackelndem Schwanz, zurück auf den Sprenkel. Ich warte etwas und schnipse ein weiteres Fleischstückchen in ihre Richtung. *Pffft. Hüpf. Schluck. Hüpf.* Ich setze mich auf den Boden. Rutsche langsam seitwärts auf sie zu und beobachte sie dabei aus den Augenwinkeln. Sie spannt die Muskeln an. Ich bewege mich nicht. Sie entspannt sich, ich mache weiter. Sie spannt die Muskeln wieder an, ich höre auf. So geht es Zentimeter um Zentimeter, bis ich den Punkt erreicht habe, an dem jeder Millimeter mehr sie mit den Flügeln schlagen ließe. Wie ein Biathlet kurz vor dem Schuss versuche ich, meinen Atem unter Kontrolle zu bringen, und strecke langsam, ganz langsam, meine behandschuhte Faust aus. Ich kann die Unschlüssigkeit des Vogels beinahe schmecken; der Raum ist von ihr erfüllt. Aber – Freude! – sie blickt auf das Futter vor sich. Sie beugt sich nach vorn, als wollte sie es vom Handschuh picken, doch plötzlich hält sie dem Druck nicht mehr stand und schlägt wild mit den Flügeln. Das furchtbare Geräusch des Anlegerings auf der Bodenplatte, Metall auf Metall. *Verdammt.* Ich nehme sie auf die Faust und lasse sie ein wenig kröpfen.

Als sie wieder auf dem Sprenkel steht, wiederholen wir das Spiel. *Schnips. Hüpf. Schnips.* Sie hat das Rätsel gelöst: Sie weiß nun, woher das Futter kommt, und scheint meinen Platz in ihrer Welt neu zu überdenken. Hochkonzentriert beobachtet sie, wie ich zentimeterweise näher rücke und erneut die behandschuhte Faust ausstrecke. Sie beugt sich herüber und nimmt mein kleines rohes Geschenk an. Mein Herz macht einen Sprung. Sie nimmt noch ein Stück und noch eins und schmatzt mit der glänzenden schwarzen Zunge.

Während ich dasitze und glücklich Titbits, kleine Atzungsstückchen, an meinen Habicht verfüttere, fällt mir plötzlich ein, wie sie heißen soll. *Mabel.* Von *amabilis,* liebenswert, lieb gewonnen. Ein alter, etwas alberner Name, ein altmodischer Name. Er hat etwas von Großmutter, von Zierdeckchen und Sonntagskaffee. Unter den Falknern herrscht der Aberglaube, dass sich das Können des Vogels umgekehrt proportional zu seinem Namen verhält. Nenn den Vogel *Knirps,* und er wird ein atemberaubender Jäger werden; nenn ihn *Spitfire* oder *Schlächter,* und er wird sich vermutlich weigern, überhaupt zu fliegen. White nannte seinen Habicht Gos, kurz für *goshawk,* bedachte ihn darüber hinaus aber mit einer Unmenge anderer Namen, die so offensichtlich geheimnisvoll und bombastisch waren, dass ich jahrelang entnervt die Augen verdrehte. Hamlet. Macbeth. Strindberg. Van Gogh. Astur. Baal. Medici. Roderick Dhu.

Lord George Gordon. Byron. Odin. Nero. Death. Tarquin. Edgar Allan Poe. *Das muss man sich mal vorstellen,* dachte ich amüsiert und leicht verächtlich. *Komm, Hamlet, komm.* Aber jetzt machte mich die Liste traurig. Der Name meines Habichts sollte so weit wie möglich davon entfernt sein, am anderen Ende von Death. »Mabel.« Ich sage ihr den Namen laut vor und beobachte, wie sie mich beim Aussprechen des Namens beobachtet. Mein Mund formt das Wort: »Mabel.« Auf einmal wird mir bewusst, dass all die Menschen da draußen vor meinem Fenster, all die Menschen, die einkaufen und spazieren gehen, die Fahrrad fahren und nach Hause gehen, die essen und lieben und schlafen und träumen, auch Namen haben. Ebenso wie ich. »Helen«, sage ich laut. Wie seltsam das klingt. Sehr seltsam. Ich lege ein weiteres Stückchen Fleisch auf den Handschuh, und der Habicht beugt sich nach unten und frisst.

10

Dunkelheit

Er gießt sich noch einen Whisky ein und brütet über den Ereignissen des Tages. Er ist frei, hat sich aber an einen Irren gekettet. Einen Verrückten. Zumindest an jemanden, der an vorübergehenden Schüben wahnhafter Geistesgestörtheit leidet. Er dreht die Flamme der Petroleumlampe herunter, sinkt auf dem Stuhl zurück und liest noch einmal, mit düsterer Miene, den Bericht, den er über die Fortschritte seines Habichts geschrieben hat.

> 6.15 – 6.45 Habe Gos andauernd herumgetragen,
> ihm einen Kaninchenschenkel vor die Nase gehalten,
> während er mit den Flügeln schlug, wann immer ich
> ihm zu nahe kam. Habe ihn letztlich nicht geatzt.
> Das steht in keinem Buch. Habe dasselbe fünfzehn
> Minuten lang jede Stunde gemacht (bis sechs Uhr
> abends), mit denselben Ergebnissen.

White verabscheute den Kaninchenschenkel. Verabscheute das Fell darauf, die Krallen, das helle Fleisch, das trocken und wächsern wurde, während sich die Stunden dahinschleppten. Er verabscheute es, weil der Habicht es nicht wollte. Der Habicht wollte auch ihn nicht. Er hatte dem Vogel den ganzen Tag etwas vorgepfiffen, bis das Pfeifen schließlich versiegte, ihm die

Lippen trocken wurden und seine Besorgnis erst in Frustration und dann in Verzweiflung umschlug. Einmal war seine Frustration so stark gewesen, dass er Gos nach dem Abspringen nicht wieder auf die Faust geholfen hatte – schlimmer noch: Er hatte sich daran ergötzt, dass der Habicht da hing und sich an den Fesseln langsam um sich selbst drehte. Eine unverzeihliche Sünde. Er schämt sich. Und sorgt sich. Gos' Schmelz ist grün. Ist der Vogel krank? Vielleicht hat er das Kaninchenfleisch deshalb verschmäht. Was sollte er tun? *Aushungern,* denkt er. Das wird die Magenverstimmung heilen, wenn es denn eine ist. Vielleicht sollte er dem Vogel morgen etwas Ei geben? Doch das Wichtigste ist: *Der Vogel bekommt die Atzung, wenn er auf die Faust springt. Vorher nicht.*

Whites Plan wäre aufgegangen, hätte er sich nur daran gehalten. Aber das tat er nicht. Gegen Morgen hatte er Gos den Großteil des Kaninchenfleischs zu fressen gegeben, ohne dass der Vogel dafür auf die Faust hatte springen müssen. Noch ein Vorsatz zum Teufel, wie all die anderen. Auch den Entschluss, den Habicht drei Tage und Nächte lang wach zu halten, hatte er nicht verwirklicht: Gos hatte ihm so leidgetan, dass er ihn immer wieder auf den Sprenkel gesetzt und wenigstens kurz hatte schlafen lassen. Von Whites Anwesenheit befreit, hatte sich Gos daran erinnert, wie viel besser das Leben war, wenn man nicht an einen Menschen gekettet ist, der einen streichelt, mit einem spricht, einen mit glitschiger Kaninchenleber belästigt, der einem etwas vorsingt oder vorpfeift und der Gläser voller Flüssigkeit rauf- und runterbewegt. Als White Gos wieder auf die Faust nahm, war er jedes Mal so wild wie zuvor.

Armer Gos. Armer, zerzauster, angsterfüllter Gos. Ich habe oft an den Vogel mit den gebrochenen Federn denken müssen, als ich mit Mabel auf dem Sofa saß. Ich habe ihn in Schwarz-Weiß und irgendwie verkleinert gesehen, wie durch das falsche Ende eines Fernglases: ein erbarmungswürdiger Habicht en miniature, der auf dem grauen Rasen eines weit entfernten Hauses mit den Flügeln schlägt und klagende Rufe ausstößt. Gos erschien mir sehr real. White nicht. Mir fiel es schwer, ihn mir mit seinem Habicht vorzustellen, ihn mir überhaupt vorzustellen. Auf den Fotografien sah ich jedes Mal einen anderen: einen Mann mit hellen Augen und Shakespeare-Bart, der Romane unter dem Pseudonym James Aston verfasst hatte. Einen mageren jungen Mann mit nervösen Augen und verhärmtem, ruhelosem Gesicht – das war Mr White, der Lehrer. Mr White vom Lande, im Hemd mit offenem Kragen und Tweed-Jacke, verrufen und amüsiert dreinschauend. Der späte White: ein korpulenter, weißbärtiger englischer Hemingway, Falstaff im Wollpulli. Es gelang mir nicht, all diese Gesichter auf einen Nenner zu bringen. Während ich mit Mabel auf dem Sofa saß, las ich *The Goshawk* wieder und wieder, und jedes Mal erschien es mir wie ein anderes Buch. Manchmal als ironisch-bissige Romanze, manchmal als Tagebuch eines Mannes, der dem Schicksal ins Gesicht lacht, manchmal als Chronik der Verzweiflung, die mir das Herz brach.

Nur ein White stand mir ganz klar vor Augen, als ich meinen Habicht abtrug. Nicht White, der Falkner, sondern der Mann, der zum ersten Mal in seinem Leben die Freuden der Häuslichkeit entdeckt. Ein Mann, der das Gebälk in leuchtenden Blau- und Rottönen strich, der Federn in Gläsern auf dem Kaminsims arrangierte, der Gerichte aus Krabben, Eiern und Orangenmarmelade zubereitete. Ich sah ihn vor mir, wie er seine Wäsche in einem Kupferkessel auf dem Küchenherd kochte, wie er es sich mit Masefields *Mitternachtsvolk* in einem

Sessel gemütlich machte, zu seinen Füßen sein dösender Setter Brownie.

Und ich sah ihn trinken. White hatte immer eine Flasche griffbereit, und sein Kampf mit Gos sorgte auch nicht gerade für Abstinenz. »Ich trank zwar nicht so viel, dass ich mich nicht mehr aufrecht halten konnte oder völlig verblödete«, schrieb er, »doch schien der Alkohol inzwischen die einzige Möglichkeit, weiterzuleben.« Als ich dasaß und über White rätselte, fragte ich mich, ob es vielleicht der Alkohol war, der ihn vor meinen Augen verschwimmen ließ, der ihn so undeutlich machte. Ein abstruser Gedanke, natürlich; trotzdem schien es eine unterschwellige Verbindung zwischen Whites Alkoholsucht und seiner Nebulosität zu geben. Auf jeden Fall hatte der Alkohol Whites konstante Selbstsabotage berieselt. Alkoholiker machen gern Pläne und geben Versprechen, sich selbst und anderen gegenüber, inbrünstig und in aller Aufrichtigkeit und in der Hoffnung darauf, etwas wiedergutmachen zu können. Versprechen, die gebrochen werden, eins nach dem anderen; weil sie Angst haben, weil sie die Nerven verlieren, weil, weil, weil – weil sie sich im Grunde ihres Herzens nichts sehnlicher wünschen, als ihr kaputtes Selbst endgültig auszulöschen.

Am nächsten Morgen öffnete ich die Vorhänge. Die Helligkeit im Raum machte meine Umrisse deutlicher, was Mabel für eine Weile Kopfzerbrechen bereitete. Doch als ihr die Sonne in einem breiten Strahl auf den Rücken fiel, plusterte sie wohlig ihr Gefieder auf. Ein Sonnengruß. Nun steht sie in einer flachen Badebrente neben ihrem Sprenkel, knabbert an ihren Zehen und schöpft präzise abgemessene, winzige Schlückchen Wasser. Sie springt auf ihren Sprenkel zurück und beginnt, sich zu putzen; dabei verdreht sie ihren Körper zu den Posen stilisierter

Habichte, wie sie in Malereien aus dem alten kaiserlichen Japan festgehalten sind. In rascher Folge zieht sie eine Feder nach der anderen durch den Schnabel: Es klingt wie reißendes Papier oder Karten, die gemischt werden. Sie streckt eine breite Schwinge hinter sich aus, zieht sie ganz langsam über ihren sonnenbeschienenen Schwanz zurück, schüttelt sich und macht zufriedene, quiekende Geräusche durch die Nase. Ich schaue ihr zu, mit unbändiger Freude, so wie man im Übermut ein Glas Champagner herunterstürzt. *Sieh nur, wie glücklich sie ist,* denke ich. Dieses Zimmer hier ist kein Kerker, und ich bin kein Folterknecht. Ich bin eine Wohltäterin, die sich bückt, sich hinkauert, einen eifrigen Kniefall macht und ihr köstliche Leckereien darbietet.

Das ist Hybris. Keine Stunde später bin ich davon überzeugt, dass mein Habicht mich hasst und ich der schlechteste Falkner in der Geschichte der Menschheit bin. Auch wenn Mabel viel zahmer ist, als die Jungs oder die Bücher mir hatten weismachen wollen, weiß ich: *Ich habe auf ganzer Linie versagt. Mein Habicht ist ruiniert.* Warum? Weil sie sich nicht verhauben lässt. Bis jetzt hat sie die Haube gelassen hingenommen. Doch schon vorhin habe ich ein Körnchen Unruhe in ihrem Herzen gespürt, das sich mittlerweile zu offener Rebellion ausgewachsen hat. Wenn ich mich mit der Haube ihrem Kopf nähere, weicht sie ihr aus. Schlängelt ihren Kopf weg. Zieht ihn in den Hals. Duckt sich und flieht.

Ich weiß auch, warum. Zu Beginn war die Haube eine willkommene Zuflucht. Doch jetzt, da sich herausgestellt hat, dass ich harmlos bin, hält sie sie nur davon ab, etwas zu sehen, und sie *will* sehen. Unglücklich, unruhig von einem Bein auf das andere tretend, blickt sie sich im Raum nach einer Fluchtmöglichkeit um. Ihre Stimmung ist ansteckend: Mir flattert das

Herz in der Brust, eng, schwer. Ich habe die Fähigkeit zu verschwinden eingebüßt. Ich versuche es, indem ich mich auf das Cricket-Spiel im Radio konzentriere, kann aber nicht verstehen, was der Kommentator sagen will. Ich kann meine Aufmerksamkeit nur von meinem armen Habicht weg auf die Haube lenken, die ich in der Hand halte. Die Haube ist auch das Einzige, was sie im Moment sieht.

Vor ein paar Monaten habe ich vor Beginn eines Seminars in meiner Tasche nach einem Stift gesucht. Ich konnte ihn nicht gleich finden und zog erst einmal die Haube heraus, die ebenfalls in der Tasche steckte. »Was ist denn das?«, wollte eine Kollegin wissen.

»Eine Falkenhaube«, antwortete ich zerstreut.

»Willst du die jemandem zeigen?«

»Nein. Sie war nur in meiner Tasche.«

»Darf ich sie mir mal ansehen?«

»Ja, klar. Nur zu.«

Fasziniert nahm sie die Haube in die Hand. »Unglaublich!« Unter ihrem schnurgeraden Pony hob sie erstaunt die Augenbrauen. »Ihr setzt dem Falken die Haube auf, damit er ruhig bleibt, stimmt's?« Sie betrachtete die Haube von innen, wo die speziell geformten Lederstücke mit feinem Faden zusammengenäht waren. Sie drehte sie um und untersuchte den ausgeschnittenen Winkel für den Schnabel, den geflochtenen Trosch – den »Federbusch«, an dem man die Haube festhält – und die beiden langen Riemchen, mit denen die Haube geöffnet und verschlossen wird. Voller Ehrfurcht legte sie sie zurück auf den Tisch. »Eine wunderschöne Arbeit«, sagte sie. »Wie ein Prada-Schuh.«

In der Tat. Diese Haube gehört zu den besten ihrer Art. Ein amerikanischer Falkner namens Doug Pineo hat sie gefertigt, sie wiegt fast nichts. Nur ein paar Gramm, mehr nicht. Der Kontrast zwischen der vollkommenen Leichtigkeit der Haube und der Schwere meines Herzens macht mich schwindelig. Ich schließe die Augen. Mein Kopf ist voller Hauben. Moderne amerikanische Hauben wie diese hier. Lose geknüpfte, weiche Ziegenlederhauben aus Bahrain für durchziehende Saker- und Wanderfalken. Syrische Hauben. Turkmenische Hauben. Afghanische Hauben. Winzige Schlangenlederhauben aus Indien für Schikras und Sperber. Riesige Adlerhauben aus Zentralasien. Französische Hauben aus dem sechzehnten Jahrhundert: weißes Ziegenleder, mit Goldfäden bestickt und mit Wappen bemalt. Falkenhauben sind keine europäische Erfindung. Arabische Falkner brachten fränkischen Rittern zur Zeit der Kreuzzüge den Gebrauch der Hauben bei; die gemeinsame Liebe zur Falknerei machte die Greifvögel damals zu politischen Unterpfanden. Während der Belagerung von Akkon hatte sich ein weißer Gerfalke aus dem Besitz Philipps II. von Frankreich losgemacht und war in die belagerte Stadt geflogen. Der König sandte einen Boten und bat um die Rückgabe des Vogels. Saladin lehnte ab, woraufhin der französische König einen zweiten Boten schickte, dieses Mal begleitet von Trompeten, Fahnen, Herolden und tausend Goldkronen. Gab Saladin den Falken zurück? Ich kann mich nicht erinnern. Spielte es eine Rolle? *Nein,* denke ich. *Die sind alle tot. Längst tot.* Ich stelle mir Saladin vor, wie er den Falken des Königs auf die Faust nimmt und seine Augen mit der Haube bedeckt. *Das ist mein Falke. Er gehört mir.* Ich muss an Fetischhauben denken. An vergangene Kriege. An Abu Ghraib. Sand im Mund. Zwang. Geschichte und Falken und Hauben und was es bedeutet, jemandem die Sicht zu nehmen, um ihn zu beruhigen. *In deinem eigenen Interesse.* Aufkommende Übelkeit. Ich habe das Gefühl, den Boden unter den Füßen zu verlieren, von Sand, der mir unter den Füßen weggespült wird. Ich will nicht an die Bilder des gefolterten Mannes mit der Haube auf dem Kopf und den Drähten an den Händen und an den unsichtbaren Feind, der die Kamera hält, denken, aber ich kann nicht anders, und das Wort *Haube* fühlt sich in meinem Mund an wie ein heißer Stein. *Burqu'*, Burka, das arabische Wort für Haube.

Ich spreche zu meinem Habicht – ich denke zum Habicht – mit der leisesten und beruhigendsten Stimme, die ich aufbringen kann. »Wenn du im Auto unterwegs bist, Mabel«, flüstere ich, »wird es eine Menge erschreckender Dinge zu sehen geben. Und du kannst nicht wild um dich schlagen, während ich fahre. Mit der Haube wirst du dich sicher fühlen.« Und dann: »Sie ist notwendig.« Ich höre mir selbst zu. Sie ist notwendig. Das sage ich mir selbst, aber mir gefällt der Gedanke nicht. Ihr auch nicht. Geduldig halte ich ihr die Haube wieder vors Gesicht. »Sieh mal«, sage ich behutsam. »Nur eine Haube.« Ich nähere mich damit ihrem befiederten Kinn. Sie springt ab. Ich warte, bis sie sich beruhigt hat, und komme dann wieder mit der Haube. Sie schlägt wild mit den Schwingen. Noch einmal. *Flucht! Flucht! Flucht!* Ich will sanft sein. Ich *bin* sanft, doch liegt meine Behutsamkeit nur wie Furnier auf der massiven Verzweiflung darunter. Ich will sie nicht verhauben, und das weiß sie. Im Radio lässt sich der Cricket-Kommentator hämisch darüber aus, warum die Abwehr des Schlagmanns versagt hat. »Halt die Klappe, Aggers«, zische ich und versuche es noch einmal. »Na komm, Mabel«, flehe ich sie an, und plötzlich ist die Haube auf ihrem Kopf, sie steht wieder auf dem Sprenkel, ich sacke auf dem Sofa zusammen. Die Welt ist so glühend heiß, dass ich sie nicht berühren will. *Das ist eine Katastrophe. Ich kann das nicht. Nichts davon. Ich bin eine furchtbare Falknerin.*

Ich breche in Tränen aus. Der Habicht verschwindet. Ich rolle mich zusammen, vergrabe mein Gesicht in einem Kissen und weine mich in den Schlaf.

Vierzig Minuten später betrachtet Stuart den Habicht mit prüfendem, erfahrenem Blick. »Sie ist klein, stimmt's?«, sagt er und fährt sich nachdenklich über den Dreitagebart. »Aber sie ist ein schöner Habicht. Langer, schmaler Körper, langer Stoß. Ein Vogel-Habicht.« Damit meint er, dass sie möglicherweise besser für die Fasan- und Rebhuhnbeize als für die Kaninchen- oder Hasenbeize geeignet ist.

»Ja.«

»Wie kommst du mit ihr voran?«, fragt Mandy. Sie sitzt auf meinem Sofa und dreht sich eine Zigarette. Sie sieht toll aus, wie eine Punk-Prinzessin vom Lande, einer Art modernem Thomas-Hardy-Roman entsprungen. Ich erzähle ihr, dass der Habicht ungewöhnlich zahm ist und alles gut läuft. Eine furchtbare Lüge. Als sie geklopft und mich aus dem Schlaf gerissen hatten, war mir klar, dass ich das Märchen von der kompetenten Falknerin würde aufrechterhalten müssen. Das war mir bislang auch gelungen, abgesehen von dem prekären Moment, in dem Mandy mich besorgt angeschaut hatte und mir nur allzu deutlich bewusst wurde, wie rot und entzündet meine Augen waren. *Schon gut*, versuchte ich mich zu beruhigen. *Sie wird denken, ich hätte wegen Dad geweint.* Ich nahm den Habicht auf die Faust und stand dann da, wie mit einem Geburtstagsgeschenk auf einer Party und hatte nicht die leiseste Ahnung, wem ich es geben sollte. »Platz, Jess«, sagte Stuart ruhig. Der schwarz-weiß gefleckte English Pointer, den sie mitgebracht haben, lässt sich mit einem Seufzer auf den Teppich plumpsen. Ich nehme Mabel die Haube ab. Sie steht auf Zehenspitzen, presst den Schnabel in ihr wie mit Regentropfen übersätes silbriges Brustgefieder und betrachtet neugierig das neue Phänomen Hund. Der Hund sieht sie an. Wir auch. Stille. Die ich als Groll missinterpretiere, als Enttäuschung, als alles, nur nicht das, was sie wirklich ist: Staunen. Der Ausdruck von Verwunderung huscht über Stuarts Gesicht. »Hmm«, sagt er schließlich. »Da hast du ja einen Sechser im Lotto. Ich dachte, sie flippt völlig aus. Sie ist sehr gut abgerichtet.«

»Wirklich?«

»Sie ist so ruhig, Helen!«, meint Mandy.

Es dauert, bis ich ihnen auch nur halb glauben kann, aber immerhin lässt sich Mabel ohne allzu viel Aufhebens wieder verhauben. Nach zwei Tassen Tee und einer Stunde in Stuarts und Mandys Gesellschaft sieht die Welt schon wieder viel heller aus. »Warte nicht zu lange«, rät Stuart, als sie wieder gehen. »Geh mit ihr raus. Zum Abtragen auf der Straße.« Er hat recht: Es ist Zeit für die nächste Trainingsphase.

Beim Abtragen im engeren Sinn wird der Vogel wirklich herumgetragen, um ihn an verschiedene Situationen zu gewöhnen, und in all meinen Büchern steht, dass dies der Schlüssel zum erfolgreichen Abrichten eines Habichts ist. »Das Geheimnis des Erfolgs besteht im unermüdlichen Abtragen«, schrieb Gilbert Blaine. Edmund Michell nannte es das »große Geheimnis der Disziplin«. Edmund Bert erklärte das Funktionieren der Methode damit, dass »der Vogel dabei Veränderungen wahrnimmt« – weshalb man einen Greifvogel auch nicht im Haus abrichten kann. Ein solcher Vogel »würde nichts aushalten können, da er mit nichts vertraut gemacht wurde«. *Ach, Edmund Bert. Ich wünschte, wir wären immer noch im siebzehnten Jahrhundert. Da gab es viel weniger, was meinem Habicht hätte Angst einjagen können.*

Natürlich stimmte das nicht. Damals gab es Karren und Pferde und Menschen und Hunde, und sie hätten einen halb abgerichteten Habicht ebenso geängstigt wie heute Busse und Mopeds und Studenten auf Fahrrädern. Doch im Unterschied zu heute hätte mir 1615 niemand auch nur die geringste Beachtung geschenkt. Greifvögel auf den Straßen von Cambridge waren damals so unspektakulär wie heute Hunde an der Leine. Wenn ich meinen Habicht abtrage, wird sich jeder eingeladen fühlen, stehen zu bleiben, neugierig zu gucken, Fragen zu stellen und mich nach meinem Habicht auszuquetschen – was sie ist und wer ich bin und warum. Hinter meiner Abneigung, mich in Gespräche verwickeln zu lassen, steckt eine viel elementarere Angst: die Angst vor Menschen. Ich will niemanden sehen. Nachdem Stuart und Mandy gegangen sind, starre ich die Tür an. Lange. Und reibe mir die Wange, wo das Kissen einen Abdruck wie eine tief ins Fleisch geschnittene Narbe hinterlassen hat.

Am späteren Nachmittag gehe ich mit Mabel in den mit einer Mauer umgebenen Garten meines College-Hauses. Über uns türmen sich rastlose Kumuluswolken auf. Die Äste wiegen sich im Wind, die Blätter rascheln wie Papier. Die Luft ist heiß, staubig und voller Pusteblumenschirmchen. Zu viel Licht, zu viel Kontrast. Zu viele Geräusche, zu viel Bewegung. Ich zucke bei all der Hektik zusammen. Und der Habicht? Ist völlig unbeeindruckt. Sie legt ihren Kopf auf die Seite, um sich die vorbeiziehenden Wolken anzusehen – bei Tageslicht ist ihre Iris flach und glänzend, leicht verwischt. Die Pupillen weiten sich und ziehen sich zusammen, wie die Blende einer Kamera, während sie – sst-sst-sst – eine Cessna am Himmel fokussiert. Dann hält sie ihren Kopf verkehrt herum und beobachtet eine Fliege und dann noch eine Fliege, während sie zerstreut an dem Fleisch auf meinem Handschuh zerrt. Andere Dinge erregen ihre Aufmerksamkeit, Dinge weit außerhalb meines dürftigen menschlichen Sehvermögens.

Die Welt, in der sie lebt, ist nicht die meine. Für sie ist das Leben viel schneller, läuft die Zeit langsamer. Ihre Augen können den Flügelschlägen einer Biene mit der gleichen Leichtigkeit folgen, wie unsere den Flügelschlägen eines Vogels folgen können. *Was sieht sie?*, frage ich mich. Mein Gehirn schlägt Saltos, als ich versuche, mir das vorzustellen, denn ich kann es nicht. Ich habe drei verschiedene Farbrezeptoren in meinem Auge, die jeweils auf Rot, Grün und Blau reagieren. Greifvögel haben wie alle anderen Vögel vier. Mein Habicht sieht Farben, die ich nicht wahrnehmen kann, bis ins ultraviolette Spektrum hinein. Sie sieht auch polarisiertes Licht, kann Thermik sehen, warme Luft, die aufsteigt, Strudel bildet und in Wolken verschwindet. Sie kann sogar die magnetischen Feldlinien sehen, die die Erde überziehen. Sie nimmt das Licht, das in ihre schwarzen Pupillen fällt, mit einer solch erschreckenden Präzision wahr, dass ihr Dinge gestochen scharf erscheinen, die sich in meinem Auge kaum von der allgemeinen Unschärfe absetzen können. Die Krallen der Mehlschwalben über uns. Die Adern im Flügel eines Kleinen Kohlweißlings, der im Zickzackkurs über den Senfkohl am anderen Ende des Gartens flattert. Mein erbärmliches menschliches Sehvermögen ist vom Licht und den vielen Details überfordert, der Habicht aber nimmt alles gierig in sich auf – ein Kind, das fröhlich in einem Malbuch herumkritzelt, die Flächen mit Farbe füllt und sich die Dinge auf diese Weise aneignet. Und alles, was ich denken kann, ist: *Ich will zurück ins Haus.*

11

Weg von zu Hause

Haustürschlüssel in die Tasche, Habicht auf die Faust, und auf geht's. Es macht mir Angst, an diesem Abend das Haus zu verlassen. Irgendwo in meinem Kopf werden Taue losgemacht und fallen herunter. Leinen los, ein Luftschiff, das seine Jungfernfahrt in die Dunkelheit antritt. Ich steige über den niedrigen Zaun des Parks und gehe in Richtung der breiten, schwarzen Lindenallee, die hier und da von Straßenlaternen beleuchtet wird. Alles fühlt sich heiß, steril und gefährlich an; meine Sinne sind aufs Äußerste geschärft, als hätte mir jemand erzählt, der Park sei voller hungriger Löwen. Zwischen den Bäumen weht die Nachtluft. Motten umschwärmen in staubigen Kreisen die Laternen. Zu meinen Füßen wirft jeder einzelne verblasste Grashalm durch die beiden nächststehenden Laternen zwei separate Schatten, ebenso wie ich. Aus der Ferne dringt das verhallende Echo eines fahrenden Zuges zu mir, in nicht ganz so weiter Ferne bellt ein Hund zweimal. Am Wegrand liegen Glasscherben und daneben eine Feder – nach ihrer Größe und Form zu urteilen die Brustfeder einer Ringeltaube. Sie scheint auf dem Rasen zu schweben und schimmert schwach in der Dunkelheit.

»Mensch, Mabel«, flüstere ich. »Was haben sie mir denn da bloß in den Tee getan?« Eine solche Nacht habe ich noch nie erlebt. Ich dringe tiefer in diese von den Laternen beleuchtete

Welt ein, wundere mich über meine gesteigerte Wahrnehmung und lasse mich von der Gelassenheit meines Habichts beruhigen. Sie sieht nicht auf. Ihre Umgebung ist ihr vollkommen gleichgültig, sie ist einzig mit der Kaninchenkeule auf dem Handschuh beschäftigt. Sie breitet ihre Flügel darüber, sie mantelt. Eine mühsame Arbeit: Das sehnige, knochige Stück Fleisch soll sie beim Abtragen von den Dingen um sie herum ablenken. Mit der andächtigen Konzentration eines Gourmets, der einen Hummer zerlegt, zieht und zerrt sie daran. Der Anblick entspannt mich. Und sofort ist die eben noch menschenleere Welt voller Leute.

Es sind eigentlich nicht Menschen, es sind Dinge, die ich meiden und fürchten muss, von denen ich mich abwenden und vor denen ich meinen Habicht abschirmen will. Sie kommen auf uns zu wie Felsbrocken in einem Computerspiel, drohen, uns mit einem einzigen leichten Streifhieb zu zerstören. Mein Herz rast. Ausweichen, flüchten. Ich bin zwar hergekommen, um dem Habicht Menschen zu zeigen, aber nur aus sicherer Distanz, und die drei Männer da in den pastellfarbenen Hemden kommen direkt auf uns zu. Ich verstecke mich hinter einem Baum und lasse sie vorbei. Als ihre Rücken in Mabels Blickachse geraten, saugt sie das Gefieder so eng an, dass sie wie in Plastik eingeschweißt aussieht. Als sie weg sind, schüttelt sie nervös den Kopf, piepst einmal durch die Nase und frisst weiter.

Eine Minute später eine Frau mit wippenden Einkaufstüten. Dieses Mal gibt es keine Fluchtmöglichkeit. *Wo zum Teufel kommen nur die ganzen Leute her?* Panisch schaue ich mich um. Mabel besteht nur noch aus zwei riesigen gehetzten Augen, ein Gespenst aus Knochen und Sehnen, Sekunden davon entfernt, abzuspringen. Ich halte sie ganz nah an meine Brust und drehe mich langsam um, damit die Frau aus ihrem Blickfeld verschwindet. Sie hat den Habicht nicht gesehen. Was sie sieht, ist eine Spinnerin in einer zerlumpten Jacke und ausgeleierten Cordhosen, die sich ohne ersichtlichen Grund auf der Stelle dreht. Sie geht weiter, schnell. Doch noch immer fällt die entsetzliche Anspannung nicht von mir ab. *Alles in Ordnung,* versuche ich mir einzureden. *Läuft doch gut.* Das Blut rauscht in meinen Ohren. Ein Fahrrad zischt vorbei. Der Habicht schlägt wild mit den Flügeln. Ich fluche. Noch ein Fahrrad. Sie springt wieder ab. Ich verliere die Nerven und mache mich auf den Weg nach Hause. Wir sind schon fast dort, als ein Jogger an uns vorbeiläuft – auf seinen teuren Laufschuhen hat er sich lautlos angepirscht – und Mabel noch einmal abspringt. Ich hasse ihn dafür, dass er meinen Habicht erschreckt hat – es ist tatsächlich Hass, Zorn, dass er überhaupt existiert. Und da ist sie, die Wut, von der ich nicht wusste, dass ich sie in mir habe, Phase eins der Fünf Trauerphasen; sie bringt mich zur Weißglut. Ich sehe dem Jogger nach und wünsche ihm von Herzen den Tod.

Plötzlich wird er langsamer, dreht sich um und bleibt etwa drei Meter vor uns stehen.

»Tut mir leid«, sage ich lächelnd und schlucke meine Wut herunter. »Sie ist das erste Mal draußen und hat noch Angst vor Menschen.«

»Gott, nein. Mir tut's leid«, erwidert er. »Ich hab sie nicht gesehen.«

Er ist auch ein Mensch, wird mir auf einmal bewusst. Ein echter Mensch, dünn, bärtig, mit blauem T-Shirt und einer Wasserflasche in der Hand. Er ist freundlich und vorsichtig und ein wenig erschrocken von meinem Habicht. Wahrscheinlich ein netter Mensch, schießt es mir durch den Kopf.

»Ich hoffe, ich habe Sie nicht erschreckt«, sage ich ent-
schuldigend. Er grinst und schüttelt den Kopf.

»Ich war nur überrascht. Nicht gerade ein alltäglicher
Anblick!«

Ich schaue kurz auf den Habicht, der sich wieder über den
Handschuh gebeugt hat und am Fleisch zieht. Ich will noch
etwas sagen, doch der Mann ist bereits verschwunden.

Nach einem Regenguss hat es aufgeklart, die Menschenmassen
nach Ladenschluss haben sich zerstreut. Auf unserer zweiten
Expedition außer Haus umklammert Mabel den Handschuh
fester denn je. Sie ist angespannt. In dieser Stimmung wirkt
sie noch kleiner und fühlt sich schwerer an, als hätte auch die
Angst ein Gewicht, und als hätte man ihr Zinn in die langen,
hohlen Knochen gegossen. Das Regentropfenmuster auf ihrer
Brust zerläuft zu langen Striemen, wie Falten um nach unten
gezogene Mundwinkel. Sie pickt nur hin und wieder an der Atzung, die meiste Zeit behält sie misstrauisch ihre Umgebung im
Auge. Folgt den Fahrrädern mit argwöhnischem Blick. Kommt
uns jemand zu nahe, duckt sie sich flugbereit. Kinder versetzen
sie in Angst. Bei Hunden ist sie sich nicht sicher, zumindest
nicht bei großen. Kleine Hunde faszinieren sie – aus ganz anderen Gründen.

Nach zehn Minuten banger Erwartung beschließt sie, dass
all diese Dinge sie wahrscheinlich nicht auffressen oder totschla-
gen werden. Sie schüttelt ihr Gefieder und beginnt zu kröpfen.
Autos und Busse rumpeln stinkend weiter an uns vorbei, das
Futter ist alle, und wieder starrt sie die fremde Welt um sich
herum an. Das tue ich auch. Ich war jetzt so lange mit dem
Habicht allein, nur sie und ich, dass ich die Stadt, in der ich
lebe, nun mit ihren Augen betrachte. Ich bin ebenso verblüfft

wie sie, als ich einer Frau dabei zusehe, wie sie ihrem Hund auf dem Rasen einen Ball zuwirft. Verständnislos starre ich Ampeln an, bevor mir wieder einfällt, was das ist. Fahrräder sind kreiselnde Mysterien glitzernden Metalls. Vorbeifahrende Busse Mauern auf Rädern. Dem Vogel springen andere Dinge in der Stadt ins Auge als dem Menschen. Was sie im Moment sieht, interessiert sie nicht; es ist irrelevant. Plötzlich ein Flügelschlagen. Wir schauen nach oben. Eine Taube, eine Ringeltaube, die zu ihrem Schlafplatz in einer Linde heruntersegelt. Die Zeit dehnt sich. Die Luft steht, der Habicht ist wie verwandelt. Sie hat alle ihre Waffensysteme aktiviert. Ein rotes Fadenkreuz. Sie stellt sich auf die Zehenspitzen und verrenkt den Hals. *Das. Diese Flugbahn. Das da,* denkt sie. *Faszinierend.* Das Gehirn des jungen Habichts hat gerade eine Entdeckung gemacht, und die hat ausschließlich mit dem Tod zu tun.

»Was der Habicht brauchte«, schrieb White, »war ein langer Spaziergang auf der Faust – wie immer.« Doch er unternahm die Spaziergänge als reinen Selbstzweck, als seien sie selbst das Geheimnis und nicht die Aufmerksamkeit, die dem Vogel dabei zuteilwird. Auch als der Tod meines Vaters seine Klauen noch mit aller Macht in mein zerfetztes Herz schlug, wusste ich tief im Innersten, dass das Geheimnis beim Abtragen eines Greifvogels darin bestand, die Dinge langsam anzugehen. Von der Dunkelheit zum Licht überzugehen, von geschlossenen Räumen ins Freie, sich diese fremde Welt zunächst aus der Distanz anzusehen und ihr allmählich, über viele Tage hinweg, immer näher zu kommen – dieser Welt aus rauen Stimmen und schlenkernden Armen, aus grellen Kinderwagen und knatternden Mopeds. Tag für Tag, Schritt für Schritt, Fleischstückchen für Fleischstückchen begreift der Habicht, dass dies alles keine

Bedrohung für ihn darstellt und er es mit Gleichgültigkeit betrachten kann.

Für Gos allerdings bedeutete es Mord auf Raten. White trug den Habicht ab, weil die Bücher es so wollten; er ging mit ihm sogar am Tag seiner Ankunft nach draußen. Achtundvierzig Stunden später brachte er ihn zum Haus der Wheelers, um »die Familie kennenzulernen, mit kläffenden Hunden und allem Drum und Dran«. Am nächsten Tag zeigte er Gos Autos und Radfahrer auf der Straße. »Er springt auf diesen Ausflügen immer wieder ab«, hielt White in seinem Tagebuch fest. Und weiter ging's. Er nahm Gos mit in den Pub, zum Karpfenangeln, im Auto mit nach Banbury. »Er hat lernen müssen, sich mit diesem Trubel abzufinden«, so White. »So wie wir alle, wie selten wir ihm auch begegnen.« Und das tat Gos. Wie die verzweifelte Seele, die angesichts anhaltenden Grauens ihre Hilflosigkeit begreift und den Schrecken erträgt, weil sie keine andere Wahl hat, ertrug auch Gos sein Los. Sein Abrichten hatte nichts Sanftes: Er lernte durch Angst, auf dieselbe Weise wie auch White gelernt hatte, dass es für ihn kein Entrinnen gab.

Die kleinen Straßen und grasbewachsenen Wege hinunter, über Felder, feucht vom Heu, trug White sich selbst ab, immer tiefer in die Natur hinein. Der Habichtler-Novize war ganze Tage zu Fuß unterwegs und passte sich dankbar dem Rhythmus und der Witterung des Landes an.

Als er abends die heckengesäumten Wege von Buckinghamshire entlang nach Hause ging, sah er den »roten Mond aufgehen«, denselben Mond, den er »in der Morgendämmerung gelb hatte untergehen sehen«. Nachts wurde die Welt durch ihre Leere magisch, die Ridings zu einem Ort voller Nebel, Sterne und Einsamkeit. Es war Whites geduldige Exkursion in die Felder und die Vergangenheit.

145

Abgesehen davon, dass er exzentrischerweise einen Habicht auf der Faust trug, tat White nichts, was seine Zeitgenos-
sen nicht auch taten. Lange Spaziergänge auf dem Land, insbesondere bei Nacht, waren im England der Dreißigerjahre
erstaunlich beliebt. Wandervereine gaben Mondkalender heraus, Eisenbahngesellschaften boten geheimnisvolle Ausflüge in
ländliche Gegenden an. Als die Southern Railway 1932 Karten
für eine Fahrt zum Mondscheinspaziergang in den South Downs
verkaufte, rechnete sie mit etwa vierzig Interessenten – es
kamen anderthalbtausend. Die Menschen, die sich damals auf
den Weg machten, wollten keine Gipfel erobern, »Kilometer
fressen« oder ihr Geschick, Karten zu lesen, unter Beweis stellen. Sie strebten die mystische Vereinigung mit der Natur und
dem Land an. Sie wanderten in der Zeit zurück in die Vergangenheit, wie sie sie sich vorstellten, magisch, glanzvoll: Merrie
Olde England, das prähistorische England, eine vorindustrielle
Vision, die Trost spendete und Sicherheit versprach. Denn obwohl Eisenbahnen und Straßen und ein boomender Markt für
Bücher über Landschaftsarchitektur zu dieser Bewegung bei-
getragen hatten, war sie eigentlich aus dem Trauma des Ersten
Weltkriegs und der Angst vor dem nächsten entstanden. Der
Literaturkritiker Jed Esty beschrieb diese Sehnsucht nach der
ländlichen Idylle als ein Element einer größeren Bewegung,
mit der die Nation damals ihre kulturelle Identität zu retten
versuchte. Als Antwort auf den wirtschaftlichen Zusammen-
bruch, das schrumpfende Empire, auf die totalitäre Bedrohung
von außen. Die Bewegung pries antike Stätten und Volkstra-
ditionen, feierte Shakespeare und Chaucer, die Druiden, die
Legende von König Artus. Man glaubte, der Nation sei etwas
Wesentliches verloren gegangen, etwas, das sie wiedererlangen
könnte, und sei es auch nur in ihrer Vorstellung. White war in

dieser konservativen, altmodischen Haltung gefangen; er ging mit seinem Habicht spazieren und schrieb über Geister, über Orion, der hell am englischen Himmel erstrahlte, über all die imaginären Linien, die Menschen und Zeit über die Landschaft gezogen hatten. Er saß am Kamin, den Habicht an seiner Seite, und grübelte über das Schicksal der Nationen.

Heute herrscht ein niedriges Kondensationsniveau. Aber das spielt keine Rolle: Er fliegt heute nicht, er geht spazieren, trägt seinen Habicht ab. Bereits fünf Felder hat er gemeinsam mit Gos überquert. Jetzt stehen sie vor St Thomas the Martyr: erst eine Kapelle, dann ein Wohnhaus, nun eine Ruine – ein eindrucksvoller Kadaver kollabierter Eisensteine. Das Dach gleicht einem aufgebrochenen Brustkorb voller verrottendem Stroh. Hier und da sinkt ein Fenstersturz kraftlos über den Rahmen herunter, die Türen sind mit Brettern und Kalksteinschutt blockiert. Brennnesseln gedeihen hier großflächig, wuchern üppig und sattgrün. Filigran recken sich Eschen in die Höhe, zu beiden Seiten der Ruine fallen die Felder in sanfte Täler ab. Es ist sehr ruhig. Von irgendwoher dringt wie tropfendes Wasser das Ticksen eines Rotkehlchens zu ihm. Der Ort scheint ihm verflucht, Menschen wagten sich besser nicht hierher. Er hat den Gestank des toten Schafs, das jemand in einem Abwasserkanal entsorgt hat, immer noch in der Nase: ein mitleiderregendes, durchnässtes Wollwrack voller Maden. Aber der Gestank macht ihm nichts aus, er findet ihn eher anregend. Der Geruch der Vergänglichkeit. Er schaut auf den Boden unter seinen Füßen, auf das Gras, das Kaninchen kurz geknabbert haben. Die Menschen, die hier gelebt haben, gestorben sind und begraben wurden, sind immer noch da, direkt unter ihm; die alten Gerippe wären bestimmt dankbar, könnten sie noch einmal einen

Habicht sehen. Er geht um die Kapelle herum und stellt sich vor, die Erde unter ihm bebte und murmelte, während der altvertraute Habicht über sie hinwegglitt; wie Landarbeiterknochen murmeln, wenn Ackerbaugeräte über ihre vergessenen Gräber rattern.

> Ich dachte an das kleine Volk unter der Erde,
> Angehörige einer verschwundenen Spezies, die wir
> nicht mehr verstehen, uns beinahe schon nicht mehr
> vorstellen konnten: Mönche, Nonnen, ewig Leib-
> eigene. Ich fühlte mich ihnen nahe, selbst Chaucer
> fühlte ich mich nahe, »with grey goshawk in hond«.
> Sie würden meinen Habicht sehen und verstehen,
> wie ein Landarbeiter einen Elevator versteht. Wir
> liebten einander.

Als ich klein war, war Whites Ausflug zu dieser Kapelle meine Lieblingspassage von *The Goshawk* gewesen. Es war wie eine Wiedervereinigung mit etwas Verlorenem und Vergessenem, und das alles hatte irgendwie mit einem Habicht zu tun. Ich fühlte mich White verwandt – obwohl mir nicht ganz klar war, was Landarbeiter mit Aufzügen zu schaffen haben. Das ergab nun wirklich keinen Sinn. *Vielleicht meinte er »Traktor«,* dachte ich, denn damals wusste ich noch nicht, was ein Getreideelevator ist und dass White vor Kurzem bei den Wheelers, die das Land um sein Cottage herum bestellten, einen gesehen hatte. Die Kapelle hingegen konnte ich mir als Kind gut vorstellen, und nun stand sie mir deutlicher vor Augen denn je. Wenn ich die Augen schloss, sah ich White, wie er Gos auf die Faust nahm und dabei selbst ganz fest die Augen schloss, als könnte er damit das gesamte verdammte zwanzigste Jahrhundert vom

Tisch fegen und eine jahrhundertealte Welt wiederauferstehen lassen, eine verlorene Gemeinschaft, er in ihrer Mitte. Dort hätte man ihn geliebt. Dort hätte man ihn verstanden.

Der Blick geht zurück und immer voller Liebe. In dem Bücherregal am anderen Ende des Zimmers lag ein Teleskop. Ein Beobachtungsfernrohr in einer grünen Cordura-Hülle. Ich hatte es mir von meinem Vater geliehen, um Vögel zu beobachten, und vergessen, es ihm bei meinem letzten Besuch wieder mitzubringen. »Nächstes Mal«, hatte er gesagt und in gespielter Verzweiflung den Kopf geschüttelt. Es gab kein nächstes Mal. Ich konnte es ihm nicht zurückgeben. Konnte mich auch nicht bei ihm entschuldigen. Einmal – ich glaube, es war am Tag nach seinem Tod oder auch zwei Tage danach – saß ich mit meiner Mutter und meinem Bruder im Zug. Wir waren unterwegs, um das Auto meines Vaters zu suchen. Eine furchtbare Reise. Meine Hände hielten das grobe Polster des Sitzes so fest umklammert, dass die Fingerknöchel weiß hervortraten. Wir fuhren an Sommerfliedersträuchern, Klinkerhäusern, einem grünen Gasometer und an der Battersea Power Station vorbei, dann kam der Zug zum Stehen. Und als wir an der Station Queenstown Road ausstiegen, einem mir unbekannten Bahnsteig unter einem weißen Holzdach, und auf den Ausgang zugingen, wurde mir das erste Mal richtig bewusst, dass ich meinen Vater nie wiedersehen würde.

Nie. Ich erstarrte. Und schrie. Rief laut nach ihm. *Dad.* Und dann: *Nein,* in einem langen Aufheulen. Mein Bruder und meine Mutter legten die Arme um mich und ich meine um sie. Brutale Tatsache. Ich würde nie wieder mit ihm reden. Ich würde ihn nie wiedersehen. Wir hielten uns aneinander fest und weinten um Dad, den Mann, den wir liebten, den ruhigen

Mann im Anzug, mit der Kamera über der Schulter, der sich Tag für Tag auf die Suche nach Neuem gemacht hatte. Der Sternenbahnen, Gewitter, Straßen und Politiker eingefangen, der die Zeit angehalten hatte, indem er die Bewegung der Welt in Bildern festhielt. Mein Vater, der vom Sturm beschädigte Gebäude in Battersea hatte fotografieren wollen und an diesem Abend selbst Schaden nahm, dessen Herz versagt hatte.

Die Aufnahmen, die er an diesem Tag gemacht hatte, waren noch in der Kamera gespeichert, die man meiner Mutter im Krankenhaus aushändigte. Die letzte Aufnahme habe ich nur ein einziges Mal gesehen. Ich will sie nie wieder sehen, sehe sie aber immerzu. Sie ist unscharf und von weit unten aufgenommen, viel zu weit; eine ausgestorbene Londoner Straße. Natriumdampflampen in der Abenddämmerung, eine aus der Vertikalen gekippte, ins Unendliche verlaufende Mauer. Als Fluchtpunkt ein fahler, stürmischer Himmel.

12

Ausgestoßen

»Na komm, Mabel!« Ich hocke auf dem Teppich und halte ihr ein totes Eintagsküken hin. Mein Tiefkühlfach ist mit ihren flauschigen kleinen Leichen vollgestopft, traurige Nebenprodukte der industriellen Eierproduktion. Mabel liebt sie. Sehnsüchtig fixiert sie das Küken in meinem Handschuh. Ich halte es gerade so weit weg, dass sie nicht rankommt, und pfeife. »Du kannst das!«, locke ich sie. »Spring!« Aber springen ist das Einzige, das sie um jeden Preis vermeiden will. Ein drolliger Anblick. Sie beugt sich nach vorn. Noch weiter nach vorn. Streckt den Hals, so weit es irgend geht, und öffnet hoffnungsvoll den Schnabel. Das Futter ist direkt vor ihr, aber sie kommt nicht ran. Sie verliert das Gleichgewicht und richtet sich wieder auf. Hier ist offenbar eine andere Taktik gefragt. Wie eine zubeißende Kobra fährt sie blitzschnell einen Fuß aus, um sich das Fleisch zu schnappen. Sie hat eine erstaunliche Reichweite: Ihr Bein ist fast so lang wie sie selbst. Ein befiedertes, löwenfellfarbenes Schienbein schießt nach vorn; beinahe erreichen die Klauen den Handschuh. Aber eben nur beinahe.

Jetzt ist sie sauer. Sie hüpft den Sprenkel auf und ab, bearbeitet ihn mit den Füßen und umklammert die Sitzstange. Ihr schwarzer Bartstreif verhärtet sich zu missbilligend heruntergezogenen Mundwinkeln, ich kann direkt spüren, wie sie sich sträubt. Ihr Kopf wippt von einer Seite auf die andere, um

Entfernungen abzuschätzen. Dann verändert sich etwas in ihr, das ich mit einem Schaudern zur Kenntnis nehme: Das Zimmer scheint sich zu verdunkeln, zu einem Punkt zu schrumpfen. Und plötzlich wird meine Hand getroffen, mit einem so unerwartet harten Schlag, dass er sich wie eine Stoßwelle über meine Wirbelsäule bis zu den Zehenspitzen hinunter ausbreitet. Ein Schlag mit einem Baseballschläger hätte eine ähnliche Wirkung gehabt. Sie ist auf dem Handschuh, breitet ihre großen gebänderten Schwingen darüber und zerrt gierig an dem Küken. Sie reißt Stücke aus dem Fleisch und verschlingt sie. Ich bin begeistert. Sie hat eine gewaltige psychologische Kluft überwunden, eine Kluft, die viel größer war als die fünfundzwanzig Zentimeter zwischen ihr und meiner Faust. Das Landen darauf bedeutete gleichzeitig Töten – ihr Griff ist wie ein Schraubstock, ohne Gnade, meine Finger darunter fühlen sich allmählich taub an. Mabel kann den Druck ohne jede Mühe aufrechterhalten. Für sie ist das Loslassen viel mühsamer.

Ich nutze die Gelegenheit. In dem Moment, in dem sie den Kopf gehoben hat, um einen Fleischbrocken zu schlucken, ziehe ich den Rest des Kükens durch meine Handfläche und lasse ihn verschwinden. Sie sieht nach unten, hinter sich, auf den Boden. *Wo ist es hin?* Ich überrede sie, wieder auf den Sprenkel zu treten, und halte ihr das Küken noch einmal hin, dieses Mal etwas weiter weg. Sofort spüre ich diesen harten Schlag auf dem Handschuh. Wieder bedeutet er Töten, doch erinnert mich seine Wucht auch daran, dass ich am Leben bin.

Am Leben, ja, aber völlig erschöpft. Ich fühlte mich, als sei ich aus Wolle. Graue, lose gesponnene Wolle an einem schmerzenden Knochengerüst. Die Ausflüge mit dem Habicht zehrten an meinen Kräften, das ständige Auf-der-Hut-Sein laugte mich aus.

Während der Vogel zahmer wurde, wurde ich immer wilder. Die Angst war ansteckend: Ungebeten erhob sie sich in meinem Herzen, wann immer Menschen auf uns zukamen. Manchmal war ich mir nicht sicher, ob Mabel abspringen wollte, weil sie sich vor dem, was sie sah, fürchtete oder weil sie meine Angst übernommen hatte. Und noch etwas war auf unseren Spaziergängen geschehen: Wir waren unsichtbar geworden. Die Menschen blieben weder stehen, noch sahen sie uns an, nicht einmal einen Seitenblick warfen sie in unsere Richtung. Allmählich glaubte ich, dass sie uns überhaupt nicht sahen, als bewegten wir uns in einer anderen Dimension, als wären wir – oder sie – Geister. Ich stellte mir vor, dass die Habichte, die ich als Kind gesehen hatte, aus meiner jetzigen Welt in jene Winternachmittage geblickt hatten. Nachts stand ich am Fenster, schaute auf die Lichter da draußen und presste meine Stirn gegen die Scheibe, um das schwache Klopfen des Sommerregens durch das Glas und meine Knochen zu spüren.

Natürlich sahen sie uns. Eine Frau, die mit einem verflucht großen Vogel auf der Faust und einem elenden Ausdruck im Gesicht durch einen Park schleicht, muss auffallen. Alle sahen sie uns; sie taten bloß so, als würden sie uns nicht sehen. Nur eine Handvoll Leute war mutig genug, offen zu uns herüberzublicken. Am nächsten Tag etwa stehe ich bei leichtem Regen inmitten einer ganzen Flottille aufgespannter Schirme und bemerke einen Mann. Er lehnt in rund sechs Meter Entfernung an einem Zaun, seine Hände liegen entspannt auf dem Geländer aus Holz; er beobachtet uns gleichmütig, wie man vielleicht Pferden auf einer Koppel zusehen würde. Ich gehe zu ihm hinüber und sage Hallo. Er kommt aus Kasachstan, erzählt er mir, dann reden wir über meinen Habicht und über kasachische

Falkner – *Berkutchi* –, die seit Tausenden von Jahren zu Pferd mit ihren Steinadlern, den Berkuts, auf die Jagd gehen. Er hat die Adler nie gesehen, sagt er, denn er lebt in der Stadt. In Almaty. Er fragt mich, ob mein Habicht eine Haube hat. Ich zeige sie ihm. Er nimmt sie in die Hand, schaut sie sich genau an, bewundert ihre handwerkliche Qualität und gibt sie mir zurück. Jetzt erst stellen wir uns offiziell vor. Er heißt Kanat und will wissen, wo ich mit meinem Habicht jagen will. »Auf Ackerland, ein paar Kilometer von hier«, erwidere ich. Er nickt, sieht Mabel forschend an und schweigt dann lange. Er spreizt seine Finger auf dem Geländer, starrt auf seine Hände, auf die Ärmelaufschläge seiner braunen Lederjacke. »Ich vermisse mein Land.«

Kurz nachdem er gegangen ist, kommt ein Radfahrer rutschend neben uns zum Stehen und erkundigt sich höflich, ob er einen Blick auf den Vogel werfen darf. Er ist geradezu lächerlich hübsch. Da steht er nun mit seinem Antonio-Banderas-Haar, seiner teuren Funktionskleidung und seinem Titanrad, auf dem Regentropfen glitzern, und bewundert gebannt den Habicht. »Sie ist *wunderschön!*« Er sucht nach einem anderen Wort, findet aber keins. Wunderschön wird reichen müssen. Er wiederholt es noch einmal und bedankt sich dann überschwänglich bei mir für den Habicht. »So nah! Ich habe noch nie einen Habicht aus solcher Nähe gesehen.« In Mexiko hat er wilde Habichte gesichtet, aber die waren weit weg gewesen. »Ich beobachte sie gerne, sie sind so …« Er macht eine Bewegung mit der Hand, als würde er etwas anheben.

»Frei«, führe ich den Satz zu Ende. Er nickt, ich auch, verwundert, weil mir plötzlich bewusst wird, dass ein Greifvogel auf der Faust eines Fremden manche Menschen dazu bringt, zu beichten, sich jemandem anzuvertrauen, etwas über Hoffnung, über Heimat, über das Herz zu sagen. Mir wird auch bewusst, dass uns in all den Tagen, seit ich mit Mabel unterwegs bin, nur Menschen angesprochen haben, die irgendwie Außenseiter waren: Kinder, Gothic-Teenager, Obdachlose, Studenten aus Übersee, Touristen, Betrunkene, Urlauber. »Wir sind jetzt auch Außenseiter, Mabel.« Der Gedanke ist gar nicht mal so unangenehm. Doch ich schäme mich für die Verschlossenheit meines Landes. Sein Bedürfnis, einfach weiterzumachen, sich eines Kommentars zu enthalten, keine Fragen zu stellen, sich für nichts Außergewöhnliches, Eigentümliches, kurzum für nichts zu interessieren, das nicht völlig der Norm entspricht.

Ich bin in Feierlaune. Heute ist Mabel von einer Stuhllehne im Wohnzimmer einen Meter zwanzig weit auf meine Faust geflogen. »Du machst dich wunderbar«, lobe ich sie. »Zeit für einen Spaziergang. Wir besuchen die Kinder meiner Freundin. Sie werden dich lieben.« Einige Minuten später klopfe ich an eine Tür. Der Mann meiner Freundin öffnet. Mein Habicht zuckt zusammen, ich auch: Dieser Mann ist einmal sehr unhöflich zu mir gewesen. Egal. Vielleicht hatte er einfach einen schlechten Tag gehabt. Vergeben und vergessen. Meine Freundin ist nicht zu Hause. Ich stehe vor der Tür und erzähle ihm von meinem Habicht: wie alt sie ist, welches Geschlecht sie hat, welche Greifvogelart das ist, wie sie heißt. Ich erzähle ihm sogar, dass ich befürchtet hatte, das Abtragen gestalte sich wie die Schlacht Mann gegen Vogel in *The Goshawk*. »Aber ich war völlig überrascht. Keine Schlacht, kein Kampf. Was nicht mein Verdienst ist, da bin ich mir sicher. Sie ist ein erschreckend ruhiger Habicht.« Der Mann neigt den Kopf zur Seite und lächelt.

»Tja«, sagt er, »das ist dann wohl so ein Geschlechterding.«
»Geschlechterding?«

»Klar. Du bist eine Frau, sie ist ein Weibchen. *Natürlich* könnt ihr miteinander!«

Das kann nicht sein Ernst sein. Ich starre auf seine Hand am Türrahmen und spüre, wie mir die Hitze ins Gesicht steigt. *Der macht sich über mich lustig.* Das erste Mal seit Wochen verschwindet der Habicht aus meinem Kopf, in dem sich nun ein Satz breitmacht, ein einziger, unausgesprochener Satz: *Was für ein Arschloch.*

Will der mir gerade weismachen, dass zwischen Falknerin und Habichtweibchen zwingend so etwas wie Schwesternschaft entstehen müsste? *Was zum …?* Wir sind nicht einmal dieselbe *Spezies,* du Vollidiot! »Ich glaube nicht, dass das im Verhalten meines Habichts eine Rolle spielt«, erwidere ich und lächle. Ein schmales Lächeln. Ein scheinheiliges Lächeln. Dünnes Eis auf abgrundtiefer Mordlust. Wütend mache ich mich auf den Heimweg, mein Herz klopft wild. Als ich wieder zu Hause bin und Mabel auf ihrem Sprenkel steht, sammle ich mich. Die Wut ist verschwunden, jetzt bin ich fasziniert. Ich hole meine Bücher über Falknerei aus den Regalen und staple sie auf dem Boden. Dann setze ich mich im Schneidersitz neben den Habicht. »So, Mabel. Habichte sind also Vögel für Jungs, stimmt's? Dann lass uns doch mal nachschauen, was die Jungs über dich geschrieben haben.« Ich nehme Humphrey ap Evans' *Falconry For You* zur Hand und lese. »Sie schnurrt und zirpt zu ihrem Meister, reibt ihren Kopf an ihm. Gleichzeitig ist sie stolz und wild und wunderschön, und ihr Zorn ist fürchterlich. Sie kann mürrisch und launisch sein.«

Hmm.

Jetzt öffne ich Gilbert Blaine, wo ich von ihrer »merkwürdigen, etwas mürrischen Veranlagung« lese: »Sie hat es sich in den Kopf gesetzt, sich so unsympathisch wie möglich zu machen, und wird Sie dermaßen auf die Palme bringen, dass Sie ihr nur noch den Hals umdrehen wollen.« Weiter zu Frank Illingworths *Falcons and Falconry:* »Es gibt keinen eigenwilligeren Vogel als den Habicht! Sie scheint es einzig darauf abgesehen zu haben, ihren Besitzer zu ärgern.« Ich schaue meinen Habicht an. »Das ist dubios, Mabel.« Nun zu den viktorianischen Falknern. Charles Hawkins Fisher mochte »weder sie noch ihresgleichen«, Freeman und Salvin fanden es »unendlich schade, dass die Natur dieses Vogels so alles andere als liebenswert ist; sie ist vielmehr mürrisch, launisch.«

»Mürrisch. Launisch. Oh, mein Gott, Mabel. Weißt du, was du bist? Eine Frau! Eine hormongesteuerte Frau!« Das ergab auf schreckliche Weise Sinn. Deshalb hatten sich diese Falkner nie gefragt, ob vielleicht ihr eigenes Verhalten etwas damit zu tun haben könnte, dass ihre Habichte im Baum hocken blieben, die Nerven verloren, Wutanfälle bekamen, die Hunde attackierten oder einfach davonflogen. Das war nicht ihre Schuld. Habichte konnte man nicht verstehen, wie Frauen. Sie waren launisch, flatterhaft, hysterisch, ihre Stimmungen pathologisch. Jenseits aller Vernunft.

Im siebzehnten Jahrhundert hatten Habichte allerdings noch einen ganz anderen Ruf gehabt. Damals erachtete man sie als »umgänglich und vertraut«, wenngleich ihrer Natur nach eher »scheu und ängstlich«, wie Simon Latham 1615 schrieb. Sie nehmen »Anstoß« an »grober und schroffer Behandlung durch den Menschen«; behandelte man sie dagegen mit Güte und Umsicht, waren sie »so liebevoll und ihrem Falkner zugetan wie jeder andere Greifvogel«. Auch hier sprach man über die Vögel wie über Frauen – etwas, das man für sich gewinnen, umwerben, lieben sollte. Aber man betrachtete sie nicht als hysterische Monster. Sie waren echte, widersprüchliche Wesen mit einem eigenen Willen, »imposant und mutig«, aber eben auch »scheu und ängstlich«. Benahmen sie sich in einer Art und Weise, die den Falkner ärgerte, hatte er sie nicht gut behandelt, hatte ihnen nicht »ein beständig liebevolles und zuvorkommendes Benehmen« entgegengebracht. Die Rolle des Falkners bestand laut Edmund Bert darin, allen Bedürfnissen des Greifvogels gerecht zu werden, damit er sich »an sich selbst freuen könne«. »Ich bin ihr Freund«, schrieb er über seinen Habicht, »und sie ist meine Spielgefährtin.«

Eine zynischere Zunge würde vielleicht behaupten, diese Männer aus elisabethanischer und jakobinischer Zeit hätten nur mit ihren Fähigkeiten als Falkner geprahlt – ein paar Aufreißer alter Schule, die sich in einer Bar über ihre sagenhaften Verführungskünste austauschen. Aber ich war nicht zynisch. Sie hatten mich überzeugt, diese Männer, die schon so lange tot waren und ihre Vögel geliebt hatten. Sie hatten sich mit dem Anderssein der Vögel ausgesöhnt; sie wollten sie erfreuen und ihr Freund sein. Ich machte mir nichts vor: Den Frauen im frühneuzeitlichen England war es bestimmt nicht besser ergangen – wahrscheinlich war es die Angst vor der Emanzipation, die Habichte in den Augen späterer Falkner so furchterregend erscheinen ließ. Dennoch wusste ich, welche Art von Beziehung ich bevorzugte.

Ich sehe Mabel an. Sie sieht mich an. So viel von dem, wofür sie steht, ist Menschenwerk. Seit Tausenden von Jahren hat man Greifvögel wie sie eingefangen und in menschliche Obhut gegeben.

Doch im Gegensatz zu anderen Tieren, die in unmittelbarer Nähe des Menschen gelebt haben, konnte man sie nicht domestizieren. Aus diesem Grund sind Greifvögel in so vielen Kulturen das Symbol für Wildheit schlechthin und auch ein Symbol für Dinge, die gezähmt und unterworfen werden müssen.

Ich schlage Berts *Treatise of Hawks and Hawking* zu. Bei dem Geräusch macht mein Habicht eine seltsame, niedliche Bewegung: Sie dreht den Kopf auf die Seite und dann ganz weit nach unten, sodass die Spitze ihres Schnabels zur Decke zeigt. Währenddessen schaut sie mich weiter an. Moment mal – ich habe diese Bewegung schon einmal gesehen. Babyfalken machen sie, wenn sie spielen. Aber Habichte? *Im Ernst?* Ich ziehe ein Blatt Papier aus einem Stapel, reiße auf einer Seite einen langen Streifen ab, knülle ihn zu einer Kugel zusammen und halte sie ihr hin. Sie packt sie mit dem Schnabel. Das Papier raschelt und knistert. Das Geräusch gefällt ihr. Sie raschelt noch einmal damit, lässt die Kugel dann fallen und folgt ihr mit dem Blick. Ich hebe die Kugel auf und halte sie ihr wieder hin. Sie nimmt sie in den Schnabel und kaut sanft darauf herum: *njam, njam, njam.* Sie sieht dabei aus wie eine Handpuppe, das Krokodil aus dem Kasperle-Theater, die Augen wie zu einem Vogel-Lachen verengt. Ich muss auch lachen. Ich nehme eine Zeitschrift, rolle sie zusammen, halte sie mir vors Auge und sehe Mabel damit wie durch ein Fernrohr an. Sie zieht den Kopf ein, um von der anderen Seite durch die Rolle zu spähen. Dann steckt sie den Schnabel hinein und knabbert an der leeren Luft. Ich halte mir das Papierfernrohr an den Mund und rufe: »Hallo, Mabel!« Sie zieht den Schnabel heraus und stellt die Stirnfedern auf, schüttelt ein paarmal rasch ihren Schwanz und bebt vor Vergnügen.

Plötzlich schäme ich mich. Meine Vorstellung von einem Habicht war ebenso starr wie die der viktorianischen Falkner und nicht annähernd groß genug, das tatsächliche Wesen des Habichts zu fassen. Niemand hatte mir je erzählt, dass Habichte spielen. Davon war in keinem meiner Bücher die Rede. Und ich hätte es nicht für möglich gehalten. Vielleicht hatte nie jemand mit ihnen gespielt. Der Gedanke machte mich unsagbar traurig.

In einem Brief an White schrieb Gilbert Blaine, er möge keine Habichte, weil ihr »verrücktes und argwöhnisches Temperament sie ihm entfremdet hatte, wie übrigens den meisten anderen Falknern auch«. Jahre später schrieb White: »Vielleicht hatte ich Gos gerade aus diesem Grund geliebt. Ich hatte immer schon eine Schwäche für die Unbelehrbaren, die Unberührbaren, die Ausgestoßenen.« Gos war eigenartig, das Gegenteil von zivilisiert-englisch; mit ihm konnte White viele Facetten seiner selbst durchspielen: den wohlwollenden Vater, das unschuldige Kind, den gütigen Lehrer, den geduldigen Schüler. Auch andere, seltsamere Facetten: Durch den Habicht konnte White Mutter werden, ein »Mann, der den Vogel zwei Monate lang erschaffen hatte wie eine Mutter, die das Kind in ihrem Leib nährt. Denn das Unterbewusstsein von Vogel und Mensch war durch eine geistige Nabelschnur miteinander verbunden; sie führte zu dem Mann, der aus einem Teil seines Lebens heraus etwas erschaffen hatte«. Seinen Tagebüchern – den in grüner Tinte geschriebenen – vertraute White spätabends in krakeliger, breiter Schrift Dinge an, die nie den Weg ins Buch fanden, denn dafür waren sie viel zu verräterisch.

> Am meisten verabscheut er es, wenn man ihm den Kopf streichelt. Was er hingegen liebt, ist, wenn man ihn an den Schwanzfedern zieht, sie streichelt, sie stutzt & ordnet. Tatsächlich interessiert sich Gos sehr für seine rückwärtigen Körperteile. Er ist ein

Koprophiler, wenn er nicht gar schwul ist. Er kann
seinen Schmelz fast drei Meter weit werfen und
dreht sich danach immer stolz nach ihm um.
Wenn er mich dabei beobachtet, wie ich minutenlang pinkeln kann (für ihn offenbar auch eine Form
von Schmelz), ist er immer sehr interessiert und
neidisch.

Es gibt viele Lesarten von *The Goshawk*. Eine davon ist als
Zeugnis unterdrückter homosexueller Begierde – nicht Flei-
scheslust, sondern die Sehnsucht nach Blutsverwandtschaft,
Seelenverwandtschaft. Es ist das Buch eines einsamen Mannes,
der das Gefühl hatte, anders zu sein, und nach Menschen
suchte, die so waren wie er. Die Falknerei war auch damals
keine besonders schwule Angelegenheit, obwohl einige Falkner,
mit denen White korrespondierte, darunter Jack Mavrogordato
und Ronald Stevens, homosexuell waren. Vielleicht war auch
Blaine schwul – zumindest war er nicht verheiratet. Die Falkner
bildeten eine Männergemeinschaft, eine »mönchische Elite«,
eine »kleine beharrliche Sekte«, wie Lord Tweedsmuir es aus-
drückte, deren gemeinsame Basis eine Leidenschaft war, die
andere nicht verstehen konnten. Eine Leidenschaft, die als
nicht normal galt, für die sie aber nichts konnten. »Tief im
Wesen einiger Menschen verwurzelt«, so Gilbert Blaine, »ist ein
bestimmter Charakterzug, der eine natürliche Liebe zu Greifvögeln hervorbringt.« Zu einem »wahren Falkner«, so Blaine
weiter, »wird man geboren, nicht gemacht«. Jahre später schrieb
White darüber, dass die Falknerei ihm den Trost einer unausgesprochenen Gemeinschaft mit geistesverwandten Männern
spendete:

Erst nachdem ich selbst schon Greifvögel gehalten
hatte, war ich einem anderen erfahrenen Falkner
und seinen Vögeln begegnet, mit dem ich mich
austauschte. Zum ersten Mal ging mir das Herz über,
so aufgeregt war ich, diese wunderschönen Falken
in ihrem Jugendkleid zu sehen; und dass es
zwischen dem Falkner und mir kaum der Worte
bedurfte, uns untereinander zu verständigen.

Für White war es eine Offenbarung: Seit Urzeiten hatte es
Männer wie ihn gegeben! »Ich hatte nun das Recht, die lange
Ahnenreihe ohne Scham fortzuführen«, schrieb er, in die Ab-
bildung eines assyrischen Falkners von vor dreitausend Jahren
versunken. Er schloss die Augen und stellte sich vor, seine Hand
über die Jahrhunderte zurück auszustrecken und »die knochige
Hand dieses Vorfahren zu ergreifen, bei der die Knöchel ebenso
deutlich hervortraten wie die exquisit herausgearbeitete Wade
an seinem Bein«.

Für klassisch gebildete Männer, die in der Schule mit Geschich-
ten von Rittern und Ritterlichkeit gefüttert wurden, konnte die
Erfahrung der Zeitreise, die die Falknerei auslöste, überwälti-
gend sein. Als J. Wentworth Day, berühmt für seine ländlichen
Erzählungen, Ende der Zwanzigerjahre mit dem British Fal-
coners' Club auf die Beizjagd ging, schwärmte er von dem
Marschland zu seinen Füßen, vom »Wind im Gesicht, dem
Vogel auf der Faust. Eine kurze Weile hat man das Gefühl, ein
Erbe der Zeitalter zu sein. Eine kleine Seite im Buch der Ge-
schichte ist um tausend Jahre zurückgeblättert worden«.
Abgerichtete Greifvögel haben die merkwürdige Fähigkeit,
die Geschichte heraufzubeschwören, weil sie auf gewisse Weise

unsterblich sind. Einzelne Exemplare der Spezies sterben, die Spezies selbst bleibt unverändert. Spezielle Züchtungen oder Varianten gibt es kaum, weil Greifvögel nie domestiziert wurden. Die Vögel, die heute geflogen werden, sind identisch mit denen, die es vor fünftausend Jahren gab. Ganze Zivilisationen entstehen und gehen wieder unter – die Greifvögel bleiben, wie sie sind. So erscheinen uns die Beizvögel wie Relikte aus einer längst vergangenen Zeit. Man nimmt einen Vogel auf die Faust und stellt sich vor, wie Falkner in der Vergangenheit dasselbe getan haben. Es fällt schwer, nicht zu glauben, dass es derselbe Vogel ist.

Ich habe einmal meine Freunde gefragt, ob es Dinge gibt, die ihnen ein gespenstisches Gefühl für Geschichte vermitteln. *Antike Gefäße mit dreitausend Jahre alten Fingerabdrücken im Ton* war eine Antwort. *Alte Schlüssel* eine andere. *Tonpfeifen. Tanzschuhe aus dem Zweiten Weltkrieg. Römische Münzen von einem Feld. Alte Busfahrkarten in einem gebraucht gekauften Buch.* Alle waren sie sich einig, dass diese kleinen Dinge etwas seltsam Intimes bewirken: Wenn man sie in die Hand nimmt und berührt, vermitteln sie einem das Gefühl eines anderen Menschen, eines längst verstorbenen, unbekannten Menschen, der den Gegenstand ebenfalls in der Hand gehalten hatte. *Man weiß nichts über ihn, nur, dass er da war und ist* – so hat ein Freund es ausgedrückt. *Als würden all die Jahre zwischen dir und dem anderen verschwinden. Als würdest du irgendwie zu dem anderen werden.*

Mit dem Greifvogel auf der Faust verflüchtigt sich die Geschichte, so wie bei meinen Freunden und den genannten Gegenständen. Die gewaltigen Unterschiede zwischen dir und diesem längst verstorbenen Menschen, diesem »Urfalkner«, sind vergessen. Du bist davon überzeugt, dass er die Welt

genauso gesehen haben muss wie du. Diese Überzeugung hat
verstörende Folgen. Von der Vorstellung, du selbst seist dieser
längst verstorbene Falkner, bis zu der Annahme, das Land unter deinen Füßen sei von Menschen wie dir schon seit Urzeiten
beansprucht worden, ist es nur ein kleiner Schritt. Hinzu kam,
dass die Identifikationsfigur gemeinhin weit über dem Durch-
schnitt der Masse lag. »Die Falknerei ist sicherlich von hoher
Abkunft«, schrieb der Falkner Gage Earl Freeman 1859. »Man
sehe sich nur die stolze Herkunft an – ein ehrlicher, edler Stolz!«
Als ihm ein Freund entgegnete, seine Liebe zur Falknerei sei
»absolut frei von jeglicher Schwärmerei für die Antike oder
das Mittelalter«, um die er sich »einen Dreck schere«, erwiderte
Freeman pikiert: »Ich denke, da täuscht er sich.« Doch waren
es nicht immer Könige, Lords oder Earls, mit denen man sich
dank der Greifvögel verbunden fühlen durfte. Bei Whites Ausflug zur Ruine der Kapelle fühlte er sich als Teil einer Dorf-
gemeinschaft aus vorreformatorischer Zeit. Er fühlte sich zu
Hause.

Als ich klein war, hatte ich den historischen Glanz der
Falknerei geliebt. Ich hütete ihn wie einen Schatz, etwa wie Kinder die stille Hoffnung hegen, selbst so zu sein wie die Kinder
in den Büchern: im Geheimen mit magischen Fähigkeiten ausgestattet, Teil einer verborgenen, rätselhaften Welt, die sie von
der gewöhnlichen Masse abhebt. Doch das ist lange her. Seitdem hatte sich einiges verändert. Mir ging es nicht darum,
einen Greifvogel abzutragen, damit ich das Gefühl hatte, etwas
Besonderes zu sein. Ich brauchte den Habicht nicht, um recht-
mäßig die Ländereien meiner Vorfahren abschreiten zu können.
Mit der Geschichte konnte ich nun nichts mehr anfangen,
ebenso wenig wie mit der Zeit. Ich trug den Habicht gerade
deshalb ab, weil ich all das auslöschen wollte.

Heute Abend gehe ich mit Mabel etwas weiter raus. Gegen acht sind wir am Midsummer Common, den wir überqueren, an den Red-Poll-Rindern, die knöcheltief in Disteln grasen, vorbei, über den Radweg am Südufer des Flusses bis zu einer Holzbank unter einer Erle, wo wir uns niederlassen. Meine Füße sind nass, kalt, von Disteln zerkratzt und brennen. Ich kralle meine Zehen in die Sandalen und sehe dem vorbeifließenden Fluss zu. Auf dieser Seite des Flusses tummeln sich die langen, schmalen Kanalboote und die Radfahrer, das andere Ufer ist von Betonhellingen und College-Bootshäusern gesäumt. Auf der Helling gegenüber säubert ein Mann in einem Trainingsanzug die Unterseite eines auf dem Kopf stehenden Rennbootes. Spaziergänger schlendern an uns vorbei, Radfahrer sausen vorüber, der Mann und ich scheinen die einzig Bleibenden zu sein. Die Radfahrer und Spaziergänger sehen mich nicht; sie sehen den Habicht nicht, und sie sehen auch den Mann mit dem Boot nicht. Ich beobachte ihn dabei, wie er mit den Putzlumpen, den Reinigungsflaschen und einem gelben Eimer hantiert. Er und ich richten unsere Aufmerksamkeit auf etwas Wichtiges, wir haben beide eine Aufgabe. Er muss das Boot säubern und wachsen, ich muss einen Habicht abtragen. Nichts sonst ist von Bedeutung. Er wischt und wachst und poliert; als dies zu seiner Zufriedenheit erledigt ist, schultert er das Boot und bringt es zurück ins Bootshaus. Er räumt seine Sachen auf der Helling zusammen und geht. Mabel ist das egal. Sie muss sich um etwas viel Interessanteres kümmern: Rund zwanzig Meter entfernt gründeln vier Stockenten im trüben Wasser. Sie lassen sich davontreiben, und wir machen uns auf den Weg nach Hause.

Inzwischen hat die Dämmerung eingesetzt, und es hat zu regnen angefangen. Und mit dem Regen und der Dämmerung kommt der Geruch des Herbstes. Ein wohliger Schauer läuft mir über den Rücken. Aber ich habe ja keine Ahnung, welche wundersamen Dinge uns noch erwarten. Denn Mabel und ich sind im Begriff, Zeugen eines außergewöhnlichen Ereignisses zu werden, eines Abendrituals, von dessen Existenz ich bis dahin nicht das Geringste wusste: Jogger! Wie Fledermäuse schwärmen sie aus ihren Höhlen, es werden immer mehr. Erst einer oder zwei, dann eine Pause, dann noch einer, dann gleich drei auf einmal. Als Mabel und ich auf dem Weg nach Hause sind, kommen wir uns wie in einem Dokumentarfilm über die Serengeti vor. Sie sind überall. Ganze Herden! Sie halten sich brav an die Wege, immerhin, weil ich mich mit Mabel so auf ein dreieckiges Fleckchen Gras und Vogelmiere an einer Weggabelung stellen kann. Wir stehen da in der Dunkelheit und sehen zu, wie die Jogger auf uns zukommen, wie sich der Strom kurz vor uns teilt und dann an uns vorüberfließt. Auch sie sehen uns nicht. Natürlich nicht. Wir bewegen uns nicht. »Vielleicht sind sie wie die Dinosaurier in *Jurassic Park*«, flüstere ich Mabel zu. »Dinge, die sich nicht bewegen, können sie nicht sehen.«

Es regnet jetzt ziemlich heftig, auf dem Kopf des Habichts glitzern winzige Wassertropfen im Schein der Natriumdampflampen. Sie balanciert auf den Fußballen – ein Anzeichen dafür, dass sie ruhig und entspannt ist. Ihre Pupillen sind geweitet, wie die einer Katze, die durch die Dunkelheit schleicht. *Warum eigentlich nicht,* denke ich. *Sie ist im Haus mehrmals auf die Faust gesprungen. Vielleicht tut sie das ja auch hier.* Direkt neben uns zäunt eine niedrige Absperrung aus Holz ein junges Lindenbäumchen ein. Ich stelle sie auf einen der Pfosten, und sie springt, *schwupp,* einfach so, eine ganze Langfessellänge von dem Pfosten zum Futter auf dem Handschuh. Obwohl der Wind aus der falschen Richtung kommt, obwohl ihr Regen in die Augen läuft, obwohl Jogger an uns vorbeisausen, springt sie dreimal hintereinander auf die Faust; dann schüttelt sie ihr Gefieder und besprüht uns beide mit einem Schauer aus metallisch-orangefarbenen Regentropfen. Großartig.

13

Alice fällt

Das Licht fällt gleichmäßig auf das Gras, die Kühe sind nach dem Melken wieder auf der Weide, und der Himmel in Richtung Buckingham baut sich in bauschigen zinnfarbenen Wolken zur Abenddämmerung auf. Gos steht in knapp zwanzig Meter Entfernung auf der Brunneneinfassung, White ist mit sich zufrieden. Er hat das große und doch so simple Rätsel der Falknerei gelöst: Ist der Vogel hungrig, wird er zu ihm geflogen kommen; ist er es nicht, wird er ungehorsam sein. Aus einem langen Stück geteertem Zwirn hat er eine Lockschnur gebastelt – er hat den Zwirn doppelt genommen, damit die Schnur nicht so leicht reißt – und über eine Drahle an Gos' Geschührriemen befestigt. Jetzt ist er hier, und der Habicht ist dort drüben, und er pfeift die Melodie des Psalms, mit der er den Vogel auf die Faust ruft.

> Der HERR ist mein Hirte,
> mir wird nichts mangeln.
> Er …

Er reibt sich die Augen. Sie tun ihm weh. Er hat die Melodie nun schon seit zehn Minuten gepfiffen, die alte schottische Melodie zu Psalm 23. Es ist nicht leicht, die richtigen Töne zu treffen, wenn die Lippen trocken werden und die Mücken anfangen zu stechen.

Der HERR ist mein Hirte, mir wird nichts mangeln.
Aber es mangelt ihm. Und wie es ihm mangelt.
Er winkt wieder mit dem Handschuh. Wackelt mit der Kaninchenkeule samt Gelenk. *Na los, Gos! Komm schon!* Noch einmal erklingen die traurigen Töne des Psalms in der Abendluft. *Du bereitest vor mir einen Tisch im Angesicht meiner Feinde.* Sieht der Vogel ihn an? Bestimmt. Warum kommt er nicht? Er muss Geduld haben. Der Vogel wird kommen.
Er weidet mich auf einer grünen Aue. Eine ganze Stunde lang steht er da; manchmal gibt er auf und legt sich zwischen den Kühen auf die grüne Aue, dann erhebt er sich wieder und wartet darauf, dass der Habicht zu ihm kommt. Doch der Habicht kommt nicht. Er verkürzt die Entfernung auf fünfeinhalb Meter, streckt die Faust aus und pfeift. Gos starrt ihn an. Er weiß nicht, was von ihm erwartet wird, und der Mann weiß nicht, wie er es ihm beibringen soll. Minuten vergehen. Jetzt hat er das Warten satt. Er greift nach der Lockschnur, zieht daran; er zieht stärker und reißt Gos von der Brunneneinfassung. Der Vogel kracht zu Boden, sitzt ein paar Sekunden dort und fliegt dann zurück auf den Brunnenrand. White reißt ihn wieder herunter. Noch einmal. Und noch einmal. Beim vierten Mal gibt sich der Habicht geschlagen und kommt durch die Disteln auf White zugestakst. White geht ein Stückchen zurück, der Habicht – verwirrt – folgt ihm unsicher. White geht schneller, wedelt mit der Kaninchenkeule, und nun rennt Gos. »Er hüpfte und sprang, voll aufgeplustert, eine schaurige Kröte, immer hinter mir her«, schrieb White. »Die letzten beiden der zwanzig Meter flog er auf die Faust.« Später belohnte er den Habicht mit einem Kropf voll Kaninchenfleisch. Ein erfolgreicher Tag, nahm er an, irgendwie jedenfalls. Allmählich begreift er, wie er seinen Habicht in Kondition bringen kann.

Die Kondition des Greifvogels, so White, »hing offensichtlich von der Erfahrung und Urteilskraft ab, wie sie nur ein Habichtler besitzt, der seinen Vogel kennt, dessen Unterbewusstsein in minutiösem Kontakt zum Unterbewusstsein des Greifvogels stand«. Diese Erkenntnis hatte sich White mühsam erarbeiten müssen, aber sie war wahr. Ein Blick auf Mabel sagt mir, dass sie ihr Fluggewicht erreicht hat; das liegt so klar auf der Hand wie ein Wetterwechsel. Unruhe, Nervosität, die Tendenz, aus Langeweile abzuspringen – all das war bei neunhundertundfünfzig Gramm verschwunden. Stattdessen breitete sich eine glasklare Ruhe aus, eine mühelose Aufmerksamkeit, als wäre jede einzelne Faser in ihr exakt ausgerichtet worden.

Das Wort »Fluggewicht« wird man in alten Büchern über die Falknerei nicht finden, weil die Falkner damals keine Waage benutzten. Sie schätzten die Kondition ihres Vogels ein, indem sie Muskeln und Brustbein abtasteten und sein Verhalten mit geübten, wachsamen Augen beobachteten. Das ist nicht einfach; für einen Neuling ist es nahezu unmöglich, all die Feinheiten zu erfassen, die die Kondition des Greifvogels ausmachen. White hatte weder Waage noch Lehrer – er musste es auf die harte Tour lernen. Mir ist bewusst, dass das Wiegen im Vergleich zum intuitiven Verständnis, das aus der genauen Kenntnis des Vogels heraus erwächst, eher die Holzhammermethode ist; dennoch gehört die Waage für mich einfach zum Abtragen eines Greifvogels. Früher flog ich Merline, Zwergfalken mit nadelähnlichen Klauen und so grazilem Körperbau, dass sie wie frisch gebranntes Meissener Porzellan wirkten; sie habe ich dreimal am Tag gewogen. Ich machte mir ständig Gedanken über den relativen Brennwert von Wachteln, Hühnern und Mäusen und wusste, wie viel Gewicht der Vogel in einer, in zwei oder in drei Stunden verlor. Schon dreieinhalb Gramm

hatten einen Einfluss darauf, wie meine Merline flogen. Ganz
so pingelig gestaltet sich das Berechnen des Fluggewichts bei
einem Habicht nicht – im Vergleich zu einem Merlin ist Mabel
riesig. Dennoch ist es nicht leicht abzuschätzen, wie viel und
welches Futter sie für ihre perfekte Flugkondition braucht.
Mein Küchentisch ist mit Notizzetteln übersät, darauf sind
Zahlen und Fragezeichen gekritzelt. Ich bin mir sicher, dass
meine Berechnungen stimmen, und bin drauf und dran, es zu
beweisen. Um vier Uhr nachmittags machen wir uns auf den
Weg zum Cricket Pitch des Colleges und zu Mabels ersten
Beireiteübungen. »Keine Angst, Mabel. Es sind noch eine ganze
Weile Ferien. Niemand wird dort sein, keine Hunde, keine
Kühe, keine Menschen. Wir sind dort völlig ungestört.«

Unsicher stehen wir unter dem Reetdach des Pavillons. Hinter
uns ein dichtes Kastanien- und Lindenwäldchen, daneben ein
Graben voller Laub und Regenwasser. In der milden, windstillen Luft schwirren winzige Fliegen herum, der Himmel ist
trübe und matt, wie unpoliertes Messing. Die Luft hat einen
komischen Geschmack, ich bin mir nicht sicher, ob ich wirklich hier sein will. Auf der anderen Seite des Spielfelds ragt ein
vertrautes Gebäude auf, ein viktorianisches Camelot aus rotem
Backstein, mit Zinnen, längs verstrebten Fenstern und einem
kleinen gotischen Turm. Dort im obersten Stockwerk befindet
sich mein Büro. Bücher, Aufsätze, ein Schreibtisch, ein Stuhl,
ein taubenblauer Wollteppich; dort riecht die Luft immer nach
sonnenverbranntem Staub, sogar im Winter, wenn der Frost an
den Scheiben nagt und Schlagschatten auf das Glas wirft. Ich
blicke auf die schmucklose Fassade und denke an den Brief,
den ich heute Morgen an eine deutsche Universität geschickt
habe und in dem ich mitteile, dass ich die Gastdozentenstelle

im Wintersemester nicht annehmen kann. Ich schrieb ihnen, dass es mir leidtut, dass mein Vater gestorben sei und ich hier nicht wegkönne. Aber es tat mir nicht leid, und die Gründe für die Absage stimmten auch nicht. *Ich kann im Dezember nicht nach Berlin kommen,* dachte ich voller Widerwillen. *Ich muss einen Habicht fliegen.* Ambitionen, Lebenspläne: Das war etwas für andere Leute. Ich konnte mir die Zukunft jetzt ebenso wenig vorstellen, wie ein Habicht das kann. Ich brauchte keine Karriere. Ich wollte keine.

Vom Dach fliegen Tauben auf. Ihre weißen Flügel heben sich flatternd gegen den Himmel ab. Plötzlich wird mir schwindelig. In meinem Kopf verschiebt sich etwas. Etwas Großes. Dann verwandelt sich alles, was ich sehe, auf einmal in etwas anderes. Ich blinzele. Es sieht aus wie vorher – aber es ist nicht wie vorher. Das ist nicht mein College. Nichts daran kommt mir vertraut vor. Es fühlt sich noch nicht einmal mehr wie ein College an. Nur wie eine Ansammlung von Gebäuden, riesige Sammelbüchsen aus Backstein, vollgestopft mit dem Abfall der Jahrhunderte. Die gemalten Engel in der Kapelle haben alle dasselbe Gesicht, unheimliche Engel mit Schwertern und farbenprächtigen präraffaelitischen Flügeln. Im Speisesaal steht ein Bronzehahn aus Benin, die Fellows haben eine Leiche im Keller beziehungsweise in einem Schrank in der Garderobe und eigentlich auch keine Leiche, sondern ein Skelett. Aber das Skelett ist echt; die bleichen Knochen werden von Nägeln und Draht zusammengehalten. Hinter dem Gebäude mit meinem Büro hat der Wind die Eiben zu absurd geformten Gebilden zurechtgeschnitten. Auf einem Rasen steht ein bronzenes Pferd, auf einem anderen ein Hase, ein Buch aus Metall ist mit der Skulptur einer Kette und einer Eisenkugel im Boden verankert. Alles hier mutet traumartig an. Vor einigen Wochen hat man für einen Ball mit dem Motto *Alice im Wunderland* überall auf dem College-Gelände Kübel mit Lorbeerbäumen aufgestellt; die Studenten haben sie mit Stoffblumen – weißen und scharlachroten Rosen – geschmückt.

In zwei Monaten läuft mein Vertrag aus. In zwei Monaten habe ich weder Büro noch College noch Einkommen noch Haus. Dann wird alles anders sein. *Aber es ist doch schon alles anders.* Als Alice durch das Loch im Kaninchenbau ins Wunderland stürzt, fällt sie so langsam, dass sie Dinge aus den Schränken und Regalen an den Wänden nehmen und sich im Vorbeifallen Karten und Bilder genau ansehen kann. Meine dreijährige Tätigkeit als Fellow in Cambridge bestand aus Vorlesungen, Bibliotheksbesuchen und Besprechungen, aus dem Betreuen wissenschaftlicher Arbeiten, aus Aufnahmegesprächen, spätabendlichem Schreiben und Korrigieren und anderen altehrwürdigen Dingen: Am High Table speiste man Fasan bei Kerzenschein, während Schneeflocken leise gegen bleiverglaste Fenster klopften, während der Portwein herumgereicht und Lieder gesungen wurden und das Silber auf den dunkel polierten Speisetischen glänzte. Jetzt, auf dem Cricket Pitch und mit einem Greifvogel auf der Faust, weiß ich, dass auch ich gefallen bin, während all das an mir vorüberschwebte. Ich konnte meine Hand ausstrecken und die Dinge berühren, sie aus den Regalen nehmen und wieder zurückstellen, aber sie gehörten mir nicht. Nie wirklich. Während Alice fällt, schaut sie nach unten, um zu sehen, wohin es geht, doch unter ihr ist nichts als Dunkelheit.

Konzentrier dich darauf, warum du hier bist, ermahne ich mich. *Du hast einen Greifvogel zu fliegen.* Seit dem Tod meines Vaters hatte ich solche Anfälle der Derealisation immer wieder erlebt, seltsame Episoden, bei denen ich die Welt nicht wiedererkannte. *Das geht vorüber.* Doch was gerade geschehen ist, macht mir Angst. Mir zittern die Hände, als ich das Ende der Lockschnur mit zwei winzig kleinen Falknerknoten an der Drahle am Ende ihrer Geschühriemen befestige. Ich ziehe daran: Sie halten. Knoten und Schnüre. Materielle Vergewisserungen. Ich gebe viereinhalb Meter Lockschnur aus und verstaue den Rest sicher in einer meiner Falknerwestentaschen mit Reißverschluss. Anschließend mache ich die Langfessel los und verstaue sie in einer anderen Westentasche. Falknerwesten sind – ähnlich denen für Angler oder Fotografen – eigentlich gar keine richtigen Kleidungsstücke, sondern eher aneinandergereihte Taschen. Die Tasche an meiner rechten Hüfte ist mit Kunststoff ausgekleidet; darin stecken drei tote Eintagsküken, die ich gehäutet und grob in zwei Hälften geteilt habe.

»Setz dich da hin – ab mit dir.« Der Habicht hüpft auf das Holzgeländer des Pavillons und dreht sich zu mir um. Sie hockt da wie ein Boxer kurz vor einem Schlag. Ich trete knapp zwei Meter zurück, lege ein halbes Küken in den Handschuh, strecke den Arm aus und pfeife. Sie zögert keine Sekunde: Das Kratzen von Klauen auf Holz, eine kleine Federexplosion, ein tiefer Flügelabschlag, das kurze, schwere Anheben der Klauen, und mit einem dumpfen *Fump* sitzt sie auf dem Handschuh. Als sie mit der Atzung fertig ist, wiederholen wir das Ganze, dieses Mal stelle ich mich etwas weiter weg. Knapp zweieinhalb Meter: drei Flügelschläge, eine weitere Belohnung. Für ein Geschöpf mit der taktischen Intelligenz eines Habichts ist das hier Kinderkram. Nachdem ich sie zum dritten Mal auf das Geländer gesetzt habe, ist sie bereits in der Luft, als ich mich umdrehe; mein Herz überspringt einen Schlag, ich strecke hastig die Faust aus, und da ist sie schon und schlingt den Rest ihrer Atzung hinunter – den Scheitel aufgestellt, die Flügel gesenkt, glühende Augen, Triumph pur. Ich fädele die Langfessel

wieder an der Drahle ein und löse die Lockschnur. Das soll
für heute reichen. Sie ist perfekt geflogen. Ich bin so zufrieden
damit, wie das Training gelaufen ist, dass ich meinem Habicht
auf dem Nachhauseweg ein Ständchen bringe: »My Favourite
Things«, samt Schnurrhaaren und Kätzchen und Päckchen,
die in braunes Papier gewickelt und verschnürt sind. So muss
sich Glück anfühlen. Ich habe mich daran erinnert und auch
daran, wie man es zustande bringen kann. Doch als ich später
am Abend auf dem Sofa liege und fernsehe, laufen mir Tränen
über die Wangen und tropfen in meine Teetasse. *Komisch*, denke
ich. Ich schreibe sie meiner Müdigkeit zu. *Vielleicht kriege ich
eine Erkältung. Vielleicht bin ich auf irgendetwas allergisch.* Ich
wische mir die Tränen ab und gehe in die Küche, um mir noch
einen Tee zu machen. Dort taut ein weißes Kaninchen auf, ein
Kuscheltier, das man in einen Asservatenbeutel gesteckt hat.
Die Neonröhre an der Decke flackert vage – unentschlossen,
ob sie das Zimmer beleuchten oder ganz aufhören soll zu funktionieren.

Durch die Beireiteübungen lernt der Vogel, auf einen Ruf oder
ein Pfeifen hin umgehend auf die Faust zu fliegen. Dabei ist das
schnelle Reagieren der Schlüssel zum Erfolg. Kommt der Vogel
nicht sofort, hat es auch keinen Zweck, minutenlang zu rufen
oder zu pfeifen; in dem Fall beendet man die Trainingsstunde
besser und versucht es später noch einmal. White wusste das
nicht – unter anderem deshalb lesen sich seine ersten Versuche
mit Gos auch so qualvoll. Was mich daran am meisten
schmerzte, war nicht das Warten, bei dem der Vogel rein gar
nichts lernte, oder das sadistische Ziehen an der Lockschnur,
das den armen Gos zu Boden riss. Noch nicht einmal, dass
White so lange mit der Atzung gewartet hatte, dass Gos sie

nicht mehr als Belohnung begreifen konnte. Nein, es war die Tatsache, dass White wegrannte, nachdem der Vogel sich dazu entschlossen hatte, auf ihn zuzugehen.

Doch er kehrt zurück und versucht es erneut. Zwei Tage später steht Gos wieder auf der Brunneneinfassung, White winkt in knapp vierzig Meter Entfernung mit fünfzig Gramm saftigem Steak und pfeift. Er lockt. Er ruft. In jeder erdenklichen Stimme: befehlend, säuselnd, drängend, wütend, einschmeichelnd, verzweifelt, verärgert. »Na, na, na«, rügt er. »Wer wird denn so störrisch sein. Komm her, sei ein guter Gos. Gossygossy-gos.« Nach zehn Minuten entschließt sich Gos, endlich zu fliegen. Doch blitzartig verwandelt sich die Freude des Falkners in Entsetzen, denn was da auf ihn zufliegt, kann kaum Greifvogel genannt werden. Es ist ein »buckliger, fliegender Richard III.«, eine grausige Flugkröte, und die wie Scheinwerfer blendenden Augen sind nicht auf die ausgestreckte Faust gerichtet, sondern – *mein Gott!* – auf sein ungeschütztes Gesicht. Er gerät in Panik. Schon ein paar Minuten zuvor hatte Gos ihn verletzt; er war ihm auf die Schulter gesprungen und hatte die Klauen in seinem Hals versenkt. Es hatte geblutet. Und es hatte sehr wehgetan. Er erinnert sich an die Wucht des Schlags, an den heftigen Schmerz, an seine letzten Geduldsreserven, die ihn davon abhielten, den Habicht zu Boden zu schleudern und zu töten; zu warten, einfach zu warten, bis der Vogel losließ. *Er kommt näher.* Nur noch fünf Schritte. Er ist fast bei ihm. Seine brennenden Augen fixieren die seinen. *Und ob ich schon wanderte im finstern Tal, fürchte ich kein Unglück.* Er kann nicht mehr. Er verliert die Nerven. Er schließt die Augen und duckt sich. Ungeheuer verwirrt dreht Gos in Richtung eines Baums ab, findet keinen Halt auf dem Ast und stürzt hilflos in eine Hecke.

White besinnt sich, holt den Habicht, setzt ihn wieder auf den Brunnenrand und beginnt die Trainingseinheit von vorn. Dieses Mal wird er sich nicht ducken. *Dieses Mal.* Er hält den Atem an, als der Vogel auf ihn zufliegt, und versucht, tapfer zu sein:

Ich spannte die Brustmuskeln an. Doch es war zu viel. Noch knapp zwei Meter und die Menschheit wurde wieder zu dem Feigling, der sie immer schon gewesen ist, duckte sich nach rechts weg, wandte das Gesicht von den Augen des Gemetzels ab, gekrümmte Schultern, nicht imstande, aufrecht zu bleiben. Doch Gos landete mit einem heftigen Schlag auf der Schulter, lief den Arm hinab und verschlang das Fleisch.

Er hatte so sehr versucht, kein Feigling zu sein. Aus diesem Grund hatte er fliegen gelernt, war mit der Grafton auf die Jagd gegangen, aus diesem Grund war er als Kind um den St-Leonards-Pier geschwommen und in der Schule vom höchsten Brett in den Hastings Baths gesprungen. Jetzt schleicht sich die alte, krank machende Angst wieder ein. *Nicht imstande, aufrecht zu bleiben.* Er *muss* tapfer sein. Als er klein war, hat ihm seine Mutter eingeschärft, er müsse »groß, tapfer und ehrenwert« werden, was dazu führte, dass er in ständiger Furcht vor dem Gegenteil lebte. »Ich fühlte mich unfähig, irgendetwas davon zu sein«, schrieb er. Hier stand seine Mannhaftigkeit auf dem Spiel. Er nimmt all seinen Mut zusammen und ruft Gos noch einmal, dieses Mal aus fünfundvierzig Meter Entfernung, und dieses Mal duckt er sich nicht, obwohl die Angst wie Blut durch seine Adern strömt. Er ist stolz darauf, dass der Habicht fünfundvierzig Meter geflogen ist, stolz auf sich selbst, dass er aufrecht geblieben ist. Dieser Sieg muss gefeiert werden, und so betrinkt er sich an diesem Abend bis zur Besinnungslosigkeit. »Ich rufe *Prosit,* laut und mehrmals hintereinander«, schrieb er, »stürze die feurigen Wasser des Triumphes hinunter, trinke auf den Niedergang meiner Feinde und zerschmettere das Glas auf dem Boden.«

Seit fünfzehn Tagen ist Mabel nun schon bei mir. Ich habe mir die Haare gewaschen, etwas Make-up aufgelegt, ansehnliche Kleidung herausgesucht – also Kleidung ohne getrockneten Habicht-Schmelz – und bin mit Mabel zu einer Sommer-Lunchparty meines Colleges in der Master's Lodge gegangen. Um zehn Minuten nach zwei sitze ich an einem langen Tisch auf einem lauschigen englischen Rasen und halte einen Stegreifvortrag über die Falknerei, während Mabel an einer Kaninchenkeule in meiner Hand zupft. Der Dekan des Colleges, ein geistreicher und warmherziger Mann in einem tadellosen Maßanzug, hört mir aufmerksam zu. Neben ihm sitzt seine Mutter und schaut deutlich amüsiert drein. Um sie herum ihre Enkel. Und neben denen wiederum die Frau des Dekans, eine schicke dunkelhaarige Rechtsanwältin mit einem Glas Wein in der Hand. Sie sieht mich an und lächelt. Vor zwei Tagen hat sie auf dem Weg zum Supermarkt nach mir gerufen und ist mit der geübten Eleganz einer Reiterin von ihrem Fahrrad gesprungen. Nachdem wir uns eine Weile im Schatten der kaum belaubten Bäume unterhalten hatten, fand ich mich mit einer Tasse Tee in der Küche der Master's Lodge wieder. »Also, Helen«, begann sie. »Am Samstag findet eine Lunchparty statt. Nur die Familie. Im Garten, wenn das Wetter schön ist. Toll wäre es,« sie neigte den Kopf, »wenn Sie danach zu uns kommen würden und

Ihren Habicht mitbringen könnten. Wir haben gehört, dass Sie sie auf dem College-Gelände fliegen und würden sie so schrecklich gerne kennenlernen.« Sie zog die Kappe eines schwarzen Stifts ab, schrieb HELEN HABICHT auf ein Whiteboard, zögerte und drehte sich dann zu mir um: »Vierzehn Uhr?«

»Vierzehn Uhr.«

Sie notierte die Uhrzeit in ihrer eleganten Schrift und lächelte.

Nun also kröpft der Habicht, die Konversation nimmt ihren Lauf, die Sonne wirft ihre hellen Strahlen auf das alte Gemäuer, das Zwitschern der Mehlschwalben hört sich an, als würden zarte Fingerspitzen über Glas fahren, und ich genieße all das. *Wie schön es hier ist,* denke ich, und wie unglaublich unwahrscheinlich, dass ich überhaupt hier sein darf – ich, die ich in eine öffentliche Schule gegangen bin und deren Eltern nie eine Universität besucht haben, für die Cambridge immer der mysteriöse Tummelplatz von feinen Pinkeln und Spionen gewesen war.

»Du musst ein Spion sein«, hatte mein Vater immer gesagt. »Ganz sicher.« Er hatte mich als Kind beobachtet, wie ich mit dem Fernglas herumgeschlichen war und mich stundenlang in Sträuchern und auf Bäumen versteckt hatte. Ich war das unsichtbare Mädchen, wie geschaffen für ein Leben voller Geheimnisse.

»Nein, ich bin kein Spion!«, hatte ich zum hundertsten Mal protestiert. »Wirklich nicht!«

»Das würde ich an deiner Stelle auch sagen.« Dann lachte er, weil er mich beim besten Willen nicht vom Gegenteil überzeugen konnte.

»Es ist ein Job, Dad«, versuchte ich es wieder und verdrehte die Augen. »Ich unterrichte Englisch und Wissenschaftsgeschichte. Ich sitze in der Bibliothek, lese Bücher, forsche. Das ist alles. Ich bin keinem John-le-Carré-Roman entsprungen.«

»Könntest du aber sein«, konterte er mit Betonung auf *könntest* und diesmal nur halb im Scherz.

Mein Vater hatte den Gedanken, ich könne ein Spion sein, geliebt. Dieses Leben verstand er, war es doch um Haaresbreite sein eigenes gewesen. Eines Tages hatte er mir eine silberne Minikamera in die Hand gedrückt. »Man braucht einen Spezialfilm dafür«, hatte er feixend gesagt, die Rückwand geöffnet und mir gezeigt, wo die Minifilmspule in das streichholzschachtelgroße Gehäuse eingelegt wird. Er hatte immer wieder auch mit Infrarotlicht gearbeitet, um Tiere bei Nacht zu fotografieren; er hatte aber auch die Liebesnester von Kabinettsministern aufgestöbert, Atommüll auf geheimen Transportwegen verfolgt, war über Zäune geklettert und hatte Kameras an Orten installiert, an denen weder sie noch er hätten sein dürfen. Geduld, Aufdeckung, Tricks und Dokumentation. Womit Historiker ihr Geld verdienten, erschien ihm weit geheimnisvoller als das, was Spione taten.

Meine Sicht verschwimmt. Die Leben, die wir uns vorgestellt haben, begleiten uns wie die, die wir tatsächlich leben, und manchmal wird uns bewusst, wie viele Leben wir verloren haben. Die Lunchparty rückt in weite Ferne. Ich kann sie nicht zurückholen. Nebel sickert von dem Rugbyfeld zu mir herüber, auf dem auch Prideaux schritt. Langsame weiße Atemstöße. Ich spüre eine Stille im Kopf, die immer lauter wird. »Ich bin kein Spion«, sagte ich zu meinem Vater. »Ich bin Historikerin.« Doch an den Gesichtern der Menschen, die sich am Tisch versammelt haben und hingerissen sind von meinem Habicht, kann ich ablesen, dass ich noch nicht einmal mehr das bin. *Ich bin der Narr,* denke ich stumpf. *Ich war einmal wissenschaftliche*

Mitarbeiterin, eine richtige Akademikerin. Jetzt trage ich das Kleid des Narren. Ich bin nicht mehr Helen. Ich bin die Frau mit dem Habicht. Der Habicht zerrt an der Kaninchenkeule. Wespen umschwirren sie wie Elektronen. Sie landen auf ihren Füßen, ihrer Nase und versuchen, winzige Stückchen Kaninchenfleisch zu ergattern, die sie zu ihren Papiernestern in irgendeinem Loft in der Nähe schleppen können. Sie verscheucht sie mit dem Schnabel; die gelb-schwarz-gestreiften Leiber taumeln durch die Luft, dann fangen sie sich wieder und fliegen zum Habicht zurück. Diese Lunchparty fühlt sich hochgradig unwirklich an. Schatten aus Damast und Silber, eine Fotogravüre in einem Album, etwas von Agatha Christie oder Evelyn Waugh, aus einer anderen Zeit jedenfalls. Nur die Wespen sind wirklich. Sie sind hier, sie sind präsent. Ebenso wie der Habicht, der Mittelpunkt ihres Sonnensystems. Und ich? Ich weiß nicht. Ich fühle mich hohl, heimatlos, ein luftiges, leeres Wespennest, ein Ding aus zerkautem Papier, nachdem der Frost das Leben darin abgetötet hat.

Manchmal wird uns bewusst, wie viele Leben wir verloren haben, und manchmal nehmen wir es auf uns, diese Leben zu Asche zu verbrennen. Wenn White abends im sanften weißen, fluoreszierenden Schein der Wunderlampe sitzt, trägt er sein altes Leben zu Grabe. Er begeht den Mord in einem Roman, den er in Stowe begonnen und nun fast beendet hat. Er heißt *You Can't Keep a Good Man Down* und handelt vom Niedergang eines Internatsschulleiters namens Dr. Prisonface. Prisonface hat Angst vor dem Leben; er ist ein Chamäleon, ein Spiegel, der nur durch die Reflexion in den Augen anderer existiert. Er verliert seinen Job an der Schule. Er umwirbt – vergeblich – eine jungenhafte, dunkelhaarige Kellnerin und flieht vor den

Avancen ihrer Mutter. Er fliegt mit betrunkenen Piloten, den Abkömmlingen romantischer Dichter. Er will den Filmmogulen von Hollywood beibringen, wie man sich als Gentleman benimmt, und wird von ihnen gedemütigt, als sie Raufußhühner mit Maschinenpistolen niedermähen. Das Buch ist eine boshafte Satire auf das Bildungssystem und den Kult um den englischen Gentleman, aber auch eine exorzistische Übung, eine ätzende Parabel zur Auslöschung seines früheren Lebens. White erschuf Prisonface, damit er litt, bestraft, verspottet, in Fetzen gerissen und getötet wurde. Ob Schulleiter oder Privatlehrer, Farmarbeiter oder Bettler – in allem versagt er. Jeder, der ihm begegnet, hält ihm Vorträge darüber, warum er nutzlos und unecht ist, und selbst der Erzähler des Buchs lässt keine Gelegenheit aus, seiner Hauptfigur den Rest zu geben.

Gegen Ende des Romans trifft der hinkende und obdachlose Prisonface auf einer Landstraße einen mysteriösen Mann. Die Gesichtszüge des Mannes sind düster und kantig, ein schwarzer Hund ist immer an seiner Seite. Prisonface fühlt sich zu dieser überirdischen, gewandten Person hingezogen, zu der Stärke und Macht, die der Fremde ausstrahlt und in der er »die Weisheit der Sicherheit, das Glück der Wirklichkeit, die Meisterschaft des Rechtmäßigen« zu erkennen glaubt. Auch der Fremde war einmal Schulleiter gewesen, an einem Ort namens Golden Gates, hatte die Schule jedoch verlassen, weil er die Lehrer nicht mehr ertragen konnte. Jetzt ist er verheiratet, lebt in einem Cottage im Wald und ist glücklich. Eine Vision von Whites zukünftigem Selbst: ein befreiter White, ein siegreicher White, ein White, der Prisonface über Seiten hinweg über die Mängel des Schulwesens belehrt: »Als jemand, der zwei Monate damit verbracht hat, einen Habicht abzurichten, und der weiß, dass es fatal sein kann, dem Vogel auch nur einen verärgerten

Blick zuzuwerfen, sage ich: Es ist schon erstaunlich, dass man einem Wesen mit der komplexen Psychologie eines Menschen angeblich etwas mit einem Stock beibringen kann.«

Im Schein der Wunderlampe schreibt White die Rede zu Ende, die vielleicht die am wenigsten grausame, die menschlichste im ganzen Buch ist. Mit Mitleid und Mitgefühl wendet er sich an sein früheres Ich.

»Du bist von der Universität freiwillig wieder zurück zur Schule gegangen, weil du immer noch zur Schule gehen musstest, weil du immer noch etwas gesucht hast. Du wolltest Sicherheit und bist wieder unter den Flügel der Glucke geschlüpft, weil du noch ein viel zu kleines Küken warst und auch weil du den Talisman gesucht hast, der es dir ermöglicht, deinen eigenen Weg zu gehen.«

»Wonach genau suche ich?«

»Das weißt du erst, wenn du es gefunden hast.«

»Weisheit? Mannhaftigkeit?«

»Vielleicht ist es Liebe.«

Vielleicht ist es Liebe. Vielleicht. Ich stelle mir vor, wie er diese Zeilen schreibt, wie er dasitzt in seiner kleinen Küche, das Licht der Lampe wie eine Lache auf dem Wachstuch, die Nacht vor dem Fenster. Bald wird er das Feuer im Kamin schüren, doch erst wird er noch ein wenig schreiben. Der Habicht schläft. Die Blätter an den Bäumen der Ridings sind heute ganz reglos, nichts bewegt sich über Three Parks Woods, Stowe Woods und Sawpit Woods, über den Teichen von Black Pits, in denen die Karpfen träumen. Es ist friedlich hier. Er ist ein böser Mann. Ein freier Mann. Ein Ausgestoßener, ein Gefallener. *Wild. Ferox.*

Feenhaft. Ein Mann, der mit seinem Schicksal zufrieden ist. Er legt den Stift nieder, gießt sich noch einen Drink ein und schreibt dann weiter. Dr. Prisonface fragt den mysteriösen Fremden nach seinem Namen. Der Mann antwortet: Luzifer. Der Lichtbringer, der gefallene Engel, der leibhaftige Teufel.

14

Grenzen

Der Ausdruck auf Christinas Gesicht ist merkwürdig. Sie sieht nicht glücklich aus, aber auch nicht direkt unglücklich. Angespannt, das sicherlich. Grimmig, zwiegespalten, tapfer. Sie ist zu mir gekommen, um den Habicht fliegen zu sehen, und einer spontanen Eingebung folgend, habe ich sie zu meinem Unterfalkner gemacht. In den letzten Monaten hat sie meine Anwandlungen mit bewundernswerter Gleichmut ertragen, aber jetzt wird ihr doch mulmig.

»Ich komme einfach nicht schnell genug von ihr weg«, erkläre ich. »Sie fliegt mir hinterher, sobald ich mich von ihr abwende. Sie muss aber größere Entfernungen fliegen, bevor ich sie frei fliegen kann. Kannst du sie für mich halten, und ich rufe sie dann von deiner Faust?«

Sie wird blass. »Dann musst du mir erst mal zeigen, wie.«

»Es ist ganz einfach, wirklich.«

Ich gebe ihr meinen Ersatzhandschuh, setze den Habicht darauf und bringe ihre Finger in die richtige Position, um die Geschühriemen zu halten.

»Dreh mir den Rücken zu – ja, genau so. Perfekt. Jetzt kann sie mich nicht mehr sehen. Ich gehe da drüben hin. Wenn ich Okay rufe, drehst du dich nach rechts, streckst den Arm aus und öffnest die Hand, damit sie losfliegen kann.«

Christina beißt sich auf die Unterlippe und nickt.

»Dreh dich nicht in die andere Richtung. Wenn du dich nach links drehst, wickelt sich die Lockschnur um deine Beine.«

Sie hält den Habicht mit angestrengter Vorsicht, wie ein Gefäß mit einer ätzenden Flüssigkeit. Sie steht ganz aufrecht da, unbeweglich und konzentriert, klein, schmal, in knapp fünfzehn Meter Entfernung, in schwarzen Jeans, T-Shirt und leuchtend roten Turnschuhen.

»Okay!«

Christina dreht sich um, und schon rauscht Mabel auf mich zu. Sie zieht die Lockschnur hinter sich her und fliegt so tief, dass ihre Flügelspitzen fast die Grasnarbe berühren. Mit jedem Flügelschlag bewegt sich ihr Körper auf und ab, doch mit Augen und Kopf fixiert sie perfekt gyroskopisch ausbalanciert den Handschuh. Als sie ihre Flügel ausbreitet, blitzen die silbrigen Unterseiten ihrer Schwingen auf; auch die Schwanzfedern sind ausgebreitet. Dann hebt sie ihre Füße an, um wie eine Kickboxerin auf meinem Handschuh zu landen.

»War das gut so?«, ruft Christina.

Ich mache das Daumen-hoch-Zeichen, sie auch, und für einen Moment sehen wir wie zwei Lotsen auf dem Flugdeck eines Flugzeugträgers aus.

Wir wiederholen die Übung. Dann noch einmal. Am nächsten Tag regnet es heftig, und wir lassen Mabel im Wohnzimmer frei zwischen uns hin und her fliegen: immer wieder von Faust zu Faust, über den Teppich, am Spiegel vorbei, unter der Lampe weg, die durch den Windzug des Flügelschlags heftig hin und her schaukelt. Am vierten Tag fliegt Mabel bereits über zwanzig Meter weit zu mir, ohne zu zögern – vom Boden, von Christinas Faust, aus einem Baum, vom Dach des Pavillons. »Du warst mir eine sehr große Hilfe«, bedanke ich mich bei Christina, als wir vom Cricket-Feld nach Hause gehen. »Ich

glaube, wir haben es fast geschafft. Wenn sie mehr als fünfundvierzig Meter geflogen ist, dann lasse ich sie das erste Mal frei
fliegen.« Der Gedanke ist aufregend, elektrisierend. *Ich darf
nichts überstürzen. Ich kann nicht warten.*

Ich hatte schon so viele Greifvögel mit einem Pfeifen gerufen,
doch bei Mabel war es anders. Ich stand da mit erhobenem
Arm und pfiff. Es bedeutete: *Bitte komm her. Du willst auf die
Faust. Flieg zu mir. Vergiss die turmhohen Wolken, vergiss den
Wind, der die Bäume hinter dir zum Schwanken bringt. Konzentrier dich auf mich und überbrück den Abstand zwischen dir und
mir.* Ich hörte mein Herz klopfen. Sah, wie sich der Vogel
duckte und flog. Wie sie ihren Sitzplatz verließ, auf mich zuge-
rauscht kam. Mir schlug das Herz bis zum Hals. Sie flog zwar
immer noch an der Lockschnur, aber trotzdem hatte ich Angst
vor dem Zaudern. Angst davor, dass sie sich erschrecken, ab-
drehen und wegfliegen könnte. Doch brachten sie die schlagenden Flügel immer direkt zu mir, und jedes Mal fühlten sich ihre
Klauen auf dem Handschuh wie ein Wunder an. Jedes Mal. *Ich
habe mich dafür entschieden, hier zu sein,* bedeutete es. *Ich
verzichte auf die Luft, die Wälder, die Felder.* Nichts war mehr
Balsam für mein trauerndes Herz als der Habicht, der zu mir
zurückkehrte. Doch fiel es mir allmählich immer schwerer,
zwischen meinem Herzen und dem Habicht zu unterscheiden.
Saß sie zwanzig Meter von mir entfernt auf dem Cricket-Feld,
saß ein Teil von mir ebenfalls dort, als hätte jemand mein Herz
behutsam dorthin gesetzt. Ich musste an Philip Pullmans Fan-
tasybücher für Kinder denken – *His Dark Materials* –, in denen
jede Figur einen *Dämon* hat, ein Tier, das die jeweilige Seele
verkörpert und die Figur überallhin begleitet. Ist jemand von
seinem Dämon getrennt, verspürt er Schmerz. Dieses Univer-

sum kam meinem ziemlich nahe. Ich fühlte mich unvollständig, wenn der Habicht nicht auf meiner Faust saß: Jeder von uns war Teil des anderen. Die Trauer und der Habicht hatten sich zu diesem seltsamen Zustand verbündet. Nach einer Weile vertraute ich ganz selbstverständlich darauf, dass sie zu mir zurückkam, wie ich darauf vertraute, dass Dinge, die man loslässt, durch die Erdanziehungskraft zu Boden fallen. Ich war fest davon überzeugt, dass ihre Rückkehr zu mir im Weltenlauf verankert war; und als dann etwas schieflief, lief die Welt gleich mit schief.

Sie hatte Christinas Faust voller Zufriedenheit und Zuversicht verlassen. Ich sah sie näher kommen und freute mich auf das brave *Fump*, mit dem sie auf der Faust landete. Doch es kam nicht. Stattdessen schnappte sie mit den Klauen eines ausgestreckten Fußes nach der Atzung auf dem Handschuh und flog weiter, schnell, weg, weg von mir. Ich konnte das Scheitern in ihr spüren, den Misserfolg, dass sie nicht bekommen hatte, was sie wollte; und ich konnte auch spüren, dass ihr das, was eben geschehen war, Angst machte, dass sie davon – und von mir – so schnell wie möglich wegkommen wollte. Ich griff nach der Lockschnur, rannte hinter Mabel her und erhöhte den Widerstand so lange, bis sie sanft zu Boden gebracht war, den Scheitel aufgestellt, die Schwingen weit ausgebreitet, die Füße ins Gras gekrallt, mit offenem Schnabel und vor Wut keuchend. Als ich ihr die Faust hinhielt, flog sie ohne zu zögern darauf, so als sei nichts gewesen.

»Sie muss sich vor etwas erschreckt haben«, sagte ich. »Lass es uns noch mal versuchen.«

Und wieder kam sie, tief und schnell, schnappte nach dem Handschuh und flog weiter. Wieder brachte ich sie zu Boden.

»Warum tut sie das?«

»Ich weiß es nicht. Ich habe keine Ahnung.«

Das hatte sie noch nie zuvor getan. Ich hatte allerdings auch früher schon Greifvögel gehabt, die mich ignorierten. Die mir den Rücken zudrehten. Greifvögel, die zögerlich flogen, schlecht flogen oder überhaupt nicht flogen. Darüber hatte ich mir nie große Gedanken gemacht – ihr Fluggewicht hatte nicht gestimmt, das war alles, und das konnte man leicht korrigieren. Doch das hier war anders. Dieser Vogel *wollte* zu mir fliegen, bekam jedoch in letzter Sekunde Angst, auf dem Handschuh zu landen. Einfach unbegreiflich. Ich rief Stuart an. »Ich weiß nicht, was los ist. Muss ich sie mehr abtragen? Ist sie zu hoch?«

Ich war verunsichert wie ein kleines Kind.

»Was soll ich nur machen?«

Es folgte eine lange Pause, und dann ein noch längerer Seufzer.

»Atzt du sie mit Küken?«

»Ja.«

»Hör damit auf. Die sind im Moment viel zu fett für sie. Sie macht sich schon, ihr habt es fast geschafft. Gib ihr Kaninchen. Das tut ihr nicht weh, beseitigt aber das Problem.«

Der letzte Rest von Vertrauen in die Welt, den ich noch hatte, beruhte darauf, dass der Vogel zu mir geflogen kommen wollte. Nun hatte sie Angst davor, auf meiner Faust zu landen – *sie vertraute mir nicht –,* und ich konnte Stuart gar nicht sagen, wie schrecklich das für mich war. Ich dankte ihm. Ich hatte ihn um Rat gefragt, und er hatte mir einen einfachen und präzisen Rat gegeben. *Das ist das Problem, und das ist die Lösung für dein Problem.* Ich glaubte ihm aber nicht. *Es kann nicht nur an der Atzung liegen. Ich habe etwas Böses getan,* dachte ich unglücklich. *Etwas Furchtbares.*

189

Am nächsten Tag war eine Teichhuhnplage aus dem Wäldchen hinter dem Pavillon über das Cricket-Spielfeld hereingebrochen. Wie eine Schar gefiederter schwarzer Mäuse rannten sie auf dem Rasen herum. Teichhühner! Die Vögel können weder gut fliegen noch schnell laufen und sind eine so leichte Beute für Habichte, dass Falkner es aus Sportlichkeit vermeiden, ihre Vögel auf Teichhühner zu fliegen. Mabel hatte noch nie welche zu Gesicht bekommen, sah sie jetzt allerdings an, als hätte eine wohlmeinende Gottheit sie allein zu ihrem persönlichen Vergnügen erschaffen. Das überraschte mich kaum: Ich hatte bereits herausgefunden, dass im Gehirn eines Junghabichts alle möglichen Beuteschemata angelegt sind. Vor ein paar Tagen hatte sie sich interessiert eine kleine Zeichnung von Rebhühnern in einem Buch angeschaut, das ich aufgeschlagen auf dem Boden hatte liegen lassen. Neugierig hob ich das Buch auf und hielt es ihr vor die Nase. Sie blickte unverwandt auf die Zeichnung, selbst dann noch, als ich das Buch hin und her bewegte. *Das kann nicht sein!,* dachte ich. Es war eine Tuschezeichnung, stilisiert und skizzenhaft; sie gab das Wesen der Vögel gut wieder, verzichtete dafür aber auf jegliches Detail. Ich blätterte das Buch durch und zeigte ihr andere Zeichnungen: Finken, Seevögel, Drosseln. Nichts – die ignorierte sie alle. Ich zeigte ihr die Zeichnung von einem Fasan. Sofort verengten sich ihre schwarzen Pupillen; sie beugte sich nach vorn und starrte die Zeichnung an, ebenso fasziniert wie die Zeichnung der Rebhühner. Unglaublich! Sie begriff nicht nur zweidimensionale Darstellungen; irgendetwas in ihrem Gehirn ordnete die mit Tusche hingeworfenen Striche auch in die Kategorie *Hühnervögel* und damit *interessant* ein.

Wie aufs Stichwort höre ich ein leises gackerndes Geräusch und ein dünnes Piepsen. Mabels Kopf fährt herum, meiner auch – und da, nur etwa drei Meter von uns entfernt, schlüpfen eine Fasanenhenne und ihre noch nicht völlig befiederten Küken unter einem Zaun hindurch und marschieren direkt auf den Rasen zu. Die Fasanenhenne erblickt Mabel und bleibt ruckartig stehen. Sie hat zwar noch nie einen Habicht gesehen, weiß aber instinktiv, dass sie in Gefahr ist. Sie duckt sich, flugbereit; dann fällt ihr ein, dass sie so ihre Küken zurücklassen müsste, und entscheidet sich dafür, auf dem Rasen hocken zu bleiben und so zu tun, als sei sie ein Teil davon. Als ihr kurz darauf die Sinnlosigkeit dieses Unterfangens klar wird – ihr gesprenkelter beigefarbener Rücken hat ganz und gar nicht die Farbe sonnenbeschienenen Grases, und außerdem hat der Habicht sie längst erspäht –, bricht die Hölle los. Sie reckt den Hals, plustert die Wangenfedern auf, öffnet panisch den Schnabel und rennt dann ziellos über das Cricket-Feld. Ihre Küken folgen ihr ebenso panisch, sechs unbeholfene aufgezogene Spielzeugdinosaurier. Ich weiß nicht, wo sie hinwollen: Sie können sich nirgendwo verstecken, Sicherheit ist dort drüben nicht erkennbar, es sei denn, die Henne denkt, sich unter die Teichhühner zu mischen würde ihre Überlebenschancen zumindest statistisch verbessern.

Mabel. O Gott, Mabel. Sie balliert, schlägt hart mit den Flügeln, steht senkrecht in der Luft und springt ab. Der Wind fühlt sich eiskalt auf meinem Gesicht an, meine Faust wird in Richtung der flüchtenden Fasane gezogen. Sie springt zu mir zurück auf den Handschuh, hat den Schnabel vor lauter Anstrengung weit geöffnet, heftet ihren glühenden, zornigen Blick auf mich und schlägt dann wieder wild mit den Flügeln. *Nicht hier, nicht jetzt! Mabel! Ich kann nicht. Ich kann dich nicht einen fangen lassen. Das ist gegen die Gesetze Gottes und der Menschen und … des Colleges.*

Ich versuche, sie auf der Faust zu halten – was ungefähr dem Balancieren eines sehr hohen und sehr wackeligen Stapels kostbarer Porzellanteller gleichkommt–, vollführe eine elegante Kehrtwendung, um Mabel die Aussicht auf die Fasane zu versperren, und frage Christina mit dieser überaus höflichen Stimme, die ich nur annehme, wenn ich extrem gestresst bin, ob es ihr »vielleicht möglich wäre, die Fasane zurück in die Sträucher zu jagen? Und die Teichhühner vielleicht auch?«. Sie grinst und scheucht die Fasane wieder in den Garten hinter dem Zaun. Dann sprintet sie über den Rasen auf die Teichhühner zu. In der Zwischenzeit verrenkt sich Mabel, auf Zehenspitzen auf und ab hüpfend, den Hals und versucht, über meine Schulter hinweg zu sehen, wo die Vögel abgeblieben sind. Ich wiederum versuche zu verhindern, dass sie irgendetwas sieht, was mir natürlich nicht gelingt, während Christina mit wedelnden Armen über das Cricket-Feld rennt und die Teichhühner vor sich her in das Wäldchen zurücktreibt. Die Hühner spreizen die Flügel beim Laufen ab und sehen aus wie kleine Jungs, die Flugzeug spielen. Ich fange an zu kichern. Was für eine *groteske* Szene: Da stehe ich und halte den tödlichsten Habicht Großbritanniens fest, während jemand anderer die Beute davonjagt. *Großer Gott. Wenn meine Falknerfreunde davon erfahren, reden sie kein Wort mehr mit mir.*

Als das Spielfeld wieder frei von jeglicher Versuchung ist, rufe ich Mabel wie gewöhnlich auf die Faust. Sie legt einen perfekten Flug hin, fast dreißig Meter. Doch beim zweiten und dritten Flug schlägt sie beide Füße mit voller Wucht in den Handschuh, springt nach oben, versucht, sich in der Luft zu drehen, kippt, überzieht und endet einige Meter entfernt auf dem Boden. Sie hat die Flügel gesenkt, keucht und sieht aus, als würde sie jeden Moment explodieren. Mir ist das Kichern vergangen – in diesem Augenblick weiß ich genau, warum Habichtler seit Jahrhunderten für ihre Flüche berüchtigt sind. Ich fluche. Es ist meine Schuld, dass das passiert ist. Ich weiß, dass es meine Schuld ist. Ich hasse mich. Ich versuche, ruhig zu bleiben. Vergeblich. *Verdammt, verdammt, verdammt.* Mir ist heiß, ich bin stinksauer. Mit vom Kaninchenfleisch verklebten Fingern streiche ich mir die Haare aus den Augen, fluche noch einmal aus tiefstem Herzen und bemerke zu allem Überfluss einen Mann in weißem Hemd und schwarzer Weste entschlossen auf Christina zueilen. Es ist einer der Pförtner des Colleges, und er sieht nicht glücklich aus. Sie sprechen miteinander. Aus der Entfernung kann ich nicht hören, was sie sagen, aber Christina deutet mit der Hand auf mich und erklärt ihm wahrscheinlich gerade, dass ich kein x-beliebiger Eindringling, sondern eine vertrauenswürdige Mitarbeiterin des Colleges bin und keinesfalls gegen die Regeln verstoße.

Seine Haltung verrät mir, dass er ihr nicht glaubt.

Als ich näher komme, verstummen sie. Er erkennt mich. Ich erkenne ihn. »Hallo!«, grüße ich fröhlich und erläutere ihm, was ich mit einem Habicht auf diesem heiligen Boden mache.

»Hmm.« Er beäugt Mabel misstrauisch. »Machen Sie damit Jagd auf Studenten?«

»Nur auf die, die sich nicht benehmen.« Und füge noch flüsternd hinzu: »Geben Sie mir eine Liste mit den Namen.«

Das war die richtige Antwort. Er fängt an zu lachen. Er ist fasziniert von meinem Habicht und möchte mehr über sie wissen, doch er muss arbeiten, und die Pflicht ruft. »Entschuldigen Sie mich«, sagt er, richtet sich wieder drohend auf und stakst auf ein paar arme Touristen zu, die unvorsichtigerweise beschlossen haben, am Rand des Rugbyfeldes ein Picknick zu veranstalten.

Ich flog Mabel später am Tag. Ich flog sie früher. Ich gab ihr Kaninchen mit Fell und Kaninchen ohne Fell. Ich atzte sie mit Küken, die ich ausgenommen, gehäutet und unter fließendem Wasser abgespült hatte. Ich reduzierte ihr Gewicht. Ich erhöhte es. Ich reduzierte es wieder. Ich trug andere Kleidung. Ich tat alles, um das Problem zu lösen, im tiefsten Inneren davon überzeugt, das Problem sei nicht zu lösen, weil ich selbst das Problem war. Manchmal flog sie mir direkt auf die Faust, manchmal direkt darüber hinweg, und nie war vorherzusagen, was sie wählen würde. Jeder Flug war ein Glücksspiel, ein Münzewerfen, bei dem es um nichts Geringeres als um meine Seele ging. Allmählich bildete ich mir ein, der Grund, warum der Vogel mich mied, sei derselbe, aus dem auch der Mann davongelaufen war, in den ich mich unmittelbar nach dem Tod meines Vaters verliebt hatte. Ich dachte, mit mir stimmte etwas ganz grundsätzlich nicht, etwas Furchtbares, das nur der Mann und der Habicht sehen konnten. Abends schrieb ich in das Tagebuch, das ich seit Mabels Ankunft führte. Die Notizen waren kurz, unpersönlich; sie hielten das Wetter, Mabels Verhalten, ihr Gewicht, den Wind und die Atzung fest. Sie lasen sich wie Flugberichte, knappe Meldungen, die vom Dach des Luftfahrtministeriums gesendet wurden:

950 g, leichter Wind, sonnig, 16 h, 32 m, 4 Flüge, schnelle Reaktion, die letzten beiden über die Faust. Küken gewaschen.

Aber die Eintragungen veränderten sich.

950 g, klar, leichte Brise, 16.30 h, 3 Flüge, 32 m, jedes Mal die Faust verfehlt. Furchtbar. Kaninchen. ???!!

Es ging darin nicht nur um den Habicht.

> Müde. Kopfschmerzen. War schwer, heute rauszu-
> gehen. Bin ich krank? 940 g Kaninchen 3 Flüge 23 m
> der letzte über die Faust warum? Muss was tun, was
> mache ich falsch?

> Sonne, steife Brise. 16 h, Kaninchen, aber dasselbe
> wie gestern 18 m OK – bei 23 m zweimal die Faust
> verfehlt: 940 g Rest des Tages fürchterlich, musste
> Leute treffen, so tun, als sei alles in Ordnung. Hört
> nicht auf. Wünschte, sie WÜRDEN SICH VERPISSEN
> UND MICH IN RUHE LASSEN.

Der Zorn war gewaltig und kam aus dem Nichts. Wie der Zorn
über etwas, das nicht ganz passt, als wollte man etwas in einer
Schachtel verstauen, die ein bisschen zu klein war. Man dreht
und wendet den Gegenstand in der Hoffnung, in einem anderen Winkel würde er passen. Doch irgendwann begreift man,
dass er vielleicht nie passen wird. Dann weiß man, dass er unter
gar keinen Umständen passen wird, und trotzdem drückt und
schiebt man weiter und versucht, den Gegenstand mit Gewalt
in die Schachtel zu pressen. Bestraft ihn dafür, dass er nicht
passt. Ich war die Schachtel, ich war das Ding, das nicht passte,
und ich war diejenige, die es mit zerschrammten, blutenden
Händen trotzdem immer wieder versuchte.

Die Wut lauerte in mir, und selbst der nichtigste Anlass
brachte sie zum Lodern. Eines Vormittags zwang ich mich, in
die Stadt zu fahren – der Himmel hatte die Farbe von nassem
Zement –, um mich mit einem Studenten aus Usbekistan zu
treffen. Wir hatten im vorangegangenen Winter gemeinsam

eine Forschungsreise nach Zentralasien unternommen. Ein ruhiger und ordentlicher Mann, ein netter Mann. Ich hatte mit ihm in gefrorenen Wüsten gecampt, hatte mit ihm an Straßenständen an der Seidenstraße mit Lamm gefüllte Quitten gegessen und am Ufer des Syrdarja gestanden. Er war vor Kurzem nach Cambridge gekommen und wollte mich sehen. Wir ließen uns an einem der Cafétische nieder. Ich mochte ihn. Wusste, dass ich mich mit ihm unterhalten sollte, hatte aber vergessen, wie das geht. Ich versuchte es mit ein paar Worten. Sie klangen falsch. Ich setzte ein dünnes Lächeln auf, drehte den Kopf zum Fenster und versuchte weiter angestrengt, mich daran zu erinnern, wie zum Teufel man Konversation macht. Hinter der Fensterscheibe der Bank auf der gegenüberliegenden Straßenseite stand eine Frau in grauer Uniform und ohne Schuhe auf einem Stuhl und war damit beschäftigt, den riesigen Aufkleber einer singenden Lerche von der Scheibe zu kratzen. Der Aufkleber hatte für irgendein finanzielles Angebot der Bank geworben. Nun war das Angebot abgelaufen und die Lerche auch. Sie rubbelte mit den Fingernägeln am offenen Schnabel des Vogels herum und zog dann den Kopf von oben nach unten ab. Zentimeter für Zentimeter verschwand der Vogel: Erst hing er da noch, ohne Kopf und mit weit ausgebreiteten Flügeln, dann kratzte sie ihm die Flügel mit einem Plastikschaber ab, und schließlich hatte sich auch die letzte Schwanzfeder in nichts aufgelöst. Sie knüllte die Lerche zu einer Kugel zusammen und warf sie auf den Boden.

Ich spürte, wie blinde, kalte, bebende Wut in mir aufstieg. Ich hasste diese Frau. Ich wollte in die Bank stürzen, die Frau anschreien, die zusammengeknüllte Kugel, die eine Lerche gewesen war, aufheben und mit nach Hause nehmen. Sie glatt streichen, sie vor Schaden bewahren. Der Student mir gegenüber sah mich mit demselben Ausdruck im Gesicht an, den auch der Kellner gehabt hatte an jenem Abend, als mein Vater gestorben war. Auch das brachte mich in Rage. Ich war wütend auf die Frau, weil sie die Lerche vom Fenster gerissen hatte, und wütend auf diesen netten, unschuldigen Mann, der mir nicht den geringsten Grund dafür gab, wütend zu sein. Ich murmelte eine unzureichende Entschuldigung, etwas wie »Es ist nicht leicht für mich, seit mein Vater gestorben ist« und »Nicht deine Schuld« und »Es tut mir leid, aber ich muss jetzt wirklich gehen«. Ich ging noch einmal am Fenster der Bank vorbei. Die Frau stand wieder auf dem Stuhl und brachte einen neuen Aufkleber an: einen überdimensionalen Pfeil, der ins Nichts deutete. Ich brachte es nicht über mich, ihr in die Augen zu schauen.

Kurz darauf begann ich, das Auto meines Vaters zu schrotten. Nicht mit Absicht – es passierte einfach. Ich fuhr rückwärts gegen Poller, schrammte mit den Kotflügeln an Mauern entlang und hörte das Geräusch gequälten Metalls wieder und wieder. Ich stieg aus dem Auto und fuhr mit den Fingern über die neuen Dellen und Schrammen, als könnte ich sie damit reparieren. Doch es waren keine Lackschäden, ich hatte tiefere Wunden gerissen. »Bestrafst du das Auto dafür, dass dein Vater dich verlassen hat?«, fragte mich ein hobbypsychologisch interessierter und recht taktloser Freund. Ich dachte über die Frage nach. »Nein«, erwiderte ich, verlegen, dass meine Antwort nicht halb so spannend wie seine Frage war. »Es ist eher so, dass ich kein Gefühl mehr dafür habe, wie lang das Auto ist.« Das stimmte. Ich konnte die Ausmaße des Autos einfach nicht im Kopf behalten. Meine eigenen übrigens auch nicht, denn ich hatte andauernd kleinere Unfälle. Ich zerschmiss Tassen. Ließ Teller fallen. Stolperte. Brach mir einen Zeh am

Türrahmen. Ich war wieder so ungeschickt wie als Kind – außer wenn ich mit Mabel beschäftigt war. Die Welt mit dem Habicht war vor Unheil geschützt, in dieser Welt war ich mir der Außengrenzen meines Körpers deutlich bewusst. Nachts träumte ich von Lockschnüren und anderen Schnüren, von Knoten, von Wollsträngen, von Formationen gen Süden fliegender Gänse. Und nachmittags auf dem Cricket-Feld war ich unendlich erleichtert, denn mit dem Habicht auf der Faust wusste ich, wer ich war. Auf sie war ich nie wütend, auch dann nicht, als ich am liebsten in mich zusammengesunken wäre und bitterlich geweint hätte, weil sie wieder einmal von mir wegfliegen wollte.

15

Was die Glocke geschlagen hat

»Verdammt, Helen, sie ist so ruhig!« Stuart ist begeistert. »Ich kann ihren Herzschlag spüren. Sie ist vollkommen ruhig.« Er hat sich über den Tisch gebeugt und die Finger über den geschlossenen Schwingen meines verhaubten Habichts ausgebreitet. Er hält sie auf einem der Küchenkissen fest, so behutsam, als sei sie aus Glas. »Gut«, erwidere ich und schiebe vorsichtig das Deckgefieder beiseite, um den Schwanzansatz freizulegen. Kurz bevor die langen Stoßfedern in den Körper übergehen, sind die Federkiele hohl und durchsichtig; an dieser Stelle, am obersten Federpaar, will ich ein Glöckchen – Bell in der Falknersprache – in der Form und Größe einer Eichel anbringen. Es dauert nicht lange. Ich ziehe sanft daran, um sicherzustellen, dass sie fest sitzt, dann nehme ich den Habicht wieder auf die Faust. Sie schüttelt sich – das Geräusch des Glöckchens erfüllt den Raum. Es scheint sie überhaupt nicht zu stören.

Bells gehören zu den ältesten Hilfsmitteln der Falknerei. Jahrelang hatte ich meine Bells aus Pakistan bezogen, handgeschmiedete Messingschellen, die seit Urzeiten nach einem bestimmten Muster gefertigt werden. Mabels Bell stammt aus Amerika; sie ist modern, klein und leicht, eine Handarbeit aus Neusilber. Sie soll mir sagen, wo der Vogel ist, wenn ich ihn frei fliegen lasse. Bei Falken bringt man die Bells mithilfe eines Bellriemens traditionellerweise am Ständer – am Bein – des

Vogels an; Habichtler befestigen sie an den Schwanzfedern, weil Habichte die charakteristische Angewohnheit haben, das Stoßgefieder beim Landen zu schütteln. So kann man mit dem Rücken zu einem Baum stehen und allein am Geräusch der Bell die Bewegungen des Vogels von Ast zu Ast nachverfolgen.

Doch leider sind auch Bells nicht absolut sicher: Das Geräusch kann vom Wind übertönt oder durch die Entfernung stark gedämpft werden; außerdem kann man sie nur hören, wenn sich der Vogel bewegt. Deshalb wird Mabel beim Freiflug zusätzlich einen winzigen Sender tragen; das Gegenstück – den Empfänger, der das Signal auffängt – habe ich in einer kleinen schwarzen Tasche auf dem Rücken. Doch trotz all dieser Vorsichtsmaßnahmen fürchte ich den Augenblick, in dem ich Mabel von der Lockschnur losmachen und frei fliegen lassen werde. Ich hatte noch nie einen Greifvogel verloren; es hatte sich noch nie einer verstoßen, wie der Falkner sagt, wenn der Vogel nicht zu ihm zurückkehrt. Mir war bisher noch nicht einmal der Gedanke daran gekommen. Nun jedoch bin ich davon überzeugt, dass Mabel davonschießen und für immer verschwinden wird, sobald ich sie frei fliegen lasse. Als ich einige Stunden später Beireiteübungen mit ihr durchführe, bin ich sogar noch fester davon überzeugt. Denn dieses Mal schnappt sie noch nicht einmal mehr nach der Atzung auf meinem Handschuh; sie fliegt einfach über mich hinweg und muss zu Boden gebracht werden.

Untröstlich trage ich sie zurück zum Rand des Dorfsportplatzes. Stuart sieht mir entgegen und betrachtet Mabel kritisch. Er reibt sich den Nacken, sein Gesicht, von Sonne und Wind gegerbt und zerfurcht, ist ernst und nachdenklich.

»Du meinst, es liegt vielleicht an der Bell?«, frage ich ihn. »Sie macht ihr Angst?«

Er runzelt die Stirn. »Der Ort hier ist auch neu für sie. Sie ist noch nicht so weit, Helen. Noch nicht.« Er befühlt ihr Brustbein. »Sie muss noch ein bisschen abnehmen. Ihr Gewicht ist immer noch zu hoch. Du atzt sie mit Kaninchen? Ausschließlich mit Kaninchen?«

Ich nicke unglücklich.

Er schaut mich an. »Weißt du was, Helen? Komm doch morgen mit mir auf den Hügel raus. Ich will den Terzel dort fliegen. Wir gehen mit ihr auf die Felder, weg von Straßen und Häusern. Sie braucht Raum.«

»Das wäre fantastisch, Stuart.«

»Ich hole dich um fünf ab.«

»Danke, Stuart. Vielen, vielen Dank.«

»Und denk dran: Sie muss noch abnehmen.«

Er bot mir seine Hilfe an, was völlig unerwartete Gefühle in mir auslöste. Ich hatte schon Dutzende Greifvögel geflogen, hatte Anfängern die Falknerei beigebracht. Ich hatte wissenschaftliche Aufsätze darüber geschrieben, Vorträge über die altehrwürdige Geschichte der Falknerei gehalten. Doch nun zog ich den Hut vor Stuart. Er wusste, was zu tun war. Er kannte sich mit Habichten aus und ich nicht. Eine ungeheure Erleichterung erfasste mich: Endlich musste ich kein Experte mehr sein. Ich sah Stuart an: Er drehte sich eine Zigarette und verströmte Ruhe, Sicherheit und Freundlichkeit; ein echter, unendlich großzügiger Freund. Am Rand dieses Dorfsportplatzes trat ich dankbar wieder in den Novizenstand ein, als hätte ich noch nie im Leben einen Greifvogel gesehen.

»Die Notwendigkeit, andere zu übertreffen, um geliebt zu werden«, hatte White in sein Traumtagebuch geschrieben. Doch dem Satz haftet eine unausgesprochene Koda an. Was geschieht, wenn du andere in irgendetwas übertriffst und dennoch nicht geliebt wirst?

White triumphierte: Gos war fast einhundert Meter an der Lockschnur geflogen und nun bereit für den ersten Freiflug. White konnte mit Fug und Recht von sich behaupten, einen Habicht abgerichtet zu haben. Doch in diesem Triumph schwang etwas Furchtbares mit. Das erste Mal seit der Ankunft des Habichts fühlte sich White entblößt. Als Neuling ist man sicher. Wer etwas lernt, muss sich keine Gedanken darüber machen, ob er nun gut darin ist oder nicht. Wer es jedoch geschafft hat, wer es gelernt hat, ist nicht mehr sicher. Als Experte ist man der Beurteilung durch andere ausgesetzt. In Whites Falkner-tagebuch tauchten fortan Gedanken über Kritiker auf und wie er ihre »furchteinflößenden Tritte vermeiden« könnte. Er hatte das Bedürfnis zu erklären, dass seine Zufriedenheit mit sich selbst kein Egoismus, keine Geltungssucht war, sondern »im Grunde die fürchterliche Überraschung, gut in etwas zu sein, nachdem ich dreißig Jahre lang so schlecht in allem gewesen war«. Alle autoritären Gestalten, vor denen er gezittert hatte, verschmolzen in seiner Vorstellung zu einem älteren Falkner mit gewachstem Schnurrbart, der sein Buch lesen und ihn zum Idioten abstempeln würde. Er musste diesem Mann unter allen Umständen erklären, dass sein Buch nur das Buch eines Ler-nenden war. Die Sätze in seinem Tagebuch lesen sich fast wie ein Gebet.

Ich hoffe, dass dieses Buch bei denjenigen Habichtlern einerseits und denjenigen Kritikern andererseits in gnädige Vergessenheit geraten wird, die wissen, dass Gleichgültigkeit und Ignorieren der Existenz manchmal die tödlichsten Waffen sein können.

Ich hoffe, einigen von ihnen wird bewusst, dass ich
nur ein Mensch bin.

Er ist nur ein Mensch. Der Erfolg setzt ihn unter Druck. Er kann
nicht damit umgehen. Er kocht und brodelt in ihm. Unwis-
sentlich beginnt er, ruhig und grausam den eigenen Erfolg zu
sabotieren, denn er kann ihn nicht ertragen. Und die Sabotage
fällt ihm so leicht.

Stuart biegt von der Straße auf einen Feldweg westlich der Stadt
ab. Es ist ein warmer Abend, doch hinter der Sonne breitet sich
ein Weiß wie von zerrissenem Papier aus, das baldigen Frost
ankündigt. Ich nehme Mabel die Haube ab. Ihre hellen Augen
starren auf einen Hügel aus verwittertem und kalkhaltigem Ge-
schiebelehm, auf Hänge, durch Hecken unterteilt, deren Ränder
sich zu schillerndem Seidentaft kräuseln. Auf skelettartig in die
Höhe ragende Karden und Zaundraht. Rufende Lerchen über
uns. Eine weggeworfene Flintenpatrone Kaliber zwölf zu meinen Füßen. *Rot.* Sie sieht darauf herab, dann wieder nach oben
und heftet ihren Blick auf etwas, das drei Felder entfernt ist. Sie
bebt, so froh ist sie über diese Erweiterung ihrer Welt. Als
Stuart sie auf die Faust nimmt, lehnt sie sich zurück und betrachtet ihn mit fast komischer Furcht; den Kopf hat sie tief
zwischen die Schultern gezogen. Doch gleich darauf entspannt
sie sich, denn bei aller Fremdheit strahlt er eine solche Freundlichkeit, eine solche Leichtigkeit und Gewandtheit aus, dass sie
sofort beruhigt ist. Wir wickeln die Lockschnur ab und rufen
sie über das kahle Feld hinweg. Sie fliegt schlecht, natürlich.
Ich sehe das Zögern, als sie auf mich zukommt, den Augenblick, in dem alle Überzeugung und alles Vertrauen von ihr
abfallen und ich als Monster entlarvt werde. Wieder einmal

greife ich nach der Lockschnur und bringe sie zu Boden. Ihre Füße sinken in den bröckeligen Lehm; verwundert blickt sie nach unten auf ihre halb verdeckten Zehen.

Stuart ist streng mit mir. Sagt, dass sie schärfer sein muss. Ich kann das nicht länger ertragen. Stuart muss mir versprechen, dass mein Habicht diese Nacht nicht sterben wird.

»Natürlich wird sie das nicht«, erwidert er. In seinen blauen Augen liegt ein Ausdruck zwischen Amüsiertheit und Besorgnis.

»Bist du *sicher*?«, bedränge ich ihn kläglich. Ich habe furchtbare Angst, sie zu Tode zu hungern.

Er streckt die Hand aus und tastet Mabels Brustbein, ihren Brustkorb, die Muskeln unter ihren Schwingen ab.

»Es geht ihr *gut,* Helen.«

»Ganz ehrlich?«

»Ja.«

Mutlos trotte ich zum Auto zurück, den Blick auf den Boden gerichtet.

Plötzlich bleibt Stuart wie angewurzelt stehen.

»Stuart?«

»Sieh nur!«, sagt er. »Sieh dir das an!«

»Was?« Fragend drehe ich mich um und schirme die Augen mit der Hand vor der Sonne ab. »Ich kann gar nichts sehen.«

»Sieh doch, die Sonne.«

»Deswegen sehe ich ja nichts!«

»Sieh nach *unten!*«

Dann sehe ich es auch. Das kahle Feld, auf dem wir den Habicht geflogen haben, ist von Spinnweben bedeckt, Millionen glänzender Fäden, die der Wind über jeden Zentimeter Boden gekämmt hat. Von der untergehenden Sonne angeleuch-

tet, schweben die zitternden Seidenfäden – wie Lichtreflexe auf
dem Wasser – bis zu meinen Füßen. Dieses Werk überirdischer
Schönheit haben Millionen winziger Spinnen auf der Suche
nach einem neuen Zuhause erschaffen. Jede Einzelne von ihnen
hat einen elektrostatisch aufgeladenen seidenen Faden in die
Luft gesponnen, der sie aus ihrem Schlupfort holen sollte; die
Fäden stiegen wie kühne Heißluftballonfahrer auf, trieben im
Wind, verbreiteten sich und sanken wieder zur Erde. Ich starre
lange auf das Feld. Es erinnert mich an einen Abend im letzten
Herbst auf der Reise nach Usbekistan. Ich saß vor meinem Zelt
und fragte mich, ob der grauenerregende Gestank, den ich
roch, von einer verwesenden Kuh oder etwas viel Schlimme-
rem herrührte. Vor mir lagen kilometerweites Marschland und
Wüste; in der Ferne lösten sich die Ferghana-Berge in Dunst
auf. Dann entdeckte ich etwas Seltsames in der Luft, das ich
zunächst nicht einordnen konnte. Es sah aus wie weiße Fragezeichen, die sich beunruhigenderweise nicht an die Gesetze der
Physik hielten. Es war völlig windstill, und trotzdem schweb-
ten sie da, sanken und stiegen mit übernatürlicher Langsamkeit wieder auf. Was zum Teufel war das? Ich rannte hinter einem der Fragezeichen her. Ich ging ganz nah heran, es war nur
etwa fünfzehn Zentimeter von meiner Nase entfernt, doch ich
konnte es noch immer nicht einordnen. Es war so lang wie
meine Hand vom Handgelenk bis zu den Fingerspitzen, es
war weiß und verschnörkelt wie der Strich eines auslaufenden
Füllers; auch das Material, aus dem es bestand, konnte ich
nicht identifizieren. Etwas Pflanzliches? Natriumkarbonat?
Asche? Einfach nur Bindfäden? Ich ging noch näher heran,
ganz nah an dieses Ding, das da so unendlich langsam nach
oben schwebte, und sah, dass unten aus dem weißen schaumi-
gen Schnörkel eine fast unsichtbare Linie herausragte. Und

am Ende dieser Linie befand sich eine Spinne, die exakt so groß war wie das Wort *Ah*.

Am nächsten Tag ließ ich Mabel zu Hause und fuhr mit dem Zug nach London. Ich wollte sie nicht allein lassen, und ich wollte nicht fahren. Nach dem Tod meines Vaters war mir die Stadt abscheulich vorgekommen, öde und ätzend unter herabstürzenden Wolken. Jetzt stand ich an der Ecke zur Fleet Street und musste feststellen, dass die Stadt nicht mehr leer war. Banker und Händler strömten durch die einfallenden Straßen dieses dunklen und unergründlichen Gewirrs aus Abfall und Glas. Schwellen, Absperrungen, Gassen. Abgeschrägte Rinnsteine, Anti-Tauben-Stacheln, ein Muster aus festgetretenen Kaugummis auf den Gehwegen. Und dann plötzlich St Bride's Church, die wie in einem Käfig hinter einem Gitterzaun auf einem Sockel aus grün verfärbtem Stein thronte. Der Bildredakteur der Zeitung, für die mein Vater gearbeitet hatte, war da; er wartete gemeinsam mit meiner Mutter und meinem Bruder am Kirchenportal. Wir kannten uns nicht. Blaue Augen in einem verbitterten, traurigen Faustkämpfergesicht, kräftiger Händedruck, Nadelstreifenanzug. Er hatte um dieses Treffen gebeten: Die Zeitung organisierte einen Gedenkgottesdienst für meinen Vater, den wir hier mit dem Geistlichen besprechen wollten. Und so sprachen wir in der Sakristei über Choräle, über Einladungen, über Lesungen und Redner und Lieder. Ich erklärte mich bereit, eine Rede zu halten. Wir unterhielten uns noch ein wenig länger. Meine Mutter saß sehr aufrecht auf ihrem Stuhl. Sie trug einen grauen Pullover, darüber eine rosafarbene Steppweste; ihr Haar war sorgfältig frisiert, ihr Gesicht angespannt und blass. *Oh, Mum.* James war noch blasser. Er lächelte mich verkrampft an. Meine Augen kribbelten und brannten. Er wandte sich an den Geistlichen: »Ich bin Designer«, sagte er. »Ich könnte doch das Faltblatt zum Gottesdienst entwerfen?« Der Pfarrer nickte und schob eine Handvoll kleiner Hefte über den Tisch. »Die sind von vergangenen Gottesdiensten.« Er senkte den Kopf in einer Geste der unbewussten, besorgten Sanftheit. »Vielleicht sind sie Ihnen eine Hilfe?« Ich nahm das nächstliegende Heftchen zur Hand. Auf dem Umschlag war ein lächelnder Fremder mittleren Alters mit einer Klaviertastenkrawatte zu sehen. Ich schaute ihn lange an und presste eine Fingerkuppe in die Ecke des steifen Papiers. Der kleine aufzuckende Schmerz sollte den Schmerz in meinem Herzen verdecken.

Als wir uns erhoben, um zu gehen, drückte uns der Pfarrer Visitenkarten in die Hand. Visitenkarten. *Lächerlich.* Die Krawatte. Die mangelnde Übereinstimmung. *Das. All das.* Ich wandte mich noch einmal zur Sakristei um. Neonröhren und Pinnwände, Kleiderhaken und Faxgeräte. Terminkalender und Zeitpläne. Die Offizien des Todes. Ich spürte, wie ein Lachen in mir aufstieg. Versuchte, es zu unterdrücken. Es kam als raues Husten heraus. Es war nicht das erste Mal, dass das geschah. Letztes Mal hatten Mum und ich in Sesseln im Büro des Bestatters vor einer kleinen Vase mit lachsfarbenen Rosen gesessen, um einen Sarg für meinen Vater auszusuchen. Gedimmtes Licht. Ein enger Raum. Erdrückende Stille. Der Bestatter reichte uns einen laminierten Ordner mit Abbildungen seiner Sargmodelle: Särge, die in den Farben beliebter Fußballvereine gestrichen waren; Särge, auf die man in purstem Fotorealismus Spitfires, Golfplätze, Saxofone und Eisenbahnen gemalt hatte. Wir hatten damals so lachen müssen wie ich gerade. Die Särge machten ebenso wie die Krawatte die kleinen Leidenschaften des Lebens im Tod absolut lächerlich, die Visitenkarte banalisierte das Andenken. Wir mussten lachen, weil es keine

Möglichkeit gab, diese Zeichen des Lebens mit der Tatsache des Todes zu vereinbaren. Ich lachte, weil ich sonst nichts tun konnte.

Auf dem Weg nach Hause war ich von einer großen, schlichten Traurigkeit erfüllt. Ich vermisste meinen Dad. Ich vermisste ihn sehr. Der Zug fuhr in eine Kurve, die Sonne fiel durch das Fenster und tauchte die vorbeiziehenden Felder in silbriges Licht. Ich schloss die Augen und dachte an die Spinnenseide. Ich war darauf herumgelaufen und hatte sie nicht gesehen. Ich hatte nicht gewusst, dass sie da war. Plötzlich zuckte mir der Gedanke durch den Kopf, dass das Dürftige und Verkehrte der Welt vielleicht nur eine Illusion ist; dass die Dinge immer noch real und richtig und schön sein könnten, auch wenn ich das nicht bemerkte. Dass ich mich nur am richtigen Ort befinden und Glück haben müsste, damit sich mir die Welt wieder als real und richtig und schön offenbarte. Die Sonne auf der Fensterscheibe, die Erinnerung an das spinnwebenglänzende Feld, das furchtbare Lachen und der Trost unseres morgendlichen Treffens müssen den Panzer des Schweigens, den ich seit Monaten getragen hatte, aufgeweicht haben, denn auf einmal war die Wut in mir verschwunden. Als wir an diesem Abend zu dem Hügel fuhren, sagte ich ganz ruhig: »Stuart, ich komme im Moment nicht besonders gut zurecht.«

Dann fügte ich noch hinzu: »Ich glaube, ich habe eine leichte Depression.«

»Du hast deinen Vater verloren, Helen«, antwortete er.

»Ich trage einen Habicht ab. Ich nehme an, das ist im Augenblick einfach ein bisschen zu anstrengend für mich.«

»Du hast *deinen Vater verloren*. Das mit dem Habicht machst du gut. Es ist dir vielleicht nicht bewusst, aber es ist so.

Sie wird bald ihren ersten Freiflug machen können. Sie ist fast so weit, Helen. Sei nicht so hart zu dir selbst.«

Doch ich hatte Stuart nicht alles erzählt. Von den unbezahlten Rechnungen zum Beispiel, den Briefen von der Bank, den unsäglichen Nächten, den Vormittagen voller Tränen. Immerhin hatte ich ihm etwas erzählt. Ich schaute zu Mabel. Ihr Kopf war nach vorn gesunken, sie sah mit ihrer Haube unbeschreiblich traurig aus. Ich streichelte ihre rauen, schuppigen Zehen. Sie war eingeschlafen. Behutsam legte ich ihr die Hand an die Haube und spürte das ganze Gewicht ihres schlafenden Kopfes. *Vielleicht sollte ich Stuart bitten, uns nach Hause zu bringen,* dachte ich. Auch ich war unendlich müde. Sie zu fliegen hatte nicht den geringsten Zweck. Doch als wir auf dem Hügel standen und ich ihr die Haube abnahm, hob Stuart erstaunt die Augenbrauen: Sie stand ganz aufrecht auf der Faust, hatte die hellen Federn über den Zehen aufgeplustert, den Scheitel aufgestellt und umklammerte den Handschuh besitzergreifend.

»Was wiegt sie?«, fragte er mich.

»Achthundertachtundsiebzig Gramm.«

»Na also! Sie ist ein ganz anderer Vogel heute!«

Das war sie tatsächlich. Ich rief sie. Ich hatte die Hoffnung aufgegeben, dass sie zu mir kommen würde, rief sie aber dennoch. Und sie flog zu mir. Wie ein vor langer Zeit gegebenes und endlich gehaltenes Versprechen. Sie rauschte auf mich zu, ihre Schwingen flackerten fünfundvierzig Meter weit über die kieselbedeckte Erde; dann landete sie auf dem Handschuh und blieb dort. Ich brachte sie wieder zu Stuart und rief sie erneut. Dreimal hintereinander flog sie die volle Lockschnurdistanz auf meine Faust, ohne auch nur eine Sekunde zu zögern. Kein Zaudern, kein Zagen. Der Habicht flog zu mir, als sei ich sein Zuhause.

»Du hast ihr Fluggewicht auf den Punkt genau getroffen«, sagte Stuart anerkennend. »Wenn das noch ein paar Tage so weitergeht, können wir einen Freiflug wagen.« Natürlich hatte er recht gehabt. Ich hatte ihr Fluggewicht seit Wochen falsch berechnet. Doch der Narzissmus der Trauernden ist grenzenlos: Ich dachte, sie sei zu mir zurückgekommen, weil ich endlich jemandem gestanden hatte, wie schlecht es mir ging. Ich hatte mich danach besser gefühlt – und deshalb nicht mehr abstoßend auf meinen Habicht gewirkt. *Ich muss versuchen, fröhlicher zu sein,* redete ich mir ein. *Für den Habicht. Ich muss.*

16

Regen

White baut eine Falle. Das ist nicht einfach, doch es gefällt
ihm, wie dabei sein praktisches Denken auf die Probe gestellt
wird. Er hat die Rinde einer Eschenrute entfernt und diese zu
einem U gebogen. Daran hat er Gelenkstücke aus Leder angebracht und anschließend das Ganze mit zwei Meter Erdbeer-
netz bedeckt; auch die alten Falkenfänger hatten schon mit
solchen reusenähnlichen Konstruktionen gearbeitet. Als Köder
will White eine angebundene Amsel verwenden, um damit
einen der Greifvögel in Three Parks Woods zu fangen. Oder es
zumindest zu versuchen. Er hatte sie vor einem Monat das erste
Mal gesehen und seitdem nicht mehr aus dem Kopf bekommen. Sie waren so gar nicht wie Gos – sie waren klein, schnell,
sichelflügelig. Richtige Kunstflieger. Flügelspitze an Flügelspitze
waren sie in perfekt senkrechter Schräglage um einen Baum
herumgejagt, genau wie die Flugzeuge um die Pylonen beim
Hatfield-Wettfliegen. Ein Fliegertraum, ein Traum von der
Zukunft. Er hebt die Leinenspule auf, mit der er das Netz über
den Greifvogel ziehen will – und erinnert sich an einen alten
Albtraum. Darin war er vor einer Bande von Schlägern geflohen; er war in ein Flugzeug gesprungen und hatte sich in die
Sicherheit des Himmels gerettet. Doch auch dort hatte Gefahr
gelauert: Ein Netz von Telegrafendrähten hatte ihm den Weg
in die Freiheit versperrt. Er ist sich nicht sicher, was für Greif-

vögel das sind. Sicherlich keine Turmfalken. Wanderfalken wären zu schön, um wahr zu sein. Vielleicht sind es Sperber.

Es waren keine Sperber. Die Vögel in Three Parks Wood waren Baumfalken: kleine Zugfalken mit dunklem Kopfgefieder, rostroten Hosen und schmalen weißen Brauen. In den Dreißigerjahren waren diese Vögel sehr selten, heute kommen sie wieder häufiger vor. Sie fangen Insekten und kleinere Vögel in der Luft und können deshalb unmöglich mit einer am Boden angebundenen Amsel geködert werden. Doch White dachte, es seien Sperber, und baute sich im Wald ein Versteck aus Stangen und Ästen, viereinhalb Meter von der Falle entfernt, die er mit Erde und Blättern getarnt hatte. Er vernachlässigte Gos und wusste das auch. Seine neue Leidenschaft, sein »rauschhaftes El Dorado«, waren die Sperber. Er redete sich ein, einen für Peter Low fangen zu müssen; der Junge, einst sein Schüler, hatte einen zahmen Sperber verloren. Er redete sich ein, er müsse die Sperber fangen, weil Gos keine Herausforderung mehr darstellte und er sich an etwas Schwierigerem beweisen müsse.

Ich glaube, Whites Versuch, die Greifvögel von Three Parks Wood einzufangen, war die letzte Prüfung für Gos: White benahm sich wie ein ängstlicher Mensch, dem es endlich gelungen war, die Liebe eines anderen Menschen zu gewinnen, der sich aber so unsicher war, ob er auf diese Liebe bauen könne, dass er beschloss, sich in jemand anderen zu verlieben. Für mich als Kind war sein Verhalten einfach unbegreiflich. »WARUM?«, heulte ich auf. »Warum hat er seinen Habicht aufgegeben? Ich könnte so etwas nie tun!« Meine Mutter putzte gerade den Badezimmerspiegel. Ich konnte ihr Gesicht darin sehen und dahinter mein eigenes, blass und voller Entrüstung. Ich hatte das Buch gerade zum ersten Mal gelesen. An der Stelle mit den

Sperbern war ich so aufgebracht, dass ich nicht mehr weiterlesen konnte. Ich war vom Bett aufgesprungen und hatte Bestärkung gesucht.

»Geht es um dieses Habicht-Buch, von dem du mir erzählt hast?«

»Ja! Er hat seinen Habicht so weit, dass er frei fliegen kann, und fängt dann an, Fallen zu bauen, um Sperber einzufangen, und geht einfach weg und lässt seinen Habicht zurück. Das ist so *dumm!*«

Eine lange Pause.

»Vielleicht hatte er genug von dem Habicht«, erwiderte meine Mutter. Sie war mit dem Putztuch mittlerweile beim Waschbecken angelangt.

Das ergab nun überhaupt keinen Sinn.

»Aber wie kann man genug von einem Greifvogel haben?«

Dann erst bemerkte meine Mutter, wie aufgebracht ich war. Sie legte das Putztuch beiseite und nahm mich in die Arme.

»Ich weiß nicht, Helen. Vielleicht war er ja tatsächlich dumm.«

Gos neigt seinen kleinen Wildtierkopf, der das Muster einer getigerten Katze hat, zur Seite und sieht sich verwirrt um. *Das ist nicht das, was normalerweise geschieht.* Sein scharfer, schwarzer Schnabel öffnet und schließt sich. Er hat Hunger. Er hüpft auf der Brunneneinfassung entlang, hält sie mit Zehen und Klauen fest umklammert. Hier und da blättert Rost ab. *Hunger.* Er hüpft weiter und folgt der langen Linie der Lockschnur mit den Augen, doch der Mann ist nicht, wie sonst, an ihrem Ende. Wo war er? Gos brauchte einen günstigeren Ausblick und flog in den nächsten Baum. Knapp über ihm war ein Ast. Er setzte sich darauf. Greifvögel setzen sich nie auf einen niedrigeren

Platz, wenn ein höherer in der Nähe ist; also hüpfte und klet-
terte Gos von seinem Ast aus auf den nächsthöheren und von
dort wieder auf den nächsthöheren und immer so weiter, den
ganzen Baum hinauf. Die Lockschnur zog er hinter sich her.
Schon bald hatte er den Gipfel der unerklimmbaren Eiche
erreicht, und die Welt breitete sich vor ihm aus: ein Himmel
voller Tauben, die nach Stowe hin abfallenden Felder, das Dach
des palladianischen Palasts, seine glitzernden Seen, Obelisken,
Tempel und klassisch angelegten Alleen. Alle Blickachsen waren
vor zweihundert Jahren von Menschenhand in die Landschaft
geschnitten worden, und nun schaute sein kleines Habichtge-
sicht auf diese perfekte Aussicht, als sei sie eigens dafür geschaffen worden.

White hatte Gos nur für eine Minute auf der Brunneneinfassung allein gelassen. Er hatte das Auto der Wheelers gehört
und war über das Feld gelaufen, um Mrs Wheeler von seinem
neuen Radio zu erzählen. Als er zurückkam, stand Gos nicht
mehr auf der Brunneneinfassung. Er stand ganz oben in einem
Baum, ein kleiner dunkler Schatten vor dem helleren Himmel,
und die Lockschnur hatte sich um die Äste und Zweige unter
ihm gewickelt. White pfiff, wedelte mit Atzung, doch der
Habicht rührte sich nicht. Panisch zog er an der Lockschnur,
was allerdings nur dazu führte, dass Gos wild mit den Flügeln
schlug und sich die Lockschnur noch mehr in den Ästen ver-
fing. Langsam machte er sich Sorgen, dass sie reißen könnte.
»Sie hatte kaum Bruchdehnung«, schrieb er. »Sie war bereits
zweimal gerissen.« Der Habicht war gefangen. White konnte
nichts weiter tun, als um Hilfe zu rufen. Doch als der Sohn der
Wheelers in einem weißen Hemd und mit einer Leiter über
der Schulter endlich erschien, schlug Gos nur noch wilder mit
den Flügeln. Schließlich hing er kopfüber, im Kokon der sich

allmählich durchscheuernden Lockschnur gefangen, während in seinem verzweifelten Versuch, sich zu befreien, eine Feder nach der anderen brach. Irgendwann hörte Gos auf, um sich zu schlagen; er war erschöpft, bewegungsunfähig, eine gefiederte Fliege in einem klebrigen, verästelten Netz.

Es dauerte anderthalb Stunden, bis White Gos' Geschühriemen mit einem Schraubhaken am Ende einer Lachsangel losgemacht, ihn zu Boden bugsiert und wieder auf die Faust genommen hatte. *Blödes Mistvieh,* zischte White seinen Habicht an. Der wiederum, so schrieb White, funkelte ihn wütend an, »als wäre es meine Schuld gewesen«.

In ein paar Tagen fliege ich sie zum ersten Mal frei. In ein paar Tagen. Doch dann wird das Wetter schlecht: Eine ganze Serie von Sommergewittern verwandelt den rissigen Asphalt in kalte Wasserläufe und lässt Zweige und Blätter auf die Dächer prasseln. Grauenhaftes Flugwetter. Statt mit ihr auf den Hügel zu gehen, übe ich mit Mabel im Park. Ich befestige die Lockschnur an der Drahle und setze Mabel auf den Boden – sie springt seitwärts auf den Rasen und schaut mich mit hochgezogenen Schultern kläglich an. Ich platziere ein Stückchen Atzung auf dem Handschuh, strecke den Arm so weit es geht nach oben und lasse sie beinahe senkrecht auf die Faust fliegen. Wir wiederholen die Übung ein paarmal. Die Falkner nennen diese Trainingsmethode *Vertical Jumping* – »senkrechtes Springen«; sie wurde bereits im alten Indien praktiziert und dient nicht nur dem Abtragen, sondern auch dem Muskelaufbau, vor allem wenn zum Training relativ wenig Platz vorhanden ist. Es ist generell eine gute Übung und macht dem Greifvogel darüber hinaus Spaß. Sie ist allerdings nicht ganz einfach, denn Mabel ist verdammt schnell. Das *Vertical Jumping* ist etwas ganz anderes als meine Spaziergänge, die ich mit dem Habicht auf der Faust auf einsamen dämmerigen Straßen unternehme. Das hier hat eher was von Straßenperformance und lockt Menschenmengen an. Heute Abend etwa stehen sie in einem lockeren Halbkreis zusammen, rund sechs Meter von uns entfernt. Eine Mutter hockt sich neben ihr Kind, zeigt auf den Habicht und sagt atemlos: »Sieht der Vogel nicht majestätisch aus?« Mir bietet sich ein ganz anderer Anblick: Momentan verschlingt Mabel portionsweise ein Eintagsküken und macht dabei wenig majestätische quiekende Würgegeräusche. Neben der Mutter und ihrem Kind steht ein Busfahrer, der zum Busdepot unterwegs war, daneben zwei Teenager mit übergezogenen Kapuzen und ein Mädchen, das mit seinem Smartphone fotografiert. Doch sie stören mich nicht, denn ich konzentriere mich auf *Rasen, Handschuh, Rasen, Handschuh, Rasen, Handschuh, Rasen.* Der Rhythmus gleicht sich meinem Herzschlag an, und die Menschenmenge rückt in weite Ferne.

Am nächsten Tag bekomme ich Fieber. Es macht all meine Vorhaben zunichte, all meine Übungen mit dem Habicht. Ich atze Mabel auf dem Sofa, stelle sie danach wieder auf den Sprenkel und sehe ihr dabei zu, wie sie dorthin abdriftet, wohin Habichte abdriften, wenn sie gekröpft haben. Ein weit, weit entfernter Ort. Ich fahre mit der Hand vor ihrem Gesicht hin und her. Sie nimmt sie nicht einmal wahr. Ihre Augen scheinen so wenig von Gedanken oder Gefühlen erfüllt wie ein Metallteller oder ein Stück Himmel. *Was denkt sie? Was sieht sie?,* frage ich mich. Ich schließe die Augen und rate drauflos. Blut, da bin ich mir sicher. Rauch, Äste, nasse Federn. Schnee. Kiefernnadeln. Mehr Blut. Ich schaudere. Die Tage vergehen, das Fieber hält an. Ebenso wie der Regen. Er lässt das Haus feucht werden. An den Wänden im Flur und im Wohnzimmer breitet sich

Feuchtigkeit wie Blutflecken aus. Das Haus riecht nach Brackwasser im Kohlenkeller, Habichtschmelz und Staub. Nichts bewegt sich, nichts wird besser, nichts führt irgendwohin. Ich packe Umzugskartons, weiß aber immer noch nicht, wo ich wohnen werde, wenn ich aus dem Haus ausziehe. In einem Anfall bitteren Selbstmitleids baue ich mir in dem Gästezimmer im oberen Stock aus einem der Umzugskartons eine Festung und krieche hinein. Darin ist es dunkel. Niemand kann mich hier sehen. *Niemand weiß, wo ich bin. Hier ist es sicher.* Ich rolle mich in meinem Versteck zusammen. Trotz des Fiebers weiß ich, dass das mehr als seltsam ist. *Nein, ich werde nicht verrückt,* versuche ich mich zu beruhigen. *Ich bin krank. Das ist alles.*

17

Hitze

Auf den Regen folgen Hitze und Schlaflosigkeit und endlose weiße Nächte. Um drei Uhr morgens höre ich vor meinem Fenster eine Frau nach »William! William!« rufen, wieder und wieder, in einem rauen, theatralischen Flüstern. Warum genau sie flüstert, ist mir schleierhaft, denn ihr Hämmern an Williams Haustür könnte Tote erwecken. Danach gebe ich den Versuch zu schlafen auf, gehe nach unten, schleiche mich auf Zehenspitzen an dem schlummernden Habicht vorbei, setze mich draußen auf einen umgedrehten Blumentopf und rauche eine Zigarette. Der Himmel ist tiefschwarz, sternenklar; ein Himmel, wie er gegen Ende des Sommers öfter zu sehen ist. In den vergangenen beiden Tagen ist Mabel perfekt geflogen, ohne zu zögern über eine Entfernung von fünfundvierzig Metern direkt auf meine Faust. Alles schien sich nun auf den entscheidenden Moment zuzuspitzen – auf den richtigen Zeitpunkt, auf das Ziel, auf etwas schmerzlich Befürchtetes. Darauf, den Habicht frei zu fliegen, ohne die Lockschnur, ohne dass irgendetwas sie daran hindern könnte, einfach davonzufliegen, außer vielleicht den Verbindungen, die zwischen uns entstanden sind. Greifbare, wenn auch nicht haptische Verbindungen: Gewohnheiten, Hunger, Partnerschaft, Vertrautheit. Das, was die alten Falkner Liebe nannten. Einen Greifvogel frei zu fliegen ist immer mit Ängsten verbunden, denn dabei werden die Verbindungen auf die Probe gestellt. Und es ist noch schwieriger, wenn man das Vertrauen in die Welt verloren hat und das Herz im eigenen Leib zu Asche geworden ist.

Zu einer etwas weniger nachtschlafenden Zeit taumele ich auf der Suche nach Kaffee in die Stadt. Irgendjemand hat den Park nachts verwüstet und die Pflanzen büschelweise aus den Beeten gerissen, wahrscheinlich randalierende Betrunkene; die Lindenbäumchen, die die Wege gesäumt haben, sind alle in der Mitte abgeknickt worden. Ich stehe vor einem Häufchen zertretener und vor sich hin welkender Ringelblumen und frage mich, ob ich sie wohl wieder einpflanzen könnte. Doch die Wurzeln sind trocken, und die Blätter kräuseln sich bereits, also gehe ich weiter und setze mich im nächsten Café mit einer Zeitung und einem Kaffee an einen Tisch am Fenster. In der Zeitung steht ein Artikel über den Klimawandel. Beispiellose Sommerschmelze in der Arktis. Die Nordwestpassage ist eisfrei. Der Permafrostboden taut auf. Ökosysteme brechen zusammen. Furchtbare Nachrichten und extrem wichtig, doch ich bin abgelenkt: Ich muss immer wieder aufsehen, weil sich draußen vor dem Fenster eine Schlange gebildet hat. Nicht wie an einem Kartenschalter oder am Flughafen oder sonst etwas, wofür die Menschen normalerweise anstehen. Eine Frau mit einem perfekt geschnittenen grauen Bubikopf und zusammengepressten Lippen hält krampfhaft einen Hefter mit losen Blättern in der Hand. Der Mann neben ihr ebenfalls. Sie starren ins Nichts, niemand sagt ein Wort. Zuerst nehme ich die Panik unter dem Schweigen nicht wahr, dann ist die Panik alles, was ich wahrnehmen kann. Als Dagmara, die Barista des Cafés, an meinem Tisch vorbeikommt, frage ich sie, ob sie weiß, was passiert ist. Sie zuckt mit den Schultern. »Ich habe auch gerade nachgefragt. Es geht um eine Bank. Die Northern Rock. Die Leute wollen ihr Geld abheben, weil die Bank Pleite macht.« Die Schlange draußen bewegt sich nicht. Irgendwie erinnert sie mich an Mabel, die über ihrer Atzung mantelt. *Meins. Meins meins meins.* Ich habe noch nie einen Bankensturm miterlebt. Gab es das auch jenseits des Wilden Westens und der Geschichtsbücher, die neben pixeligen Schwarz-Weiß-Abbildungen vom Berlin der Weimarer Republik erzählten? Als Studenten hatte man uns glauben machen wollen, diese Zeiten seien vorbei, und wir hatten es geglaubt. Mit dem Fall der Berliner Mauer zerfiel dieser Teil der Geschichte. Nie mehr Kalter Krieg. Überhaupt kein Krieg mehr. Und jetzt das. Wieder zerfiel alles. Ging alles zu Ende. Welten lösten sich auf. Klimasysteme, Bankensysteme, die sorgfältigen Pläne der Stadtgärtner. Familien, Herzen, Leben. Ferne Kriege und kleine abgeknickte Bäume. Da standen sie, die Leute, besitzergreifend, habgierig und maßlos entsetzt darüber, dass ihre Bollwerke gegen den Tod vielleicht verloren waren. Geld. Sicherheit. Knoten und Schnüre. Das Ende der Dinge. Und während ich mit einem fast kalten Kaffee in der Hand in diesem Café sitze, denke ich das erste Mal ernsthaft darüber nach, was ich eigentlich tue. Was ich mit dem Habicht tun werde. Töten. Tod bringen.

Ich war schon mit Greifvögeln auf die Beizjagd gegangen, Jahre bevor ich erstmals mit dem Tod in Berührung gekommen war. Vielleicht war ich damals in jeder Hinsicht ein Kind. Mir wäre nie eingefallen, das, was ich tat, als grausam zu bezeichnen. Ich beobachtete, ich tötete nicht. Wilde Greifvögel jagen nun einmal, und das taten meine auch. Es schien da keinen nennenswerten moralischen Unterschied zu geben. Was mich an der Falknerei faszinierte, waren die Flugkünste der Vögel, nicht der Tod, den sie mit sich brachten. Doch als mein Vogel Beute schlug, freute mich das; einerseits für den Vogel, andererseits aber auch für mich – schließlich lebte ich schon lange in der imaginären Welt der Tweed tragenden viktorianischen Falkner, in der der Tod einfach dazugehörte, allgegenwärtig war und von zeremoniellen Formalitäten begleitet wurde. Als die Männer mit den Habichten damals den toten Fasan in der Tasche verstauten, taten sie das mit einer Selbstverständlichkeit, die auf jahrhundertelange gesellschaftliche Privilegien und sportliches Selbstvertrauen schließen ließ.

Auch das Vokabular aus den Büchern schaffte Distanz zwischen mir und dem Tod. Abgerichtete Greifvögel fingen keine Tiere, sie schlugen *Beute*. Sie fingen *Wild*. Was für ein Wort! *Wild*. Noch immer beobachtete ich die Schlange vor dem Fenster. Ich würde mit meinem Greifvogel auf die Jagd gehen. Natürlich – einen Habicht abzutragen und ihn dann nicht jagen zu lassen ist, wie ein Kind großzuziehen und es nicht spielen zu lassen. Doch das war nicht der Grund, warum ich Mabel brauchte. Für mich war sie etwas Helles, Lebendiges, etwas, das einen sicheren Platz für sich gefunden hatte. Sie sprühte geradezu vor Leben, als sei sie, aus der Ferne betrachtet, von einer wabernden Dampfwolke umgeben, die alles um sie herum leicht vernebelte und sie als Einzige gestochen scharf hervortreten ließ. Sie war das Feuer, das meinen Schmerz wegbrannte. In ihr gab es weder Kummer noch Trauer. Weder Vergangenheit noch Zukunft. Sie lebte allein in der Gegenwart, und das war meine Zuflucht. Auf ihren gebänderten Schwingen floh ich vor dem Tod. Ich hatte jedoch vergessen, dass das Rätsel Tod fest in ihr verankert war und damit auch in mir.

»Er sieht mich immer noch als kaum geduldeten Feind und ich ihn als Gegenwart des Todes«, schrieb White über Gos in sein Tagebuch. »Der Tod wird meine letzte Niederlage sein.«

Durch die Vernachlässigung war Gos wieder zu einem wilden Tier geworden; der Vogel symbolisierte für White den Tod, weil er nicht besiegt werden konnte. Sechs Wochen lang hatte er mit ihm gekämpft wie Jakob mit dem Engel. »Ich habe für diesen Habicht gelebt«, schrieb er voller Verzweiflung. »Ich wurde halb selbst zu einem Vogel und steckte all meine Liebe, meine Interessen und meinen Lebensunterhalt in seine Zukunft, wie ein Mann, der Frau und Kinder zu ernähren hat. Sollte der Habicht sterben, stirbt beinahe alles, was ich gegenwärtig bin, mit ihm. Er hat mich heute wie einen gefährlichen und brutalen Feind behandelt, den er noch nie zuvor gesehen hat.«

Als schließlich der finale Schlag kam, war er möglicherweise simpler Erschöpfung geschuldet. Der Vogel hatte ihn besiegt, er konnte den Kampf gegen ihn nicht länger ertragen. Doch das, glaube ich, ist nur ein Teil der Wahrheit, ein kleiner Teil. Wenn ich an die Tragödie von White und Gos denke, habe ich das Bild eines kleinen Jungen vor Augen, der in Indien vor einer Spielzeugburg aus Holz steht, ein Geschenk seines Vaters. Die Burg ist groß, so groß, dass er hineinklettern kann; sein Vater hat einen echten Pistolenlauf am Wehrgang der Burg angebracht. Damit sollen Salutschüsse zu seinem Geburtstag abgefeuert werden, doch der Junge starrt in Todesangst auf die Waffe. Sein Vater hat ihn gezwungen, sich direkt vor die Burg zu stellen, und nun weiß er, dass er erschossen werden soll. Nichts kann sein Schicksal noch abwenden. Er ist machtlos. Er weint still vor sich hin, untröstlich, denn er weiß, sein Vater wird ihn erschießen, er wird sterben.

Wie muss es sich angefühlt haben, in einer Welt zu leben, in der man weint, weil man glaubt, der eigene Vater wolle einen am Geburtstag erschießen, in einer Welt, in der man geschlagen wird, Tag für Tag und ohne Grund? In einer Welt, in der man einen Brief an die Mutter in Indien schreibt, eine Schulfotografie beilegt und die Mutter zurückschreibt, die Lippen sähen »allmählich sinnlich« aus, und man solle sie besser verbergen, mit den Zähnen einsaugen, falls nötig? Was White in seiner Kindheit an Grausamkeiten und Scham durchgemacht haben muss, ist unvorstellbar; was ich mir hingegen vorstellen kann, ist, dass er die Welt fortan als von Grausamkeit, Diktatoren und Verrückten regiert sah. Dieses hilflose Kind vor der Spielzeugburg hat wahrscheinlich nie aufgehört zu glauben, dass es gleich erschossen werden soll.

Es war nicht nur aus Angst vor dem Erfolg, dass White das Abrichten des Habichts sabotierte. Er handelte auch aus einem Wiederholungszwang heraus; mit dem Begriff bezeichnete Freud das Bedürfnis, schmerzliche Erfahrungen so lange zu reinszenieren, bis man sie bewältigt hat. Im Fall des Habichts bedeutete die Reinszenierung allerdings eine Tragödie. »Er ist bis zum Wahnsinn verängstigt, da auch er wie alle räuberischen Geschöpfe die Angst naturgemäß im Herzen trägt«, schrieb White über Gos. Was hatte er nur getan? Er hatte sich etwas Wildes und Freies, etwas Unschuldiges und Lebendiges genommen und damit gekämpft. Der Preis für diesen Kampf bestand darin, den Vogel zu einem Schatten seiner selbst zu machen, zu einem fügsamen, stumpfen Schatten mit gebrochenen Federn. In einem anderen Schicksal hätte Gos über dunkle Täler voller deutscher Kiefern fliegen, Beute schlagen und in seinem unverdorbenen Wesen schwelgen sollen. White hatte gedacht, den Habicht abrichten zu können, ohne dabei dessen Willen zu brechen. Doch was er schließlich tat, war genau das: seinen Willen brechen, immer und immer wieder. Das Bild von Gos, wie er da in den Ästen hängt, in der Lockschnur verfangen, kraftlos, bewegungsunfähig, hilflos.

Es geschah sicherlich nicht bewusst. Nichts davon geschah bewusst. Dennoch war die Katastrophe unausweichlich. White erkannte, dass der Habicht er selbst war, ein Vogel, der wie er selbst »als Jugendlicher durch jede erdenkliche Ungeschicklichkeit, durch Entbehrungen und Verfolgungen in den Wahnsinn getrieben worden war«. Und er erkannte schließlich auch zu seinem großen Entsetzen, dass er der Verfolger geworden war, egal wie oft er sich einzureden versuchte, es nicht zu sein. Nun war der Habicht das Kind vor der Spielzeugburg. Und er war sein Vater. *Er war sein Vater.* Er war der Diktator, nicht der Vogel. So nahm die große Tragödie ihren Lauf, und der finale Schlag erfolgte – wie immer – aus einem Gefühl heraus.

Tiefe Wolken jagen über die Ridings. Es schüttet. Das Vieh hat unter den Bäumen vor dem Sturm Schutz gesucht, die Flanken der Tiere sind dunkel und nass, ihr Atem dampft in der Luft. White stapft zur Scheune, in der Gos im Schatten auf seinem Sprenkel angebunden ist. Allmählich machen sich Schuldgefühle in ihm breit. Der Vogel hat keine Wahl: Er muss dort sitzen, wo man ihn hingesetzt hat. Er hat keinerlei Freiheit. Und so bringt White noch einen Bogensprenkel vor der Scheunentür an, befestigt das eine Ende einer fünfeinhalb Meter langen Schnur an Gos' Geschühdrahle – die geteerte Schnur ohne Bruchdehnung, die, die schon zweimal gerissen ist, die gefährliche, minderwertige Schnur – und das andere Ende am Sprenkel in der Scheune. Auf diese Weise, denkt White, kann der Habicht hinaus- und wieder hineinfliegen, wann immer er will. Zufrieden mit sich selbst, weil er Gos mehr Freiheit geschenkt hat, kehrt er zum Haus zurück.

Es schüttet unerbittlich weiter. Kein Tag, an dem man versuchen könnte, die Greifvögel mit der Falle zu fangen. Eher ein

Tag, um es sich gemütlich zu machen. Er wird sich mit Gos wieder versöhnen. Er wird mit ihm in der Küche auf und ab gehen, ihn mit Leckerbissen atzen, seine Liebe zurückgewinnen. Gos mag Musik: Er wird ihm Lieder im Radio vorspielen. Doch das Radio geht nicht mehr. Er fährt mit dem Rad zu Tom hinüber und borgt sich sein Telefon aus, um neue Batterien für das Radio zu bestellen. Dann radelt er wieder zurück. Regen und Krähen. Der Mann, der auf dem Fahrrad gegen den böigen Wind ankämpft, beschließt, dass er sich heute um die kleinen Dinge kümmern wird. Die großen sind zu schwierig. Er wird die Holztäfelung im Flur neu streichen und danach vielleicht die Küchentür. Als er mit dem Flur fertig ist, begutachtet er kritisch seine Arbeit. Es sieht gut aus. Also dann ran an die Küchentür. *Die streiche ich blau,* denkt er. Schon sein Vater hatte es gemocht, Dinge in leuchtenden, kontrastierenden Farben anzustreichen. Dieses Laster hat er wohl von ihm geerbt. Er geht in die Scheune, um die Farbe zu holen. Gos flüchtet vor ihm, erst hinauf in die Dachsparren, dann schnurstracks aus der offenen Scheunentür hinaus. Als White die Scheune mit dem Farbtopf in der Hand verlässt, sieht er nach Gos, der auf seinem Bogensprenkel sitzen müsste. Doch der Sprenkel ist leer. Gos ist nicht da. Sein Habicht ist weg. Gos ist verschwunden, und am Boden liegt das ausgefranste Ende der Schnur.

TEIL II

18

Freiflug

Heute Abend. Das Wetter ist perfekt, ebenso wie das Fluggewicht des Habichts. Ich renne im Haus herum, schäume fast über vor freudiger Erwartung und fülle meinen Vormittag mit kleinen, alltäglichen Aufgaben. Ich schrubbe den Schmelz vom Plastiktuch unter dem Sprenkel, pfeife fröhlich vor mich hin, wasche und föhne mir die Haare. Doch in meinem Inneren hört eine unsichtbare Nadel nicht auf, mich unablässig mit kleinen Stichen zu quälen; während sich der Nachmittag dahinzieht, wird die Ordnung des Vormittags wieder zunichtegemacht. Zuerst streite ich mich am Telefon grundlos mit meiner Mutter, dann fahre ich Christina an, wiederum grundlos, die gekommen ist, um den Habicht fliegen zu sehen. Als ich in die Küche gehe, um meine Falknerweste zu holen, höre ich sie etwas von *Stau* murmeln, begreife aber nicht, was sie mir damit sagen will. Ich hätte ihr besser zuhören sollen: Auf der A14 hatte es kurz vor Cambridge einen furchtbaren Unfall gegeben. Stuart war in dem Stau, der sich danach gebildet hatte, gestrandet; er steckte mit seinem Land Rover unter einem Autobahnpfeiler fest, über ihm dröhnten Rettungshubschrauber durch dichte Rauchwolken. Er hatte mich angerufen, um mir mitzuteilen, dass er sich wegen des Unfalls verspätete, ansonsten blieb es bei unseren Plänen. »Ich fahre jetzt zum Hügel. Kommst du auch?«

»Ja«, erwiderte ich. »Wir treffen uns dort in ungefähr zwanzig Minuten.«

Der Unfall war jedoch so schlimm gewesen, dass nicht nur die Hauptstraße, sondern auch die umliegenden Nebenstraßen völlig dicht waren. Der gesamte Feierabendverkehr von Cambridgeshire musste sich durch das Nadelöhr der Innenstadt von Cambridge quälen. Vierzig Minuten später sind Christina und ich gerade einmal vierhundert Meter weit gekommen; ich zittere vor Wut. Die arme Christina sitzt schweigend auf dem Rücksitz, Mabel schlägt wild mit den Flügeln. Gleich explodiere ich. Mabel schlägt wieder mit den Flügeln. Ich schreie sie an. Sie weiß zwar nicht, dass das Geräusch ihr gilt, aber ich hasse mich trotzdem dafür, sie angeschrien zu haben; nun kommt dieses Schuldgefühl zu all den anderen Schuldgefühlen und die wiederum zu dem Wissen, dass ein Unfall, der einen solchen Stau auslöst, wirklich entsetzlich gewesen sein muss. Die Luft im Auto wird fest wie Glas. Ich atme tief ein und aus und starre aus dem Fenster. Ein wunderschöner Abend. Das macht alles nur noch schlimmer. Ich beobachte die Stare, die über das Einkaufszentrum gleiten, die untergehende, immer tiefer sinkende Sonne, an deren Rändern sich die weiche Abendluft kräuselt wie das Brustgefieder einer Ringeltaube, in zarten Grau- und Rosatönen. Ich schalte die Verkehrsmeldungen im Radio ein. Schalte das Radio wieder aus. Mabel schlägt erneut mit den Flügeln, sie ist das Anfahren und Bremsen, die Pausen ohne Motorgeräusch nicht gewohnt. Jedes Flügelschlagen ist eine neue Zerreißprobe für meine Nerven. Ich rufe Stuart an. Er wartet auf uns. Ich koche. Das Auto bewegt sich zentimeterweise vorwärts. Ich schaue auf das Armaturenbrett: Jetzt geht mir auch noch das Benzin aus, was den dahintickenden Minuten eine völlig neue, lustige Dimension verleiht.

Als wir endlich ankommen, bin ich praktisch nicht mehr ansprechbar. Stuart hat seinen Land Rover ganz oben auf dem Hügel abgestellt. Wir gehen hinauf. Es wird bereits dunkel. In den drei Minuten, die wir für den Weg nach oben brauchen, sieht Mabel so fluglustig aus, dass ich mich etwas entspanne. Doch ein Blick auf den Nylondrachen, den Stuart mitgebracht hat, um mit seinem Falken das punkthohe Aufsteigen zu üben, genügt, und sie schlägt wieder panisch mit den Flügeln. Sie blickt auf das dreieckige Ding in schreienden Primärfarben, dann auf mich, dann springt sie mir von der Faust. *Flügelschlagen. Flügelschlagen. Flügelschlagen.*

Stuart überredet mich, nicht sofort umzukehren. »Wir suchen ihr etwas, auf das wir sie fliegen können«, schlägt er vor. »Du wirst sehen, sie wird ruhiger.« Das wird sie tatsächlich. Ich auch. Ich versuche, meine Schulter- und Nackenmuskeln zu entspannen, und atme tief die kühle Abendluft ein. Ich bin gestresst; normalerweise fliege ich Greifvögel so nicht das erste Mal frei. Normalerweise würde ich sie an der Lockschnur auf die Faust rufen; dann würde ich die Lockschnur lösen und sie ein-, zweimal ohne die Schnur fliegen lassen. Erst danach würde ich sie auf Beute fliegen lassen. Doch ich füge mich Stuarts Erfahrung: Er kennt sich aus mit Habichten und hat das schon viele Male zuvor gemacht.

Die Minuten vergehen. Allmählich bricht die Abenddämmerung herein. Der Horizont ist rauchfarben. Der Himmel sieht wie eine Schale mit japanischer Gelatine aus, in der schräg eine gelbliche Mondsichel hängt. Verschwommenes Abendlicht. Fledermäuse huschen über uns hinweg. Die Bäume hüllen sich in Dunkelheit. Ich spüre Mabels Drahle und Langfessel in meiner Westentasche; ihre üblichen Geschühriemen habe ich gegen dünnere Flugriemen ausgetauscht, die sich nicht so leicht in

Ästen und Zweigen verfangen können. Die Enden der Flugriemen halte ich krampfhaft zwischen meinen behandschuhten
Fingern. Stuart hat mich zu einem Stück unebenem Boden in
unmittelbarer Nähe eines kleinen Wäldchens geschickt. Der
Boden ist mit Disteln und ausgetrockneten Fruchtständen übersät. Ich bringe vor Anspannung kein Wort heraus und habe das
Gefühl, einen großen Fehler zu machen, kann ihn aber gleichzeitig nicht verhindern. Es ist fast dunkel. Was zum Teufel
mache ich hier?

Mabels Pupillen sind riesig, ihre Augen fast schwarz. Das
ist doch Wahnsinn. Ich will nach Hause. *Ich will nach Hause!*
Jetzt kommt Stuart auf mich zu: Er schlägt mit einem Stock
auf die Disteln und Gräser, um Kaninchen oder Fasane, die sich
möglicherweise darin verstecken, in unsere Richtung zu treiben, damit Mabel sie sehen kann. *Das ist lächerlich. Ich will nicht
hier sein und habe keine Ahnung, warum ich den Zirkus mitmache.
Ich sollte den Habicht nicht losmachen. Ich sollte einfach ...* Irgendetwas hinter und rechts von uns bewegt sich, Mabel sieht etwas
fliehen und balliert. *Oh!* Ich lasse die Flugriemen los. Und
wünsche mir augenblicklich, ich hätte es nicht getan. Denn
plötzlich ist mein Habicht frei. Mit ein paar Flügelschlägen
taucht sie dorthin ab, wo sich eben noch etwas bewegt hat, das
jetzt nicht mehr da ist, dann dreht sie Kreise; sie segelt wie ein
Nachtfalter, ein riesiger Schwärmer, eine Habichtmotte. Sie gewinnt an Höhe. Es ist so furchtbar still in der hereinbrechenden
Dunkelheit. Ich sehe, wie sie den Kopf wendet, um zu mir zu-
rückzublicken, wie sie die Schwanzfedern ausbreitet und beugt,
um zu wenden. Ich bin in einer Art Dämmerzustand. Ich kann
den Abstand zwischen mir und dem Habicht wie eine Wunde
spüren. Sie dreht immer noch Kreise, sieht mich an und scheint
unsicher, ob sie zu mir zurückkehren soll oder nicht. Dort

steht Stuart. Da Christina. Und ich stehe hier und pfeife und rufe meinen Habicht zurück auf die Faust. Die Dunkelheit, das Kreisen, die Unklarheit – all das ist neu und aufregend für sie. Sie überlegt, was zu tun ist. Das unbekannte Terrain. Der Einfallswinkel zwischen hier oben und dort unten, wo Helens Faust und Herz warten.

Schließlich landet sie mit dem Rücken zu mir auf der Spitze einer jungen Buche, die sich unter dem Gewicht des Habichts gefährlich nach unten neigt. Ich sehe nur Mabels Umrisse, die Kanten und Schultern, die Verwirrung, die sie völlig im Griff hat. Ich rufe sie. Sie verlässt ihren unsicheren Sitzplatz und fliegt auf meine ausgestreckte Faust zu. Doch all das ist einfach zu verwirrend, und so prallt sie vom Handschuh, den sie nur streift, ab und dreht wieder Kreise. Dieses Mal landet sie tiefer im Wald, wendet mir aber glücklicherweise nicht den Rücken zu. Durch das dunkle, dichte Blattwerk mache ich ihre gelbe Nase aus und ahne ihr habichtartiges Kauern. Ich weiß, dass sie mich ansieht. Ich hebe die Faust und bestücke sie mit einem, mit zwei, mit drei Eintagsküken. Ich pfeife. Rufe. »Na komm, Mabel!« Schlage lebhaft mit der rechten Hand auf die behandschuhte Linke.

Plötzlich verdichtet sich die Raum-Zeit zu direkten Relationen. Trigonometrie. Zum Habichtgleitflug auf meine Faust und zur Habichtabsicht, die, da bin ich mir sicher, ebenfalls in mathematischen Ableitungen dargestellt werden kann. Zu meinem heftig schlagenden, ängstlichen Herzen. Zu meiner Seele, die sich anfühlt wie vier Grad kaltes Wasser, die schwerer als Eis auf den Grund des Ozeans sinkt.

Dann ist Mabel wieder auf der Faust, und ich kann nicht glauben, dass ich sie nicht verloren habe. Ich komme mir vor wie White: wie ein Narr, wie ein blutiger Anfänger. Wie ein

Idiot. »Halb so wild«, sagt Stuart. Er weiß, wie ich mich fühle.
Ich kann ihn in der Dunkelheit grinsen sehen. »Sie war zu
hoch, und es ist fast dunkel. Aber sie ist wieder da, stimmt's?
Immer eine gute Bilanz am Ende des Tages.« Ich kann kaum
sprechen. Krächze eine Antwort. Auf dem Weg zurück zum
Auto rauscht mir das Adrenalin in den Adern, und ich weiß bis
heute nicht, wie ich es geschafft habe, nach Hause zu fahren.

Es ist dunkel, und die Luft ist feucht. White ist bis auf die Haut
durchnässt. Nirgends eine Spur von Gos. Er befestigt überall
dort kleine Stücke Kaninchenfleisch, wo der Habicht schon ge-
wesen ist. Sie sind wie Gebetsfahnen, zerfledderte Stoffstreifen,
von Heiden an winterliche Äste und Zweige gebunden. Seine
Hände setzen sich gespenstisch weiß gegen das leuchtende
Grün der vom Wind gefärbten Eichenrinde ab. Ihm geht das
Kaninchenfleisch aus. Jetzt hat er keinen Köder mehr. Kein
Fleisch mehr, nur noch Leber. Er will Mrs Wheeler bitten, ihm
etwas Steak aus Buckingham mitzubringen. Vor der Tür ihres
Hauses hält er inne. »Hassende Saatkrähen oder eine einzelne
Krähe auf dem abgestorbenen Ast eines Baums, die krächzt
oder unruhig hin und her tippelt, sind ein beinahe untrügliches
Anzeichen dafür, dass der verstoßene Vogel in der Nähe ist«,
hat er bei Blaine gelesen. Nichts. Dann ein Krächzen, das sehr
laut wiederholt wird. *Da.* Ein paar Hundert Meter entfernt um-
kreist eine Krähe einen Baumwipfel und hasst auf den Vogel
unter sich. Auf dem obersten Ast sitzt Gos, der aus dieser Entfernung winzig wirkt, und wehrt sich mit den vertraut hochgezogenen Schultern gegen den Sturm. White rennt auf ihn
zu und winkt unter dem Baum mit einem Stück Leber und
einem Taschentuch als Köder, während sich der Regen auf die
endlosen Felder ergießt. Er fällt auf die Lichtungen, die Wege,

die Tempel und Obelisken von Stowe, während Gos dasitzt, herrisch, unentschlossen und fürchterlich nass, denn Whites konstantes Streicheln hat ihm die wasserabweisende Ölschicht von den Federn gewischt. Wütend fährt der Sturm in die Äste und Zweige des Baums. Nicht gerade ein gemütlicher Sitzplatz. Ganz und gar nicht gemütlich. Gos breitet die Schwingen aus, um zu dem Mann mit dem Futter zu fliegen. Er verlässt den Baum, wendet und gleitet hinunter. Whites Herz rast. Der Habicht kommt näher. Doch plötzlich fährt ihm der Wind unter die Flügel, und der ungeübte Vogel, der nicht weiß, wie man in einem Sturm wie diesem fliegt, wird unter Wind gezogen und ist verschwunden.

Zu einer bestimmten Zeit im Leben erwarten wir, dass die Welt ständig voll von Neuem ist. Dann kommt der Tag, an dem uns bewusst wird, dass das nicht der Fall sein wird. Wir erkennen, dass sich das Leben aus Löchern zusammensetzt. Aus Dingen, die fehlen. Aus Verlusten. Dinge, die einmal da waren und nun nicht mehr da sind. Und wir erkennen, dass wir um diese Lücken herum und zwischen sie hineinwachsen müssen, obwohl wir die Hand ausstrecken und dort, wo die Dinge waren, den öden Raum fühlen können, wo jetzt die Erinnerungen sind.

Ich hatte eine glückliche Kindheit. Bis zu dem Tag, an dem ich den Fasan in der winterlichen Hecke sterben sah, kannte ich den Tod nur aus Büchern – vor allem aus einem Buch. Nun schaute ich auf ein ganzes Regal mit solchen Büchern. Ich hatte das Auto morgens mit Bücherkisten vollgepackt, Mabel in ihre Transportkiste gesetzt und war zum Haus meiner Eltern gefahren, um das Wochenende dort zu verbringen. *Das Haus meiner Eltern*. Eigentlich war es jetzt das Haus meiner Mutter. Ich war zu ihr gefahren, weil ich mich auf einen Umzug vorbereitete.

Ein Freund hatte mir sein Haus angeboten, da er mit seiner Familie für ein paar Monate nach China ging; ich war ihm unendlich dankbar dafür, wenngleich ich die Aussicht, mein geliebtes College-Haus aufgeben zu müssen, furchtbar fand. Ich stapelte die Bücherkisten in der Garage und setzte mich zu meiner Mutter in die Küche, während Mabel draußen auf dem Rasen badete, sich putzte und die Sonne genoss. Wir tranken Tee, tauschten Erinnerungen aus, sprachen über Dad und vergangene Zeiten. Wir lachten viel. Es tat so gut, meine Mutter zu sehen. Aber es war auch nicht einfach für mich, dort zu sein. Wir saßen auf Stühlen, auf denen Dad sitzen sollte, tranken aus Tassen, aus denen er getrunken hatte, und als ich seine saubere Schrift auf einem kleinen Zettel an der Terrassentür bemerkte, wurde es mir zu viel. Viel zu viel. Ich lief in mein altes Zimmer, setzte mich auf mein ehemaliges Kinderbett und zog die Knie an die Brust, in der der Schmerz sich wand wie ein Wesen mit unzähligen winzigen Zähnen und Klauen.

Ich sah auf das oberste meiner alten Bücherregale, wo die seit Jahren ungelesenen Tierbücher meiner Kindheit verstaubten. Ich hatte diese Bücher geliebt, in ihnen ging es um Wildheit, Flucht und Abenteuer. Aber ich hatte sie auch gehasst, denn es gab darin nie ein Happy End. Tarka, der Otter, wird von Hunden getötet. Die Falken sterben an Pestizidvergiftung. Der Otter in *Im Spiel der hellen Wasser* wird von einem Mann mit einem Spaten erschlagen. *Gabilan,* dem roten Pony, hacken Geier die Augen aus. Das Rehkitz in *Frühling des Lebens* wird erschossen, der Hund in *Old Yeller* stirbt. Ebenso wie die Spinne in *Wilbur und Charlotte* und mein Lieblingskaninchen in *Unten am Fluss.* Ich weiß noch genau, wie meine Angst wuchs, als ich nur noch wenige Seiten bis zum Ende eines neuen Tierromans zu lesen hatte. Ich wusste, was geschehen würde. Denn es geschah jedes Mal. Und so war auch das achtjährige Mädchen, das *The Goshawk* las, nicht überrascht, dass Gos' Langfessel riss und der Habicht in Wind und Regen verschwand. Ich trug es mit trauriger Resignation. Schrecklich war es trotzdem.

Aber ich hatte damals noch nicht selbst einen Habicht abgetragen und wusste auch noch nicht, was Verlust bedeutet. Ich wusste nicht, was White fühlte. Jetzt schon. Ich saß auf dem Bett und spürte den Verlust wie einen Berg auf meiner Brust lasten. Nun konnte ich es nachfühlen, wusste das erste Mal, wie sich diese riesige Leere, die in seinem Herzen verschlossen war, anfühlte. »Ich kann mich nicht daran erinnern, dass mein Herz zu irgendeiner bestimmten Zeit zu schlagen aufhörte«, schrieb er in sein Tagebuch. »Der Schicksalsschlag war so gewaltig, so endgültig nach sechs Wochen unbeirrbaren Glaubens, dass er mich jenseits der bewussten Wahrnehmung traf. So muss sich der Tod anfühlen: zu groß, um sehr wehzutun oder einen auch nur zu erschrecken.«

Sein Herz ist gebrochen. Die Taube in seiner Hand ist starr vor Furcht; sie hat sich von einem Vogel in ein Ding aus Eisen und Federn verwandelt. Ihre roten Augen sind leer, der kleine Schnabel hechelt. Er wappnet sich und wirft die Taube hoch in die Luft, in Richtung des Greifvogels im Baum. Die Taube, die er eigentlich gekauft hat, um die Vögel in seiner Falle im Wald zu fangen – welch eine Ironie! –, steigt auf und zieht die Lockschnur hinter sich her. Gos beugt sich wie ein riesiger Raubschmetterling über sie, wendet sich dann jedoch ab und fliegt in den nächsten Baum. White bringt die Taube zu Boden, hebt sie auf, geht zum nächsten Baum und wirft sie wieder in die Luft. Er fischt mit ihr nach Gos, wie ein Fischer Köder auswirft, um Hechte zu angeln. Das tut er nun schon seit geraumer Zeit, und jedes Mal nähert sich der Habicht der Taube und Whites wartenden Händen. Er beugt sich wieder nach unten, um die Taube aufzuheben, die jetzt erschöpft die Flügel ausgebreitet hat und deren Schwungfedern so nass sind, dass sie wie ausgefaserte Stifte aussehen. Er weiß, dass dieser zu Tode geängstigte Vogel kaum mehr fliegen kann. Er weiß, dass der Habicht die Taube das nächste Mal fangen wird. Nur noch ein Mal. Aber er bringt es nicht übers Herz. Er *kennt* diese Taube. Er hat sie gezähmt. Sie hatte ganz ruhig auf seinem Finger gesessen. Sie war sein Freund. Seine Welt liegt in Scherben – er ist im Begriff, sein *Wort* zu brechen. Das hier ist nackte Grausamkeit. Er kann das nicht mehr. Ihm fällt eine Passage aus Blaines Buch ein, in der es darum geht, Greifvögel zu fangen, während sie schlafen; dann presst er die durchnässte Taube an seine Brust und überlässt Gos seinem nächtlichen Schicksal. Später kehrt er mit einer Leiter, einem Seil, einer Taschenlampe und der Lachsangel zurück, mit der er Gos schon einmal vom Baum geholt hat. Er steht am Fuß des Baums und wagt kaum, auf Erfolg zu hoffen, als Graham Wheeler angerannt kommt. Gos erschreckt sich und verschwindet vom Baum in die Dunkelheit.

Tagelang läuft er die Ridings ab. Manchmal sieht er Gos in der Ferne, wie er in immer weiteren Kreisen über die Baumwipfel gleitet. Noch immer ist seine Seele mit dem Habicht verwoben. Er sieht, dass Gos glücklich ist. *Er verdient es, frei zu sein,* denkt White und wünscht ihm für sein Leben in Freiheit von Herzen alles Gute. Doch er weiß genau, dass der Tod auf Gos wartet: Die Geschührienen und die Drahle, die fluchbeladenen Requisiten seiner Unterwerfung, werden sich im Geäst verfangen, und dann wird der Habicht kämpfen, dort hängen, verhungern und sterben. Sollte es die Absicht des Schicksals sein, den Habicht in seine Obhut zurückzuführen, dann, so schwört er, wird er ihn anders behandeln: als Partner, nicht als Sklaven. Die Reue ist bitter und tief. Er ist einsam ohne Gos. Und er erinnert sich falsch an Blake: *Liebe will nur ihr eigen Begehr, Und bind't den andern an ihr Sein, Freut sich, bringt sie ihm Beschwer, Und baut eine Hölle in den Himmel hinein.*

Am späteren Nachmittag ging ich mit Mabel zu einem Bauernhof in der Nähe unseres Hauses. Vor Jahren hatte man mir die Erlaubnis erteilt, mit meinen Greifvögeln hier auf die Beizjagd zu gehen. Hatte ich die Erlaubnis immer noch? Wahrscheinlich nicht. Aber das war mir egal. Der Gedanke, dass ich etwas Heimliches, Verbotenes und leicht Kriminelles tat, gefiel mir. Ich suchte mit dem Fernglas die Felder ab. Kein Traktor, keine Farmarbeiter. Keine Spaziergänger, die mit ihren Hunden Gassi gingen. Keiner, der einfach nur die Abendluft genießen wollte. Also schlichen wir los, Mabel und ich, in Richtung des oberen Walds, wo früher immer Kaninchen gewesen waren. Schlichen um ein Schwarzdorndickicht herum. Da. In knapp dreißig Meter Entfernung, kurz vor dem Waldrand: drei Kaninchensilhouetten, die langen Ohren von der Sonne rosa angestrahlt, am Gras knabbernd. Und gleich daneben ein Fasanenhahn, der gemächlich an ihnen vorbeistolzierte.

Die Trauer hatte mich veranlasst, den Habicht zu fliegen, doch nun war die Trauer verschwunden. Alles war verschwunden, alles außer dieser ruhigen Waldszene. Über die ich Chaos und Tod bringen wollte. Ich ging langsam am Waldrand entlang, duckte mich, hielt den Atem an. Meiner Aufmerksamkeit entging auch nicht das winzigste Detail. Ich war nur noch Augen und Wille. Mabel hatte die Flügel gespreizt; ihr Kopf fuhr wie der einer Schlange hin und her, ihre Augen glühten. Es fühlte sich an, als hätte ich den Bastardsprössling einer lodernden Fackel und eines Sturmgewehrs auf der Faust. Unter meinen Füßen weiches Gras, die rechte Hand hatte ich ausgestreckt, um das Gleichgewicht zu halten. So schlichen wir zur letzten Ecke des Wäldchens. Und dann streckte ich ganz langsam die behandschuhte linke Faust aus dem schützenden Gebüsch.

Der Habicht verließ die Faust mit dem Rückstoß einer Waffe Kaliber .303. Nun trat auch ich aus dem Gebüsch, um zu sehen, was geschah. Was geschah, war eine Kettenreaktion, deren Ereignisse so schnell aufeinanderfolgten wie die Bilder in einem Daumenkino. *Bild eins:* Habicht verlässt die Faust als Explosion von Bänderungen, Flügeln und Klauen. *Bild zwei:* Habicht nah am Boden, Gras streift über ihre Brust. Schokoladenbraune Schwingen mit kräftigem Schlag, buckliger Rumpf. *Bild drei:* flüchtende Kaninchen. *Bild vier:* Fasanenhahn, der sich geduckt an den sicheren Waldrand rettet.

Der Fasanenhahn dachte zumindest, dass der Waldrand sicher wäre. Sekundenbruchteil, unheilverkündende Umprogrammierung im taktischen Computer des Greifvogels. Mabel schwenkte steinschleuderartig herum, sie sog den Andruck wie ein Schwamm auf. Schloss die Flügel und war plötzlich weg. Vom schwarzen Loch des Waldes verschluckt, unter einem niedrigen Lärchenast verschwunden. Plötzlich war alles weg: Kaninchen, Fasanenhahn, Habicht. Nur das schwarze Loch am Waldrand war noch da. Es war sehr still geworden, abgesehen vom *Coc-coc-coc* eines verängstigten Fasans in der Ferne.

Ich rannte in den Wald und begann zu frösteln. Wir waren an einem sonnigen, leicht diesigen Herbstabend hierhergekommen; flauschiges Gras, Große Ochsenaugen, behagliches, anheimelndes Licht. Im Wald fiel die Temperatur schlagartig um mehrere Grad, und es war um einige Schattierungen dunk-

ler. Nein – es war dunkel. Und es war kalt. Draußen: spätsom-
merlicher Abend in England. Hier drinnen: Norwegen. Es hätte
mich nicht gewundert, wären plötzlich Schneeflocken durch
die Nadelbäume gerieselt. Ich blieb stehen, etwas ratlos. Schaute
mich um. Nichts. Kein Habicht. Was sollte ich jetzt tun?

Ich bewegte mich nicht und lauschte. Versuchte angestrengt, durch die Dunkelheit hindurch etwas zu hören. So angestrengt, dass sich die Luft in ihre Bestandteile zerlegte: Der
Schall war kein Schall mehr, sondern Druckwellen, die sich
durch Trillionen von Luftmolekülen fortsetzten. Doch es gab
gar keinen Schall, keinerlei Geräusch. Nur eine tote, gedämpfte
Stille zwischen den Lärchenstämmen. Doch plötzlich hörte ich
zu meiner Linken – weit zu meiner Linken – ein Rascheln,
knackende Zweige und das unverwechselbare Geräusch der
Bell. Blindlings kämpfte ich mich durchs Unterholz. Ich dachte,
ich hätte auch ein Quieken gehört – vielleicht hatte Mabel ein
Kaninchen gefangen. Dann war es wieder still; nur noch mein
keuchender Atem und mein blindes Gerangel mit den Ästen
eines umgestürzten Baums, der mich daran hindern wollte, zu
meinem Habicht zu gelangen.

Ich sah sie, bevor ich sie hörte. Sie kam aus einem Dorn-
buschgestrüpp über einem riesigen Kaninchenbau direkt auf
meine Faust geschossen. Alles außer Mabels gelblicher Wachshaut und ihren Füßen war schwarz-weiß. Schwarzdorn,
schwarze Lärchennadeln, das weiße Brustgefieder des Habichts,
die schwarzen Tropfen auf der Brust, schwarze Klauen. Schwarze
Nase. Weiße Kalkspuren, wo die Kaninchen gegraben hatten.
Als sie wieder auf meiner Faust stand, hatte sie weißen Kalk-
schlamm an den Zehen. Sie bedeckte meinen Handschuh
damit, während sie kröpfte; kleine weiße Zeichen, wie die
Buchstaben halb vergessener Worte, die sie auf den Handschuh

schrieb und auslöschte, bevor sie das Ausgelöschte wieder überschrieb.

Es war schon lange her, seit ich das letzte Mal mit einem Greifvogel auf die Jagd gegangen war, aber ich hatte es ganz anders in Erinnerung. Ich war mir sicher, dass es so niemals gewesen war. Am meisten erstaunten mich die radikalen Veränderungen in der Wahrnehmung: Wie sich die Welt plötzlich in nichts auflöste und trotzdem so real und greifbar war, dass es fast wehtat. Wie sich jede Sekunde, die verging, verlangsamte und dehnte und uns so aus der Zeit warf. Denn als ich aus dem Wald wieder auf die Straße trat und nach Hause gehen wollte, stand die Sonne schon viel zu tief am Horizont. Wir waren nur eine Stunde draußen gewesen, aber es hatte sich angefühlt wie Jahre.

Der Falkner und Naturwissenschaftsprofessor Tom Cade hat die Falknerei einmal als »hochintensive Vogelbeobachtung« bezeichnet. Mir gefiel die Formulierung, und ich dachte damals auch, dass sie stimmt. Heute denke ich anders. Was ich gerade getan hatte, hatte mit Vogelbeobachtung nicht das Geringste zu tun. Es war eher wie Zocken, abgesehen davon, dass die Einsätze um ein Vielfaches blutiger waren. Im Grunde war es ein gewollter Kontrollverlust. Du steckst dein Herz, dein Können, deine ganze Seele in eine Sache – in das Abtragen eines Greifvogels, in das Erlernen der Tricks und Kniffe beim Spielen – und gibst dann die Kontrolle darüber auf. Denn das ist es: Rollen die Würfel, rennt das Pferd, hat der Vogel die Faust verlassen, legst du dein Schicksal in die Hand des Glücks und hast keinerlei Einfluss mehr auf den Ausgang der Sache. Und doch sagt dir all das, was du bis zu diesem Augenblick getan hast, dass das Glück auf deiner Seite sein wird. Der Vogel wird Beute schlagen, die Karten sind perfekt gemischt, das Pferd wird als

Erstes im Ziel sein. Dieser kleine Ort der Ungewissheit ist ein seltsamer Ort. Du fühlst dich sicher, gerade weil du dich komplett ausgeliefert hast. Es ist wie ein Rausch, in dem du dich verlierst. Und du willst ihn wieder und wieder erleben. Deshalb ist es so verlockend, sich Drogen oder dem Spiel oder dem Alkohol hinzugeben, wenn man hilflos ist vor lauter Schmerz und Trauer; sich Süchten hinzugeben, die die geschundene Seele wie einen Hund an die Leine nehmen. Ich hatte meine ganz persönliche Sucht an diesem Abend mit Mabel gefunden. In gewisser Weise wäre es nicht weniger zerstörerisch gewesen, sich einen Schuss Heroin zu setzen. Ich war an einen Ort geflohen, von dem ich niemals mehr zurückkehren wollte.

19

Auslöschung

Falkner sagen bei einem Greifvogel, der in Jagdstimmung ist, der Vogel sei in *Yarak*. Oft heißt es, das Wort stamme vom persischen *yaraki* ab, was so viel wie Macht, Kraft, Stärke oder Tapferkeit bedeutet. Erst viel später fand ich amüsiert heraus, dass es das Wort im Türkischen heute noch gibt: Dort ist es zum einen die Bezeichnung für eine altertümliche Waffe und zum anderen ein Slangausdruck für Penis. Machen wir uns nichts vor: Die Falknerei ist und bleibt ein Spiel für Jungs. Ich bin mittlerweile wieder in Cambridge, und während ich Mabel Tag für Tag den Kiesweg auf den Hügel hinauftrage, beobachte ich sie dabei, wie sie in Yarak kommt. Es ist verstörend: als würde ganz allmählich ein Dämon von ihr Besitz ergreifen. Sie stellt den Scheitel auf, lehnt sich nach hinten, plustert das Bauchgefieder auf, lässt die Schultern sinken und treibt mir die Klauen in den Handschuh. Sie wechselt von *Alles macht mir Angst* zu *Ich sehe alles; all das und noch mehr gehört mir*.

In diesem Zustand ist sie ein Hochspannungshabicht mit mörderischen Absichten und so aufgedreht, dass sie bei allem, was sich bewegt, balliert – auch bei Dingen, die sie nie und nimmer fangen könnte: Lerchenscharen, weit entfernte Tauben, einmal sogar ein Kater auf einem Bauernhof. Dann halte ich ihre Geschühriemen ganz fest und lasse sie nicht los. Nur wenn eine Fasanenhenne vor unseren Füßen aus der Deckung geht.

Mit Feuereifer jagt sie ihr nach, doch die Henne hat zu viel Vorsprung; nach knapp fünfzig Metern wird Mabel langsamer, wendet und kehrt zu mir zurück. Sie gleitet über eine Eschenhecke und landet sanft auf meiner Faust. Ein anderes Mal rauscht sie einen Hügel hinunter, einem Kaninchen dicht auf den Fersen, und hat es schon fast erwischt, da bleibt das Kaninchen wie angewurzelt stehen. Sie kann nicht mehr bremsen und kracht in den Boden; das Kaninchen schlägt einen Haken, macht kehrt und rennt den Hügel hinauf in die Sicherheit seines Baus. Mabel schwingt sich wieder in die Luft, um erneut die Verfolgung aufzunehmen, doch das Kaninchen ist weg. Verwirrt und niedergeschlagen landet sie auf dem grasbedeckten Boden.

Auch ich bin niedergeschlagen. Nicht, weil auch ich blutdurstig wäre, sondern weil ich nicht will, dass Mabel entmutigt wird. In der freien Natur sitzen junge Habichte stundenlang versteckt in Bäumen und warten darauf, dass sich eine günstige Gelegenheit bietet: eine junge Krähe, ein Kaninchenjunges. Doch wir haben bereits September – die leichte Beute ist ausgewachsen. Außerdem haben die meisten Habichtler einen Hund, der ihnen beim Aufspüren des Wildes hilft, oder ein Frettchen, das Kaninchen aus ihrem Bau treibt; ich habe weder das eine noch das andere. Ich kann nur mit Mabel spazieren gehen und darauf hoffen, dass wir etwas finden, das sie jagen kann. Dabei bin ich eher eine Bürde, denn Mabels Sinne sind viel besser ausgeprägt als meine. Gerade gehen wir an einer Abflussrinne unter einer Hecke vorbei, wo es Kaninchen und Ratten und Gott weiß was alles gibt und die voller Brombeersträucher und Gestrüpp und Gemeiner Rosengallwespen ist, die mit ihren grünen, rosafarbenen und karmesinroten Härchen wie exotische Früchte aussehen. Mabel will von meiner Faust ins Unterholz abtauchen, doch da ich nicht weiß, dass sie etwas gesehen hat, lasse ich sie nicht los. Dann verfluche ich meine erbärmlich schlechten menschlichen Sinne. Natürlich war da was. Eine Maus? Ein Fasan? Ein Kaninchen? Ich stochere mit einem Stock in der Rinne herum. Nichts. Zu spät; was auch immer da war, hat längst die Flucht ergriffen. Wir gehen weiter. Nun sieht Mabel gar nicht mehr jagdlustig aus, sondern ernstlich verstimmt. *Wie zum Teufel,* denkt sie wahrscheinlich, *soll ich mit dieser Idiotin im Schlepptau irgendetwas fangen?*

Erschöpft kehre ich von unserem letzten Jagdausflug zurück – ein höllischer, entnervender Nachmittag, windig und in jeder Hinsicht ungemütlich. Ich hatte mich mit Stuart und Mandy auf dem Hügel getroffen. »Ich lasse die Hunde suchen«, hatte Stuart mir angeboten. »Die finden sicherlich was für sie.« Doch Mabel war schlecht gelaunt. Sie sprang ständig ab, schimpfte und starrte zornig vor sich hin. Sie hasste die Hunde, sie hasste einfach alles. Ich auch. Ich ließ sie kröpfen und fuhr mit ihr wieder nach Hause. Dann durchwühlte ich meinen Kleiderschrank, um mich in einen fröhlichen, zivilisierten Menschen zu verwandeln, der in Ausstellungen geht und dergleichen Dinge tut. Ich kämme mir die Kletten aus den Haaren, wasche mir das Gesicht, schlüpfe in einen Rock, streife die Ärmel eines Kaschmirpullovers bis zu den Ellbogen hoch und schminke mir einen schwarzen Lidstrich. Grundierung. Mascara. Versiegle meine rissigen Lippen mit einem Fettstift. Zum Schluss ziehe ich noch ein Paar glänzende Stiefel an, deren Absätze mich ernsthaft zweifeln lassen, ob ich darin rennen kann – Rennen scheint derzeit lebenswichtig für mich zu sein –, und prüfe das Gesamtergebnis im Spiegel. Eine ziemlich gute Verkleidung. Ich bin zufrieden, wie überzeugend ich darin aussehe. Aber es ist schon spät, ich muss mich beeilen. In zwanzig Minuten beginnt die Vernissage. Ich habe mich bereit erklärt, in ein paar Wochen einen Vortrag darüber zu halten, und muss mir die blöde Ausstellung vorher natürlich erst einmal ansehen. Schon im Auto kämpfe ich mit dem Schlaf, und als ich schließlich in der Galerie ankomme, kann ich mich kaum mehr auf den Beinen halten.

Ich habe einen Raum voller Gemälde und Skulpturen erwartet. Doch als ich die Tür öffne, bietet sich mir etwas so Unerwartetes, dass mein Gehirn Rad schlägt: ein lebensgroßer Vogelbeobachtungsturm aus grob behauenem Kiefernholz, laut einem Schild die exakte Kopie des echten Turms in Kalifornien. Der Anblick ist ungeheuer befremdlich – etwa so, als würde man die Tür eines Kühlschranks öffnen und ein Haus darin vorfinden. Im Inneren des Turms ist es dunkel, Menschen drängeln sich darin. Sie verrenken sich den Hals, um aus einem Fenster in einer Wand schauen zu können. Ich schaue ebenfalls aus dem Fenster. *Oh!* Ich begreife den Trick. Ein netter Trick. Der Künstler hat den Ausblick aus dem echten Turm gefilmt und auf eine Leinwand vor dem Fenster projiziert. Der Film zeigt einen Kalifornischen Kondor in der Luft, einen riesigen, staubig-schwarzen, aasfressenden Geier, den Verfolgung durch den Menschen, Zerstörung des Lebensraums und Vergiftung durch bleikontaminiertes Aas fast ausgerottet haben. Gegen Ende der Achtzigerjahre waren nur noch siebenundzwanzig dieser Vögel übrig geblieben; in einem letzten verzweifelten Versuch, die Spezies zu retten, fing man die Geier ein in der Hoffnung, ihre nachgezüchteten Jungen könnten einst wieder ausgewildert werden und die Art erhalten. Einige Menschen wollten das verhindern. Sie glaubten ernsthaft, dass man die Kondore mit dieser Maßnahme endgültig ausrotten würde. Die Vögel sind

Vögel der Wildnis, lautete ihre Argumentation. Ein Kondor in Gefangenschaft ist kein Kondor mehr.

Ich beobachte den Kondor eine Weile, bis mich Ungeduld packt. Mein Kopf ist voller echter Himmel und echter Greifvögel. Und ich erinnere mich an echte Kondore, die ich vor Jahren in einem Zentrum für Vogelzucht in Gefangenschaft gesehen habe: gewaltige, lose befiederte, truthahnhalsige Vögel, wild entschlossen und neugierig; fliegende Hausschweine mit schwarzen Federboas. Kostbar, sicherlich; aber auch komplex, real, eigenwillig. Der Kondor im Film hatte keinerlei Ähnlichkeit mit ihnen. *Helen, du Idiotin,* denke ich. *Genau das ist die Aussage der Ausstellung. Darum geht es, hier, direkt vor deinen Augen.*

Mir geht durch den Kopf, wie wir uns wilde, frei lebende Tiere eigentlich vorstellen. Wie sie verschwinden – nicht nur aus der Natur, sondern auch aus unserem Alltag – und durch Bilder und Filme ersetzt werden. Je seltener Tiere werden, desto weniger Bedeutungen können sie haben. Und schließlich ist die Seltenheit alles, woraus sie bestehen. Der Kondor ist ein Symbol der Auslöschung. Wir verbinden kaum mehr mit ihm, als dass er der Letzte seiner Art ist. Doch damit beschränken wir uns selbst, damit lassen wir die Welt um uns schrumpfen. Wie kann man etwas lieben, wie kann man für seinen Schutz kämpfen, wenn alles, was dieses etwas bedeutet, Verlust ist? Zwischen meinem Leben mit Mabel, das von Blut und Eingeweiden geprägt ist, und dem reservierten, distanzierten Blick des modernen Naturliebhabers besteht ein gewaltiger Unterschied. Ich weiß, dass einige meiner Freunde es als moralisch suspekt erachten, dass ich einen Greifvogel halte; ich könnte Greifvögel aber weder so lieben noch so verstehen, wie ich es tue, würde ich sie nur von Bildern kennen. Ich habe einen Greifvogel zu einem Teil des menschlichen Lebens gemacht und umgekehrt – und seitdem erscheint mir der Vogel millionenfach komplexer, rätselhafter und beeindruckender. Allein die Demut einflößende Überraschung, als ich sah, wie Mabel mit dem Papierfernrohr spielte! Der Habicht ist echt. Mabel kann sich den Bedeutungen, die Menschen ihr auferlegen, widersetzen. Aber der Kondor? Er kann uns keinen Widerstand leisten. Ich schaue immer noch auf das schwache, dahintreibende Bild auf der Leinwand: Der Kondor ist ein Schatten, ein Symbol für Verlust und Hoffnung; aber er ist kaum mehr ein Vogel.

Das andere Ausstellungsstück ist ganz schlicht: ein Vogel, der in einem ansonsten leeren Raum in einem Glaskasten auf dem Rücken liegt. Als ich ihn sehe, erscheinen mir meine Überlegungen von gerade eben überflüssig und nichtig. Bei dem Vogel handelt es sich um einen Papagei, genauer gesagt, um einen Spix-Ara. Sie sind in freier Wildbahn bereits ausgestorben; inzwischen konzentrieren sich alle fieberhaften Bemühungen, die Art zu erhalten, auf die letzten, in Gefangenschaft lebenden Vögel. Dieser Spix-Ara ist schon lange tot: Er ist mit Watte ausgestopft und an einem seiner zusammengekrallten leblosen Füße mit einem kleinen Zettel versehen. Seine Federn haben die Farbe des dunkelblauen abendlichen Meers. Das vielleicht Einsamste, das ich je gesehen habe. Doch während ich mich über die beleuchtete Hülle in dem Glassarg beuge, muss ich nicht an das Aussterben von Tieren, an Ausrottung oder Auslöschung denken. Ich denke an Schneewittchen. An Lenin in seinem düsteren Mausoleum. Und an den Tag nach dem Tod meines Vaters, an dem ich im Krankenhaus in den Raum geführt wurde, in dem er aufgebahrt war.

Das ist doch gar nicht mein Vater, dachte ich heftig, nachdem die Frau die Tür hinter uns geschlossen hatte. *Er ist nicht hier.* Irgendjemand hatte einer Wachspuppe, die aussah wie mein Vater, Krankenhauswäsche angezogen und sie mit einer gemusterten Decke zugedeckt. Warum hatten sie das getan? Das ergab keinen Sinn. Es war Unsinn. Ich wollte mich umdrehen und gehen. Doch plötzlich bemerkte ich die Schnittwunde an seinem Unterarm, die nicht hatte heilen wollen, und blieb stehen. Ich musste etwas sagen. Konnte aber nicht. Vermochte es nicht. Denn in meiner Kehle steckte etwas in der Größe einer Faust, das die Worte abfing und nicht herausließ. Panik. Warum konnte ich nicht sprechen? *Ich muss mit ihm sprechen.* Dann kamen die Tränen. Keine normalen Tränen – sie liefen mir in Strömen über die Wangen und tropften auf den Krankenhausfußboden. Und mit den Tränen kamen auch die Worte. Ich beugte mich über das Bett und sprach zu meinem Vater, der nicht da war. Sprach ernsthaft und behutsam zu ihm. Ich sagte ihm, dass ich ihn liebte und vermisste und immer vermissen würde. Und sprach weiter, erklärte ihm Dinge, an die ich mich jetzt nicht mehr erinnern kann, die damals aber ungeheuer wichtig und dringend waren. Dann war es still. Ich wartete – warum, wusste ich nicht. Bis mir klar wurde, dass ich auf eine Antwort hoffte. Und dann wusste ich, dass es vorbei war. Ich nahm die Hand meines Vaters ein letztes Mal in meine, drückte sie in einem kurzen Abschied und verließ ganz ruhig den Raum.

Am nächsten Tag lernt Mabel auf dem Hügel, wofür sie da ist. Sie jagt einen Fasan. Der flüchtet sich ins Brombeergestrüpp unter einer hohen Hecke. Sie landet auf der Hecke und späht hinunter; hell setzt sich ihr Gefieder gegen die dunkle Erde des weiter entfernten Hügels ab. Ich fange an zu rennen. Glaube, mich zu erinnern, in welche Richtung der Fasan geflüchtet ist. Bilde mir ein, er sei gar nicht da gewesen. Weiß aber, dass er da ist. Lehm bleibt an meinen Absätzen hängen und bremst mich aus. Ich bewege mich in einer Welt allmählich gefrierenden Schlamms, sogar die Luft hindert mich am Vorwärtskommen. Mabel wartet darauf, dass ich den Fasan heraustrete; wenn ich nur wüsste, wo er ist. Endlich bin ich an der Hecke angelangt, suche den Fasan und spiele Szenarien, was als Nächstes geschehen könnte, in meinem Kopf durch. Sie alle spitzen sich rasch auf Punkt null zu, den Moment, in dem der Fasan auffliegt. Stuart und Mandy habe ich aus den Augen verloren, obwohl sie noch irgendwo in der Nähe sein müssen. Ich kämpfe mich durch Brombeergestrüpp, merke kaum, dass die Dornen mir die Haut aufreißen. Im Moment kann ich den Habicht nicht sehen, weil ich den Fasan suche, also muss ich herausfinden, was sie tut, indem ich mich in sie hineinversetze. Ich bin sowohl der Habicht in den Zweigen oben als auch der Mensch darunter. Das fühlt sich seltsam an, als würde ich unter mir selbst hindurch- oder von mir weglaufen. Einen Augenblick lang verwandelt sich alles in gepunktete Linien: Der Habicht, der Fasan und ich sind nur Variablen in einer trigonometrischen Gleichung, die mit sanft geschwungenen kursiven Buchstaben gekennzeichnet sind. Ich bin so in die relativen Positionen des Habichts und des Fasans vertieft, dass sich mein Bewusstsein teilt und mal die Position des einen, mal die des anderen einnimmt; erst der Habicht, der nach unten sieht, dann der Fasan im Brombeergestrüpp, der nach oben sieht. Ich selbst bewege mich in dieser Gleichung, als hätte ich keinerlei Einfluss auf irgendetwas. Ich kann den Fasan nicht aufscheuchen – ich bin gar nicht da. Die Zeit dehnt sich und wird zähflüssig. In diesem Augenblick spüre ich wieder leichte Panik, die etwas mit Auslöschung und meinem Platz in der Welt zu tun hat. Dann hält der Fasan es nicht mehr aus und kommt aus der Deckung, ein blasses, surrendes Bündel aus Muskeln und Federn. Mabel stürzt sich in die Hecke. Auf einmal sind alle Verbindungen zwischen Herz und Kopf und künftigen Möglichkeiten sicher, das, was auch mich mit dem Habicht und dem Fasan und mit Leben und Tod verbindet; sie sind in dem kleinen Knäuel aus Federn und Klauen gebündelt, in diesem Knäuel im Schlamm eines kleinen Feldes inmitten einer kleinen Grafschaft mitten in einem kleinen Land an der Schwelle des Winters.

Ich starre den Habicht an, der den toten Fasan in den Klauen hält, und sie starrt direkt zu mir zurück. Ich bin verwundert – aber was hatte ich denn zu fühlen erwartet? Einen Blutrausch? Grausamkeit? Nein. Nichts dergleichen. Ich bin mit Kratzern vom Brombeergestrüpp übersät und spüre einen Schmerz im Herzen, den ich nicht einordnen kann. In der Luft hängt ein matt glänzender Nebel. Er ist trocken wie Talkumpuder. Ich blicke auf den Habicht, den Fasan, den Habicht. Und plötzlich ändert sich alles. Der Habicht ist kein Symbol eines gewaltsamen Todes mehr. Sie wird zum Kind. Ich bin im tiefsten Inneren erschüttert. Sie ist ein Kind. Ein kleiner Habicht, der gerade herausgefunden hat, wer er ist. Wofür er da ist. Ich gehe neben ihr in die Hocke und fange automatisch an, ihr beim Rupfen des Fasans zu helfen, wie eine Mutter, die ihrem Kind das Essen klein schneidet. Ich rupfe den Fasan für sie. Und als sie zu kröpfen beginnt, bleibe ich neben ihr hocken und beobachte sie dabei. Der Wind nimmt die Fasanenfedern auf und bläst sie an der Hecke entlang, wo sie sich in Spinnweben und Dornenästen verfangen. Das hellrote Blut an ihren Zehen gerinnt und trocknet. Die Zeit vergeht. Der Segen der Sonne. Der Wind fährt in die Distelstängel und legt sich wieder. Ich fange still an zu weinen. Die Tränen laufen mir übers

Gesicht. Ich weine um den Fasan, um den Habicht, um Dad, der so geduldig war, um das kleine Mädchen am Zaun, das auf die Vögel gewartet hat.

20

Verstecke

White stürmt aus dem Haus. Der Postbote hat ihm von aufge-
brachten Krähen in einem nahe gelegenen Wald erzählt. Völlig
außer Atem kommt er bei den Bäumen an. Gos ist nicht da.
Natürlich nicht. Die Sperber sind ebenfalls unauffindbar.
Manchmal glaubt er, sie zu hören, doch wahrscheinlich sind es
nur Eulenrufe. Er lebt nun in einer Welt des Hörensagens, in
der es Gerüchte über Greifvögel und Gerüchte über Krieg gibt.
Er beobachtet den Himmel, stellt überall Fallen auf. Er sitzt
tagelang im Wald, von frühmorgens bis tief in die Nacht, und
friert in seinem beengten Versteck. Nichts. Einem Wildhüter
kauft er ein Tellereisen ab, dessen gezackte Metallbügel ihn an
die Reißzähne eines wilden Tiers erinnern. Er feilt die Zähne
ab, die so konstruiert sind, dass sie den Vögeln die Beine brechen, und umwickelt die Bügel mit Filz. Dann baut er eine eigene Falle, eine Falknerfalle, nach einer Anleitung aus einem
Buch: eine Schlinge aus einer Schnur, die um einen Ring aus
aufgestellten Federn herumverläuft; in der Mitte des Rings befindet sich eine angebundene Amsel. Nun muss er sich nur
noch mit dem einen Ende der Schnur in der Hand verstecken
und daran ziehen, sobald sich der Greifvogel die Amsel holt;
die Schlinge rutscht dann über den Ring aus Federn und fängt
den Greifvogel an den Beinen. Das könnte funktionieren, vo-
rausgesetzt, er kann vorher eine Amsel als Köder fangen. Das

gelingt ihm jedoch nicht. Er verzweifelt. Er beginnt einen Brief. *Dear Herr Waller,* schreibt er. Er schreibt auf Englisch, weil sein Deutsch so schlecht ist. Er bittet den Mann, der ihm Gos geschickt hat, um einen weiteren Vogel. Er weiß, dass er um diese Jahreszeit wahrscheinlich keinen jungen mehr bekommen wird, und ältere Wildfänge sind ausgesprochen selten. Trotzdem beendet er den Brief voller Hoffnung, bringt ihn nach Buckingham und schickt ihn nach Berlin. Er wartet auf Antwort, er wartet auf die Vögel, er wartet und büßt und leidet für seine Sünden. Doch nichts kommt. Nicht einmal eine Antwort.

Mein Vertrag war ausgelaufen. Ich musste umziehen. Ich war ohnehin schon ein emotionales Wrack, doch der Umzugsstress steigerte mein Nichtfunktionieren zu enormen Dimensionen. Das neue Haus am Rand von Cambridge war mit dem alten in der Stadt nicht zu vergleichen: Es war groß und modern, mit einem riesigen Wohnzimmer, in dem der Habicht schlafen konnte, und einem Rasen, auf dem sie sich ausgiebig sonnen konnte. Ich packte das Tiefkühlfach mit Habichtatzung und Fertigpizzas voll. Schleppte meine Kleider in Plastiksäcken nach oben und stapelte die Säcke neben der Schlafzimmertür. Es begann wieder zu regnen, ein dünner, verdrießlicher Regen; den ersten Tag im neuen Haus verbrachte ich ausgestreckt auf dem Sofa, mit einem Notizblock auf den Knien, und dachte stumpfsinnig darüber nach, was ich beim Gedenkgottesdienst für meinen Vater sagen sollte. *Ich habe dafür fünf Minuten. Fünf Minuten, um vom Leben meines Vaters zu erzählen.*

Das Haus war voller Spielzeug: ABC-Holzbausteine, ABC-Puzzles, Stofftiere in Kisten, Filzstiftkinderzeichnungen und Glitzer an den Küchenwänden. Es war das Haus einer Familie ohne Familie. Die Leere darin war meine eigene, doch in meinem Kummer begann ich, mir einzubilden, das Haus möge mich nicht: Es vermisste seine Familie und betrauerte ihren Verlust. So blieb ich immer länger mit Mabel draußen, und es fiel mir immer schwerer, wieder zum Haus zurückzukehren; wenn ich mit Mabel unterwegs war, brauchte ich kein Zuhause. Da draußen vergaß ich, dass ich überhaupt ein Mensch war. Alles, was der Habicht wahrnahm, war ursprünglich, echt, sehr fein gezeichnet, und alles andere verflüchtigte sich. Die Landschaft brachte Bedeutungen in meinem Kopf hervor, die sich wie Druck anfühlten, wie Licht, wie Gaben: unmöglich in Worte zu fassende Empfindungen, wie die Vorahnung einer Gefahr oder das Gefühl, das man hat, wenn jemand einem über die Schulter sieht und mitliest. Alles wurde komplizierter, zugleich aber auch auf seltsame Weise einfacher. Die Hecken – einst Weißdorn, Schwarzdorn, Ahorn oder Esche – verschmolzen zu etwas Namenlosem, aus demselben Stoff wie ich, sie erschienen wie leblose Personen, nicht mehr oder weniger wichtig als der Habicht, als ich oder irgendetwas anderes auf dem Hügel. Manchmal klingelte das Telefon, und ich hob ab. Es war entsetzlich anstrengend, mich von dem strahlenden Nimbus der Landschaft loszureißen, die markiert war von strategischen Linien und Habichtbegehren.

Meist rief meine Mutter an. Sie musste immer alles zweimal sagen, als müsste sie mir beibringen, wie man aus dieser seltsamen Heckenontologie in gewöhnlichere, menschlichere Gefilde zurückkehrt.

»Hallo!«, begann sie das Gespräch.

Schweigen.

»Hallo?«

Und dabei hatte ich Mabel auf der Faust. Sie hatte die Schwanzfedern ausgebreitet und die Schultern sinken lassen;

sie starrte durch mich und das Telefon hindurch und konzentrierte sich der Reihe nach auf verschiedene Dinge. *Feld-Zaun-Wacholderdrossel-Flügelschlag-Fasan-Feder-auf-Weg-Sonne-auf-Oberleitung-zwölf-Ringeltauben-achthundert-Meter-entfernt-tick-tick-tick.* Und Mum, die sagte:

»Wie geht's dir?«

»Gut, Mum. Und dir?«

»Auch gut. Hast du etwas von James gehört?«

Sie sprach langsam, ihre Stimme war tief im Vergleich zum unaufhörlichen indexikalischen Geplapper der Dinge. Ich konnte nicht hören, was sie wirklich sagte, denn da waren zwölf Ringeltauben achthundert Meter entfernt, und der Habicht sah sie an, ebenso wie ich. Ich konnte den Schmerz meiner Mutter nicht hören. Ich konnte meinen eigenen Schmerz nicht fühlen.

Heute haben wir uns einen anderen Ort ausgesucht, ein Feld auf der anderen Seite der Stadt, auf dem es von Wildkaninchen nur so wimmelt. Mabel brauchte nicht mal eine Minute, um tief in einem Brennnesselbusch eins zu erwischen. Greifvögel apportieren die Beute nicht – man muss schon zu ihnen laufen, sie eine Weile kröpfen lassen und sie dann auf die Faust nehmen, um sie mit anderer Atzung zu belohnen. Also lief ich zu Mabel, bückte mich, schob die brennenden Stängel beiseite, hob das Kaninchen samt Habicht auf und setzte beide auf dem Gras wieder ab. Das Kaninchen ist tot, Mabel umklammert das Fellbündel mit ihren Klauen. Als sie sie dem Kaninchen in die Brust treibt, quillt Blut heraus. Der Anblick dieses Bordeauxrots, das den Boden durchtränkt, bei Sauerstoffkontakt zu gerinnen beginnt und sich verändert, als hätte es einen eigenen Willen, ist entsetzlich; und doch kann ich den Blick nicht davon abwenden. Es *hatte* einen eigenen Willen. Ich muss über dieses große Rätsel, dieses Mysterium nachdenken. Auch ich spüre etwas auf meiner Brust, einen Druck, eine Frage, die eine Antwort will. Aber für derlei innere Betrachtungen habe ich jetzt keine Zeit: Ich muss Mabel wieder auf die Faust nehmen, bevor sie sich so vollfrisst, dass sie morgen nicht mehr fliegen will. Zeit für den uralten Falknertrick, mit dem man dem Greifvogel weismacht, er sei nicht um seine Beute gebracht worden. Ich schneide dem Kaninchen einen Hinterlauf ab und verstecke ihn hinter meinem Rücken; dann häufe ich büschelweise Gras neben mir auf. Ich platziere den Hinterlauf im Handschuh und bedecke das Kaninchen blitzschnell mit Gras. Der Habicht sieht nach unten – da ist nur Gras. Mabel sieht nach oben – da ist Futter auf dem Handschuh. Also springt sie auf meine Faust und kröpft.

Als ich das Kaninchen in der hinteren Tasche meiner Falknerweste verstaue, höre ich ein Geräusch. Zuerst ist es nur ein tiefes Brummen mit Dopplereffekt; es verhallt und ist dann wieder zu hören. Motoren. Große Motoren. Sie werden lauter. Das Geräusch steigert sich zu einem gewaltigen Rauschen – und dann taucht ein Bomber aus dem Zweiten Weltkrieg, eine Boeing B-17 *Flying Fortress,* hinter den Bäumen auf. In Todesangst stieben Ringeltauben aus den Kronen der Eichen auf. Fasanenschreie, flackernde Schatten, die restlichen Wildkaninchen flüchten sich in ihren Bau. Auch ich habe das dringende Bedürfnis, mich zu verstecken. Nur Mabel wirft dem monströsen Ding einen einzigen, gleichgültigen Blick zu und frisst weiter. Ich frage mich, wie der Habicht diesen Riesenwal von einem Flugzeug nicht als Bedrohung empfinden kann. Die in dunklem USAAF-Kriegsgrün gestrichene *Flying Fortress* fliegt direkt über uns hinweg, sehr tief; so tief, dass ich am diesigen Himmel die Bombenschachtklappe und die Geschützkanzel an ihrem Bauch erkennen kann. Jetzt bin ich absolut fasziniert – von ihrer Größe, dem tiefen Dröhnen ihrer vier Pratt-&-Whitney-Motoren, dem Gefühl, es hier mit etwas Lebendigem, mit einem Tier zu tun zu haben. Ich setze mich auf die Fersen, meine Angst ist vergessen. Und in dem Moment fallen mir zwei Zeilen aus einem Gedicht ein.

Betrachte dies in unsrer Zeit
Wie der Falke es sieht oder der behelmte Flieger

Der Dichter W. H. Auden schrieb diese Zeilen 1930, ich hatte seit Jahren nicht an sie gedacht. Dieser Blick aus der Höhe, wie ein Greifvogel oder ein Pilot ihn hat, bedeutet, der vertrackten Realität des menschlichen Lebens enthoben zu sein und die Welt vom erhöhten Standort der Macht aus zu betrachten. Er bedeutet, sich an einem sicheren Ort zu befinden, von dem der Tod herabsteigen kann. *Sicherheit.* Was bedeutete sie für die amerikanischen Piloten, die vor siebzig Jahren hier stationiert waren und Flugzeuge wie dieses geflogen hatten? Die in die Tiefkühltruhen, die sich Cockpits nannten, geklettert waren? Die beheizte Schutzanzüge getragen hatten, die nicht funktionierten? Die Sauerstoff durch Gummischläuche geatmet hatten, in denen sich Eiskristalle festsetzten, die man in größerer Höhe zwischen den Fingern zerreiben musste, um überhaupt Luft zu bekommen? Sie schliefen auf Feldbetten in einem fremden Land des Regens und des Nebels, zogen sich schweigend an zur Einsatzbesprechung im Morgengrauen und liefen dann zu ihren Maschinen. Sie umklammerten den Schalthebel, lauschten den hochfahrenden Motoren mit einem Gefühl der Enge in der Brust und stiegen durch die Wolken auf. Angespannt behielten sie die vielfältigen Druck- und Drehzahlmesser im

Auge, während der Navigator den Steuerkurs in Grad ausrief. Und dann die stundenlangen Flüge nach Deutschland und zurück, wo sie ihre grauenvolle Fracht abwarfen und den Himmel mit Bomben füllten. Einer von vier Piloten kehrte nicht vom Einsatz zurück. O nein, dieser Himmel war kein Ort der Sicherheit, wie erhaben der Blick aus der Höhe auch gewesen sein mochte. Was diesen Piloten zustieß, war schrecklich. Was sie taten, war unvorstellbar schrecklich. Kein Krieg kann jemals nur Luft sein.

Der Habicht ist auf meiner Faust. Achthundertfünfzig Gramm Tod in einem gefiederten Mantel; ein Geschöpf, dessen Welt sich aus Koordinatensystemen und Vektoren zusammensetzt, dazu gemacht, das Leben anderer zu beenden. Mabel schluckt die letzten Reste Kaninchenfleisch hinunter, wischt sich den Schnabel ab und hinterlässt dabei helle Fellsträhnen auf dem Handschuh. Dann schüttelt sie ihr Gefieder und blickt in den leeren Himmel, wo eben noch der Bomber war. Und ich spüre eine Sehnsucht im Herzen. Wie ging Audens Gedicht noch gleich weiter?

Die Wolken reißen plötzlich auf – sieh nur.

Ich sehe. Da ist es. Ich spüre es. Den Sog des Habichts, meine uralte Sehnsucht, die Dinge aus der Perspektive des Greifvogels betrachten zu können. Ein sicheres und einzelgängerisches Leben zu führen, aus der Höhe auf die Welt hinunterzublicken und sie dort zu belassen. Beobachter zu sein: unverwundbar, unbeteiligt, ungeteilt. Meine Augen füllen sich mit Tränen. *Hier bin ich*, denke ich. *Und fühle mich ganz und gar nicht sicher.*

Mein Vater war in diesem Krieg aufgewachsen. In den ersten vier Jahren seines Lebens waren die Bomber für ihn und seine Familie Alltag gewesen. Sie hatten den Himmel in gestaffelten Formationen überzogen, die Nächte mit Suchscheinwerfern durchschnitten und am Tag sich auflösende Kondensstreifen neben die Wolken gekritzelt. Wie muss es gewesen sein, die winzigen Kreuze vorüberziehen zu sehen? Du weißt ganz genau, dass einige davon versuchen, dich zu töten. Andere wiederum verteidigen dich. Zu wissen, wer wer ist, muss – um im Sprachgebrauch der damaligen Zeit zu bleiben – eine große Gefahrenvalenz gehabt haben. Dein Leben hing von diesen kleinen umherziehenden Maschinen ab. Du und deine Freunde, ihr baut Airfix-Modelle, gebt euer Taschengeld für die Zeitschrift *Aeroplane Spotter* aus. Lernt die Position der Triebwerke, die Form, die Umrisse des Hecks, des Rumpfs und die Motorengeräusche auswendig. Flugzeuge zu beobachten war Dads Kindheitsobsession. Mit dem Wissensdurst und der unersättlichen Begierde, Dinge zu begreifen, die allen Kindern eigen ist, zählte, identifizierte, klassifizierte und erfasste er sie. Als er etwas älter war, fuhr er mit dem Fahrrad, einer Flasche Tizer-Limo, einer Box-Brownie-Kamera, einem Notizheft und einem Bleistift zu weit entfernten Flugplätzen. Farnborough, Northolt, Blackbushe. Dann stand ein kleiner Junge stundenlang am Begrenzungszaun, spähte durch den Maschendraht und wartete geduldig auf die Flugzeuge.

Ich habe die Lust am Beobachten wahrscheinlich doch von Dad geerbt, dachte ich müßig. Dads Neigung, beim leisesten Motorengeräusch aufzublicken, ein Fernglas anzusetzen und den Himmel nach Kondensstreifen abzusuchen, hatte es möglicherweise unvermeidbar gemacht, dass ich ihn als kleines Mädchen imitierte und das Beobachten fliegender Dinge als Art, die Welt zu sehen, begriff. Nur dass es bei mir nicht Flugzeuge, sondern Vögel waren.

Nun wurde mir allmählich bewusst, dass die Dinge, die wir beobachteten, gar nicht so unterschiedlich waren, dass sie zumindest aus historischer Perspektive miteinander verbunden waren. Seit Anbeginn der militärischen Luftfahrt galten Greifvögel als fleischgewordene Kampfflugzeuge, als Geschöpfe aerodynamischer, raubtierhafter Perfektion. Greifvögel fliegen, jagen und töten – ebenso wie Kampfflugzeuge. Diese Ähnlichkeiten machte sich die Militärpropaganda zunutze: Sie wollte, dass man den Luftkrieg wie die Jagd von Greifvögeln als Teil der natürlichen Ordnung betrachtete. Der Zauber, der die Falknerei seit dem Mittelalter umgab, kam der Propaganda ebenfalls nicht ungelegen. Und so waren Greifvögel und Flugzeuge in den Visionen von Krieg und nationaler Verteidigung bald kaum mehr zu unterscheiden.

Recht eindrucksvoll zeigt das der 1944 von Powell und Pressburger gedrehte Film *A Canterbury Tale*. Zu Beginn des Films überqueren einige an Chaucer erinnernde Pilger die Hügel um Canterbury. Ein Edelmann nimmt einem Falken die Haube ab und wirft ihn in den Himmel. Einen Moment lang verharrt die Kamera auf den schlagenden Flügeln des Falken, dann ein harter Schnitt, und die Silhouette des Greifvogels verwandelt sich in die einer vom Himmel stoßenden Spitfire. Die Kamera schwenkt wieder auf das Gesicht des Edelmanns – es ist dasselbe Gesicht, der Mann trägt jetzt allerdings einen modernen Soldatenhelm und beobachtet die Spitfire. Diese Sequenz lebt vom Mythos einer essenziellen »Britishness«, die durch die Jahrhunderte hindurch unverändert geblieben ist, und sie zeigt, wie leicht man mit Greifvögeln eine romantisch verklärte Liebe zum Mittelalter und die schonungslos realistische Technologie der modernen Kriegsführung in Einklang bringen konnte.

Als ich da im Gras saß und dem Motorengeräusch lauschte, das sich am diesigen Oktoberhimmel entfernte, musste ich an meinen Vater an dem Bombenkrater in meinem Traum denken. Ein Junge, der dastand und auf etwas wartete. Er war geduldig gewesen, und die Flugzeuge waren gekommen. Und ich musste an eine Geschichte denken, die er uns an einem Samstag beim Frühstück erzählt hatte. Eine gute Geschichte. Auf ihre eigene kleine, bescheidene Weise machte sie meinen Vater zum Helden. Dankbarkeit durchströmte mich. Seit Wochen hatte ich panisch nach etwas gesucht, das ich beim Gedenkgottesdienst für meinen Vater sagen konnte – und nun wusste ich, dass es dabei im Kern um diese kleine Geschichte gehen würde. »Danke, Dad«, hauchte ich.

In Whites kleinem grauem Notizbuch mit der Schlange auf dem Umschlag sind ebenfalls Albträume von Flugzeugen aufgezeichnet. Sie ziehen »silbrig-golden durch blaue Dunstschleier« über ihm nach oben; er taucht ins Wasser ab, sucht nach Kellern, in denen er sich verstecken kann, doch sie finden ihn, jedes Mal, sie wissen immer, wo er ist. Sie werfen Bomben ab und Giftgas, stoßen herab, um ihn zu töten. In den Albträumen spiegelten sich die Schrecken seiner Kindheit wider, die Schrecken eines Jungen, der brutalen Autoritäten gnadenlos ausgeliefert war: der Autorität des Vaters, der Lehrer, der Aufsichtsschüler und jetzt der Diktatoren, die die Welt in den Krieg trieben. In *England Have My Bones* schreibt White, er habe fliegen gelernt, weil er Angst vor Flugzeugen hatte. Vielleicht bestand diese Angst nicht allein in der Angst vor dem Absturz; vielleicht versuchte er dadurch auch, seine Angst vor gewalttätigen Übergriffen zu besiegen. Ebenso wie er mit seiner Angst vor Flugzeugen gekämpft hatte, kämpfte er auch mit Gos.

Denn Gos war das finstere und sittenlose Kind uralter deutscher Wälder. Er war ein Mörder. Er besaß die Aura des Diktators. Seine Gesetze waren die Gesetze Hitlers und Mussolinis; er verkörperte die Gewalt und Irrationalität des Faschismus. »Er war ein Hethiter«, schrieb White später, »ein Anbeter des Molochs. Er brachte Opfer dar, plünderte Städte, überantwortete Jungfrauen und Kinder dem Schwert.« Und wieder drängte sich mir eine andere Lesart für *The Goshawk* auf: als Kriegsbericht. So hatte auch Siegfried Sassoon die Schlacht erkannt, die auf den Seiten tobte. Nach der Veröffentlichung des Buchs hatte White ihm ein Exemplar geschickt, doch Sassoon gestand, dass er es nicht zu Ende lesen konnte. Er hatte es versucht, war aber gescheitert. »Ich weiche mittlerweile vor allem, was mir Angst macht, zurück«, so Sassoon, »und was ich da las, war quälend.«

Whites politische Einstellung muss man, gelinde ausgedrückt, als unglücklich bezeichnen. Er verabscheute den Kapitalismus und hatte während seiner Zeit in Stowe begonnen, mit dem Kommunismus zu liebäugeln, dessen revolutionärer Eifer ihm gefiel. Doch nutzte sich die Anziehungskraft rasch ab, denn sollte die Revolution tatsächlich stattfinden, würde sie ihm seine Individualität rauben – und er war davon überzeugt, dass Individualität alles war, was er besaß. Jetzt fragte er sich, ob er vielleicht Faschist war. Er war sich nicht sicher. Er hasste den Nationalismus, glaubte aber bestimmt nicht, dass alle Menschen gleich waren. Er mochte Hitler nicht, die britische Regierung aber auch nicht. Und er hatte die geradezu kindliche Vision eines apokalyptischen Wiedergutmachungsszenarios: Sollte es wirklich Krieg geben, würde er mit Vernichtung und Mord und dem Niedergang der Zivilisation einhergehen. Könnte die Menschheit aus diesen Ruinen jedoch in Weisheit wiederauferstehen, hätte sich der Krieg allemal gelohnt.

Er musste sich entscheiden, auf welcher Seite er stand: Demokratie oder Faschismus, Rationalität oder Irrationalität, Blut oder Frieden. Menschen oder Kaninchen. White schoss lieber Kaninchen als Menschen, und er führte seinen ganz persönlichen Krieg mithilfe eines Greifvogels. Durch Gos kämpfte er gegen den Diktator in sich selbst. Für ihn war der Habicht etwas Heilsames, etwas Heilbringendes, denn er glaubte fest daran, dass Kriege durch die gesellschaftliche Unterdrückung angeborener menschlicher Triebe entstehen. Da der Habicht nicht heucheln oder seine Triebe verbergen konnte, wirkte er »wie ein Tonikum auf die nicht ganz so unverstellte Wildheit des menschlichen Herzens«.

Und so wurden Schlachten geschlagen, hier, in einer Küche und einer Scheune, in einem Garten und einem Wald. Hin und her ging es auf dem umkämpften Gebiet, furchtbar wütete der Krieg. Als White klar wurde, dass *er* der Diktator war, schmeckte er die bittere Niederlage und setzte unbewusst und doch willentlich jene Ereignisse in Gang, die schließlich zum Verlust des Habichts führten. Da war es Zeit für die nächste Kriegsphase: Whites Rückzug zu seinen Verstecken im Wald. Aus diesen Miniaturunterständen heraus hoffte er, die Greifvögel vom Himmel zu holen, die wie die Flugzeuge in seinen Träumen flogen.

Viele Jahre zuvor, in den glücklichen Zeiten der Sicherheit von St Leonards, hatte es ihm die allergrößte Freude bereitet, wenn er mit seinen Großeltern einen Ausflug zu den Hastings Caves unternehmen durfte und der Höhlenführer sie in das unterirdische System der von Schmugglern angelegten Sandsteinhallen eingelassen hatte. »Zu einem bestimmten Zeitpunkt unserer unterirdischen Reise«, so White, »nämlich dann, wenn die Kinder und ihre Kindermädchen ebenso wie die anderen Ausflügler angesichts des schweigenden, schallschluckenden

265

Sandsteins verstummt waren, blies der Höhlenführer immer seine Kerze aus – dann herrschte auch noch völlige Dunkelheit.« White erinnerte sich gern daran. Für einen Jungen, der sich ständig bedroht fühlte, war die stockdunkle Höhle ein Zufluchtsort, zu dem er in seiner Fantasie immer und immer wieder zurückkehrte. In seinen Träumen fand er in Tunneln und Höhlen Asyl. Sein Cottage nannte er einen Dachsbau. In *Gone to Ground* rettet ein unterirdischer Bunker Fuchsjäger vor dem Ende der Welt; in *Die Königin von Luft und Dunkelheit,* dem zweiten Buch von *Der König auf Camelot,* ist Merlin jahrhundertelang in eine Höhle unter einem Hügel eingesperrt. Die Gefangenschaft hat White von Malory übernommen, Merlins Reaktion auf sein bevorstehendes Schicksal nicht: »Dabei dürfte es zauberhaft sein, sich ein paar Hundert Jahre ausruhen zu können«, erklärt er dem verdutzten König.

Die Rückkehr in den Mutterleib wäre eine Möglichkeit, diese Obsession mit dunklen und abgeschiedenen Orten zu deuten. Doch für White war es nicht die Rückkehr in den Leib der Mutter, die er hasste; für White bedeuteten die Höhlen und Verstecke eine unterirdische Zuflucht, in der er vor den suchenden Augen seiner Peiniger sicher war.

Er hat sich ein Grab gebaut. Ein skelettartiges Fellboot aus dünnen Eschenästen und einer feuchten Abdeckung, auf der Senfkohl und Gras sprießen. Er hat die Senfkohl- und Grassamen auf die Wolldecke gestreut und gewartet, bis sie keimen. Heute Morgen hat er sich wie eine Schildkröte mit dem Boot auf Stirn und Schultern in den Wald geschleppt; er hat die Decke darüber gebreitet und sich daruntergelegt. Da ihm der Tabak ausgegangen ist, kann er nicht rauchen. Er kann sich auch kaum bewegen. Seit Stunden liegt er schon hier auf dem

Boden; er zittert vor Kälte und lauert den Greifvögeln auf, die nicht kommen wollen. Das Warten ist eine weitere Nachtwache, eine Prüfung, genau wie die langen durchwachten Nächte mit dem Habicht. Wieder zieht ein Gewitter über die Ridings. Der Himmel ist nur noch rostiges Wasser, die Bäume verwischte Tintenflecke. Dicke Regentropfen trommeln auf die Decke und dringen durch seine dampfende Kleidung auf die Haut; feuchte Wolle, Schweiß und der elektrische Geruch des Gewitters, herangetragen vom heftiger werdenden Wind. Er ist ihnen jetzt näher, den längst Verstorbenen, die ihn verstanden haben. Wie sie liegt auch er jetzt in einem Grab. Er hält den Atem an, als Wilderer vorbeipirschen, Männer, die den Wald wie ihre Westentasche kennen und die instinktive Fähigkeit besitzen, die Landschaft zu lesen. Sie sehen ihn nicht. Er ist unsichtbar geworden. Es ist ein Wunder, und sein schmerzender Körper ist nichts im Vergleich zu der Freude, die er empfindet, weil er endlich frei ist vom Schmerz des Gesehenwerdens.

21

Angst

Immer wenn ich neben Mabel und ihrer Beute kniete, kamen diese Gedanken; dann fragte ich mich, wie ich so etwas tun konnte, wie ich überhaupt jagen konnte. Ich hasste es zu töten. Ich trete nicht auf Spinnen und werde oft dafür ausgelacht, dass ich Fliegen rette. Erst, als ich die Welt mit den Augen des Habichts sah, begriff ich, was Blutdurst bedeutete. Nur aus dieser Sicht ergab er einen Sinn, dann aber schien er sinnvoller als alles andere auf der Welt. Wenn ich Vögel über uns hinwegfliegen sah, folgte ich ihnen nicht nur mit den Blicken, sondern auch irgendwie mit Verlangen.

Die Jagd mit dem Habicht brachte mich an den Rand des Menschseins. Das Tier führte mich jenseits dieses Zustands an einen Ort, wo ich kein Mensch mehr war. Der Habicht im Flug, ich, die ich hinter ihr herrannte, das Land und der Himmel, die sich zu einem detailreichen, panoramaartigen Muster fügten – all das genügte, um Dinge wie Vergangenheit und Zukunft auszublenden, sodass alles, was zählte, die nächsten dreißig Sekunden waren. Ich spürte die plötzlich aufkommende Herbstbrise über der Kuppe des Hügels und das Bedürfnis, nach links zu kreuzen, leewärts, dorthin, wo die Kaninchen waren. Ich kroch und lief und rannte. Duckte mich. Beobachtete. Ich sah mehr, als ich je zuvor gesehen hatte. Die Welt zog sich um mich herum zusammen. All das war vollkommen schlüssig. Doch bestand diese Welt allein aus Habichtdingen, und was mich antrieb, war auch das, was den Habicht antrieb: Hunger, Verlangen, Faszination, das Bedürfnis zu finden, zu fliegen, zu töten.

Wenn der Habicht allerdings Beute geschlagen hatte, verwandelte ich mich von einem Tier wieder zurück in einen Menschen. Ein Wunder – und es geschah immer und immer wieder. Wie Herzen aufhören zu schlagen. Ein Kaninchen ausgestreckt auf einem Laubhaufen, von acht scharfen Klauen umklammert, darüber der mantelnde Habicht mit ausgebreiteten Schwanzfedern, glühenden Augen und aufgestelltem Nackengefieder, angespannt und wild über der Beute kauernd. Ich streckte die Hand aus, griff nach dem Muskelbündel, legte die Hand an den Hinterkopf des Kaninchens, wo das Fell weich und lohfarben ist, und zog mit der anderen Hand einmal, zweimal kräftig an den Hinterläufen, um ihm das Genick zu brechen. Kurze Zuckungen, dann wurden die Augen glasig und starr. Ich musste eines dieser Augen behutsam berühren, um sicherzustellen, dass das Kaninchen auch wirklich tot war. Alles hörte auf. Hörte ganz langsam auf. Ich musste das tun. Tötete ich das Kaninchen nicht, würde der Habicht zu kröpfen anfangen und so lange weiter kröpfen, bis das Kaninchen tot war. So töten Habichte. Die Grenze zwischen Leben und Tod liegt irgendwo im Laufe einer Mahlzeit. Dieses Leid konnte ich nicht zulassen. Die Jagd machte mich zum Tier, doch der Tod des Tiers machte mich wieder zum Menschen.

Als ich neben dem Habicht und der Beute kniete, lastete die Verantwortung schwer auf mir, schlug wie ein zweites Herz in meiner Brust, blähte sich zur Größe einer Kathedrale auf.

Jahrelang habe ich Menschen erklärt, dass ich lieber von Greifvögeln geschlagene Beute esse als Tiere, die ein düsteres, zusammengepferchtes Leben in einem Riesenstall oder einer

Legebatterie geführt haben. Eben noch saß das Kaninchen mit zuckender Nase auf einem Feld, das nach Brennnesseln und Graswurzeln duftet, dann läuft es weg, wird gefangen und ist tot. Ich erklärte den Leuten, dass Greifvögel ihre Beute nicht verletzen – sie fangen sie oder sie fangen sie eben nicht. Dann entkommt die Beute unverletzt. Und ich erklärte ihnen, dass es bei dieser Art der Jagd keine Verschwendung gab: Alles, was der Vogel fängt, wird von ihm gekröpft oder von mir gegessen. Wer sich dafür entschieden hat, Fleisch zu essen, hat kaum eine bessere Möglichkeit, daran zu kommen.

Doch auf einmal erschienen mir die Argumente kleinlich und belanglos. Sie hatten nicht das Geringste mit der Wirklichkeit zu tun. Damit, bei dem Habicht und dem geschlagenen Kaninchen zu sein, das zuckte und um sich trat und starb. Die beißende Realität. Das überaus seltsame Rätsel des Todes. »Wie konntest du nur?«, bekam ich oft zu hören. Irgendjemand behauptete, dass ich nach dem Tod meines Vaters den Rest der Welt zerstören wollte, Stück für Stück. Ein anderer fragte: »Waren die Kaninchen du selbst?« Nein. »Hast du damit dich selbst getötet?« Nein. »Hat es dir leidgetan?« Ja. Aber es hatte mir nicht leidgetan, ein Tier getötet zu haben, es hatte mir *für* das Tier leidgetan. Ich hatte Mitleid mit ihm. Nicht etwa, weil ich mich dem Tier überlegen gefühlt hätte – es war kein herablassendes Mitleid. Es war das Mitleiden, die Trauer, die alle Lebewesen angesichts des Todes empfinden. Ich war glücklich, dass Mabel Erfolg gehabt hatte, und betrauerte gleichzeitig das tote Kaninchen. Als ich neben seiner kleinen Leiche kniete, war ich mir meiner äußeren Grenzen sehr deutlich bewusst; ich spürte genau, wo ich aufhörte und die Welt um mich herum anfing. Regen, der auf den Kragen meiner Jacke fiel und mich im Nacken kitzelte. Der Schmerz in einem meiner Knie. Die

Kratzer an meinen Beinen und Armen, mit denen ich mich durch eine Hecke gekämpft hatte. Bis jetzt hatten sie nicht wehgetan. Und das plötzliche, wortlose Begreifen meiner eigenen Sterblichkeit. *Ja, auch ich werde sterben.*

Ich lernte, die Last der Verantwortung auf mich zu nehmen, die mir ermöglichte, meine Hände auszustrecken und dem Kaninchen in Mabels Klauen den Gnadentod zu gewähren. Dafür musste etwas in mir erst einrasten und etwas anderes ganz weit weggeschoben werden. Der Ausdruck *sein Herz verschließen* trifft es genau. Mir wurde klar, dass sein Herz verschließen nichts mit Gleichgültigkeit zu tun hat. Das Kaninchen war immer wichtig. Sein Leben war ihm nicht leichtfertig genommen worden. Ich war verantwortlich für seinen Tod und für den vieler anderer. Zum ersten Mal in meinem Leben war ich kein Beobachter mehr. Ich hatte Verantwortung für mich selbst übernommen, für die Welt und alles, was darin lebte. Allerdings nur, wenn ich tötete. Das waren sehr dunkle Tage.

Und sie verdunkelten sich weiter. Als ich eines Nachmittags nach Hause fuhr, kam ich an einer Gruppe von Spaziergängern vorbei, die ein Kaninchen auf dem Grünstreifen der anderen Straßenseite anstarrten. Sie sahen besorgt aus, hatten die Schultern hochgezogen und die Stirn in Falten gelegt. Ich fuhr ein Stückchen weiter, hielt am Straßenrand und wartete. Ich wollte nicht mit ihnen sprechen, konnte aber auch nicht weiterfahren. Sie wussten, dass das Kaninchen krank war, und wollten ihm helfen. Aber wie? Keiner hatte den Mut, sich dem Tier zu nähern. So starrten sie es minutenlang an, unfähig, einzuschreiten, unwillig, weiterzugehen. Schließlich gingen sie doch weiter. Als sie weg waren, stieg ich aus und lief zu dem kleinen Fellklumpen. Es war noch ein junges Kaninchen. Seine Muskeln waren verkümmert, der Kopf von Geschwülsten bedeckt, die Augen geschwollen und voller eitriger Bläschen. Sein Fell war matschverklebt. Und es konnte nichts mehr sehen. »Es tut mir so leid für dich, Kaninchen«, flüsterte ich. Dann beugte ich mich zu ihm herunter, verschloss mein Herz und erlöste es von seinem Leid.

Das Kaninchen hatte Myxomatose gehabt. Die Seuche war 1952 in Großbritannien erstmals ausgebrochen; innerhalb von nur zwei Jahren hatte das Virus, das ursprünglich aus Südamerika stammte und vom Menschen nach Australien und Europa eingeschleppt worden war, fünfundneunzig Prozent der britischen Wildkaninchenpopulation ausgelöscht. Die Straßen und Felder waren von zig Millionen regendurchweichter Kaninchenkadaver übersät, ihr Verschwinden hatte immense Auswirkungen auf das ganze Ökosystem. Das Grasland, das die Kaninchen normalerweise kurz hielten, wucherte und erstickte regelrecht in Gestrüpp, die Populationen ihrer natürlichen Feinde gingen ebenso drastisch zurück wie die der Kaninchen selbst. Die Kaninchenpopulationen haben sich inzwischen wieder erholt, jedoch nie wieder die Zahlen wie vor der Seuche erreicht. Das Virus ist heute zwar weit weniger verbreitet, trotzdem kommt es gelegentlich noch zu Ausbrüchen.

Nun bekam ich das kleine, kranke Kaninchen nicht mehr aus dem Kopf. Es saß da und ging nicht fort. Es fühlte sich wie ein Wiedergänger an, etwas aus der Vergangenheit, aus meiner Kindheit, als das Land von einer Krise überschattet gewesen war. Die Krise bestand nicht nur darin, dass Kaninchen starben. Auch die Greifvogelpopulationen befanden sich durch die Pestizide aus der Landwirtschaft im freien Fall. Überall fällte und verbrannte man bis aufs Skelett abgemagerte Ulmen. Es gab keine Otter mehr, die Flüsse waren vergiftet, die Lummen ertranken in ölverpesteten Meeren. Krankheit und Tod, wohin man auch blickte. Und wir würden die Nächsten sein. Das wusste ich. Wir alle. Ich wusste, eines Morgens würden wir eine Sirene heulen hören, dann ein Doppelblitz am Horizont und ein Atompilz in der Ferne. Dann würde der Wind den radioaktiven Niederschlag bringen. Unsichtbaren Staub. Alles wäre tot. Oder wir kehrten zur Steinzeit zurück und lebten, in Lumpen gehüllt, zwischen Ruinen und rauchenden Feuerstellen. Doch selbst dieser kleine Traum vom Überleben wurde im Keim erstickt. »Bauen wir uns einen Atomschutzbunker im Garten?«, fragte ich meine Eltern eines Nachmittags nach der Schule. Sie tauschten Blicke. Vielleicht verstanden sie nicht. Also fuhr ich fort: »In der Broschüre steht, man soll sich einen Schutzraum unter der Treppe bauen. Aber unter unserer ist einfach nicht genug Platz für euch und mich und James.« Meine Eltern schwiegen lange. Dann setzten sie sich zu mir und erklärten mir mit sanfter, leiser Stimme, dass unser Haus ganz in der Nähe einiger sehr wichtiger militärischer Ziele läge. »Mach dir keine Sorgen«, sagten sie. »Es wird keinen Fallout geben. Kommt es tatsächlich zu einem Atomkrieg, werden wir es nicht einmal merken. Wir werden auf der Stelle verdampft.« Das half selbstverständlich überhaupt nicht. Ich ritzte meinen Namen in kleine Schieferplatten und vergrub sie so tief ich konnte im Garten. Vielleicht würden wenigstens sie die Apokalypse überleben.

Die Archäologie der Trauer folgt keiner festgelegten Ordnung. Sie ist eher wie Erde unter einem Spaten, der längst vergessene Dinge ans Tageslicht befördert. Manchmal überraschende Dinge: nicht einfach nur Erinnerungen, sondern Seelenzustände, Gemütsverfassungen, Emotionen, frühere Weltanschauungen. Das kranke Kaninchen war ein Geist aus der Apokalypse meiner

Kindheit, und noch in derselben Woche sollte ein weiterer erscheinen. Dieses Mal kein Kaninchen, sondern ein Buch. Ich hatte es aus dem Regal eines Freundes genommen: eine Neuauflage von J. A. Bakers *Der Wanderfalke*. Darin geht es um einen Mann, der geradezu obsessiv damit beschäftigt ist, Ende der Sechzigerjahre in Essex überwinternde wilde Wanderfalken zu beobachten. Ich hatte es seit Jahren nicht gelesen, aber als poetische, überschwängliche Naturbeschreibung in Erinnerung. Als ich es jetzt erneut las, kam es mir jedoch überhaupt nicht mehr so vor. *Dieses Buch*, dachte ich mit Schaudern, *und das Kaninchen haben beide denselben Ursprung.* Jetzt offenbarte sich mir das furchtbare Verlangen des Autors nach Tod und Vernichtung, das er als Elegie auf Vögel kaschierte; auf Vögel, die durch giftige Himmel flogen, auf Falken, die so gleißend hell und sengend wie die Sonne strahlten, die schon zur Erinnerung wurden, bevor sie überhaupt verschwunden waren.

Plötzlich hatte ich vor Baker und dem, was er bedeutete, Angst. White machte mir längst nicht so viel Angst. Trotz der Katastrophe mit Gos, trotz seiner Begierde, grausam zu sein, und trotz seiner zweifelhaften politischen Einstellung hatte White tapfer gegen den Tod gekämpft. Er liebte die kleinen Dinge des Lebens und hoffte angesichts des Krieges auf ein Wunder. In Bakers Buch konnte ich nicht auch nur den Hauch einer Hoffnung entdecken. In seinen Augen starb die Welt, seine Falken waren nichts anderes als Symbole des Aussterbens – ihres eigenen Aussterbens ebenso wie Bakers und unser aller. Er kämpfte nicht. Er teilte das Schicksal der Falken und hatte keine andere Wahl, als ihnen zu folgen. Er wurde von ihnen geködert wie die Möwen und Regenpfeifer in seinem Buch, die es hilflos in Richtung des tödlichen Falkenzahns zog, wie die Kompassschnäbel der kleinen Vögel, die sich in den

Hecken versteckten und deren Angst die Nadel doch immer wieder in Richtung des gefiederten Magneten am Himmel ausschlagen ließ. In Bakers Buch gab es weder Ortsnamen noch Personen. Sie waren einfach weggefallen. Das konnte ich jetzt besser verstehen, jetzt, da ich den Sog des Habichts kannte und aus eigener Erfahrung wusste, wie der Rest der Welt in seinem Glanz untergehen kann. Doch waren Bakers Greifvögel aus Tod gesponnen. Und ich hoffte inständig, dass meiner das Leben war.

Ich hatte nie an Bakers Falken geglaubt, weil ich vor der Lektüre seines Buchs bereits echte Falken gesehen hatte: heitere, freundliche Falknervögel, die sich in Vorstadtgärten putzten. Allerdings hatten die meisten meiner vogelbegeisterten Freunde Bakers Buch gelesen, bevor sie mit einem lebendigen Falken in Kontakt kamen, und jetzt beschwört der Anblick echter Wanderfalken bei ihnen immer Bilder von Distanz, Auslöschung und Tod herauf. Unsere Vorstellung von wilden Tieren und ursprünglicher Natur ist immer von unserer eigenen Geschichte geprägt. Als Kind hatte ich gehasst, wie White von seinem Habicht dachte. Doch lebte Gos' Geist in den gemusterten, realen Federn meines eigenen Habichts weiter. Und hinter ihm verbargen sich noch düsterere Geister.

Vor einigen Jahren besuchte ich einen Freund, der damals Vorsitzender des British Falconers' Club war. Wir saßen bei Tee und Keksen und unterhielten uns über alles Mögliche. Zuerst sprachen wir über die Geschichte der Falknerei, dann über die Geschichte des Clubs, und dann sagte er plötzlich: »Komm mal mit, ich muss dir etwas zeigen.« Er öffnete einen Schrank, und da stand er, ganz hinten, halb verdeckt vom üblichen Haushaltskrimskrams.

»O mein Gott«, sagte ich. »Gordon, ist er das?«

Gordon sah mich an und nickte. »Ich hasse ihn. Ich würde ihn am liebsten aus dem Haus verbannen.«

Ich hockte mich vor den Schrank und holte den Gegenstand heraus. Es war ein bronzener Falke auf einem hohen Sockel, schwer, stilisiert und an den Flügeln leicht abgenutzt.

»Scheiße, Gordon! Das ist echt gruselig!«

»Finde ich auch«, gab er zurück.

Die Figur war sehr wertvoll und im Grunde wunderschön; dennoch wünschten wir beide, sie wäre nie angefertigt worden.

1937 waren Gilbert Blaine und Jack Mavrogordato zur Internationalen Jagdausstellung nach Deutschland eingeladen worden. Und so reisten sie mit verschiedenen Ausstellungsgegenständen der britischen Falknerei nach Berlin: ausgestopfte Falken auf kleinen Julen, Falknerausrüstung, Fotografien, Bücher und Gemälde. Ich vermute, dass ihre Teilnahme in letzter Minute zumindest partiell auch eine verdeckte diplomatische Aktion war, denn mit im Gepäck hatten sie Lord Halifax, den damaligen britischen Außenminister und Befürworter der Appeasement-Politik, der anlässlich der Ausstellung geheime Gespräche mit Hitler führte.

Es gab damals in ganz Deutschland nur etwa fünfzig Falkner, was allerdings nichts daran änderte, dass die Symbolhaftigkeit der Falknerei im Reich blühte und gedieh. Auf dem Umschlag des Ausstellungskatalogs war ein geschönter nackter Übermensch mit einem goldenen Falken auf der Faust zu sehen. Der Deutsche Falkenorden, der weltweit älteste und auch heute noch existierende Falknerverband Deutschlands, stand damals unter staatlicher Schirmherrschaft; kurz zuvor war im waldreichen Riddagshausen bei Braunschweig der bombastisch anmutende und aus Fachwerk gebaute »Reichsfalkenhof« entstanden. In Berlin schlenderten Blaine und Mavrogordato unter-

dessen durch Ausstellungssäle, deren Wände mit Tausenden
von Geweihen und roten Hakenkreuzbannern übersät waren.
Sie bewunderten die deutschen Habichte, Falken und Adler
auf den Sprenkeln und Julen in den Sälen – von den Freiluft-
demonstrationen der Falkner waren sie hingegen weniger ange-
tan. Man führte ihnen vor, wie ein Sakerfalke eine angebundene
Taube schlug, und setzte einen Adler auf ein Kaninchen an; das
Kaninchen war allerdings so zahm, dass es noch an den Gras-
halmen knabberte, als der Adler landete.

In der Berliner Ausstellung waren nur zwei Länder vertreten. Deutschland gewann für seine Ausstellungsstücke den
ersten Preis, der British Falconers' Club den zweiten: den Bronzefalken, den ich aus Gordons Schrank geholt hatte. Hermann
Göring höchstpersönlich hatte ihn nach der Ausstellung nach
England geschickt. Göring – Hitlers rechte Hand, Oberbefehls-
haber der Luftwaffe, Reichsjägermeister und der Mann, der den
Reichstag hatte in Brand stecken lassen. Die Falknerei war sein
Steckenpferd. Er hatte eine recht romantische Vorstellung von
ihr als Zeitvertreib alter teutonischer Herrscher und darüber
hinaus sah er Greifvögel als Vertreter einer natürlichen Elite an.
Für ihn waren sie die perfekte Verkörperung der Nazi-Ideo-
logie: der lebendige Inbegriff von Macht, Blut und Gewalt,
wo schuldlos auf alles Jagd gemacht wurde, das schwächer war
als man selbst. Görings Lieblingsgemälde eines Greifvogels –
ein weißer Gerfalke auf einer Klippe – ist geradezu ein Bilder-
buchbeispiel nationalsozialistischer Porträtkunst: Der Falke,
ins Licht der Morgensonne getaucht, hat die Schwingen halb
geöffnet und sieht kalten Blickes in die Ferne. Zudem besaß
Göring ebenfalls einen abgerichteten Habicht; den ausgestopften und auf einen Ast montierten Vogel hatte ich vor Jahren in
einem Archiv in Amerika gesehen. Der große Habicht im Alters-

kleid trug noch immer Geschüh und Bell, den staubigen Ast fest
in den ausgetrockneten Zehen haltend. Eine wirklich schöne
Arbeit: Jemand hatte sich große Mühe gegeben, den Vogel lebendig aussehen zu lassen. Ich starrte ihm in die Glasaugen und
fragte mich schaudernd, ob er wohl mit Gos verwandt gewesen
war. Das war gar nicht so abwegig, denn der Mann, der Görings
Gerfalken gemalt hatte, der damalige Vorsitzende des Deutschen
Falkenordens, der die staatliche Schirmherrschaft in die Wege
geleitet und den »Reichsfalkenhof« entworfen hatte, war Renz
Waller. Derselbe Mann, der White Gos geschickt hatte und an
den White sich gewandt und um einen neuen Habicht gebeten
hatte. Schließlich hatte White doch noch eine Antwort auf seinen Brief erhalten; darin stand in schlechtem Englisch, Waller
würde selbstverständlich versuchen, »ihm einen anderen Gos
zu verschaffen«.

Ein neuer Habicht! Aufgeregt zog White die Kappe seines Stifts
ab und schrieb *Plan für einen Wildfanghabicht* auf die Umschlaginnenseite seiner neuen Ausgabe von Berts *Treatise.* Er stellte
detaillierte Trainingspläne auf, die nach ganz neuer Kompetenz
klangen. »Den ganzen Abend lang beobachten und ständig in
Bewegung halten«, schrieb er. »Muss mir einen Assistenten zu-
legen, mit dem ich mich dabei abwechseln kann.« Doch der
neue Habicht sollte nicht sein. Am Tag vor seiner geplanten
Ankunft wurde White mit akuter Blinddarmentzündung ins
Krankenhaus eingeliefert – als rebellierte sein Körper gegen die
Aussicht eines weiteren ermüdenden Kampfes. Beim Gedanken
an das Messer des Chirurgen wurde White angst und bange:
»Irgendwie hat es mich aber sauberer gemacht«, schrieb er nach
der Operation an John Moore. »Vielleicht bin ich nun doch
endlich tapfer und Herr meiner selbst gewesen.« Er hatte die

Krise überstanden und war zu seinem Cottage zurückgekehrt. Eine Zeit lang machte er Stella, der Nachtschwester, die sich im Krankenhaus um ihn gekümmert hatte, den Hof; doch im Grunde betrachtete er sie wie ein Wesen von einem anderen Stern. Als sich herausstellte, dass auch sie ihn begehrte, wies er sie unbarmherzig zurück.

Es folgte ein langer und dunkler Winter. Der allmähliche Übergang von Schnee zu Tau und wieder zu Schnee, zu Matsch und Elend und Krankheit hatte etwas Mythisches; als durchlebte er mit den Jahreszeiten zugleich viele Zeitalter. Mit dem Frühling kehrte auch die Hoffnung zurück. Er füllte das Haus mit Waisen: mit Jungtauben, die noch nicht flügge waren, einem Waldkauz namens Archimedes und zwei jungen Dachsen. Im April fuhr White nach Croydon, um sich schließlich doch noch seinen neuen Habicht abzuholen. Er nannte sie Cully. Cully war in einem furchtbaren Zustand: Als man sie eingefangen hatte, waren die Hälfte ihrer Schwanzfedern abgebrochen ebenso wie die meisten Handschwingen ihres linken Flügels. White brütete über Zeichnungen in Falknereibüchern, schnitt Bussardfedern zurecht und klebte und nähte sie an die vorbereiteten Kiele ihrer gebrochenen Federn. *Schiften* nannte man das, eine der ganz großen Künste der Falknerei. Doch er war darin nicht geübt, und so war Cully nach dem beständigen Abspringen in ihrem achtwöchigen Training immer noch ohne intakte Stoßfedern, teilweise ohne Schwungfedern und kaum imstande zu fliegen.

Dennoch flog er sie. Der Habicht flog frei. Ihm schlug das Herz bis zum Hals, aber er flog sie frei. Endlich würde er mit einem Habicht auf die Jagd gehen, den er selbst abgetragen hatte. Seine schwindelerregenden Träume der Autarkie und der unschuldigen Grausamkeit waren in greifbare Nähe gerückt.

Doch die Saison neigte sich bereits dem Ende zu, und White wusste, dass er Cully zur Mauser abstellen sollte. Habichte werfen einmal im Jahr nacheinander alle Federn ab und ersetzen sie durch neue; während des Gefiederwechsels werden sie nicht geflogen, sondern in einer luxuriösen Voliere, der sogenannten Mauserkammer, gehalten und praktisch bis zum Umfallen geatzt. All das wusste White –, doch er wünschte sich auch sehnsüchtig diesen einen Erfolg. Und so flog er seinen zerfledderten Habicht nach tagelanger erfolgloser Suche nach Beute eines Abends auf Tofield's Riding auf ein Kaninchen. Ein glückloser, stümperhafter Flug – einmal rannte Cully hinter dem Kaninchen her statt zu fliegen –, dann hatte sie es am Kopf gepackt. White lief zu ihr, zückte sein Jagdmesser und fixierte den Schädel des Kaninchens am Boden. Er ertrank beinahe in einer dunklen Welle der Begierde, die während seiner Episode mit der Nachtschwester nie aufgeflammt war. »Ich würde es Lust nennen«, schrieb er über das Töten des Kaninchens. »Mordlust und Blutrausch müssen sich genau so anfühlen.«

22

Apfeltag

Gütiger Gott. Was um Himmels willen mache ich hier? Ich sitze auf einem weißen Plastikklappstuhl unter dem Dach eines kleinen Festzelts. Drei Meter hinter mir ähnelt Mabel einem auf Wasser geworfenen Schatten; sie hält die Flügel wie zwei gekreuzte Schwerter fest geschlossen, in ihren weit aufgerissenen Augen spiegelt sich Angst. Ich weiß genau, wie sie sich fühlt. *Zu viele Leute,* denke ich und rutsche auf meinem Stuhl hin und her. *Viel zu viele Leute.*

»So, Helen«, hatte Stuart gesagt. »Der Landbesitzer hat uns gebeten, zum Apfeltag auf dem Hof ein paar Greifvögel mitzubringen.«

»Apfeltag?«

Der Apfeltag, klärte Stuart mich auf, war ein winziger Jahrmarkt auf dem Lande, bei dem die ländliche Geschichte, die Landwirtschaft und regionale Produkte gefeiert wurden. »Wir fliegen sie nicht, wir lüften die Vögel nur in einem Festzelt, damit die Öffentlichkeit sie einmal sehen kann. Ich nehme den Terzel mit, Greg den Wüstenfalken. Alan kommt mit ein paar Adlern. Kommst du auch mit Mabel?«

»Ja, natürlich«, hatte ich eingewilligt, »kein Problem.« So etwas machte ich doch mit links. Schließlich hatte ich schon in einem Greifvogelzentrum gearbeitet. Monatelang hatte ich nichts anderes getan, als Leuten Greifvögel zu zeigen. Doch als der Apfeltag allmählich näher rückte, nahm meine Zuversicht rasant ab. *Wird Mabel mit der Situation zurechtkommen?* Noch vor zwei Monaten war sie ein bombensicherer, ein menschenmengensicherer Habicht gewesen. Doch im Unterschied zu anderen Greifvögeln brauchen Habichte das konstante Abtragen, um locke zu bleiben. Seitdem wir in der relativ unbelebten Vorstadt wohnen, haben wir seit Wochen kaum Menschen zu Gesicht bekommen. Sie hat vergessen, wie man sich nicht vor Menschen ängstigt. *Genau wie ich.* Ich beiße die Zähne angesichts der Menschenmassen um mich herum so fest zusammen, dass mir allmählich der Kiefer wehtut.

Nach zwanzig Minuten hebt Mabel einen Fuß an. Das sieht lächerlich aus – sie ist nicht entspannt genug, um ihr Gefieder aufzuplustern, und erinnert immer noch an eine nasse, gefleckte Robbe. Wenigstens kann sie sich zu diesem kleinen Zugeständnis der Entspannung durchringen und steht auf ihrem Sprenkel wie ein Mann, der beim Autofahren eine Hand lässig auf dem Schaltknüppel liegen lässt. Neben den anderen Greifvögeln sieht sie mitleiderregend klein aus: zu ihrer Linken ein Steinadler, ein Schwergewicht mit Brustgefieder wie ein Schuppenpanzer und klauenbewehrten Füßen, groß wie Menschenhände. Zu ihrer Rechten: ein Kampfadlerterzel, ein schwarz-weißer Riese mit durchdringend hellen Augen, der mit seinen starken Fängen Antilopen töten kann. Er ist größer als die meisten Hunde, die am Zaun vor dem Zelt vorbeilaufen, und sieht ihnen nach, den schwarzen Scheitel in müßiger Mordlust aufgestellt.

Stuart hat seinen Wanderfalkenterzel mitgebracht und Greg wie versprochen seinen Wüstenfalken, ein kleines Juwel von einem Vogel, mit graublauem und kupferfarbenem Gefieder und schmalen goldenen Zehen. Während sich der Falke putzt, sitzt Greg in seinem roten, an den Ellbogen mächtig ausgebeulten Kaschmirpullover da, die Beine übereinandergeschlagen, und plaudert mit den Besuchern. Alan, der Adlermann, trinkt Tee aus einem Plastikbecher und hat den Arm dabei locker an die Jule eines Sakerfalken gelehnt, der freundlich und verspielt zu ihm aufblickt.

Ich halte es auf meinem Klappstuhl nicht mehr aus und drehe eine kleine Runde auf dem Jahrmarkt. Der ist, wie Stuart gesagt hat, winzig, doch voller Überraschungen. Der Rauch von einem Ölfassgrill kräuselt sich durch allmählich vertrocknende Kastanienblätter. Unter dem Baum steht eine alte Mostpresse aus Holz, aus der Apfelsaft in Tassen fließt. Neben der Presse bilden die Apfelreste einen Berg aus oxidierendem Fruchtbrei; der Mann, der die Presse bedient, ruft seinem Kollegen am nächsten Stand – hier werden junge Bäumchen verkauft – etwas zu. Ich entdecke noch andere Stände: einen Kuchenstand, einen Kinderschminkstand, einen Vivarienstand voller Schlangen, Spinnen und handlanger Stabschrecken. Einen Stand mit orangefarbenen Kürbissen neben einem Eiswagen. Vor einem Kaninchenstall kniet ein Junge, am Stall ist ein Schild mit der Aufschrift ICH HEISSE FLOPSEY angebracht. »Hallo, Flopsey«, sagt der Junge und legt die Hand an den Draht. Ich gehe weiter zu einem anderen weißen Festzelt, in dem im grünlichen Schatten auf aufgebockten Holzplatten Hunderte verschiedener Apfelsorten ausgestellt sind. Manche sind nur etwa hühnereigroß, andere riesig, Kochäpfel, die man mit beiden Händen halten muss. Für jede Apfelsorte ist ein eigenes beschriftetes Holzkistenbettchen eingerichtet. Ich schlendere die Reihen entlang und bewundere die kleinen, feinen Unterschiede. Helles Orange mit pinkfarbenen Tigerstreifen. *Charles Ross. Berkshire vor 1890. Mehrzweckapfel.* Ein kleiner Apfel mit rindenähnlichen roten

Flecken auf der hellgrünen Schale. *Coronation. Sussex 1902. Dessertapfel.* Grüne Miniäpfel, auf der dunkleren Seite tiefrosa. *Chivers Delight. Cambridgeshire 1920. Dessertapfel.* Riesenapfel, dunkelgelb mit sattroten immensen Flecken. *Peasgood's Nonsuch. Lincolnshire 1853. Mehrzweckapfel.*

Die Äpfel heitern mich auf. Die Stände auch. Jahrmärkte sind doch etwas Wunderbares. Ich schlendere zurück zu meinem Klappstuhl, und während sich Mabel weiter entspannt, fällt auch von mir die Anspannung ab. Ich verschlinge heißhungrig einen Burger und plaudere mit meinen Falknerfreunden. Wir erzählen uns Geschichten, Witze werden gemacht, alte Sorgen geteilt, die Eigenschaften, Vorzüge und Flugfähigkeiten der Vögel verglichen und bis ins Kleinste ausdiskutiert. Wie sehr sich die britische Falknerei seit Blaines und Whites Zeiten doch verändert hat! Damals war sie der geheimniskrämerische, aristokratische Zeitvertreib der Offiziere und Gentlemen gewesen. In Deutschland hatte man sie zum glorreichen Bestandteil einer erfundenen arischen Vergangenheit gemacht. Und jetzt? Ist die Falknerei etwas, das in seinen zahlreichen Facetten nicht unterschiedlicher sein könnte. Ein Schreiner und begeisterter Radfahrer, ein Tierpfleger und ehemaliger Soldat, zwei weitere Tierpfleger, ein Elektriker, eine frühere Historikerin. Vier Männer, zwei Frauen, zwei Adler, drei Falken und ein Habicht. Ich nehme einen kräftigen Schluck aus einer Apfelmostflasche, und plötzlich ist diese Gesellschaft alles, was ich mir je gewünscht habe.

»Entschuldigung … ist das ein Habicht?«

Er ist um die vierzig und trägt eine Brille. Ein untersetzter, freundlicher Mann mit einem zappelnden Kleinkind auf dem Arm. »Warte mal, Tom«, sagt er zu dem Kleinen. »Wir holen uns gleich ein Eis. Ich möchte mich nur einen Augenblick mit der Dame unterhalten.«

Ich lächle. Ich weiß, wie es sich anfühlt, ein Geschöpf auf dem Arm zu haben, das ganz woanders sein will. Und dann, ganz unerwartet, ein kleiner Stich im Herzen.

Kein Vater, kein Partner, kein Kind, kein Job, kein Zuhause.

Jetzt mach mal halblang, Helen, zische ich innerlich.

»Gehört der Ihnen?«, fährt er fort. »Wow!«

Ich erzähle ihm von meinem Habicht. Er hört zu. Dann wird sein Gesicht auf einmal ernst und traurig.

»Sie haben ein solches Glück«, sagt er. »Ich wollte schon immer Falkner sein. Mein ganzes Leben lang. Ich habe Bücher über die Falknerei, alles. Aber ich hatte nie die Zeit dafür.« Eine Pause. »Vielleicht eines Tages.« Er drückt Tom an sich. »Na, dann komm.« Langsam geht er mit dem Kleinen in Richtung Eiswagen.

Weißer Himmel und schmerzende Knochen. Eine weitere Migräneattacke. Ich nehme ein Kombipräparat aus Codein und Paracetamol. Der Kopf tut mir immer noch weh. Das Licht draußen ist diffus und hat die Farbe von Zinn, als hätte jemand Pauspapier auf das Fenster geklebt. Ich gehe wieder ins Bett. *Muss den Habicht fliegen,* denke ich, als ich aufwache. *Muss den Habicht fliegen.* Doch es fällt mir so schwer, mich überhaupt zu bewegen, dass ich insgeheim hoffe, ihr Fluggewicht stimmt nicht oder das Wetter ist schlecht. Aber weder Habichtgewicht noch Wetter liefern mir dieses Mal eine Ausrede.

Wir fahren in einen merkwürdigen, windstillen, sonnigen Nachmittag hinein, in dem alles wie hohle, glasierte Metallmodelle aussieht. Die Wolken, die letzten Blätter an den Bäumen, die Häuser. Alle auf einer Ebene, wie ein Bühnenbild, fest miteinander vernietet. Es riecht nach Holzrauch. Ich bin unbeschreiblich müde. Ich stelle das Auto am grasbewachsenen

Rand eines Feldes ab, tausche Mabels Geschühriemen gegen Flugriemen aus, nehme ihr die Haube ab – und sofort ist sie in Yarak. Sie weiß, wo sie ist. Hier sind wir. Und da sind die Kaninchen. Sie verlässt die Faust, und mit ihr verlässt der Schmerz meinen Kopf und die Erschöpfung den Rest meines Körpers. Sie fliegt inzwischen mit sehr viel mehr Stil. Ich staune immer noch, wie schnell sie ist. Wenn ich sie dabei beobachte, wie sich ihr geschuppter, perspektivisch verkürzter, geduckter Körper von mir entfernt und einem Ziel in der Ferne nähert, könnte ich schwören, dass sich die Welt um sie herum verlangsamt. Mabel scheint sich in der exakt richtigen Geschwindigkeit zu bewegen, während sich alles um sie herum – die flüchtenden Kaninchen, die fallenden Blätter, eine Taube über uns – entschleunigt, wie eine im Wasser ausgeführte Bewegung.

Auch der Grad ihrer Aufmerksamkeit fasziniert mich. Vielleicht ist es das, was Barry Lopez mit »Zwiesprache des Todes« gemeint hat; er hat sie in den Blicken zwischen Karibu und jagenden Wölfen gesehen, ein wortloser Austausch, der entscheidet, ob aus ihnen Jäger und Gejagte oder lediglich Passanten werden. Ob mein Habicht das wohl auch tut? Mit Mabel wieder auf meiner Faust, nähere ich mich drei Kaninchen. Sie hocken im Gras, direkt vor uns, keine zehn Meter weit weg. Näher – keine fünf Meter. Mabel platzt fast vor Yarak, ignoriert die Kaninchen aber. Sie interessiert sich für etwas auf der anderen Seite des Feldes, sechs, sieben Sekunden Flug entfernt. »Mabel«, flüstere ich, »sieh mal, da!« Und versuche, die Faust so zu halten, dass Mabels Kopf in Richtung der drei Kaninchen vor uns gedreht wird. Eins hüpft herum. *Es ist direkt vor deiner Nase.* Sie ignoriert es weiter. Ich verstehe das nicht. Sie verrenkt den Hals, um zur anderen Seite des Feldes sehen zu können. Und dann ist sie weg. Sie fliegt ganz knapp und sehr schnell über das Feld, tanzt über die Spitzen der kurzen Brennnesseln, verfehlt ein Kaninchen, stellt in Sekundenbruchteilen neue Berechnungen an, lenkt ihre Aufmerksamkeit um und stürzt sich auf ein anderes Kaninchen. Denn sie waren es, mit denen sie Zwiesprache gehalten hatte.

Ich laufe auf die andere Seite des Feldes, kann Mabel aber nirgends entdecken. *Wo ist sie nur?* Das Feld ist voller Brennnesseln, die allerdings nachgewachsen und nur etwa acht Zentimeter hoch sind. *Wo ist mein Habicht?* Ich halte den Atem an. Stille. Und dann dumpf, wie aus weiter Ferne Bells. Schließlich taucht ihr Kopf auf, schlängelt sich aus den Brennnesseln nach oben. *Was zum …* Sie sieht aus, als würde eine plötzlich um das Zehnfache verstärkte Schwerkraft sie zu Boden drücken. Sie hat die Flügel ausgebreitet, die Federn sind durch den Druck nach oben gebogen. Ah, jetzt sehe ich, was los ist. Sie stemmt sich mit den Schwingen vom Boden ab, denn sie hat das Kaninchen immer noch in den Fängen. Das allerdings ist in seinen Bau geflüchtet, und nun muss Mabel ihre ganze Kraft aufwenden, um nicht nach unten gezogen zu werden. Vor lauter Anstrengung hat sie den Schnabel geöffnet. Ich fahre mit der Hand in den Bau, an ihren unglaublich langen Beinen entlang, und bekomme einen Kaninchenlauf zu fassen. Sie hat ihn noch gepackt, aber nur knapp. Ich fasse den Lauf fester und überlege, wie ich das Kaninchen aus dem Loch bekomme. Ich zerre ein wenig, das Kaninchen tritt. Mabel fiept. Ich verändere den Griffwinkel und ziehe das Kaninchen ganz langsam aus dem Loch, wie eine alte, böse Bauernhexe es aus einem Hut zaubern würde. Ich werfe es ins Gras, der Habicht tritt und knetet und verlagert die Klauen von den Hinterläufen zum Kopf. Nun bewegt sich das Kaninchen nicht mehr, es ist tot, aber der Habicht ist noch so in Rage, dass er immer weitertritt und knetet. Dann beginnt sie, das Kaninchen zu zerpflücken. Minuten später sind wir von weichen grauen Fellfetzen umgeben.

Die Zwiesprache des Todes. Immer wieder musste ich an diesen Ausdruck denken. Manchmal in den unpassendsten Augenblicken – wenn ich badete, mich an der Nase kratzte, nach einer Tasse heißem Tee griff. Mein Unterbewusstsein wollte mir etwas mitteilen, und obwohl es mir ins Gesicht schrie, konnte ich es nicht hören. Irgendetwas lief schief. Sehr schief. Eines Nachmittags sprang Mabel von ihrem Sprenkel auf meine Faust, holte aus und grub mir die vier Klauen eines Fußes in den nackten rechten Arm. Ich erstarrte. Blut tropfte auf den Küchenboden. Ich konnte mich nicht rühren. Ihr Griff war zu stark. Ich musste warten, bis sie beschloss, mich wieder loszulassen. Der Druck war riesengroß gewesen, doch den heftigen Schmerz schien jemand anderer zu spüren. *Warum hat sie nach mir geschlagen?*, fragte ich mich panisch, nachdem sie mich losgelassen und so getan hatte, als sei nichts geschehen. *Sie war bis jetzt noch nie aggressiv.* Ich war mir sicher, dass ich sie nicht provoziert hatte. Ist sie übermotiviert? Ist die Waage kaputt? Die nächste Viertelstunde fummelte ich an der Waage herum und versuchte, sie mithilfe von Zwei-Pence-Stücken zu eichen. Mit der Waage stimmte alles. Nur mit mir nicht. Nicht nur wegen der Verletzung – ich wurde zunehmend nervöser und ängstlicher. Klopfte der Postbote an der Tür, fuhr ich hoch. Klingelte das Telefon, schreckte ich zusammen. Ich verabredete mich nicht mehr mit anderen. Sagte meinen Vortrag in der Galerie ab. Verbarrikadierte die Haustür. Auf dem Hügel floh ich vor Spaziergängern, versteckte mich hinter Hecken, wenn Traktoren in meine Richtung fuhren. An manchen Tagen lag ich mit so rätselhaften Schmerzen im Bett, dass mir als einzig mögliche Ursache dafür nur eine tödliche Krankheit in den Sinn kam.

Ich hätte in Büchern und Zeitschriftenartikeln nach den wahren Ursachen forschen können. Ich hätte Freud, hätte Klein lesen können. Hätte alles Mögliche über Bindungen und Verlust und Trauer lesen können. Doch diese Erklärungen kamen aus einer Welt, in der es keinen Habicht gab. Solche Erklärungen halfen nicht. Dann hätte man gleich versuchen können, das Verliebtsein anhand eines Computertomogramms vom Gehirn eines verliebten Menschen zu erklären. Nein – ich musste an einer anderen Stelle suchen.

Der Anthropologe Rane Willerslev verbrachte einmal ein Jahr bei Jukagiren im nordöstlichen Sibirien. Was ihn dort besonders faszinierte, war, wie die jukagirischen Jäger die Beziehung zwischen Mensch und Tier sehen. Die Jäger, so schrieb er, glauben, »Menschen und Tiere könnten sich ineinander verwandeln, indem sie vorübergehend in den Körper des anderen schlüpften«. Willst du also einen Elch jagen, musst du Elchleder tragen, dich wie ein Elch bewegen und in das dir fremde Bewusstsein des Elchs eintauchen. Dann wird der Elch dich als seinesgleichen erkennen und zu dir kommen. Allerdings, so führt Willerslev weiter aus, gilt eine solche Verwandlung bei den jukagirischen Jägern als sehr gefährlich, weil man dadurch den Kontakt zur »Identität der eigenen Spezies verlieren und eine unbemerkte Metamorphose durchlaufen« könne. Sich in ein Tier zu verwandeln ist gefährlich für die menschliche Seele. Willerslev berichtet in seinem Artikel über den Fall eines Jägers, der stundenlang Rentieren nachpirscht und schließlich in einem Dorf landet, wo ihn Frauen, die er nicht kennt, mit Flechten füttern. Zudem beginnt er, Dinge zu vergessen: Er weiß, dass er selbst eine Frau hat, erinnert sich aber nicht an ihren Namen. Verwirrt schläft er ein; erst als er träumt, von Rentieren umringt zu sein, die ihn zum Gehen drängen, erkennt er, was geschehen ist.

Als ich diese Geschichte las, lief mir ein Schauer über den Rücken, denn genau so fühlte es sich an. Ich hatte mich in einen Habicht verwandelt, hatte mir all die Eigenschaften von Habichten, über die ich je etwas gelesen hatte, zu eigen gemacht. Ich war nervös, aufs Äußerste angespannt, überempfindlich und paranoid, und ich reagierte auf den kleinsten Anlass mit Angst und Wut. Ich schlang entweder das Essen hinunter oder aß gar nichts. Ich mied Menschen, versteckte mich vor allem und driftete in seltsame Zustände ab, in denen ich mir nicht sicher sein konnte, wer oder was ich war. Auf der Jagd mit Mabel, Tag für Tag, hatte ich mir ihre fremde Sicht der Dinge, ihr nicht menschliches Verständnis der Welt angeeignet – natürlich nur in meiner Vorstellung, wo auch sonst. Das brachte mich einer Art Wahnsinn sehr nahe; ich verstand gar nicht, was ich da tat. Als Kind dachte ich, die Verwandlung in einen Habicht hätte etwas Magisches, und was ich in *Das Schwert im Stein* las, bestätigte mich in meinem Glauben noch. Dort war die Verwandlung eine Lektion im Leben eines Kindes, das König werden sollte. Diese Lektion war jetzt im Begriff, mich zu vernichten. Es war ganz und gar nicht dasselbe.

Zwei Tage vor dem Gedenkgottesdienst passierte etwas sehr Merkwürdiges. Wir waren an einer Hecke am Rand eines Stoppelfelds entlanggelaufen. In dieser Hecke war ein Fasan; ich hatte ihn glucken und wie eine Ratte den feuchten Brennnesselgraben entlangrascheln gehört. Mabel hatte ihn ebenfalls gehört. Sie hatte sich auf die andere Seite der Hecke gestürzt und sich dann mit dem Rücken zu mir irgendwo auf die Hecke gehockt. Wir waren beide in Jagdlust. Ich kämpfte mich in die Hecke hinein, jede Sekunde konnte der Fasan nun vor mir herausschießen, ein Knäuel raschelnder Federn. Ich drängte meinen Kopf in die Hecke, hörte ein zischendes Geräusch und spürte einen heftigen Schlag. Ich taumelte. Von einem Habicht niedergestreckt! Erst war alles schwarz, dann sah ich Sterne. Dann das bizarre propriozeptive Gefühl, eine Dornenkrone zu tragen, einen Heiligenschein aus Schmerz, der meinen Kopf umkränzte. Mabel war von mir abgeprallt, hatte acht Klauen-wunden hinterlassen und verrenkte sich nun in einem Baum den Kopf nach dem Fasan, der das getan hatte, was Fasane am besten können: fliehen. Benommen schüttelte ich den Kopf. *Sie hat mich für den Fasan gehalten. Sie wusste nicht, dass ich es bin.* Nach einem komischen Summen in den Ohren setzte eine gedämpfte Ruhe ein, als Endorphine durch meine Adern strömten. Ich streckte die Hand aus, pfiff Mabel auf die Faust zurück und begann, weiter mechanisch die Hecke abzusuchen. Dieser Teil der Hecke lag in der Sonne, ich genoss ihre warmen, weichen, goldenen Strahlen. Ich war immer noch benommen und nicht ganz sicher auf den Beinen und fragte mich plötzlich: *Warum sehe ich auf einmal so verschwommen, und warum brennen mir die Augen?* Und dann: *Warum balliert der Habicht vor meinem Gesicht?*

Es dauerte eine Weile, bis ich herausfand, warum. Ich rieb mir die Augen, und als ich danach auf meine Hand blickte, triefte sie vor Blut, wie im fünften Akt einer Shakespeare-Tra-gödie. Ich nahm meine Brille ab – auch sie war voller Blut. Das Blut lief mir die Stirn herunter in mein linkes Auge und erregte jetzt die Aufmerksamkeit des hungrigen Habichts.

Jesus! Das ist ja wie bei Edgar Allan Poe. Mit meinem Ärmel und etwas feuchtem Gras wischte ich das Schlimmste ab, was glücklicherweise ausreichte, damit der Habicht das kulinarische Interesse an mir verlor. Ich befühlte die Schnittwunden: Eine davon, mehr als einen Zentimeter lang und sehr tief, befand sich direkt zwischen meinen Augen. Ah, das sechste Chakra, der Sitz verborgener Weisheit, nun mit dem roten Bindi des Habichtlers geschmückt. Ich presste meine Finger so lange auf die Wunde, bis sie zu bluten aufgehört hatte.

Dann jagten wir einfach weiter; benebelt von Schmerz und Euphorie stolperte ich über Feld und Flur. Die Sonne hatte sich hinter eine Schicht aschgrauer Stratuswolken zurückgezogen und leuchtete matt durch die talkumgefüllte Luft; sie hatte exakt dieselbe Farbe wie Mabels Augen. Ich streckte den Arm aus, verglich Sonne mit Habichtauge und staunte über die Ähnlichkeit. Als wir oben auf dem Hügel angekommen waren, versagten mir allmählich die Beine. *Genug,* klagten sie. *Genug gelaufen. Setz dich. Ruh dich aus.*

Und so setzte ich mich zwischen die Stoppeln und genoss, immer noch schwindelig, die vollkommene Schönheit um mich herum. Den Nebel, der aus dem Talkessel aufstieg. Scharen von Goldregenpfeifern, die über uns hinwegrauschten. Die bläulichen jungen Rapsblätter, ein Kontrast zu den Stoppeln auf dem Feld. Das letzte Glühen der untergehenden Sonne hinter dem Kamm des Hügels. Grillen, die zu zirpen begannen. Krähen auf dem Weg zu ihren Schlafplätzen, die wie schwimmende Konstellationen schwarzer kleiner Sterne über unsere Köpfe zogen. Vielleicht hatte mir der Schlag auf den Kopf wieder etwas menschliche Vernunft eingehämmert, denn zu Hause setzte ich mich auf das Sofa und verfasste die Trauerrede auf meinen Vater, zügig, innerhalb von zwanzig Minuten und mit einem kleinen runden Pflaster auf der Stirn.

23

Gedenkfeier

Ich saß im Zug und umklammerte den Hefter mit der Rede. Die Heizung direkt unter meinen Füßen verbrannte mir fast die Knöchel. Draußen begann es allmählich Winter zu werden: papierner Himmel, raureifglitzernde Bäume, Felder im Gegenlicht, die schwanden, während die Stadt immer näher kam. Dann stand ich in der Kirche, den Hefter immer noch in der Hand, und starrte auf Hunderte von Füßen auf dem schwarz-weiß-gemusterten Boden, auf Hunderte von Schultern, Krawatten, Kragenspitzen und Rocksäumen, hörte das Klappern und das Echo des Klapperns winziger schwarzer Absätze. Ich machte mir Sorgen, nicht passend angezogen zu sein – ich trug ein schwarzes Baumwollkleid von Debenhams. War das elegant genug? Warum hatte ich mir nicht etwas *Angemessenes* gekauft? Etwas Teures, Schickes, etwas Stilvolles.

Nach ein paar Sekunden wurde mir klar, dass es bei meiner Panik nicht um die Kleidung ging. Ich setzte mich zwischen meiner Mutter und meinem Bruder auf die Kirchenbank und nahm ihre Hände, benommen vor Liebe und Schmerz. Meine Tante war da, ebenso wie die Lebensgefährtin meines Bruders und deren Eltern. Wir waren eine Familie. Das waren wir wirklich. Ich drehte mich nach den anderen Rednern um: Ron Morgans und Alastair Campbell, die jahrelang mit Dad zusammengearbeitet hatten, und Jeremy Selwyn, auch Fotograf, der sich auf die Lippe biss und zusah, wie die Massen in die Kirche strömten.

Ich ging, den Hefter in den Händen, zum Rednerpult. Ich hatte schon so viele Vorlesungen und so viele Vorträge gehalten, dass ich gedacht hatte, das hier würde einfach werden. Aber das war es nicht. Ich hatte schreckliche Angst. Ich hielt mich am Rand des Rednerpults fest, um nicht zu schwanken. *Wie schaffe ich das nur? Nicht das Publikum ansehen,* riet mir eine innere Stimme. *Tu so, als sei es nicht da.*

Doch dann machte sich noch eine Stimme in meinem Inneren bemerkbar: *Sieh das Publikum an.*

Ich sah auf. Hunderte von Gesichtern. Dads Kollegen, Dads Chefs, Dads Freunde. Auf einmal war die Angst verschwunden. Ich konnte einfach keine Angst mehr haben. Ich begann zu sprechen. Ich erzählte ihnen von meinem Vater. Erzählte ihnen ein wenig aus seiner Kindheit. Erzählte ihnen, was für ein wundervoller Vater er gewesen war. Ich erinnerte sie auch an seine alberne Unfähigkeit, irgendetwas anderes als einen Anzug zu tragen; nur in den Ferien machte er Zugeständnisse und legte hin und wieder seine Krawatte ab. Ich erzählte ihnen von unserer Reise nach Cornwall, auf der wir die totale Sonnenfinsternis fotografieren wollten. Bevor sich der Himmel verdunkelte, standen wir am Strand und sahen einen Mann auf uns zukommen, der von sich behauptete, die Reinkarnation von König Artus zu sein. Der Mann trug einen silbernen Kopfreif und ein langes weißes Gewand. Er ging zu Dad und fragte ihn ehrlich verwirrt: *Warum tragen Sie diesen Anzug?*

Und mein Dad hatte geantwortet: *Na ja – man weiß ja nie, wem man so begegnet.*

Dann erzählte ich ihnen die Geschichte, die sie hoffentlich verstehen würden.

Er ist ein Junge, steht an einem Zaun und blickt angestrengt in den Himmel. Der Zaun umgibt einen Flugplatz, Biggin Hill; die Flugzeuge, nach denen er Ausschau hält, sind Maschinen der Royal Air Force. Er ist neun Jahre alt, vielleicht zehn. Und hat jedes Flugzeug, das gestartet oder gelandet ist, mit seiner Box-Brownie-Kamera fotografiert, die er an einer Schnur um den Hals trägt. Außerdem hat er die Kennzeichen der Maschinen schriftlich in seinem Spiralblock festgehalten. Es ist schon spät, er sollte jetzt wirklich nach Hause gehen. Doch da hört er etwas, das er zunächst nicht einordnen kann, ein ungewöhnliches Motorengeräusch – und dann ist er da, der Moment, von dem er geträumt hat. Er starrt in den Himmel. Sieht die Landescheinwerfer einer … Er weiß nicht, was für eine Maschine das ist. *Er kennt die Maschine nicht.* Aus keinem seiner Bücher. Er fotografiert sie. Er schreibt ihr Kennzeichen in seinen Spiralblock. Die Maschine ist eine Erscheinung aus der Zukunft: ein neues Flugzeug der United States Air Force. Für den flugzeugbegeisterten Jungen in den Fünfzigerjahren ist sie der Heilige Gral.

Als ich beim Schreiben der Rede, immer noch mit leichter Gehirnerschütterung, an dieser Stelle angelangt war, hatte ich nach dem Telefon gegriffen, um meinen Vater anzurufen und ihn zu fragen, welcher Flugzeugtyp es gewesen war. Für einen Augenblick war es in der Welt sehr schwarz geworden.

Eine Hand packte ihn an der Schulter, und eine Stimme sagte: »Na, dann komm mal mit, Bürschchen.« Sie führten ihn im Polizeigriff zur Wache und schoben ihn durch eine Tür vor den Schreibtisch eines Sergeant-Majors mit Schnurrbart und gerunzelter Stirn. Der Sergeant-Major stand auf, brüllte ihn an, riss die Seite aus dem Spiralblock, knüllte sie zusammen und warf sie in den Papierkorb. Dann brüllte er noch etwas, öffnete die Rückabdeckung der Kamera, zog die Filmrolle heraus, die sich auf dem Boden zu Acetatschleifen kräuselte, und warf auch sie in den Papierkorb. *Ich heulte mir die Augen aus,* hatte Dad uns erzählt. *Sie sagten: »Geh nach Hause. Du hast nichts gesehen. Du warst noch nicht einmal hier.« Sie setzten mich wieder am Zaun ab, und da stand ich nun mit meinem Spiralblock und meiner Brownie und heulte wie ein Schlosshund. Bis mir etwas einfiel – etwas aus* Dick Barton *oder dem* Eagle. *Vielleicht hatte ich den Stift ja fest genug aufgedrückt.* Er nahm seinen Bleistift und fuhr mit der Längsseite der Spitze über die nächste Seite in seinem Spiralblock. Und da stand es, weiß auf grau, das Kennzeichen des geheimen Flugzeugs. Er hörte auf zu weinen, stieg auf sein Fahrrad und fuhr mit einem Gefühl des Triumphs nach Hause.

Ich setzte mich wieder, mir war ein bisschen schwindelig. Die Sonne schien durch die Kirchenfenster. Dann kamen die anderen Sachen an die Reihe. Der schmerzhaft schöne Gesang des Chors. Die Gebete des Pfarrers. Lobreden auf das fotografische Können meines Vaters. Alastair Campbell las Wordsworth' »Composed upon Westminster Bridge« vor; er stellte dem Gedicht eine kleine eigene Rede voran, in der er nachdrücklich betonte, dass mein Vater ein *Guter Mensch* gewesen war. An dieser Stelle konnte ich nicht mehr. Damit hatte ich nicht gerechnet. Jedenfalls nicht mit *so viel* davon. Die Trauergemeinde sang »Jerusalem«, und auch ich zwang mich, die Lippen zu bewegen, obwohl nur geflüsterte Bruchstücke herauskamen. Als wir nach dem Gottesdienst unter den Bäumen auf dem Friedhof standen, kam ein junger Mann mit beschlagener Brille und lilafarbener Strickjacke auf uns zu und sagte schüchtern und nervös: »Sie kennen mich nicht. Ich kenne niemanden hier. Das sind alles die ganz Großen. Aber ich wollte Ihnen sagen, dass ... also, ich bin jetzt auch Fotograf. Ich verdiene meinen Lebensunterhalt damit. Ich bin nach London gezogen, um es dort zu versuchen, wusste aber eigentlich nicht, was ich tat. Eines Tages habe ich Ihren Vater kennengelernt, bei einem Auftrag, und mich mit ihm unterhalten. Er hat mir viele Ratschläge gegeben. Er hat mir geholfen. Das hätte er nicht tun müssen, aber er hat es getan. Er hat mir das Leben gerettet. Er war einfach großartig ...« Er verstummte und sah verlegen aus. Ich trat einen Schritt auf ihn zu und umarmte ihn, weil ich nicht wusste, was ich sagen sollte. Immer mehr Menschen kamen auf uns zu und sprachen über Dad; die ganze alte Garde war vertreten, Fotografen aus den Sechzigern, und endlich konnte ich mit den vielen, uns so bekannten Namen aus der Zeitung auch Gesichter verbinden. Sie sagten mir, dass ihnen die Geschichte, die ich erzählt hatte, gefiel. Sie fanden es schön zu wissen, dass mein Vater ein geborener Fotograf gewesen war. Dass der Junge in den kurzen Hosen schon der Mann gewesen war, den sie später kennengelernt hatten. Der Mann, der sein Bild immer bekommen und die Story den Klauen der Niederlage entrissen hatte.

Anschließend versammelten wir uns im Presseclub. Drinks wurden ausgeschenkt. Mehr Drinks. Und noch mehr Drinks. Nun wurden alle etwas gesprächiger; man kam auf mich zu und erzählte ausholend von meinem Vater. Die Geschichten wurden immer verschwommener, verwaschener, die Umarmungen und Wangenküsse verfehlten mehr als einmal ihr Ziel. »Noch einen Drink?«, fragte ein Pressevertreter. »Ja«, antwortete ich, »aber nichts Hartes mehr.« Er kam mit einem riesigen

Glas Wein zurück. »Äh, gibt's keine Softdrinks mehr?«, fragte ich peinlich berührt. »Doch«, erwiderte er. »Ich habe dir doch einen mitgebracht.«

Beschwingt trat ich den Heimweg an. Ich hatte das Gefühl, meine Familie war um rund zweihundert Menschen angewachsen. Nun würde alles gut werden. *Ich liebe dich so, Dad,* dachte ich. *Ich glaubte immer, du seist eine Legende, doch jetzt hat sich herausgestellt, dass du wirklich eine warst. Und was für eine.*

Die ganze Rückfahrt lang dachte ich an Dad und den großen Fehler, den ich begangen hatte. Ich hatte geglaubt, nur die Flucht in die Wildnis könnte meinen unendlichen Schmerz heilen. Denn das war es doch, was die Menschen taten. So zumindest stand es in meinen Naturbüchern. In so vielen von ihnen ging es um die Sinnsuche aus Trauer oder Traurigkeit. Einige hatten ihre Hoffnungen an scheue Tiere geheftet und sich auf die Suche nach Schneegänsen oder Schneeleoparden gemacht. Andere hatten sich an Mutter Erde festgehalten und waren auf abgeschiedenen Pfaden, über Berge, an Küsten entlang und in Täler hinuntergewandert. Die einen hatten die Wildnis in der Ferne, die anderen in der näheren Umgebung gesucht. »Mit ihren grünen beschaulichen Wäldern lindert und heilt die Natur alle Gebrechen«, schrieb John Muir. »Auf Mutter Erde gibt es keinen Kummer, den Mutter Erde nicht heilen könnte.«

Jetzt erkannte ich diese Einstellung als das, was sie wirklich war: eine verführerische, aber gefährliche Lüge. Ich war wütend auf mich selbst und meine unbewusste Überzeugung, dies sei das Heilmittel, das ich brauchte. Hände sind dafür geschaffen, die Hand anderer Menschen zu halten – sie sollten nicht ausschließlich als Sitzstange für Greifvögel dienen. Und die Natur ist kein Allheilmittel für die menschliche Seele; zu viel an der frischen Luft zu sein, zu viel Sauerstoff kann sie zersetzen.

Als ich schließlich zu Hause angekommen war, hatte ich auch herausgefunden, warum sich Mabel so merkwürdig verhalten hatte. Sie war in den Wochen ihrer Freiflüge auf dem Hügel ein richtiges Muskelpaket geworden; zwar war ihr Fluggewicht nun insgesamt höher, doch war es in der vergangenen Woche zu weit heruntergegangen. Sie war *hungrig*. Und Hunger hatte sie aggressiv gemacht.

Mein erster großer Fehler hatte mich wütend gemacht. Als ich diesen zweiten großen Fehler erkannte, hasste ich mich. Ich war so blind, so unglücklich gewesen, dass ich nicht mitbekommen hatte, wie unglücklich auch Mabel war. Ich hatte sie überhaupt nicht wahrgenommen. Ich erinnerte mich an den Mann, in den ich mich nach dem Tod meines Vaters verliebt hatte. Ich hatte ihn kaum gekannt, aber das spielte keine Rolle. Ich hatte unausgesprochen von ihm verlangt, dass er meinen Verlust heilte, ihn zum einzigen Sinn in meinem Leben gemacht. Kein Wunder, dass er die Flucht ergriffen hatte. Und jetzt beging ich den gleichen Fehler wieder. Ich war geflohen, um ein Habicht zu werden, hatte in meinem Unglück den Habicht aber nur in einen Spiegel meiner selbst verwandelt.

Am nächsten Tag war ich unendlich erleichtert und hatte das Gefühl, dass sich etwas Großes in meiner Welt bewegt hatte, wie bei einer tektonischen Verschiebung. An diesem grauen kühlen Abend gab ich Mabel eine ganze Taube zu fressen. Wir setzten uns unter den Apfelbaum und lauschten den Amseln in der Hecke. Mittlerweile kam mir das Haus gar nicht mehr unfreundlich vor. Vom Küchenfenster aus fiel ein weicher, rechteckiger Lichtschein auf den Rasen. Daneben sammelten sich

Taubenfedern zu großen frostigen Haufen an. Mabel begann zu kröpfen. Sie verzehrte die Taube bis zum letzten Fitzelchen Fleisch. Als sie fertig war, war ihr Kropf so voll, dass sie sich kaum noch auf den Beinen halten konnte.

Beim Rupfen der Taube stellten sich weitere Offenbarungen ein, als ob mit dem Aufdecken des Körpers unter den Federn auch andere Dinge aufgedeckt wurden. Ich dachte wieder an die Träume, die ich im letzten Frühjahr gehabt und in denen sich der Habicht gewissermaßen in Luft aufgelöst hatte. Ich wollte ihm folgen, mit ihm fliegen, mich ebenfalls in Luft auflösen. Lange Zeit hatte ich geglaubt, ich sei der Habicht – eines dieser mürrischen Geschöpfe hoch oben in den winterlichen Bäumen, die einfach in eine andere Welt verschwinden konnten. Aber ich war kein Habicht, wie sehr ich mich auch absonderte, wie oft ich mich auch in Blut und Blättern und Feldern verlor. Ich war diejenige, die bei Einbruch der Dunkelheit unter dem Baum stand, die den Kragen gegen die Kälte und Feuchtigkeit hochgeschlagen hatte, die geduldig darauf wartete, dass der Habicht zurückkehrte.

Nun war Mabel damit beschäftigt, den Brustkorb der Taube aufzubrechen. Sie zog an der dünnen Zwischenrippenhaut. *Schnapp.* Ich dachte an meinen Vater, der mit dem Bleistift über geisterhafte Abdrücke auf dem Papier strich. *Schnapp.* Ich dachte an White und warum mich sein Buch die ganze Zeit über nicht losließ. *Schnapp.* Eine weitere Rippe brach. Ich sah in seinem Buch, undeutlich in der Vergangenheit gespiegelt, nicht nur meinen eigenen Rückzug in die Wildnis. Es war auch das einzige Buch aus meiner Kindheit, in dem die Tiere nicht starben.

Gos starb nie. Er ging lediglich verloren. Trotz Whites Überzeugung, sein Habicht sei tot, besteht bis ganz zum Schluss, bis zur allerletzten Seite des Buchs und darüber hinaus noch die Möglichkeit, dass der Vogel zurückkehrt. In dem Winkel meines Kopfes, in dem ich Kind geblieben bin, war der Habicht immer noch da draußen, er war immer noch im Wald; seine gelben Zehen umklammerten raues Holz, und seine hellen Augen beobachteten mich aus einem dunklen Gewirr von Ästen, irgendwo in den unermesslichen Gewässern Hunderttausender Bäume.

Melanie Klein schrieb, dass Kinder Seelenzustände durchlaufen, die mit denen der Trauer vergleichbar sind. Wann immer ihnen im späteren Leben echte Trauer begegnet, durchleben sie diese frühe Trauer noch einmal. Sie war der Ansicht, Erwachsene versuchten, jüngere Verluste genau so zu bewältigen, wie sie schon frühere Verluste bewältigt hätten. Mir fiel die Zeichnung des Turmfalken wieder ein, die sorgsam herausgearbeiteten Fesseln, die ich als Sechsjährige immer und immer wieder übermalt hatte, im verzweifelten Beharren auf der Sicherheit von Knoten und Schnüren.

Gos war immer noch da draußen im Wald, im finsteren Wald, in dem sich alles, was verloren ist, wiederfindet. Ich hatte die Grenzen dieser Welt verlassen, in den Wald schlüpfen und Whites verlorenen Habicht zurückbringen wollen. Einem Teil von mir war das bewusst gewesen; dem Teil, der sehr alt, der noch ein kleines Kind war, der nicht nach den Alltagsregeln der Welt funktionierte, sondern der Logik der Mythen und Träume folgte. Und dieser Teil von mir hatte auch gehofft, irgendwo in dieser anderen Welt meinen Vater wiederzufinden. Sein Tod war so plötzlich gekommen. Ich hatte keine Zeit gehabt, mich darauf vorzubereiten; es hatte keinen Sinn ergeben, dass er überhaupt gestorben war. Sicherlich war auch er nur verloren gegangen. Auch er war noch irgendwo da draußen in diesem undurchdringlichen Wald mit all den anderen Verlorenen und Toten. Ich weiß jetzt, was die Träume im Frühjahr bedeutet hatten, die Träume von einem Habicht, der durch einen Riss in der Luft in eine andere Welt verschwindet. Ich hatte mit dem Habicht fliegen, meinen Vater finden und ihn zurückbringen wollen.

24

Medikamente

Manchmal bringt die Morgendämmerung lediglich ans Licht, wie trostlos die Verhältnisse geworden sind. Ich wache jeden Morgen gegen fünf auf und habe dreißig Sekunden Vorlaufzeit, bevor die Verzweiflung über mich hereinbricht. Mittlerweile träume ich nicht mehr von meinem Vater; ich träume überhaupt nicht mehr von Menschen. In meinen jetzigen Träumen wandere ich über winterliches Watt und an Pfützen vorbei, die der Sturm im Sand hinterlassen hat, in denen sich der Nebel spiegelt und in denen Zugvögel gestrandet sind und ihren Flug gen Süden nicht fortsetzen können. Manchmal träume ich auch, dass ich auf Bäume klettere, dass Äste brechen und ich herunterfalle; oder dass ich in winzigen Booten auf zugefrorenen Meeren Schiffbruch erleide. Herzzerreißende Träume, die mir ein Analytiker nicht erst erklären muss. Denn ich weiß, dass ich nichts und niemandem mehr vertraue. Und dass es sehr schwer ist, lange Zeit ohne Vertrauen zu leben. Es ist wie ein Leben ohne Schlaf – letztendlich bringt es dich um.

Am Abend spiele ich immer mit Mabel. Ich habe ihr Spielzeug aus Papier, Papiertaschentüchern und Pappe gebastelt. Sie dreht ihren Kopf nach unten, plustert ihre Kinnfedern auf, fiept, hebt das Spielzeug mit dem Schnabel auf, lässt es wieder fallen und putzt sich behaglich. Wenn ich ihr Kugeln aus zusammengeknülltem Papier zuwerfe, fängt sie sie mit dem Schnabel auf und wirft sie mit einer raschen Wendung des Kopfes zu mir zurück. Dann nimmt sie eine kauernde Haltung ein und wartet, bis ich ihr die Kugel erneut zuwerfe. Das ist einfach wundervoll. Als ich Stuart erzählte, dass ich mit ihr Ball gespielt habe, glaubte er mir nicht. Man spielt nicht mit einem Habicht. Das hat noch nie jemand getan. Außer mir – ich brauchte es, um die Kälte etwas zu mildern. Die anderen haben nicht nur Habichte, sie haben auch Menschen um sich herum. Für sie sind Habichte kleine Splitter der Wildnis, der Ausgleich zum häuslichen Leben. Sind sie mit dem Vogel in den Wäldern unterwegs, nehmen sie Kontakt zu dessen einzelgängerischer, jägerischer Seele auf. Doch dann kehren sie nach Hause zurück, essen zu Abend, sehen fern, spielen mit ihren Kindern, schlafen mit ihrem Partner, wachen auf, machen Tee und gehen wieder zur Arbeit. Man braucht beides, sagen sie.

Ich habe nicht beides. Ich habe nur die Wildnis. Eine Wildnis, die ich jetzt nicht mehr brauche. Ich ersticke nicht in Häuslichkeit – ich habe gar keine. Im Moment habe ich nicht das Bedürfnis, mich einem Fang aus dunklen, nördlichen Wäldern nahe zu fühlen, einem Geschöpf mit durchdringenden Augen und Tod in den Klauen. Menschliche Hände sind dafür geschaffen, andere Hände zu halten. Menschliche Arme sind dafür geschaffen, sie um andere Menschen zu schließen. Nicht dafür, Kaninchen das Genick zu brechen, Gedärme herauszuziehen und auf den Komposthaufen zu werfen, während sich der Habicht nach unten neigt, um aus dem aufgebrochenen Brustkorb der Beute Blut zu trinken. Ich beobachte das alles, und mein Herz ist starr. Alles ist jetzt in einer ewigen Gegenwart gefangen. Das Kaninchen hört auf zu atmen; der Habicht frisst; Blätter fallen; Wolken ziehen am Himmel vorüber. Ein Auto fährt am Feld entlang, und darin sitzen Menschen, gut gesichert auf dem

Weg nach Irgendwo, in das Leben eingehüllt wie in einen warmen Mantel. Das Geräusch der Reifen entfernt sich. Über uns ein Reiher. Ich beobachte Mabel dabei, wie sie Fleisch aus dem Vorderlauf des Kaninchens zupft, zieht, reißt. Das Kaninchen tut mir leid. Es kam zur Welt, wuchs auf dem Feld auf, fraß Löwenzahn und Gras, kratzte sich mit der Pfote am Kinn, hoppelte herum. Hatte selbst Junge. Was Einsamkeit war, wusste das Kaninchen nicht – es lebte in einem Bau. Und jetzt ist das Kaninchen nur noch sorgfältig verpacktes Futter für einen Habicht, der abends auf dem Wohnzimmerboden sitzt und Fernsehen guckt. Das ist alles so verdammt rätselhaft. Noch ein Auto fährt vorbei. Die Köpfe darin drehen sich nach mir, dem Habicht und dem Kaninchen um. Ich fühle mich wie das Tafelbild in einem Schrein am Straßenrand. Ich bin mir nur nicht sicher, wofür der Schrein ist. Ich bin ein Straßenrandphänomen. Ich bedeute für die Gemeinde den Tod. Ich begreife den Sinn all dessen nicht.

Den Sinn? Es gibt einen Sinn? White war der Meinung, das Abrichten eines Greifvogels sei wie eine Psychoanalyse. Das Abrichten eines Habichts war seiner Meinung nach das Erziehen einer Person, nur dass diese Person kein Mensch, sondern ein Vogel war. Ich sehe mich mittlerweile mehr als Kaninchen denn als Habicht. Mit einem Habicht zu leben ist, wie einen Eisberg anzubeten oder ein Geröllfeld, über das der eisige Januarwind fegt. Wie ein Eissplitter im Auge, der sich langsam ausdehnt. Ich liebe Mabel, doch ist das, was zwischen uns geschieht, nicht menschlich. Ihm wohnt eine Kälte inne, die auch Folterer empfinden müssen; Menschen, die den Mund anderer Menschen mit Stoff bedecken, ihre Lunge mit Wasser füllen und sie glauben machen wollen, dies sei keine Folter. Was man seinem Herzen antut. Man spaltet sich von sich selbst ab, als wäre auch die eigene Seele ein Zugvogel, steht etwas abseits des Schreckens und starrt unverwandt in den Himmel. Der Habicht schlägt ein Kaninchen. Ich töte das Kaninchen. Ich habe dabei keine Mordlust im Herzen. Ich habe überhaupt kein Herz. Ich beobachte das alles wie ein Scharfrichter nach tausend Hinrichtungen, als müsste es unvermeidlich so sein. *Das glaube ich aber nicht. Ich hoffe zumindest inständig, dass es nicht so ist.*

Ich habe mir selbst Angst gemacht und suche einen Arzt auf. Während ich in die Praxis fahre, hege ich zwar keine Hoffnung auf Rettung, weiß aber auch nicht, was mir sonst helfen könnte. Ich kenne den Arzt nicht; er ist klein, dunkelhaarig und trägt einen gepflegten Bart, rote Hosenträger und ein zerknittertes Baumwollhemd. Er sitzt an einem Holzschreibtisch. »Hallo«, begrüßt er mich. »Setzen Sie sich bitte.« Ich setze mich. Sehe auf den Schreibtisch. Eiche. Ich denke an Bäume im Winter. »Was führt Sie zu mir?« Ich erzähle ihm, dass ich möglicherweise depressiv bin. Dass in den letzten Monaten einiges geschehen ist. Mein Vater ist gestorben.

»Das tut mir sehr leid«, sagt er.

Dann erzähle ich ihm, dass ich keinen Job mehr habe und kein Geld mehr verdiene. Dass ich auch keine Wohnung mehr habe. Das klingt nicht besonders plausibel, also erzähle ich ihm mehr. Und noch etwas mehr. Mittlerweile fällt es mir schwer, mit dem Reden aufzuhören. Als ich es schließlich doch tue, sagt er ein paar Worte. Ich kann ihm nicht ganz folgen, ich betrachte seine Augenbrauen. Manchmal kräuseln sie sich in einem Stirnrunzeln zusammen, manchmal sind sie erstaunt gehoben. Er gibt mir einen Multiple-Choice-Fragebogen, was mir grausam witzig vorkommt. Ich sitze lange davor, fummle mit dem Stift herum und mache mir Sorgen, dass ich vielleicht die falschen

Antworten ankreuze. Als ich fertig bin, zögere ich, ihm den Fragebogen zurückzugeben – nun bin ich mir sicher, dass ich ihn falsch ausgefüllt habe. Aber ich weine nicht; ich händige ihm schließlich das Blatt Papier aus, und er nimmt es, dreht es um und liest es sich gründlich durch. Dann legt er es auf den Schreibtisch. Fährt mit einem Stift von einem Blattrand zum anderen. Beugt sich über den Tisch. Ich schaue ihm ins Gesicht und wende mich ab. Es ist unerträglich freundlich. »Helen, wir können Ihnen helfen«, sagt er mit leiser Stimme. »Davon bin ich überzeugt.« Als ich seine Worte höre, spüre ich eine seltsam kribbelnde Überraschung. Es fühlt sich fast wie Hoffnung an. Ich beginne zu schluchzen.

Und schluchze die ganzen nächsten zwanzig Minuten lang, in denen wir behutsam ein Gespräch führen und ich mich bereit erkläre, es mit Antidepressiva zu versuchen. Er ist ein guter Arzt. Er klärt mich über selektive Serotonin-Wiederaufnahmehemmer auf, erläutert mit ihre Nebenwirkungen, erzählt mir ihre Geschichte, beschreibt mir ihre Wirkweise. Er zeichnet kleine Schaubilder mit Punkten für Neuronen und Serotoninmoleküle und deutet mit geschlängelten Linien an, was Wiederaufnahmehemmer ausrichten. Ich bin fasziniert von den kleinen Kunstwerken.

Eine Stunde später gehe ich mit einer weißen Papiertüte in der Hand die Straße hinunter. Sie wiegt fast nichts. Er sagt, das würde die Dinge verbessern. Was lächerlich ist – wie können kleine Punkte und Linien diese graue und abgestorbene Welt in eine bessere verwandeln? Dann habe ich Angst, dass mich die Medikamente krank machen könnten. Unbegründet und panisch fürchte ich, mit ihnen nicht mehr klar denken zu können. Mit ihnen Mabel nicht mehr fliegen zu können. Dass sie sich weigert zu fliegen, weil der chemische Einfluss der Medikamente mich ihr entfremdet. Die Sorgen brechen wie eine nicht enden wollende Lawine über mich herein, doch es gelingt mir, sie lange genug beiseitezuschieben, um die Medikamente mit etwas Wasser herunterzuspülen. Sie haben eine fast augenblickliche Wirkung: Ich fühle mich so müde, dass ich kaum mehr stehen kann; mein Kopf ist leer und will doch vor Schmerz platzen. In dieser Nacht schlafe ich nicht. Ich liege im Bett. Am nächsten Morgen trinke ich Kaffee. Trinke mehr Kaffee. Und fliege den Habicht weiter.

Die Bücher, in denen es um Menschen geht, die aus Trauer und seelischem Schmerz in die Wildnis fliehen, waren Teil einer viel älteren Geschichte – so alt, dass man ihre Form wie die unbewusster und unsichtbarer Atemzüge nur ahnen kann. In den ersten Semestern, in denen ich mich als Studentin zum akademischen Abschluss durchgeschlagen habe, fiel mir ein langes und wunderschönes Gedicht aus dem dreizehnten Jahrhundert in die Hände: *Sir Orfeo*. Niemand weiß, wer es verfasst hat, und nachdem ich es gelesen hatte, geriet es auch bei mir lange Zeit in Vergessenheit. Doch eines Morgens – ich holte gerade eine Handvoll Eintagsküken aus dem Tiefkühlfach – fiel mir das Gedicht wieder ein; wahrscheinlich eine dieser merkwürdigen Ausgrabungen der Trauerarchäologie.

Sir Orfeo erzählt anhand traditioneller keltischer Lieder den griechischen Mythos von Orpheus und der Unterwelt – dem »Land of Faery« – nach. In den keltischen Mythen liegt die Unterwelt nicht tief im Inneren der Erde verborgen; sie ist vielmehr eine Anderswelt, nur einen Schritt von der unseren entfernt. Die Dinge können in beiden Welten gleichzeitig existieren und von der einen in die andere Welt wechseln. Zu Beginn des Gedichts schläft Heurodis in einem Garten unter einem Baum, einem veredelten Obstbaum, ein und träumt, dass sie am nächsten Tag vom Feenkönig entführt werden soll. Voller Furcht berichtet sie ihrem Mann, dem König, davon. Daraufhin versammelt Orfeo tausend Ritter um seine Frau, die sie jedoch auch nicht vor der Bedrohung aus der Anderswelt beschützen können: Vor den Augen aller verschwindet Heurodis.

Gramerfüllt legt Orfeo seine Krone nieder und flieht in die Wildnis. Zehn Jahre lebt er dort ein einsames, wildes Leben: Er gräbt Wurzeln aus, isst Blätter und Beeren und spielt auf seiner Harfe, mit der er die wilden Tiere um sich herum bezaubert. Sein Bart wird lang und ist verfilzt. Und obwohl er hin und wieder die prachtvollen Jagdgesellschaften des Feenkönigs im Wald beobachten kann, kann er ihm doch nicht in dessen Reich folgen. Eines Tages begegnen ihm sechzig Damen mit Falken auf der Faust, die zu Pferd nach Kormoranen, Stockenten und Reihern jagen. Als Orfeo dabei zusieht, wie die Falken die Beute schlagen, verändert sich plötzlich die Welt. Er lacht und erinnert sich voller Freude an die eigene Begeisterung für die Beizjagd: »Parfay!« quath he, »ther is fair game.« Er geht auf die Damen zu und erblickt unter ihnen seine Frau. Er ist in die Anderswelt gelangt und folgt den Damen nun zum Schloss des Feenkönigs, wo viele Menschen leben, die man fälschlicherweise tot glaubte. Er spielt dem Feenkönig auf seiner Harfe vor und überredet ihn, seine Frau gehen zu lassen. Erst durch den Flug der Falken und den Tod, den sie brachten, konnte Orfeo in die Anderswelt wechseln und seine verloren geglaubte Frau finden. Die Vorstellung, dass Greifvögel fähig sind, Grenzen zu überschreiten, die Menschen nicht überschreiten können, geht auf eine Zeit weit vor den keltischen Mythen, weit vor dem Orpheus-Mythos zurück; in den alten schamanischen Traditionen in ganz Eurasien gelten Falken und andere Greifvögel als Mittler zwischen den Welten.

Auch ein lateinisches Gedicht beschäftigt sich mit der trauerbedingten Flucht in den Wald. Geschrieben hat es Geoffrey of Monmouth, ein Geistlicher aus dem zwölften Jahrhundert, der vor allem für seine *Historia Regum Britanniae*, eine Chronik der Könige Britanniens, berühmt wurde. Die *Historia* kennt jeder – das Gedicht ist so gut wie unbekannt. Es beginnt mit einer großen Schlacht, in der ein walisischer König viele seiner Freunde verliert. Drei Tage lang trauert er: Er weint, streut sich Asche aufs Haupt, verweigert jegliche Nahrung. Dann jedoch kommt ein »eigenartiger Wahnsinn«, eine »neue Raserei«, über ihn.

> Heimlich stahl er sich davon und floh in den Wald. Dort freute er sich daran, unter den Eschen versteckt zu ruhen; er staunte über die wilden Tiere, die auf den Lichtungen grasten; manchmal jagte er ihnen nach, manchmal flog er an ihnen vorüber. Er lebte von den Wurzeln der Gräser und vom Gras, von den Früchten der Bäume und von den Maulbeeren aus dem dichten Gestrüpp. So verwandelte er sich allmählich in einen Menschen des Waldes, einen Menschen, der dem Wald ergeben war. Einen ganzen Sommer lang versteckte er sich wie ein wildes Tier im Wald, war dort begraben und von niemandem gefunden, vergessen von sich selbst und den Seinen.

Bei Geoffreys Gedicht handelt es sich um die *Vita Merlini*, das Leben des Zauberers Merlin, und die verwilderte Gestalt, die sich selbst vergisst und dabei mit den Vögeln fliegt, ist Merlin

Sylvestris, der Merlin der Wälder, der Prophet und Weise, der sich in späteren Erzählungen zum größten aller Zauberer entwickeln sollte. In *Das Schwert im Stein* unterrichtet er den künftigen König.

Es ist verführerisch, sich einen zündenden Moment vorzustellen, die perfekte Eröffnungsszene. An einem Herbstabend im Jahr 1937 nimmt White ein Buch aus dem Regal, das er nicht lesen will. Ein kleines blaues Buch mit Leineneinband: den ersten Band von *Le Morte D'Arthur,* in dem Sir Thomas Malory im fünfzehnten Jahrhundert die Legenden um den sagenumwobenen König nacherzählt. White hatte seine Dissertation in Cambridge darüber geschrieben, kehrt nun aber höchst unwillig zu dem Buch zurück. Doch alle anderen Bücher im Haus hat er bereits gelesen, und so setzt er sich in seinen Sessel und beginnt mit der Lektüre. Eine mühselige, schwerfällige Arbeit wie das Waten durch Sirup. Er will es schon ins Regal zurückstellen. Doch plötzlich greift es nach ihm, wie Gos mit seinen acht scharfen Klauen nach seiner Schulter gegriffen hatte. Das ist ja eine richtige Geschichte, denkt er überrascht. *Eine richtige Tragödie.* Die Menschen darin sind authentisch, das waren sie vorher nicht gewesen. In zwei Tagen verschlingt er das ganze Buch, »mit der Leidenschaft eines Edgar-Wallace-Schurken; dann legte ich es nieder und nahm einen Stift zur Hand«.

Es wäre leicht zu sagen: Da. So hat *Das Schwert im Stein* seinen Anfang genommen. Aber das glaube ich nicht. Ich glaube, dass das Buch Monate vorher begonnen hatte: in dem Augenblick, als etwas Rundes, etwas wie ein Wäschekorb, vor seiner Tür landete.

White hielt es – im Gegensatz zu seinen früheren Versuchen – für ein warmherziges Buch. »Ich könnte nicht sagen, ob es ein

Buch für Erwachsene oder für Kinder ist«, schrieb er an Potts.
»Es ist ein Geleitwort zu Mallory.« Der Junge im Buch heißt
Wart. Eine gutmütige Seele – treu und ein bisschen dumm. Das
Waisenkind weiß nicht, dass es König werden soll; Sir Ector
hat Wart gemeinsam mit seinem leiblichen Sohn großgezogen.
Chancen auf die Ritterwürde hat der Junge keine, da er nicht
von Adel ist. Doch dafür bekommt er etwas viel Besseres: einen
Zauberer als Lehrer – Merlin – und eine Zauberausbildung. Die
gestaltet sich ganz anders als die Erziehung auf der Schulbank:
Merlin verwandelt Wart in verschiedene Tiere und schickt ihn
auf Schatzsuche. Als Fisch begegnet der Junge den Hechten im
Burggraben und erfährt dort alles über die Machtlust des Allein-
herrschers; als Schlange erhält er Lektionen über die Geschichte.
Er kann die Bäume sprechen hören und erlebt die Geburt der
Welt durch die Augen und Ohren einer Eule. In einem bequem
eingerichteten Dachsbau diskutiert er mit einem gelehrten
Dachs über die Rolle der Menschheit in Gottes Plan. Und am
Ende, als er seine Ausbildung abgeschlossen hat, zieht Wart das
Schwert aus dem Stein, erfährt, dass er Uther Pendragons Sohn
ist, und wird zum König gekrönt.

Für White ist die Geschichte der herrliche Traum einer
Wunscherfüllung. In der Figur des Wart ist ein großer Teil seiner selbst enthalten: ein Junge von königlichem Geblüt, was
sich allerdings erst später herausstellt, der auf der Burg herum-
lief, wie er selbst im West Hill House in St Leonards-on-Sea
herumstromerte, wild, glücklich und frei. Sein eigenes Schicksal – aus der Sicherheit gerissen und zur Schule geschickt zu
werden – erspart er Wart. In dieser Art von Erziehung würde
es keine Schläge geben. Dennoch sind seine Lektionen voller
Grausamkeit. Als ich klein war, ist mir nie ganz klar geworden,
wie grausam das Buch wirklich ist. Trotzdem habe ich auf die

Grausamkeit reagiert: Mein Lieblingskapitel im Buch war das, in dem Wart die Prüfung als Greifvogel bestehen muss. Und die ist wirklich erschreckend. Ich las das Kapitel, krümmte und wand mich und las es dann noch einmal.

Merlin verwandelt Wart in seinen Namensvetter, einen Merlin, und lässt ihn nachts in den Stallungen des Schlosses frei. Als neuer Anwärter im Kader der altehrwürdigen abgerichteten Greifvögel muss sich Wart dem üblichen Aufnahmeritual unterziehen. Man befiehlt ihm, so lange neben Colonel Cully, dem Habicht, stehen zu bleiben, bis die restlichen Vögel dreimal mit ihren Bells geklingelt haben. Was sich zunächst eher harmlos anhört, ist in Wahrheit ein höchst gefährlicher Initiationsritus, denn Colonel Cully ist wahnsinnig. Zu Beginn der Prüfung blickt der Habicht nur finster drein und brummelt vor sich hin. Er zitiert unzusammenhängende Bruchstücke von Shakespeare und Webster, die sich zu einer Fuge des Schreckens steigern. Nachdem die Bells einmal geklingelt haben, fleht der Habicht die anderen an, die Mutprobe zu beenden, und ruft in äußerster Qual: »Ich halt's nicht mehr lange aus.« Die Bells läuten zum zweiten Mal. Nun bewegt sich Colonel Cully auf Wart zu, krampfhaft auf die Sitzstange einstampfend. »Wart hatte ihn höchlichst entsetzt; er verspürte Furcht, nicht Triumph; und er musste schlagen.«

In dieser entsetzlichen Mutprobe ist White Wart, der Junge, der tapfer sein muss. Aber er ist nicht nur Wart, und der Junge ist nicht der Einzige, der in Gefahr schwebt. Eine sehr traurige Passage in Olivia Laings Buch *The Trip to Echo Spring* erinnert mich immer an diese Szene. Darin zitiert sie den Schriftsteller John Cheever, ebenfalls ein Alkoholiker und ebenfalls erotisch ausschließlich an Männern interessiert. Doch er hasste es, homosexuell zu sein, und fühlte sich in ständiger Gefahr. »Jeder gut aussehende Mann, jeder Bankangestellte und jeder Lieferjunge«, vertraute er seinem Tagebuch an, »war wie eine geladene Pistole auf mein Leben gerichtet.«

Trotz seiner gelegentlichen Affären mit Frauen waren Whites Fantasien sadistischer Natur und hatten meist heranwachsende Jungen zum Gegenstand. Er war davon überzeugt, dass er diese Fantasien dem frühen Missbrauch verdankte; er schämte sich ihretwegen, und sie erschreckten ihn, da er darin immer die Rolle des Täters spielte, also die seines Vaters oder der Lehrer, die ihn geschlagen hatten. Die Therapie bei Bennet hatte diese Art von Trieb nicht beheben können – White wurde nie von ihm befreit. Noch als alter Mann verfasste er einen pornografischen Roman, in dem es um das Verprügeln von Schuljungen geht; eine ausgedehnte und scheußliche Beichte. Er schloss sie weg und zeigte sie niemandem, ebenso wie die Begierden, die er sein ganzes Leben lang unterdrückte. Nur manchmal, nur in sehr seltenen Augenblicken, konnte er durch die Figur eines anderen von ihnen sprechen. Colonel Cully ist eine dieser Figuren: ein Greifvogel, der vor Verlangen brennt, einem Jungen wehzutun, der ebenfalls ein Vogel ist – einem Jungen, der auch er selbst ist. In der kleinen Szene offenbart sich die gesamte Tragik von Whites Leben.

White war zwar der Welt der Schule entflohen, aber es gelang ihm nie, ihre Muster der Lebensführung abzuschütteln. In der Schule muss man Prüfungen und Mutproben bestehen, die beweisen, wie tapfer man ist. Man musste seine Tapferkeit auf dem Spielfeld und bei den Schlägen von Lehrern und Aufsichtsschülern unter Beweis stellen. Und dann waren da noch die Mutproben der Jungen selbst: grausame Zeremonien und Initiationsriten, die man durchlaufen musste, um in die Schule und später in die Geheimgesellschaften der Schüler aufgenommen zu werden. Für White hatte eine dieser Mutproben darin bestanden, seine Hand zwischen den gespannten Hahn und den Verschluss eines ungeladenen Revolvers zu legen. Er hatte den höllischen Schmerz genossen, denn er bedeutete, dass auch er in der Lage war, dazuzugehören.

White war allerdings nicht immer das Opfer dieser Initiationsriten. Die Schule hatte ihn gelehrt, dass er unter den älteren Jungen zwar leiden musste, dafür die jüngeren aber bestrafen durfte. Und so schloss er sich Banden an und terrorisierte seinerseits diejenigen, die schwächer waren als er selbst; er stellte sie auf die Probe, wie auch er auf die Probe gestellt worden war. In einem Schuljahr bestand die Probe darin, aus einem Fenster des großen Schulgebäudes in fast viereinhalb Meter Höhe zu springen. Puppy Mason hatte zu viel Angst, also war White den anderen behilflich, ihn aus dem Fenster zu stoßen. Durch den Sturz brach Mason sich das Bein an drei verschiedenen Stellen, gab jedoch keinen Mucks von sich, was die älteren Jungen unglaublich beeindruckte. Den Lehrern erzählte Puppy dann, er sei über einen Zweig im Garten des Schuldirektors gestolpert. Der Junge war auf die Probe gestellt worden, hatte sich heroisch verhalten und sich damit einen Platz in der Bruderschaft erworben.

Solcherlei Dinge waren mir völlig fremd. Was Scham und Demütigung bedeuteten, wusste ich bereits: Schließlich war ich das schrecklich tollpatschige Mädchen, das sich ständig die Knie aufschlug, über irgendetwas stolperte, sich die Haut abschürfte, sich den Kopf an offenen Fenstern stieß und fürchterlich blutete. Doch die Logik, sich einer Prüfung zu unterziehen, um dazuzugehören, war mir unbekannt. Für mich waren Schmerzen und Tapferkeit keine Schritte auf dem Weg zu Selbstvertrauen, sie gehörten für mich nicht notwendigerweise zum Erwachsenwerden dazu. Dennoch rätselte ich darüber, warum Wart, wann immer er in ein Tier verwandelt wurde, in Gefahr zu sein schien. *Dadurch lehrt Merlin ihn, tapfer zu sein*, schlussfolgerte ich irgendwann. *Denn wer König sein will, muss tapfer sein.*

Ich las die Passage, in der Wart von Colonel Cully geprüft wird, immer und immer wieder. Sie faszinierte mich, weil man sich als Kind keine Gedanken über die kindlichen Helden in Büchern machen muss. Sie mochten zwar in Gefahr schweben, doch sie waren Menschen, die niemals sterben konnten. Als ich *Das Schwert im Stein* las, machte ich mir trotzdem Gedanken, denn allmählich stellte sich die Frage, ob Wart tatsächlich noch ein Mensch war. Er war in einen Vogel verwandelt worden. War er dann überhaupt noch Wart? Er war jetzt ein Tier. Konnte er dann auch sterben? Vielleicht. Und dieses Vielleicht fesselte mich jedes Mal, wenn ich die Passage las; ich verspürte eine schaurige Vorahnung, die ich gerade noch unter Kontrolle halten konnte. Ich las weiter, begierig, zum Ende zu kommen, zu dem Moment, in dem Wart von der Sitzstange springt und der Riesenfuß des Habichts seinen Flügel packt, bevor er sich losreißen kann und überlebt. Ich wusste nichts über Mutproben, doch die Lektüre dieser Stelle fühlte sich wie eine an. Danach war ich jedes Mal froh, überlebt zu haben, um sie erneut lesen zu können.

White war der Schule entflohen, indem er sich in den Wald geflüchtet hatte; doch führte die Straße, an der sein Cottage lag, direkt vor die Schultore. Er hatte Freiheit gewonnen, indem er sein Leben verändert hatte – die Vorstellung davon, was Freiheit ist, hatte er jedoch von der Schule übernommen. In der Schule rückt man Jahr für Jahr auf und gewinnt dabei immer mehr Macht und Privilegien, bis man die Schule schließlich verlässt. Genau diese Vorstellung von Freiheit – als natürlicher Abschluss einer Erziehung voller Prüfungen – legte White sein Leben lang nicht ab; sie war es, die ihm beim Verlängern der brüchigen Lockschnur die Hand geführt hatte. Als Schuljunge hatte er gelernt, dass die Jungen, über die er Autorität hatte, eines Tages selbst Autorität haben würden. Als Lehrer hatte er an diesem Glauben festgehalten. Ebenso wie als Falkner. In seinem tiefsten Inneren war er davon überzeugt, dass er seine Schützlinge auf eine Zeit hin abrichtete, in der sie frei sein würden.

25

Magische Orte

Zehn Tage sind vergangen. Gestern Abend haben sie schlechtes Wetter vorhergesagt: Ostengland sei von einer Sturmflut bedroht. Ich wachte nachts immer wieder auf, lauschte dem Regen und sorgte mich um die Wohnwagen an der Küste, hatte ihre fragile silberne Silhouette vor Augen, die sich gegen den Regen und das steigende Meer abzeichnete. Doch die Sturmflut fiel nicht so heftig aus wie befürchtet, und so dämmerte der Morgen strahlend blau wie eine glänzende Regenpfütze herauf.

Nach dem Mittagessen gehe ich mit Mabel auf den Hügel. Auf dem Weg nach oben rütteln aufsässige Windböen immer noch an den Hecken und überhäufen uns mit Bergen von Laub. In dem klebrigen Matsch unter uns sind Fasanenspuren zu erkennen. Ganze Schwärme von Wacholderdrosseln rufen *schack-schack* und verstecken sich im Weißdorngebüsch neben der Weide; sie brechen aus dem Dickicht, sobald wir ihnen zu nahe kommen, und flüchten, kleine Vogelstroboskope in Schwarz-Weiß. Es ist schön, sie zu sehen. Nun hat der Winter Einzug gehalten. Mabel sprüht vor Zufriedenheit: Sie schüttelt ihren Stoß in kaum unterdrückter Aufregung und plustert das Bauchgefieder über den Zehen auf. Ihre Augen leuchten silbern in der frühen Nachmittagssonne. Könnte der Habicht sprechen, dann würde er jetzt wahrscheinlich ein leises Liedchen singen. In mir hat sich etwas verändert; heute fällt es mir schwer, in die wunderbare, wortlose Schärfe des Habichts zu schlüpfen. Oder vielmehr umgekehrt: Der Habicht erscheint mir heute menschlicher. In knapp zwanzig Meter Entfernung springt ein Kaninchen in großen Sätzen über den Weg, und der Habicht folgt ihm. Sie schwingt sich in eine Pappel, umklammert einen dünnen, fast senkrechten Ast und lehnt sich, schlank und glatt wie ein Wiesel, in den Wind. Sie sieht sich um. Erblickt etwas. Fliegt in den nächsten Baum, schaut herunter. Und fliegt dann wieder zum ersten Baum zurück. Ich biete ihr die Faust an. Sie kommt sofort zu mir, und weiter geht's. *Raah*, sagt sie. *Mehr.*

Auf Höhe der Heurollen schleichen wir am Rand des Waldes entlang und arbeiten uns dann zur Ecke des oberen Feldes durch. Ich sehe ein wenig verschwommen; die von den Medikamenten herrührende Müdigkeit habe ich mit zwei doppelten Espressi zum Frühstück und einer koffeinhaltigen Limo nach dem Mittagessen bekämpft. Nun hoffe ich, dass die Medikamente den Koffeinüberschuss und die damit unweigerlich einhergehende Unruhe etwas abmildern werden. Mabel bemerkt einen Haufen Ringeltauben auf einem Pflug rund vierhundert Meter entfernt und ist kurz davor zu ballieren. »Mach keinen Quatsch, Mabes«, sage ich zu ihr, doch sie balliert trotzdem. *Pah.* Sie sieht mich direkt an. *Gib mir etwas zu jagen!*

Das tue ich. An der Ecke zum nächsten Feld laufen wir durch brusthohe Disteln; während ich versuche, nicht in den Stacheln hängen zu bleiben, strecke ich die Faust so weit wie möglich nach oben. Sie klammert sich mit allen acht Klauen fest in den Handschuh und stemmt sich gegen die ankommenden Windstöße. Und plötzlich taucht aus dem Nichts direkt vor uns, an der Stelle, an der mein Schatten endet, ein bronzefarbener und flaschengrüner Fasanenhahn auf. Als er mit aufgestelltem Schwanzgefieder und ausgebreiteten Handschwingen klappernd aus dem trockenen Gras aufsteigt, ist der Habicht ihm bereits dicht auf den Fersen. Der Fasan wendet sich in den Wind, sie holt auf. Jetzt ist sie nur noch fünfzehn Zentimeter von seiner Schwanzspitze entfernt. Doch sie hat wenig Erfahrung mit einem Wind wie diesem; sie greift zum falschen Zeitpunkt an, wird vom Wind etwas zur Seite gedrückt, und schon zieht der Fasan in Richtung Wald. Sie folgt ihm, bis ich beide aus den Augen verloren habe. Ich will losrennen, da sehe ich sie zu mir zurückfliegen; wie eine Mustang aus einem Kriegsfilm rauscht sie über die Wipfel des Waldes. Ein riesiger, eleganter Bogen, mit dem sie die Barrikade der Luft hart durchschneidet, als wollte sie sagen: *Da bin ich wieder!* Dann landet sie auf der Faust, und ihre ganze Haltung drückt aus: *Na? Wie war das?!*

Während die Tage immer tiefer in den Winter hineingleiten, bekommen die Dinge allmählich einen kleinen, flüchtigen, schimmernden Rand. Das geht relativ unauffällig vor sich. Ich ertappe mich dabei, wie ich am Morgen den Himmel beobachte und einfach nur schön finde, was ich da sehe. Ich betrachte ihn nicht mit dem abschätzenden Auge des Habichtlers, das sich nur für die Windgeschwindigkeit, die Windrichtung und eventuellen Niederschlag interessiert. Ich besuche alte Freunde, schmiede Pläne für die Zukunft. Sehe mich nach einem Haus um, das ich mieten kann. Meine Mutter kommt zu Besuch. Ich mache einen Termin beim Arzt und spreche mit ihm über meine Fortschritte. Er erklärt mir, die benommene Müdigkeit sei eine Nebenwirkung der Medikamente, die bald nachlassen würde.

Der amerikanische Schriftsteller und Ökologe Aldo Leopold hat die Falknerei einmal als Balanceakt zwischen Wildheit und Zahmheit bezeichnet – nicht nur bezüglich des Greifvogels, sondern auch im Herzen und Geist des Falkners. Aus diesem Grund hielt er die Falknerei für das perfekte Hobby. Ich habe mittlerweile das Gefühl, in dieser Balance zu sein: Der Abstand zwischen mir und Mabel vergrößert sich. Ich erkenne jetzt, dass ihre Welt nicht die meine ist, und ein Teil von mir ist erstaunt, dass ich so etwas je denken konnte.

Dann tue ich etwas Überraschendes: Ich steigere Mabels Gewicht noch mehr und lasse sie beim Fliegen weiter streifen. Das macht ein guter Falkner eigentlich nicht. »Lassen Sie einen Habicht nie selbst Jagd machen«, heißt es in den Büchern. »Eine solche Unabhängigkeit ist die Garantie dafür, dass Sie Ihren Habicht verlieren werden.« Ich weiß, dass ich sie erst loslassen sollte, wenn Beute in Sicht ist, hier, direkt vor ihr. Doch wie könnte ich widerstehen? Heute, es war ein frostiger, diesiger Nachmittag, ging ich mit Mabel auf einen Hügelkamm, von dem aus sich die ganze Landschaft Cambridgeshires vor uns ausbreitete: überall Bäume, Felder und Gehölze, alles waldig und in goldenes Sonnenlicht getaucht. Ich weiß, dass Mabel in der Hecke jenseits des Hügels nach Beute suchen will, also lasse ich sie los. Ihr taktisches Gespür ist überwältigend. Sie lässt sich von meiner Faust fallen und macht sich auf den Weg, nur eine Handbreit über dem Boden. Jeden Zentimeter Unebenheit nutzt sie als Deckung aus; sie gewinnt an Geschwindigkeit, bis die frostigen Stoppeln unter ihr nur so aufblitzen. Dann kurvt sie elegant über den Hügel. Sie schließt ihre Flügel und gleitet mithilfe der Schwer- und Schwungkraft den Abhang hinunter. Über der Hecke gut neunzig Meter entfernt blitzen weiße und cremefarbene Federn auf, dann rauscht sie auf die andere Seite und aus meinem Blickfeld. Während ich das alles beobachte, renne ich ihr in matschverklumpten Stiefeln hinterher; einerseits will mich die Erde nicht loslassen, andererseits habe ich das Gefühl zu schweben.

Ich finde sie mit einem Kaninchen in den Fängen am Boden der Hecke wieder. »Mabel«, sage ich atemlos zu ihr. »Du benimmst dich wie ein wilder Greifvogel. Schockierend.« Diese Form der Falknerei ist nervenaufreibend, aber einfach wunderbar. Ich teste die Verbindungen zwischen uns, die die alten Falkner Liebe nannten. Sie sind noch da, und es sieht aus, als wurden sie weiterhin halten. Vielleicht. Ich erhöhe ihr Gewicht noch mehr, und ganz langsam erweitert sich die Welt. Aber ich weiß, dass ich mein Glück herausfordere.

Sie ist nicht in Kondition, sage ich mir auf der Fahrt im Auto. *Du wirst sie verlieren.* Seit unserem letzten Ausflug sind zwei Tage vergangen; in meinem Kopf höre ich ganz deutlich die Stimme der Vernunft, die mir rät, auf der Stelle umzukehren. Ich fahre weiter. Regentropfen klatschen gegen die Windschutzscheibe und spritzen auf die Seitenfenster. Verlassen Kaninchen bei diesem Wetter überhaupt ihren Bau? Möglich. *Egal.* Ich parke am schmuddeligen Rand des nassen Zauns auf der anderen Seite des Feldes. Mabel ist zwar nicht in Yarak, schaut sich aber um. Egal, denke ich noch einmal; ich tausche Geschüh- gegen Flugriemen aus und lasse sie los. Sie verfolgt ein Kaninchen bis zu seinem Bau und schwingt sich dann in eine Eiche. Ich pfeife. Sie scheint mich nicht zu hören. Jetzt fängt es richtig zu regnen an. Und ich merke auf einmal, dass sich am Raum zwischen dem Habicht und mir etwas geändert hat. Normalerweise ist er mit einer fast greifbaren Aufmerksamkeit angefüllt. Fliegt sie in einen Baum, wende ich ihr meine und sie mir ihre gesamte Aufmerksamkeit zu. Jetzt nicht mehr. Sie ignoriert mich.

Einen Greifvogel in einem großen Baum zu beobachten hat etwas von Andacht. Sir Thomas Sherley hielt die Falknerei im siebzehnten Jahrhundert für eine religiös-moralische Beschäftigung, da man die Augen automatisch zum Himmel wendet, wenn man Falken fliegt. Was ich hier tue, ist eher, wie auf die Knie zu fallen und eine gleichgültige Gottheit um Gnade anzuflehen. Mabel fliegt weiter, verschwindet tiefer im Baum. Ich folge ihr. Sie ignoriert mich immer noch. *Sieh mich an, Habicht,* sende ich telepathisch in die Zweige hinein – sie tut es nicht. Plötzlich finde ich mich auf jemandes Rasen wieder; ich habe auf dem blauen Gras eine Spur dunkler Fußabdrücke hinterlassen. Wie eine Verrückte rufe und pfeife ich nach dem Habicht rund neun Meter über mir. Der Regen peitscht um uns herum. Ich springe hin und her und werfe Kükenleichen in die Luft, die mit einem dumpfen Plumps auf dem Rasen landen. Sie dreht noch nicht einmal den Kopf, um die traurigen parabelförmigen Bahnen der Küken zu verfolgen. Ich versuche es wieder mit Pfeifen und wedle mit den Armen. »Mabel!«, rufe ich. »Na los, komm schon!«

Irgendwo quietscht ein Schiebefenster, ein Fenster im oberen Stock des riesigen georgianischen Hauses, das ich meinerseits bislang ignoriert habe. Darin taucht ein Dienstmädchen auf: schwarzes Kleid, weiße Schürze, weißes Häubchen. Nichts daran kommt mir auch nur entfernt merkwürdig vor – ich war meinem Habicht gefolgt und bin in der Zeit rückwärts gegangen. Wir schreiben das Jahr 1923. Gleich wird Monsieur Poirot über den Rasen auf mich zuschreiten. Erst viel später kam mir in den Sinn, dass ich wahrscheinlich ein erotisches Nachmittagsabenteuer unterbrochen hatte.

»Alles in Ordnung bei Ihnen?«, ruft das Dienstmädchen.

»Es tut mir schrecklich leid!«, rufe ich zurück. »Ich habe meinen Habicht verloren.« Ich deute vage in den Baum hinauf. »Ich versuche, sie wiederzufinden. Es tut mir wirklich *furcht-*

bar leid, dass ich hier eingedrungen bin. Ich bin gleich wieder weg, aber ich muss sie finden.«

»Ach?«

Sie denkt eine Sekunde darüber nach und schaut in den Baum. Dann sieht sie wieder zu mir herunter. »Ja … in Ordnung. Ich wollte nur sichergehen, dass Ihnen nichts fehlt.« Mit einem lauten Knall schließt sie das Fenster wieder. Das schreckt den Habicht auf: Sie fliegt von Baum zu Baum und führt mich immer weiter vom Rasen fort zum Rand des Waldes. Hier sind die Bäume noch mächtiger, mein Habicht ist jetzt nur noch etwa daumennagelgroß. Matt reflektiert ihre gesprenkelte Brust das Licht. Auf einmal taucht ein Doppelgänger auf: die Miniaturausgabe meines Habichts, etwa halb so groß wie sie. Das Sperberweibchen stößt zu Mabel herab, wendet und wiederholt das Manöver. Die beiden erinnern mich an Peter Pan, der von seinem eigenen Schatten geärgert wird. Mabel fliegt in den nächsten Baum. Ich weiß allmählich nicht mehr, was ich tun soll; zu mir herunterkommen wird sie bestimmt nicht, also muss ich ihr weiterfolgen und meine abenteuerliche, schlafwandlerische Reise durch Gestrüpp und Unterholz fortsetzen.

Knallerbsen, denke ich flüchtig, als die weißen Kügelchen meine Falknerweste streifen. *Sind die nicht von viktorianischen Wildhütern gepflanzt worden, als Deckung für Fasane? Oh … Oh, nein.* Ich habe den Gedanken gerade zu Ende gedacht, da sehe ich Mabel, wie sie sich aus der Baumkrone windet, einem Ast ausweicht und mit fast vollständig angelegten Flügeln in einem Fünfzig-Grad-Winkel niederstößt. Ich halte den Atem an, kann ihr aber nicht lange bei ihrer Flugakrobatik zuschauen, denn nun muss ich mich beeilen. Ich laufe los, ducke mich unter einem Elektrozaun hindurch und bleibe wie angewurzelt stehen, als ich sehe, worauf sie da niedergestoßen ist: hier ist alles voller

Fasane. *Wir sollten nicht hier sein. Wir haben hier nichts zu suchen.* Ich höre ihre Bell. Wo ist sie nur? Ich springe über einen matschigen Graben in den Wald. Dort schlucken die Blätter und die Angst jedes Geräusch. Bis ich die flüchtenden Fasane höre. Einer, zwei, drei. Sie ducken sich in Todesangst. Ein Fasanenhahn mit blauem Rumpf und vor den dunklen Blättern leuchtenden kupferfarbenen Federn hält es nicht mehr aus und schießt wie der Blitz in zehn Meter Entfernung über den Waldboden. Mabel taucht hinter ihm auf, wie ein Windstoß, auf dem der Engel des Todes reitet. Ich kann nicht verhindern, was als Nächstes geschieht; nichts könnte das verhindern. Mabel ist atemberaubend schnell. Ihr Gleitpfad bricht abrupt ab, sie erwischt den Fasan genau in dem Moment, als er in einem Gestrüpp verschwinden will. Dann sehe ich nur noch Blätter und Federn fliegen und Fasanenflügel schlagen.

Ich kann nicht mehr. Ich hocke da, dreckig, voller Matsch und schweißüberströmt, das Adrenalin rauscht in meinen Adern. Auch der Habicht ist voller Adrenalin: Obwohl der Fasan bereits tot ist, tötet sie ihn weiter. *Stampf, stampf, knet, stampf, tret, klammer, stampf.* Die Blätter wirbeln weiter durch die Luft, während sie ihren Tanz auf dem Fasan aufführt. In ihren Augen glüht ein unheilvolles Licht, ihr Schnabel ist offen. Sie sieht furchterregend aus. Ganz langsam beruhigt sie sich. Ich drehe mich immer wieder um, sehe glücklicherweise aber niemanden. Ich gebe ihr die gesamte Atzung aus meiner Weste und dazu noch Kopf und Hals des Fasans. Den Rest des Vogels lasse ich in der geräumigen hinteren Tasche meiner Falknerweste verschwinden, wobei ich die langen Schwanzfedern in der Mitte abknicke, damit sie nicht verräterisch aus der Tasche ragen. Dann häufe ich schuldbewusst Laub über den Tatort und gehe mit Mabel zurück zum Auto.

Ich bin fix und fertig. Von allen vier Ecken des Feldes, von allen Seiten beginnen die Fasanenhähne gleichzeitig zu krähen. Ein schreckliches, widerhallendes, blechernes Geräusch, als hätte jemand das Tonhaltepedal an einem Klavier betätigt und ließe den Ton endlos vor- und zurückrollen. Das Geräusch steigert sich zu einer anhaltenden Kakophonie, die eher an Artilleriefeuer als an Vögel erinnert. Eine einzige große Anklage. Ich fühle mich schuldig. Ich habe einen Fasan in einem fremden Jagdrevier gewildert. *Das wollte ich nicht,* sage ich beinahe laut. *Das war ein Unfall.* Endlich: Das Krähen erlischt. Doch als ich um die Ecke biege, wo mein Auto steht, hebt das Trommelfeuer wieder an. Ich setze mich ins Auto und fahre los. Nach einiger Zeit sind die Fasane nicht mehr zu hören, nur noch mein schlechtes Gewissen, das mir in den Ohren dröhnt.

Die Natur verändert sich vor meinen Augen. Was ich sehe, ist nicht nur Winter, der sich auf das Frühjahr zubewegt; ich sehe auch ein Land, das sich allmählich mit Tupfen und Linien der Schönheit füllt. An diesem Mittag steht eine fragile Sonne über dem Hügel, und es weht ein frischer Westwind. Als ich Mabel die Haube abnehme, schrumpfen ihre Pupillen zu Nadelstichen, und sie verengt beide Augen zu zufriedenen Schlitzen. Es ist ein außergewöhnlich klarer Tag. Die rote Flagge über der Hügelkette knattert im Wind und hört sich wie entfernte Gewehrschüsse an. Der Sendemast am Horizont gleicht einer Tuschezeichnung auf einer Grundierung aus Schatten, Strichen und Pfeilen, die sich zu den Kalkhügeln vor mir kräuseln. Wir gehen den Pfad hinauf. Von dort oben hat man einen Blick über ganz Cambridge. Das Licht heute ist betörend. Die Dächer und Türme scheinen so nah, dass man sie fast anfassen könnte. Zwischen den kahlen Bäumen glitzert die Schachbrettstadt –

ich könnte jetzt einfach den wuchtigen Turm der Universitätsbibliothek nehmen, ihn sechs Felder nach Norden rücken und
dort abstellen.

Von hier aus wirkt die Stadt sanft und klein und wie aus
einem Guss mit der sie umgebenden Landschaft. Das Schöne
an einem solchen Aussichtspunkt ist, dass die Straßen und
Mauern von Bäumen verdeckt werden und Cambridge wie ein
maßstabsverkleinerter Baukasten voller Häuser und Türme in
einem Wald aussieht. Wenn ich dieser Tage in die Stadt fahre,
stelle ich das Auto immer gern in dem mehrgeschossigen Parkhaus ab, weil ich vom nicht überdachten vierten Parkdeck aus
diese Felder sehen kann. Sie ziehen sich wie ein Rückgrat über
den Horizont, unterteilt durch die Linien der Hecken und undeutlich durch den Schatten der Wolken. Wenn ich lange genug hinschaue, entsteht so etwas wie eine optische Täuschung,
eine Doppelung. Wenn ich mich über das Geländer beuge,
habe ich das Gefühl, auf dem weit entfernten Hügel zu stehen.
Dieses Gefühl ist ungeheuer stark; es ist fast so, als wäre ich mit
meiner Seele wirklich dort, mehrere Kilometer entfernt, als
stünde ich auf dem disteligen Lehmboden und beobachtete
mein seelenloses Selbst im Parkhaus gegenüber, das Diesel und
Beton in der Nase und griffigen Asphalt unter den Füßen hat.
Gleichzeitig denkt mein Parkhaus-Ich, dass es sich selbst auf
dem Hügel vielleicht sehen könnte, wenn es ganz genau hin-
schaute, etwa durch ein Fernglas.

Ich hatte dieses Gefühl, weil der Hügel jetzt mein Zuhause
ist. Ich kenne dort jeden Stein, jede Hecke, jeden Pfad durch
das trockene Gras, wo die Hasen sich nicht an Feldbegrenzun-
gen halten, jedes weggeworfene Teil verrosteter Landmaschi-
nen, jedes Krümelchen Erde, jeden Kaninchenbau und jeden
Baum. Neben der Straße befindet sich ein eingezäuntes Stück

schlammiges Land, von Reifenspuren durchzogen und voller Wasserpfützen, die den Himmel reflektieren. Bachstelzen, Holzpaletten, Traktoren, daneben ein umgefallenes Getreidesilo wie eine abgeworfene Raketenstufe. Hier die Schafweide, da die Kleewiese, die mittlerweile gemäht und umgegraben ist. Weiter oben ist der Pfad von Beifuß gesäumt; die Pflanzen hat der Frost hinweggerafft, doch die Samen klammern sich an Stängel und Zweige wie eine Milliarde modriger Kugeln an löchrige Weihnachtsbäume. Links neben dem Pfad häufen sich Ziegelsteine und Schutt, die Erde dazwischen ist weich und voller Kaninchen. Die Hecken auf dem Hügel sind höher; dort oben wird der Pfad immer schmaler, bis er sich im Gras verläuft. Wiesenkerbel. Flockenblumen. Wilde Kletten. Der tonartige Schimmer zunderfeinen Lehms. Darunter Kalkverwehungen. Goldammern in den Hecken. Kumulushaufen. Das maritime Licht dieser Insel unter einem Himmel, der sich im Glanz des Meeres spiegelt.

Das Land gehört mir nicht, ich habe lediglich die Erlaubnis, den Habicht hier zu fliegen. Aber indem ich es wieder und wieder betreten und indem ich ihm die allergrößte Aufmerksamkeit gezollt habe, habe ich es mir zu eigen gemacht. Ich weiß, wo seine Tiere leben und wie sie sich auf dem Land bewegen. Ich weiß, dass die Lerchen ganz oben auf dem Hügel schlafen und dass sie sich an einem sonnigen Morgen an den ostwärts gelegenen Hängen aufwärmen. Das Wetter ist noch feucht; hat es dann aber aufgehört zu regnen, ziehen die Kaninchen aus dem Bau in der Nähe des Grabens nach Osten, um auf den trockeneren Feldern zu grasen. Das Gespür dafür, wo sich die Tiere aufhalten, hat sich aus der zufälligen Mischung langjähriger Erfahrung und unbewusst wahrgenommener Hinweise entwickelt. Daraus, dass die Sonne auf ein bestimmtes Stoppelfeld scheint und der Wind auf dasselbe Feld drückt.

Aus der unverwechselbaren Farbe der Erde. Ich bewege mich auf die Lerchen zu, als könnte ich sie sehen.

Ein Feld allerdings – das größte, das Rapsfeld – ist nicht wie die anderen. Dieses Feld ist ein Rätsel. Mit Mabel darüberzulaufen ist, wie naturgeschichtliches *Schiffe versenken* zu spielen. Zwischen den dichten bläulichen Blättern der Rapspflanzen könnte alles Mögliche hausen. Fasane, Rebhühner, Feldhasen, sogar Zwergschnepfen, die sich mit schwirrenden Flügeln schwungvoll aus dem Matsch in der Nähe der Hecke erheben. Es ist schon komisch, was auf kaum fünf Zentimeter Pflanze alles nicht sichtbar sein könnte. Und doch ist es da. Es mutet ein wenig wie die Schöpfung an: Der Hase, der heute direkt vor uns aufgetaucht ist, schien vom Feld selbst erschaffen worden zu sein. Er hatte einen Verbündeten gehabt: einen kräftigen Nordostwind. Mabel hatte zweimal versucht, ihn zu fangen, doch jedes Mal hatte er einen Haken durch den Wind geschlagen, und sie hatte ihn verfehlt. Es ist ein ungewöhnliches Schauspiel, einem Greifvogel dabei zuzusehen, wie er bei starkem Wind ein Landtier jagt. Dabei hat der Hase einen Vorteil: Mit seinen Krallen und pelzigen Pfoten kann er sich in Laub und Schlamm graben und vom Boden abstoßen. Der Vogel hat allein die Luft. Es ist wie ein Kampf der Elemente. Eine Welt gegen die andere, wie bei einem Basstölpel, der sich ins Meer stürzt, um Fische zu fangen. Ich bin froh, dass Mabel den Hasen verfehlt hat.

Da ist der Baum, in dem Mabel gesessen hatte, bevor sie mir den Schlag auf den Kopf verpasste. Da ist die unsichtbare Linie in der Luft, an der entlang sie das erste Mal einem Fasanenhahn in die Deckung gefolgt ist. Da ist die Hecke, in der sie mit ausgebreitetem Schwanzgefieder und gegen die Zweige gepressten Flügeln saß und nach einer Taube Ausschau hielt, die schon weg war. Dort ist der Brombeerstrauch, der mich zum Stolpern brachte und in einen überschwemmten Graben beförderte. Der Habicht und ich haben eine gemeinsame Geschichte mit diesen Feldern. Die Gegend ist voller Geister – nicht die Geister längst verstorbener Falkner, sondern die Geister der Dinge, die geschehen sind.

Der Ort hier ist die Welt eines Kindes, voller entlegener Winkel. Würde man mir ein Blatt Papier und einen Stift in die Hand drücken und mich bitten, eine Karte von den Feldern zu zeichnen, durch die ich als Kind gestromert bin, könnte ich das nicht. Würde man die Aufgabenstellung aber verändern und mich bitten, all das aufzulisten, was dort war, könnte ich Seiten füllen. Die Nester der Waldameisen. Der Molchteich. Die von Schwammkugel-Gallwespen bedeckte Eiche. Die Birken an der Leitplanke der Autobahn mit den Fliegenpilzen am Fuß der Stämme. Das waren die Orientierungspunkte meiner Welt. Auch anderen Orten verlieh der Zufall eine Magie. Etwa dem Stromkabelkasten am Ende meiner Straße, hinter dem ich einmal einen riesigen Nachtfalter, eine Bachweideneule, fand. Jedes Mal, wenn ich danach wieder an dem Kasten vorbeikam, musste ich einfach dahintergucken, obwohl dort nie wieder etwas war. Ebenso erging es mir mit der Stelle, an der ich einmal eine Ringelnatter gefangen, mit dem Baum, auf dem ich eines Nachmittags eine schlafende Eule erblickt hatte. Diese Orte waren von magischer Bedeutung für mich. Sie übten eine Anziehungskraft aus, die andere Orte nicht hatten, auch wenn ich nach dem ersten Mal nie wieder etwas Magisches fand.

Und jetzt, da ich Mabel ihren Willen lasse und sie fliegen kann, wo sie möchte, habe ich etwas Wundervolles entdeckt. Auch sie hat sich eine Landschaft voller magischer Orte erschaffen. Sie macht Umwege, um bestimmte Stellen zu prüfen –

vielleicht ist das Kaninchen oder der Fasan von letzter Woche ja wieder da. Das ist wildester Aberglaube, die instinktive Heuristik des Jägers, und sie funktioniert tatsächlich. Sie erlernt eine bestimmte Art, in der Welt zu navigieren, und ihre Karte stimmt mit der meinen überein. Erinnerungen, Liebe und Magie. In den Jahren meiner kindlichen Expeditionen fand eine allmähliche Umwandlung der Landschaft in das statt, was Naturforscher als vertrauten Flecken bezeichnen, ein Stück Heimat voller Erinnerungen und Bedeutung. Mabel tut dasselbe. Sie macht sich den Hügel zu eigen. Zu dem ihren. Zu meinem. Zu unserem.

26

Die gehemmte Zeit

Es ist kalt geworden. So kalt, dass Untertassen aus Eis, blank und rissig wie antikes Porzellan, in den Schlammpfützen liegen, die Hecken von Schwarzdrosseln wimmeln. So kalt, dass der Atem wie kleine Päckchen von Seenebel in der Luft hängt. Der blaue Himmel hallt geradezu davon wider, der Niederschlag dämpft die Bell an Mabels Stoßgefieder. Kalt, kalt, kalt. Auf dem Weg den Hügel hinauf zerbrechen meine Füße das Eis in den Pfützen. Und weil die knarzende und knirschende Harmonik berstenden Eises in Mabels Ohren wie ein verwundetes Tier klingt, wird jeder meiner Schritte vom krampfartigen Zusammenziehen ihrer Zehen begleitet. Dort, wo die Welt nicht von weißem Frost überzogen ist, erscheint sie im kräftigen Sonnenlicht grün und braun gestreift – eine buntscheckige Landschaft, halb Morgengrauen, halb Abenddämmerung. Zurzeit sind die Tage kaum sechs Stunden lang.

Ich bin das erste Mal seit einer Woche wieder mit Mabel unterwegs, weil ich mündliche Prüfungen für mein altes College abgenommen habe. Vier Tage lang saß ich vor verängstigten Studentengesichtern und stellte ihnen hartnäckige Fragen, gleichzeitig darum bemüht, ihnen die Situation so angenehm wie möglich zu machen. Es war wirklich harte Arbeit, die sich wie meine allerersten Tage mit Mabel anfühlte. Jetzt sind die Prüfungen vorbei, und heute habe ich mich vom Wetter verführen lassen. Der Tag ist so schön, so strahlend und klar, so voller beißendem Frost und wunderbarer Aussichten, dass ich mir nicht vorstellen kann, nicht auf dem Hügel zu sein. Ich weiß, dass das Gewicht meines Habichts zu hoch ist. Ich weiß auch, dass sie nach vier Tagen Zwangspause vor Jagdfieber platzt. Und zu allem Überfluss sind mir auch noch die Eintagsküken ausgegangen; da sich Mabel seit einer Woche nur von Wachteln ernährt, ist sie ein ausgesprochen hitziger, cholerischer Habicht geworden, wie die Protagonistin einer Rachetragödie, eine Art Hotspur auf Koks. Sie will loslegen, womit auch immer. Sie tippelt auf ihrem Sprenkel herum. Sie ist verärgert. Sie hüpft in ihre Badebrente und wieder heraus, dann wieder hinein. Ihr Blick ist stechend. »Geben Sie Ihrem Greifvogel höchstens dreimal pro Woche blutige Atzung«, lehren die alten Bücher. Füttert man ihn zu oft mit zu reichhaltiger Nahrung, kommt genau das dabei heraus.

Ich sehe ihr die Stimmung, in der sie ist, schon an und befürchte, dass sie einfach in den nächsten Baum fliegt und mich ignoriert, wenn ich sie hier loslasse. Also trage ich sie auf das Feld ganz oben, da gibt es keine Bäume. Wenn sie die Faust verlässt, wird sie in der unmittelbaren Umgebung keinen bequemen Sitzplatz finden; sie wird in der Luft umdrehen und zu mir zurückfliegen. Das tut sie auch, eine Zeit lang – bis sie beginnt, die Hecke auf der anderen Seite des Feldes ins Visier zu nehmen. Ich kann von hier aus nicht sehen, was dahinter ist. Mabel weiß, dass sich Fasane in der Hecke tummeln und Ringeltauben und dass der Graben voller Kaninchenlöcher ist. Auf ein nicht wahrnehmbares Stichwort hin pendelt sie mit dem Kopf hin und her und macht sich zum Abflug bereit. Ich lasse sie los. Das ist dumm von mir, aber ich tue es trotzdem. Ein Flügelschlag, dann gleitet sie davon und verschwindet hinter der Hecke. Ich bin seltsam ruhig. Ich fange noch nicht einmal an zu rennen. Ich schlendere in Richtung Hecke, bevor mir mit pochendem Herzen bewusst wird, dass ich nicht die leiseste Ahnung habe, wo sie steckt. Die Hecke vor mir erweist sich als zweieinhalb Meter hohe Wand aus dornigem Schlehengestrüpp. Sie ist unpassierbar. Ich laufe auf und ab und suche nach einem Durchschlupf. *Da.* Zwischen zwei massiven Ästen tut sich eine Lücke in der Größe eines Bullauges auf. Ich schlängele mich hindurch und tue so, als sei ich ein Aal. Bin ich aber nicht. Die Dornen am Boden kratzen mir die Hände blutig, der Schulterriemen meiner Falknerweste verfängt sich in einem widerspenstigen Zweig. Ich hänge fest. Mit aller Kraft versuche ich, mich weiter durchzukämpfen, die Zeit, mich umzudrehen und nachzusehen, wo genau ich festhänge, habe ich nicht. Hier hilft nur brachiale Gewalt. Der Zweig bricht und katapultiert mich durch die Lücke auf die andere Seite, wo ich auf allen vieren mitten in einem nassen, sprossenden Weizenfeld lande. Mabel ist nirgends zu sehen.

Ich laufe zur Mitte des Feldes und schaue mich um. Im spektakulären Glanz der Wintersonne sieht der Weizen hell und üppig aus. Weiter unten am Hügel befindet sich eine weitere Hecke und danach noch eine, und danach kann ich Weideland und ein fahles Pferd erkennen. Keine Mabel. Ich rühre mich nicht und lausche. Angestrengt. Keine Bell. Nichts. Ich pfeife und rufe. Nichts. Zum ersten Mal ziehe ich den Telemetrie-Empfänger aus der Tasche. *Blip, blip, blip.* In welche Richtung ich den Empfänger auch halte – das Signal ist überall gleich stark. Radiowellen breiten sich aus, prallen irgendwo ab und geraten durcheinander. Eine Ewigkeit renne ich mit der Antenne in der Hand herum und versuche, einen Anhaltspunkt ausfindig zu machen, bis ich letztlich beschließe, dass sich

Mabel wahrscheinlich irgendwo da drüben aufhält. Ich laufe los. Auf der Pferdekoppel ist der Boden noch voller Reif. Weißer Staub auf steinharter, schwarzer Erde. Mabel ist weg. Mein Kopf ist leer, ich fühle mich entsetzlich allein. Um sie mache ich mir keine Sorgen – sie kommt zurecht. Sie wird hier in bester Stimmung durch die Luft toben und könnte jahrelang überleben. Und gerade als ich den Satz zu Ende gedacht habe, höre ich einen Gewehrschuss wie ein höhnisches Echo in nächster Nähe auf meinen Gedanken antworten. Ich erstarre vor Schreck. *Oh, mein Gott. Sie würde hier überhaupt nicht lange überleben. Bitte mach, dass sie nicht erschossen wurde. Bitte lass das Geräusch nicht von jemandem kommen, der auf sie geschossen hat.* Doch plötzlich kann ich in der Stille, die auf den Schuss gefolgt ist, Krähen hören. Wütende Krähen. Gott sei Dank. Ich gehe dem Geräusch nach und finde – natürlich – Mabel. Sie sitzt sonnenüberflutet auf einer Hecke auf dem Kamm des nächsten Hügels und ist immer noch wild entschlossen. Sie hat einen Fasan erspäht und in die Deckung verfolgt. Ich laufe zu ihr und versuche, durch die Hecke hindurch zu erkennen, wohin sie sieht. Oh, nein – ein ganzer Wald voller junger, schulterhoher Bäume, dazwischen Dornen- und Brombeergestrüpp. Überall Dornen, Dornen, Dornen. Keine Chance, den Fasan aus dieser Deckung herauszutreten. Sie unternimmt kleine Suchflüge über dem Gebüsch, so langsam, dass sie beinahe zum Stillstand kommt; dann kehrt sie zu ihrem Aussichtspunkt zurück und verrenkt sich den Hals nach der Beute. *Er ist da drin,* denkt sie. *Ich kann ihn finden.* Völlig außer Atem beobachte ich sie eine Weile. Wir müssen hier weg. Dieses Feld und das dahinter gehören nicht zu unserem Land. Selbst wenn ich den Fasan für sie aufscheuchen könnte, wäre es Wilderei. Und wir haben, wenn auch unabsichtlich, weiß Gott genug gewildert.

Ich rufe sie. Sie ignoriert mich. Also warte ich. Und ganz allmählich, während die Minuten vergehen, lässt ihr Jagdfieber nach. Sie ist in die Welt, in der ich lebe, zurückgekehrt und kann mich wieder sehen. *Da,* denkt sie. *Und sie hält eine ganze Wachtel in der Faust.* Mabel gleitet von ihrem sonnenbeschienenen Platz auf meine Hand, die ich im Schatten der Hecke ausgestreckt habe. Ich bin unendlich erleichtert. Und zittere – vor Kälte und Hitze gleichermaßen.

In dem Tagebuch, in dem White seinen langen und verlorenen Kampf mit Gos festgehalten hat, geht es nicht nur um seinen Habicht. Unterschwellig geht es auch um Geschichte, um Sexualität, um Kindheit, um Natur, um Herrschaft und Kontrolle, um ein Faible für das Mittelalter, um Krieg, um Lehren und Lernen und Liebe. All das sollte in das Buch über den Habicht einfließen. Als der Habicht weg war, gab er den Versuch auf. Allerdings nicht ganz, denn das Buch sollte schließlich doch noch zu Ende geschrieben werden, wenn auch in einer anderen Form, und der Habicht sollte nicht für immer verloren sein.

Am Anfang von *Das Schwert im Stein* nimmt Sir Ectors leiblicher Sohn Kay Wart mit auf die Beizjagd. Er nimmt auch Cully, den Habicht, mit – keine kluge Entscheidung, denn der Vogel ist mitten in der Mauser und völlig außer Kondition. Nach dem halbherzigen Versuch, ein Kaninchen zu erwischen, setzt sich Cully in eine Baumkrone und ignoriert Kays und Warts Rufe. Die beiden folgen ihm von Baum zu Baum, sie pfeifen und locken ihn, doch der Habicht ist ganz und gar nicht in der Stimmung, zu ihnen zurückzukehren. Kay wird zornig und stürmt nach Hause; Wart hingegen kann den Gedanken nicht ertragen, dass sich der Vogel verstoßen könnte, und bleibt bei ihm. So folgt er ihm immer tiefer in den Wald, bis er schließlich Angst bekommt.

Das Schwert im Stein nach *The Goshawk* zu lesen ist sehr seltsam. Irgendwann verwechselt man die Wälder. Der eine ist der verwunschene Wald im England zur Zeit von König Artus: eine Zuflucht für Gesetzlose, Greifvögel und Gottlose. Der andere ist der undurchdringliche Wald um Stowe. Auch er ist eine Zuflucht für Gesetzlose, für Greifvögel und für Gottlose – der Ort, von dem White sich die Freiheit erhoffte, so sein zu dürfen, wie er war. Wie der Wald in *Sir Orfeo* existieren auch Whites Fantasiewälder in zwei Welten gleichzeitig; und genau in diese fremden, gedoppelten Wälder wird Wart von dem Habicht geführt. Indem er ihm folgt, überlässt sich Wart seinem Schicksal, ebenso wie White auf der Suche nach Gos.

Als die Nacht hereinbricht, legt sich Wart unter einen Baum und schläft ein. Am nächsten Morgen stößt er auf einer Lichtung auf ein Cottage mit Giebel. Davor steht ein großer älterer Mann mit Brille und langem weißem Bart, der gerade Wasser aus einem Brunnen schöpft und wohl selbst für damalige Zeiten recht ungewöhnlich gekleidet ist: Er trägt ein Gewand, das mit Greifvogelschmelz beschmutzt und über und über mit Sternen und Blättern und mystischen Symbolen bestickt ist. Es ist Warts Lehrer, der Zauberer Merlin. Im Inneren des Cottages findet sich eine wahre Schatztruhe an wunderbaren, geheimnisvollen Dingen: Tausende von Büchern, ausgestopfte Vögel, lebendige Ringelnattern in einem Terrarium, junge Dachse, eine Eule namens Archimedes, Murano-Glas, eine Gesamtausgabe der *Encyclopaedia Britannica*, Malkästen, Fossilien, eine Flasche Mastixfirnis, Taschennetze und Hasendraht, eine Angelausrüstung, Köder fürs Fliegenfischen und eine Fuchsmaske an der Wand. Fast alle diese Gegenstände befanden sich auch in Whites Cottage, als er das Buch schrieb, Whites »Königreich der eigenen Grammatik«, wie Sylvia Townsend Warner es nannte, »in dem es Raum und Wiedergutmachung für alles gab, was auch immer er in das Buch einfließen lassen wollte«. Man kann die Szene aber auch anders, weit weniger prosaisch lesen: nicht als Amüsement des Schriftstellers, der die Dinge um sich herum für sein Buch verwendet, sondern als Hinweis darauf, dass Merlins Cottage eigentlich Whites Zuflucht im Wald war.

In Whites Bücherregalen stand eine ganze Reihe von Werken über die menschliche Psychologie. Er hatte sie gelesen, Passagen angestrichen, Anmerkungen zur Pathologie sexuell abweichenden Verhaltens an den Rand geschrieben. In Alfred Adlers *Praxis und Theorie der Individualpsychologie* hatte er ein ganzes Kapitel über Homosexualität gefunden. Darin definiert Adler die Haltung des Homosexuellen »so, als ob er die Zeit hemmen, den Fortschritt, der natürlich wäre, aufhalten wollte«. Adler war der Meinung, Homosexuelle verhielten sich letztlich »verantwortungslos«, da sie sich weigerten, sich zu heterosexuellen Erwachsenen zu entwickeln. Aber die Zeit hemmen? Einmal gelesene Worte setzen sich mitunter hartnäckig fest.

Denn White hemmte die Zeit sicherlich. Er drehte sie zurück. In seinem grünen Grabhügel hatte er sich unsichtbar gemacht, und nach seinem Wiederauftauchen hatte er das Gefühl, »den Tag der heiligen Lucia gewendet zu haben«; dieser Tag galt vor der gregorianischen Kalenderreform als der kürzeste, dunkelste des Jahres, von dem aus sich die Erde zum Frühjahr zurückdreht. Er beschrieb diese Zeit als eine Wiedergeburt: Das Leben »schien sich selbst neu zu erschaffen, schien in den leeren Wänden des Chaos eine Öffnung oder einen Lichtflecken entdeckt zu haben«. In seiner Vorstellung war das Grab seine

Auslöschung. Er hatte den Kampf gegen Gos verloren, und damit war auch der Mann, der er einmal gewesen war, ausgelöscht. Und jetzt sah er sich mit seiner apokalyptischen, kindlichen Vision von Erlösung in Weisheit wiederauferstanden. Wiederauferstanden als jemand, der in der Zeit rückwärts lebt. Früher hielt ich Merlin lediglich für eine großartige literarische Erfindung. Heute sehe ich ihn mit anderen Augen: als Whites imaginiertes zukünftiges Selbst. Merlin war »am falschen Ende der Zeit geboren«. Er musste »von vorn nach hinten leben, umgeben von ungeheuer vielen Menschen, die von hinten nach vorn leben«. Genau das war es, was Merlin die Fähigkeit verlieh, die Zukunft vorherzusagen – für ihn ist sie immer schon seine Vergangenheit. In dem Schluss, den White 1941 für *Der König auf Camelot* schrieb und der erst viel später als *Das Buch Merlin* veröffentlicht wurde, erwartet Artus sein letztes großes Gefecht. Er ist in die Jahre gekommen, müde und resigniert. Als Merlin auftaucht, hält er ihn zunächst für eine Traumerscheinung. Doch der Zauberer weist ihn verärgert zurecht: »Als ich noch ein drittklassiger Lehrer im zwanzigsten Jahrhundert war, endete jeder Aufsatz, den ich lesen musste, mit: Und dann wachte er auf.«

Merlin zu sein war Whites Traum; das macht *Das Schwert im Stein* nicht nur zu einem fiktionalen Werk, sondern auch zu einer Prophezeiung. Alles, was White tun musste, war, sich nicht vom Fleck zu rühren und vierhundert Jahre zu warten – dann würde Wart an seine Tür klopfen. Merlins Cottage und alles darin sind Souvenirs einer fernen Zukunft. »Ich hatte immer Angst vor den Dingen«, hatte White geschrieben. »Davor, verletzt zu werden, und vor dem Tod.« Doch nun erschuf er sich selbst neu: als jemand, der eines Tages – oder vielleicht war er es auch jetzt schon – eine unsterbliche Legende sein würde.

In der Vorstellungskraft kann alles erneuert und wieder-
gutgemacht werden; Wunden können geheilt, Geschichten zu
Ende gebracht werden. White konnte seinen verstoßenen Habicht nicht wieder einfangen, doch als Merlin kann er das – mit
einem Ring aus aufgestellten Federn und einer Angelschnur.
Geradezu triumphal hält er mit dem Habicht und Wart in der
Burg Einzug. Und so hat auch White einen neuen Schüler: keinen Habicht dieses Mal, sondern den Jungen, der König werden
wird. Er wird ihn in der Moral des Herrschens unterrichten,
ihn die Tafelrunde gründen lassen und ihn lehren, immer für
die Schwachen gegen die Mächtigen einzutreten. »Der aufrichtige Mann geht immer mit gutem Beispiel voran. Er unterrichtet
die Unwissenden und mildert ihren Zorn ganz allmählich
durch die Zeitalter hindurch, bis der Geist des Wassers zufrieden ist«, sagt die Ringelnatter am Ende des *Buchs Merlin* zum
König. Für den kleinen Jungen, der vor einer Spielzeugburg
steht und glaubt, erschossen zu werden, ist der Traum, Merlin
zu sein, der allerbeste. Er wird warten, er wird aushalten. Und
eines Tages wird er die entsetzliche Gewalt beenden können,
bevor sie überhaupt begann.

27

Die neue Welt

Es ist Heiligabend. Vor meinem Fenster befindet sich ein eisiger Tidefluss. Alles, was keine silbernen Fransen hat und nicht lampenschwarz getuscht ist, ist weiß oder preußischblau. Die sich bewegenden Punkte sind überwinternde Enten; ein Seetaucher gleitet auf seiner Reise zum Meer U-Boot-gleich vorbei. Alles ist mit einer dicken Schneeschicht bedeckt. Ich bin mit Pancakes und Ahornsirup-Bacon vollgestopft und in mir breitet sich eine innere Ruhe aus, wie ich sie seit dem Tod meines Vaters nicht mehr verspürt habe. Eine tiefe, simple Stille. Meine Mutter schläft im Zimmer nebenan, mein Bruder ist mit seinen Schwiegereltern zu Hause, und Mabel ist bei Stuart und Mandy, fast fünftausend Kilometer weit weg.

Dank der liebenswürdigen Einladung meines Freundes Erin und seiner Eltern Harriet und Jim, die an der Küste im Süden von Maine ein Bed & Breakfast betreiben, verbringen Mum und ich Weihnachten in Amerika. Ich habe Erin vor Jahren in Wales kennengelernt, als ich in der Falkenzucht gearbeitet habe; der junge Surfer und Falkner hatte am Bahnhof von Carmarthen irgendwie fehl am Platz gewirkt – wie ein frisch rasierter Cary Elwes in *Die Braut des Prinzen*. Der Traum, Falken zu fliegen, hatte ihn nach Großbritannien geführt, wo er dann in strömendem Regen Vogelvolieren mit dem Hochdruckreiniger säubern durfte. Er überlebte diese trübsinnige

Zeit, und wir wurden Freunde. Richtige Freunde. Freunde, wie man sie vielleicht ein-, zweimal im Leben findet. Ich habe ihn seitdem oft in Maine besucht und durch ihn eine Clique Einheimischer kennengelernt, die ich voller Stolz ebenfalls meine Freunde nenne. Sie sind nicht wie meine Freunde in Cambridge; sie sind Fischer, Jäger, Kunsthandwerker, Lehrer, Gastwirte und Fremdenführer. Sie fertigen Möbel, Köder und exquisite Keramikgefäße. Sie kochen, sie unterrichten, sie fangen Hummer und fahren mit Touristen raus zum Wolfsbarschfischen. Die meisten von ihnen gehen auch auf die Jagd.

Die Jagd in Maine ist nicht so offensichtlich mit Jahrhunderten von Klassendenken und Privilegien befrachtet. Hier gibt es keine riesigen Fasanenjagden, auf denen Banker um die dicksten Taschen konkurrieren, keine elitären Moore voller Raufußhühner, keine exklusiven Lachsflüsse. Auf diesem Land darf kraft des Gewohnheitsrechts jeder jagen, und die Einheimischen sind sehr stolz auf diese Tradition der Gleichheit. Vor einigen Jahren habe ich in einer 1942 erschienenen Ausgabe der US-Zeitschrift *Outdoor Life* einen Artikel gelesen, der sich diese Tradition zunutze gemacht hatte, um die Kriegsstimmung anzuheizen. »Einer meiner Großväter ist nur aus einem einzigen Grund aus Nordeuropa ausgewandert: Er wollte in einem Land leben, wo er versuchen konnte, einen Fisch zu fangen, ohne dabei auf den Grund und Boden eines Adligen eindringen zu müssen, zu dem das gemeine Volk keinen Zugang hat«, wurde ein Jäger in diesem Artikel zitiert. Im faschistischen Italien und Deutschland, so hieß es in dem Artikel weiter, ist das Jagen »den Grundbesitzern, ihren Gästen sowie den Großen und Mächtigen« vorbehalten. Hier musste man natürlich etwas zurückrudern, denn dasselbe galt auch für Großbritannien: »Das soll kein Seitenhieb auf unsere mutigen Verbündeten sein, doch auf ihr System der Landbewirtschaftung können wir gut verzichten.« Darüber hinaus ist das Jagen hier weit anerkannter als in meiner Heimat. Zu meinen Freunden in Maine gehört auch Scott McNeff; der drahtige und energiegeladene Heißsporn betreibt im Sommer eine Eisdiele und verbringt den Winter damit, Greifvögel zu fliegen. Er erzählte mir einmal, dass es kaum einen Haushalt im ganzen Staat gibt, der nicht mit der Hirschjagd im November in Berührung kommt. Und wenn einer tatsächlich mal nicht selbst jagt, kennt er mit Sicherheit jemanden, der es tut; und so sind die Tiefkühltruhen in Maine mit selbst geschossenem Wild vollgepackt, das auch an Nachbarn, Freunde und Familie verschenkt wird. Die Menschen hier tauschen Jagdgeschichten aus wie bei mir zu Hause Kneipengeschichten.

Scott hat mich und seinen Rotschwanzbussardterzel gestern mit auf die Beizjagd genommen. Der einjährige Vogel heißt Yoder und ist wunderschön: Scheitel und Rücken sind kastanienbraun, Bauchgefieder und Bruck milchig-weiß und spärlich mit Flecken und Strichen getüpfelt. Er ist nicht so gut gerüstet wie ein Habicht; seine Zehen sind kürzer und dicker und ähneln eher Fäusten als Mabels gepanzerten Pianistenfingern. Auch die langgliedrige, leopardenartige kauernde Haltung des Habichts fehlt ihm, ebenso wie seine ansteckende Vorahnung, wenn Beute in der Nähe ist. Seine Augen sind dunkel, sein Gesicht ist sanft und offen. Ein kompakter, freundlicher Greifvogel. Durch nichts aus der Ruhe zu bringen und der Wildnis entliehen. Yoder ist ein Zugvogel, einer, der schon weiß, wie man jagt, der nach dem Verlassen des Nests auf Hunderte verschiedene Arten lernen musste, wie man mit Luft, Regen, Wind und Beute umgeht, und der schnell lernen musste, um zu überleben. Falkner in Amerika dürfen einen solchen Vogel in seinem ersten Winter einfangen und fliegen; im Frühjahr müssen sie ihn allerdings wieder freilassen, damit er sich verpaaren und brüten kann. Die Falkner dürfen das, weil sie staatlich geprüft und lizenziert sind. Ein gutes System – ich wünschte, das gäbe es bei mir zu Hause auch.

Scott hat die Art von Anmut, die bei allem, was er tut, wunderschön anzusehen ist. Er tauscht bei seinem Terzel Geschühriemen gegen Flugriemen aus und vergewissert sich, dass sich genügend Atzung in der Tasche seiner ramponierten Jacke befindet. Dann ziehen wir los. Der Boden ist tief mit Schnee verkrustet. Alles wirkt so gespannt und bereit, als wollte es sich jeden Moment schütteln. Es gibt Wälder hier: Tausende Hektar voller Weymouth-Kiefern, Hemlock-Tannen, Fichten und Eichen. Doch die Wälder sind nicht unser Ziel – wir spazieren über etwas, das vermutlich ein Schulhof ist. Yoder verlässt Scotts Faust, fliegt auf und setzt sich auf ein Klettergerüst für Kinder. Wir gehen einen kleinen Abhang hinter mit Holzzäunen umgebenen Häusern hinunter. Der Bussard folgt uns. Die Luft schluckt den Schall, sodass die Stimme beim Sprechen dreißig Zentimeter vor dem Gesicht als weiße Atemwolke hängen bleibt. *Was machen wir hier?*, denke ich müßig. *Das hier ist eine Stadt.*

Abgelöste Baumrindenschuppen fliegen durch die Luft. Von einem Fenster im oberen Stock eines Hauses winkt eine Familie. Wir winken zurück. Hinter ihrem Gartenzaun klettert der Bussard wie auf einer Leiter eine Kiefer hinauf; mit kleinen Hüpfern und Greifvogelschnörkeln schwingt er sich immer weiter gen Himmel. »Eichhörnchen!«, ruft Scott. Ich stehe hustend in knietiefem Schnee, die Stille rauscht in meinen jetlaggeplagten Ohren, und ich versuche angestrengt zu erkennen, was da über mir geschieht. Hinter dem Gewirr aus Zweigen und Nadeln zeichnet sich eine leere Helligkeit ab. An der Verfolgungsjagd da oben sind zwei Kreaturen beteiligt. Höhe, ein Beobachtungspunkt, Flucht, Ausweichen. Das Eichhörnchen kennt Rotschwanzbussarde, sie leben in diesen Wäldern. Der Rotschwanzbussard wiederum kennt Eichhörnchen, denn er hat sie draußen in der Natur gejagt, bevor Scott ihn diesen Herbst eingefangen hat. Ein dünner Zweig biegt sich und schnellt zurück, als das Eichhörnchen in den nächsten Baum springt, den Bussard hart auf den Fersen. Wir verrenken uns den Hals nach dem Krieg in den Baumwipfeln, der sich wie eine Festlandversion von *Duell im Atlantik* gestaltet. Der Bussard dreht sich, das Eichhörnchen wagt einen weiteren Sprung; sekundenlang sehen wir seine kleine schwarze Silhouette mit den ausgestreckten Beinen am Himmel, dann wird sie von einem runden, ebenfalls schwarzen Umriss getroffen. Der Bussard. Ich höre den Aufprall, sehe den unbeholfenen, fallschirmähnlichen Sturz durch neun Meter schneeflockenbestäubte Luft, dann landen sie schwer auf dem Boden, und Scott bewegt sich wegen des hohen Schnees in Zeitlupe auf die beiden zu.

Als ich endlich auch ankomme, ist das Eichhörnchen tot, und der Bussard mantelt mit ausgebreiteten Schwingen und offenem Beck über seiner Beute. Aus seinem Mund steigt ein dünner Rauchfaden auf. Das Blut hat schon eine schmale Spur in den Schnee geschmolzen; die Füße und Federn des Bussards sind mit einer bröseligen Mischung aus Schnee und Blut überzogen, die an gefärbten Puderzucker erinnert. Der Vogel sieht auf und blickt sich um. Ein Hinterhof, Garagen, ein niedriger Zaun. Ein Grill, auf dem sich der Schnee häuft. Ein aufblasbarer Weihnachtsmann auf einer aufblasbaren Harley Davidson. Eiszapfen an weihnachtlich geschmückten Traufen. Von irgendwoher das Geräusch eines Fernsehers, dahinter singt jemand »Happy Birthday«. Noch nie habe ich etwas so ungeheuer Wildes, Ursprüngliches und zugleich so Vertrautes gesehen. Wie kann das sein? Wie hat die wilde Natur hierhergefunden, in diese Hinterhoflandschaft mitten in der Stadt, inmitten von Häusern und Menschen? Das waren genau die Dinge, vor denen ich geflohen war.

Das war die ursprünglichste, natürlichste Jagd, die ich je erlebt hatte. Als ich danach am Fenster saß und auf den majestätisch dahinfließenden Fluss blickte, fragte ich mich, ob Heimat wohl überall sein kann, ebenso wie Natur als wilde Verfolgungsjagd in Vorstadthinterhöfen stattfinden kann, wo ein Greifvogel ein Klettergerüst als Warte praktischer findet als den höchsten Baum. Maine hat mir zu Weihnachten eine Familie geschenkt und mir gezeigt, dass auch ein Greifvogel dazugehören kann. Ich weiß jetzt, dass der Einklang mit der Wildnis möglich ist. Dass man sie mit nach Hause nehmen kann.

Unser letzter gemeinsamer Vormittag. Erin, Mum und ich gehen am Parsons Beach spazieren, wir stemmen uns gegen den Wind. An diesem bitterkalten Tag ist der Sand unter unseren Füßen gefroren. Weit vor der Küste sind fliegende Meerenten zu sehen, die sich wie zerklüftete Perlenketten am Himmel über dem grasgrünen bis schiefergrauen Meer aufreihen. Dieses Meer ist voller Hummer; Maine ist berühmt dafür, überall werden Hummerbrötchen angepriesen. Auch Erins Vater hatte einst Hummer gefangen, ich hatte die beiden vor vielen Jahren einmal beim Hummerfischen begleiten dürfen. Das heißt, ich saß an Deck und schaute ihnen dabei zu, wie sie die Reusen an Bord wuchteten, die Tiere maßen, sortierten und ihnen die Scheren zusammenbanden, die Reusen wieder mit Ködern bestückten und erneut über Bord hievten. Sie arbeiteten stundenlang, während ich nur dasaß und nichts tun konnte, außer ihnen zuzusehen. Sie hatten sich gefreut, dass ich sie begleitete, und es war ein wundervoller Tag gewesen, doch schuldig hatte ich mich trotzdem gefühlt: Ich war eine englische Touristin, die keine Ahnung hatte.

Als wir am Strand spazieren gingen, erinnerte ich mich an diesen Ausflug und fühlte mich wieder mehr als unbehaglich. Ich hatte Monate mit Mabel auf dem Hügel verbracht. Ich hatte zugesehen, wie die Ernte eingebracht wurde, Traktoren, die die abfallenden Felder eggten, Züchter, die ihre Schafe für den Winter auf die Weide brachten. Und ich hatte mit niemandem auch nur ein Wort gewechselt. Nicht einem Einzigen. Im Sommer sind die Küsten hier voller Touristen, die die einfahrenden Hummerboote fotografieren oder am Kai von Cape Porpoise versuchen, mit der Kamera das Spiel von Licht und Schatten auf den stapelweise aufgeschichteten Hummerreusen einzufangen. War ich wie sie? Ich hatte mit meinem Habicht nicht zu einem Touristen werden wollen. Es hatte sich auch nicht wie Tourismus angefühlt. Doch ich hatte es ganz sicher vermieden, Teil der arbeitenden Welt zu sein.

Wir kehren um und gehen zurück. Nun haben wir den Wind im Rücken; unter unseren Füßen knirscht eisverkrusteter Blasentang, und wir scheuchen entlang der Flutlinie Schwärme von Sanderlingen auf. Außerhalb der Saison sind die Straßen leer, die Hotels geschlossen, die Rollläden heruntergelassen; die Reklameschilder aus Holz schaukeln im Wind. An der Kreuzung Main Street und Western Avenue sitzt ein Rundschwanzsperber auf einer Ampel über der Straße; er ist genauso geduckt und aufgeplustert wie Mabel und schaut auf die leere Stadt herab.

Völlig ausgekühlt und schrecklich ernüchtert kommen wir in unserem Bed & Breakfast an. Ich schnappe mir eine Tasse Kaffee und gehe am Kamin auf und ab. Mein Gesicht brennt, wahrscheinlich vom Wind. Oben packt Mum bereits ihren Koffer, Erin und sein Vater sind in der Küche. Ich höre sie lachen. *Ich will nicht zurück,* denke ich. Ich war aus der Gemeinschaft geflohen. Bei der Gedenkfeier für meinen Vater hatte ich mich daran erinnert, dass es sie gab. Nun bin ich wieder Teil einer Gemeinschaft, Teil eines familiären Zuhauses und will nicht mehr weg. Der Ort hier heilt mein gebrochenes Herz. Ich kann förmlich spüren, wie es heilt, und habe Angst davor, was aus meinem Herzen wird, wenn ich diesen Ort verlasse. Ich weiß nicht, ob ich mich in England wieder zurechtfinden werde, in meiner joblosen, hoffnungslosen und einsamen alten Stadt.

Die Hintertür fällt ins Schloss. Jim fährt mit dem Truck wieder in seine Werkstatt. *Ich will hier nicht weg.* Ich bin eingeschnappt. Verärgert. Ich sehe das Feuer im Kamin böse an und zerfließe in Selbstmitleid. Dann geht die Wohnzimmertür auf, und Erins Wuschelkopf erscheint im Türrahmen. Seine Verschwörermiene verrät mir, dass er irgendetwas ausheckt. Kurz darauf helfe ich ihm dabei, den riesigen Weihnachtsbaum aus dem Wohnzimmer auf den verschneiten Rasen zu zerren; die Spitze schlängelt sich durch die Spur, die der Baum im Schnee hinterlässt, die Zweige schleifen über die verkrustete Schneedecke oder graben sich hinein. Die Kristalle glitzern im spärlichen Licht des Wintertages. Wir richten den Baum im tiefen Schnee auf, als hätte er schon immer da gestanden. Ich habe keine Ahnung, was Erin vorhat.

»Okay, Macca, lass uns den Baum anzünden!«, sagt er.

Bitte?

»Ist 'ne Tradition hier. So machen wir das hier. In *Amerika.*«

Ich glaube ihm kein Wort.

»In *England* werfen wir die Weihnachtsbäume traditionell auf die Straße«, entgegne ich. »Also los, zünden wir ihn an.«

»Ich hole nur schnell den Anzünder!«, ruft er. Ich genieße diesen Irrsinn, die ansteckende heidnische Begeisterung. Er kommt mit einer zerknautschten Plastikflasche Feueranzündergel zurück und dekoriert den Baum in der schneegedämpften Stille neu, dieses Mal mit klebrigen grünen Schnüren, die wie zähflüssiges Lametta von den Zweigen tropfen. Und als das Eis taut, bildet sich um uns herum Nebel, der in der allmählich wärmer werdenden Luft aufsteigt.

»Bitte zurücktreten!«, weist er mich an. Er hält ein Streichholz an eine der Schnüre. Eine Flamme zuckt empor und setzt einen Zweig in Brand. Einige Augenblicke lang sieht das sehr hübsch aus: ein warmes gelbes Licht in der monochromen Finsternis. Doch dann explodiert der ganze Baum in einer Kaskade auflodernder Flammen und blendender Helligkeit. Erin reißt die Augen auf und geht selbst noch ein gutes Stück zurück. Ich kann mich vor Lachen allerdings kaum mehr halten. »Jesus, Erin«, keuche ich. Es ist, als hätte er die ganze Welt angezündet: Eine sechs Meter hohe Pyramide aus Feuer erleuchtet den Rasen, das Haus, den Fluss und das gegenüberliegende Ufer. Bäume, die einen Moment zuvor noch in der Dunkelheit verloren waren, werfen schwarze Schatten in den Himmel, unsere Gesichter sind von einem strahlenden orangefarbenen Glanz überzogen. *Was haben wir da nur angerichtet?* Der Rauch vermischt sich mit dem Nebel, sodass alles überall zu brennen scheint. Der weißglühende Baum mit den schwarzen, sinternden, knackenden, brechenden Zweigen, der Rauch und dazwischen Erin und ich wie Max und Moritz, die wissen, dass sie ernsthaften Ärger kriegen werden. »Wahrscheinlich rollt jede Minute die Feuerwehr hier an«, ruft Erin mir zu. Wie die Kinder freuen wir uns über unseren Streich und haben gleichzeitig Angst vor den Konsequenzen.

Plötzlich ist das Feuer aus. Der Baum steht wie ein Skelett im Schnee, bar jeder Komplexität. Er ist nur noch ein dünner Stamm mit ein paar verkohlten Zweigen, die in der dampfenden Luft schon feucht werden. Ich starre auf die Überreste des Baums und atme den Rauch und den Nebel ein; Erin schneidet mir eine Grimasse, ich schneide eine zurück.

»Also das«, sagt er, »das war einfach toll.«

Das war es wirklich. Ein Verbrennungsritual, eine geheimnisvolle Zeremonie, ein Schutzzauber. Alles Böse war mit dem brennenden Baum ausgetrieben worden. Auf dem Weg zurück ins Haus müssen wir unbändig lachen, das Skelett lassen wir im Schnee stehen. Später fliegen Mum und ich wieder nach London. Ich bringe sie nach Hause, verspreche, sie bald zu besuchen, und fahre dann weiter nach Cambridge, zu Stuart und Mandy. Den Weg vom Auto zu ihrer Haustür lege ich rennend zurück, denn ich kann es kaum erwarten, meinen Habicht wiederzusehen. Und da sitzt sie, auf einem Sprenkel im Garten, gut genährt und glücklich inmitten eines Rudels von Pointern, die synchron mit dem Schwanz wedeln. Ich bedanke mich bei Stuart, dass er sich in meiner Abwesenheit so gut um sie gekümmert hat. Er steht an der Terrassentür und sieht ungewohnt müde und abgespannt aus. »Nichts zu danken«, antwortet er. »Um ehrlich zu sein, habe ich nicht viel mit ihr gemacht. Ich war erkältet. Es war schrecklich. Ich habe Weihnachten im Bett verbracht und ihr nur hin und wieder Futter zugeworfen.«

»Armer Stu«, sagt Mandy und stellt ein Tablett mit drei Tassen Kaffee und einer offenen Packung Kekse auf den Tisch. »Es hat ihn echt schlimm erwischt.« Ich sehe meine Freunde an und verspüre einen Stich im Herzen. Sie haben so viele Stunden damit verbracht, mir zu helfen, haben mir so viel Liebe geschenkt. Und ich habe all das für selbstverständlich gehalten.

»Ich danke euch. Vielen, vielen Dank. Ich liebe euch. Wirklich.« Ich versuche das, was ich empfinde, in Worte zu fassen. Ich will ihnen nicht nur dafür danken, dass sie sich meines Habichts angenommen haben. Ich stehe auf und will Stuart umarmen. Er weicht zurück: »Steck dich nicht auch noch an.« Ich umarme ihn trotzdem.

An diesem windigen Augusttag im Jahr 1939 versteckt sich White in Irland vor dem Krieg. Er verabscheut Hitler jetzt und weiß, dass er eigentlich einrücken sollte, redet sich aber ein, seine Flucht hierher sei nicht nur aus bloßer Feigheit geschehen. Er glaubt, als Soldat sei er verschwendet. Er hat etwas Wichtigeres zu tun – seine epische Erzählung über das Thema Großbritannien zu vollenden, die die Frage beantworten wird, warum der Mensch überhaupt in den Krieg zieht. Deshalb ist er ins County Mayo gekommen und hat die Sheskin Lodge gemietet, ein verfallenes Sommerhaus des Adels mit verglastem Wintergarten inmitten wilder Rhododendronbüsche und großer Kiefernwälder.

Er sitzt in einem zerschlissenen Ledersessel in einem Zimmer, in dem sich die Tapete von den Wänden löst. Jedes Mal, wenn die Falken von ihren Julen auf dem Rasen vor dem Haus abspringen, dringt das widerhallende Geräusch der Bells durch das geöffnete Fenster zu ihm. Cully ist tot; sie hat sich in der Scheune seines alten Cottages in Erdbeernetzen verfangen und erhängt. Seitdem hat er zwei Merline abgerichtet und besitzt jetzt zwei Wanderfalken: ein übellauniges Weibchen namens Cressida und einen nervösen jungen Terzel, bislang noch ohne

Namen. Er hat die vergangene halbe Stunde damit verbracht, die heiklen Schritte ihres Abtragens in einem Tagebuch mit Pergamenteinband festzuhalten. Nun hält er inne. Ein Gedanke ist ihm gekommen, das Geräusch der Bells hat ihn durch das Fenster zu ihm hereingeweht. Vielleicht würde er das Buch über Greifvögel schließlich doch noch schreiben. Sein erster Versuch war gescheitert, doch vielleicht würde er es wieder versuchen. Es wäre keines der üblichen naturkundlichen Bücher über Greifvögel, nein, das wäre geschwindelt. Es wäre *echte* Literatur. Er hält grob fest, warum:

> Die Initiationszeremonien, die Voodoo-Hütte des Falkners, die Geräusche in der magischen Dunkelheit, die geisterbeschwörenden Knoten. Knoten gehören vermutlich zu den ältesten Zauberformeln auf Erden. Die beiden Falken sind durch meine Zauberkünste an die Julen gebunden, so glauben sie … Ich bin davon überzeugt, dass sich niemand je Zauberer hätte vorstellen können, hätte man Knoten nicht erfunden.

Er als Falkner wäre selbstverständlich auch Teil des Buchs, ebenso wie all die anderen Rollen, die er bei der Erziehung der Vögel spielen würde. Zuerst als Torquemada, der Großinquisitor. Dann als »Medizinmann der Pubertätsrituale« – und als ihr furchterregender Prüfer, ihr »Teufel-Gott der Höhle«. Und dann natürlich als Prospero, der Meisterzauberer, der sie durch alle Prüfungen und Proben ihrer Greifvogeladoleszenz führt, denn White glaubt, er wüsste nun, was Freiheit ist und was Erwachsenwerden bedeutet. Er selbst ist Teil des Zaubers, der den Vogel an den Willen des Zauberers bindet. Und am Schluss des Buchs muss das größte aller Rätsel auftauchen: Der Vogel muss entkommen. Natürlich muss er das; der Vogel muss »den Zauber brechen, um zu fliehen, um dem Magier eine lange Nase zu drehen – und dabei herausfinden, dass der Zauber einen Zauber enthält, dass der Zauberer letztlich doch ein weiser Mann ist und ganz und gar nicht unglücklich über das Entkommen seines Schülers«. Am Ende des Absatzes ist White außerordentlich gerührt.

> Da steht er, klein und invertiert; er sieht von der
> verachteten Erde auf, sein Planetarium von einem
> Gewand bläht sich im Wind, sein Zauberstab ist
> überlistet, sein weißer Bart strömt an ihm herab.
> Und Falco? Ein Triumph, gleichzeitig Hass und
> Dankbarkeit. Nicht hingegen Logik oder Moral.
> Nur Magie um ihrer selbst willen; ein Zauber, der
> seine Kraft entfaltet, der gesponnen und wieder
> entsponnen wird.

28

Wintergeschichten

Am Himmel ziehen Schwaden hoher Schleierwolken über eine zerklüftete Kaltfrontwolke; während wir über die Felder spazieren, lässt der Gegenwind Lerchen wie Spreu auffliegen. Scharen von Bluthänflingen, halb Mücken, halb Musiknoten, schwirren um die Hecken, die mein altes Zuhause umgeben. Wobei das Wort »Zuhause« eine Lüge ist, denn mein Vater lebt dort nicht mehr. Es ist Spätwinter geworden, und ich bin zum Haus meiner Mutter zurückgekehrt. Mir geht es mittlerweile etwas besser; ich besuche meine Mutter auch wieder öfter, vergesse dabei aber jedes Mal, wie schwer es mir fallen wird.

Die Winterfelder sind kahl und zu stoppeliger Grasnarbe vergilbt, von den Kaninchen kurz gefressen und von Krähen auf Futtersuche übersät. Ich kann Mabel überall auf diesem Land fliegen, bis zu der breiten, löchrigen Hecke, die fast schon ein Wäldchen und mit vereisten flaumigen Bartflechten bedeckt ist. Dahinter erstreckt sich das Land eines anderen, eine *terra incognita;* sie übt die gleiche heimliche Faszination wie alle Orte aus, die gerade außerhalb unseres Kenntnisbereichs liegen. Ich stehe ganz oben auf dem Feld, tausche Mabels Riemen aus, nehme ihr die Langfessel ab, befestige die Drahle daran, fädle die Langfessel von der anderen Seite noch einmal durch und verstaue sie dann tief in meiner Tasche. Ich halte meinen Arm in die Höhe, warte, bis sie sich umgesehen hat, und werfe sie dann in den böigen Wind. Sie gleitet zur Hecke auf der anderen Seite, schwingt sich in eine kleine Esche und schüttelt ihr Stoßgefieder. Ich folge ihr, und wir beginnen, richtig zu jagen, das heißt, in einer durchbrochenen, offenen Waldung nach Kaninchen zu suchen. Die Waldung ist zwar offen, für das Eindringen des Menschen aber nicht gedacht. Das Holundergebüsch hat sich zu einem Dickicht verwachsen, auf den grünen Zweigen und Ästen wuchern Flechten. Es gibt umgefallene Eichen, bösartiges Brombeergestrüpp und ganze Haselstrauchwände; überall rankt Efeu, bedeckt Baumstümpfe, streckt seine gierigen Hände ins Licht über den Baumkronen und schmückt den schattigen Ort mit den funkelnden Schuppen seiner Blätter. Die Luft schmeckt nach Humus und Verfall. Bei jedem Schritt knackt ein Zweig, das Gehen auf dem dicken Waldboden fühlt sich leicht schwankend an, als verberge sich unter der Erde ein Hohlraum.

Mabel ist einfach großartig. Ich habe sie schon oft in offenem Gelände wie diesem geflogen; sie hat begriffen, wie das Jagen in Waldungen funktioniert, und ist ungeheuer wachsam. Mehr als wachsam. Den Habicht in einer Landschaft voller Hindernisse und unterbrochener Sichtlinien zu fliegen verstärkt die Bande zwischen uns enorm. Sie durchstößt Zweige, um zu meiner Faust zurückzukehren, wenn ich pfeife; sie folgt mir auf Schritt und Tritt und fliegt über mir wie mein Schutzengel, wann immer ich außer Sicht bin. Ich schaue nach oben; sie sitzt da und sieht mich mit ihren runden Augen an. Ihre Pupillen sind vor Aufregung und Aufmerksamkeit geweitet, ihre wachsgelben Zehen umklammern abgestorbene Eschenäste. Oder sie lässt sich über mir und den Bäumen treiben, ist nur hin und wieder flackernd sichtbar und zieht Luftkräusel wie kleine Wellen hinter sich her.

Eine zusammenhängende Geschichte ergibt unser Spaziergang nicht. Es gibt Momente. Etwa den, als ich mich umdrehe und in das ruhige, unvergessliche Gesicht eines jungen Kaninchens blicke, das an einem Loch in rund drei Meter Entfernung sitzt, die Löffel aufgestellt hat und schnuppert. Eine kleine graue Häsin. Ich bringe es nicht übers Herz, Mabel auf sie aufmerksam zu machen. Die Welt trianguliert, teilt sich in Dreiecke ein, um die Distanz zwischen mir und dem Kaninchen zu messen, und kommt zum Stillstand. Das Kaninchen und ich sehen uns an. Dem Tier wird bewusst, dass dieser Blick irgendetwas mit Tod zu tun hat; es verschwindet. Mabel sieht es erst, als es in seinen Bau huscht und sich in Luft auflöst. Sie muss trotzdem zu ihm fliegen, zu seinem Nachbild, für alle Fälle; sie wendet kurz vor dem Boden, streift das Kaninchenloch mit einem Fuß und setzt sich dann in einen hohen Baum. Sie schüttelt ihren Stoß und sieht nach unten. Ein anderer Moment: Blind renne ich meinem Habicht hinterher, der sich auf einen Kastanienast in zwölf Meter Höhe setzt – eine misslungene Attacke auf ein Grauhörnchen, das die spiralförmig gewundene Rinde des Baumstamms hinaufjagt und sich in die Sicherheit eines höheren Asts flüchtet. Rindenschuppen umrieseln mich wie zarte, wächserne Schneeflocken, als Mabel auf mein Rufen hin auf meine Faust zurückkehrt. Gott sei Dank – Grauhörnchen können furchtbar beißen: Sie können einem Greifvogel mühelos eine Zehe abtrennen. Nicht, dass ich es ihnen in einer solchen Situation verübeln könnte. Und schließlich der Moment, in dem sie bodennah auf mich zufliegt, weil das die einzige Möglichkeit ist, einen riesigen Holunderbusch zu durchdringen. Während sie sich bereit macht, mit einem dumpfen Schlag auf meiner Faust zu landen, stellt sie ein ganz klein wenig die Rückenfedern auf; dann graben sich acht Zehen und

Klauen in den Handschuh, und Mabel entspannt sich. Voller Erwartung sieht sie mich direkt an. Plötzlich entdeckt sie etwas durch die Bäume hindurch, auf der anderen Seite der Hecke. Ihre Pupillen weiten sich. Sie bewegt den Kopf hin und her und legt die Scheitelfedern flach an. Die winzigen grauen, feinen Federchen um ihren Schnabel und ihre Augen herum kräuseln sich zu einem Ausdruck, den ich als *Da drüben ist etwas* lesen gelernt habe.

Ich beschließe, der Sache nachzugehen, obwohl ich nicht die Erlaubnis habe, sie dort drüben zu fliegen. Vorsichtig klettere ich über einen rostigen Drahtzaun – bislang habe ich mir beim Jagen mit Mabel drei Hosen zerrissen –, drehe mich um und stehe bis zur Wade in einem Feld mit abgestorbenen Zwischenfrüchten für das Federwild, die die Farbe von nassem Tabak haben. Wir blicken über ein weites, offenes Downland-Tal, in dem sich Kreideformationen über die umgebende Landschaft erheben. Es ist wunderschön. Ich atme tief ein und aus und spüre die leicht schwindelige Freude, auf einem Kreidehügel zu stehen.

Kreidelandschaften wirken so auf mich. Sie vermitteln mir das erwartungsfrohe Gefühl einer bevorstehenden Offenbarung. Gleichzeitig allerdings fühle ich mich schuldig. In der Natur-Kultur Englands liegt eine lange Ader des Kreidemystizismus verborgen, und ich weiß genau, dass das Gefühl, das ich habe, ein Teil davon ist. Schuldig fühle ich mich, weil die Liebe zu einer Landschaft wie dieser eine Geschichte voraussetzt, die sich mit Dingen wie Reinheit, Unverdorbenheit, mit einem starken Zeit- und Zugehörigkeitsgefühl befasst. Und weil diese Liebe davon ausgeht, dass die abgeschiedenen, windgepeitschten Landschaften des Downland schöner und besser sind als die Landschaften in den Niederungen. »Der Spaziergänger im Downland beschäftigt sich mit dem Wesentlichen: mit Struktur, mit Formen und Beschaffenheiten«, schrieb der begeisterte Kreidekultanhänger und Verfechter des Ruralismus H. J. Massingham in den Dreißigerjahren. »Dort oben stimmt ihn die Luft, die er atmet, auf die erhabenen, archaischen, bloßen Formen der Dinge ein.« So steht die Landschaft als Gleichnis für die Perspektive des Fliegers.

Ich wuchs in den niederen Kiefernwäldern und Heidelandschaften des sandigen Surrey auf. Aber es gibt ein Foto von mir, auf dem ich dick eingemummelt in einen Dufflecoat mit Schottenmuster meine fünf Jahre alte Hand auf einen der Steine in Stonehenge lege. An diesem Ort hat mein junges Gehirn erstmals eine Vorstellung von Geschichte entwickelt. Und als ich etwas älter war und mit meinem Vater in der Nähe von Wantage spazieren ging und Grauammern auf Zaunpfählen um die Wette schimpften, erklärte er mir, dass der Weg unter unseren Füßen, der Ridgeway, ein sehr alter war. Ich war davon tief beeindruckt. Das war in den Siebzigerjahren gewesen, in denen der Kreide- und Geschichtskult gerade einen neuen Boom erlebte: In Butser ließ man im Rahmen der experimentellen Archäologie ganze Dörfer aus der Eisenzeit wiederauferstehen; über den Steinkreis von Avebury erzählte man sich die schauerlichsten Geschichten; in Salisbury Plain, einer Kreidehochebene in Südengland, wollte man in streng geheimen militärischen Einrichtungen Großtrappen wiederansiedeln. Heute frage ich mich, warum. Eine Reaktion auf die Ölkrise? Auf den Konjunkturrückgang? Ich weiß es nicht. Doch damals auf dem Ridgeway-Pfad – ich war vielleicht neun oder zehn – habe ich zum ersten Mal eine Ahnung davon bekommen, wie mächtig man sich fühlen kann, wenn man sich mit der tiefer gehenden Geschichte verbündet.

Erst viel später erkannte ich, dass diesen Vorstellungen von Geschichte eine eigene, dunkle Geschichte zugrunde lag. Dass der Kreidekult auf der Annahme einer direkt körperlichen Verbindung zu dieser Landschaft beruhte, einem Zugehörigkeitsgefühl, das seine Berechtigung aus der eingebildeten Blutsverwandtschaft zwischen Mensch und Boden bezog. Dass das Downland nicht nur mit Naturgeschichte, sondern auch mit Begriffen wie Nation und Volk verknüpft war. Und dass diese Mythen wehtun können, erkannte ich ebenfalls erst viel später. Weil durch sie andere Kulturen, andere Geschichten, andere Arten, eine Landschaft zu lieben, in ihr zu arbeiten und sich in ihr aufzuhalten, verdrängt werden. Weil sie sich gewissermaßen auf Zehenspitzen in Richtung Dunkelheit schleichen.

Ich stehe auf der anderen Seite meiner vertrauten Hecke und blicke auf die *terra incognita,* die die mythische Vergangenheit Englands im bombastischen Stil des zwanzigsten Jahrhunderts heraufbeschwört. Ich stakse über die Zwischenfrüchte zu der Stelle, an der der karge, steinige Boden freiliegt; er ist so kreidig, dass er wie eine weiße Paste wirkt. Wurzelhaare und Kiesel, an denen Regentropfen hängen geblieben sind; winzige Steinknöpfchen in der dick aufgetragenen Kreide. Vor mir fällt das Land zu einem trockenen Tal ab. Es ist etwa so groß wie ein Dorf, linker Hand erhebt sich ein grauer Buchenhain. Der Boden ist von Millionen winziger Weizenschösslinge überzogen, die ihn pelzartig bedecken, wie Algen auf einer Klippe. Selbst in diesem gedämpften, blassen Licht leuchtet das Tal matt. Und jetzt sehe ich, was Mabel gesehen hat. Rund hundert Meter vor uns duckt sich ein großer Feldhase; die Ohren mit den schwarzen Spitzen hat er an den rötlich-braunen Rücken angelegt. Doch das ist noch längst nicht alles: In der Talsohle, dort, wo der

Fluss wäre, gäbe es hier Wasser, grast eine Herde Damwild. Das Grau-Olive ihres Rückens läuft an der Bauchseite zu einem sehr hellen Grauton aus. Der Kopf der rund dreißig Tiere ist schwarz. Sie stehen eng beieinander, zittern vor Unentschlossenheit und beobachten mich. Dreißig erhobene Köpfe. Eine mächtige Herde, die darauf wartet, was ich tun werde.

Ich kann nicht anders, ich muss dem Drang nachgeben, der in diesem Moment über mich kommt. Ich halte Mabel fest, die das Damwild ebenfalls beobachtet, und gehe wie eine Besessene einfach auf die Tiere zu, mit dieser seltsamen Trennung zwischen Kopf und Füßen, die man beim Bergabgehen verspürt. Technisch gesehen, betrete ich gerade widerrechtlich ein Grundstück, aber das kann ich nicht ändern. Ich will irgendwie mit diesen Tieren interagieren, ich will näher an sie heran. Mein Näherkommen zwingt einzelne Tiere dazu, rechts aus der Herde auszuscheren; zuerst gehen, dann galoppieren sie in einer langen Reihe die Talsohle entlang und auf einen Wald auf der anderen Seite zu, einen knappen Kilometer weit weg. Sie sind faszinierend. Auch Mabel beobachtet sie weiter und ignoriert den Feldhasen. Die lange Reihe des Damwilds ähnelt Höhlenmalereien aus Holzkohle, die wundersamerweise zum Leben erwacht sind. Die Magie der Kunst wirkt in der Zeit rückwärts. Das Kreidegestein hinter den Tieren erinnert an Knochen.

Und jetzt läuft auch der Feldhase davon, in die entgegengesetzte Richtung. Durch die Flucht der Tiere scheint sich die Landschaft vor mir zu teilen: Damwild in die eine Richtung, Hase in die andere. Dann sind sie verschwunden, der Hase am Feldrand auf dem Hügel zu meiner Linken, das Damwild im Wald auf dem Hügel zu meiner Rechten. Und vor mir ist nichts außer Wind, Kreide und Weizen.

Nichts. Mein Habicht schüttelt sich. Sie beginnt, ihr Deckgefieder zu putzen. Das flüchtende Damwild und der flüchtende Hase. Vermächtnisse des Handels und der Inbesitznahme des Landes, der Bewirtschaftung, der Jagd, der Besiedlung. Hasen sind vermutlich von den Römern hierhergebracht worden, das Damwild ganz sicher. Fasane auch, in Scharen aus Kleinasien. Die Rebhühner, denen dieses Land gehört, stammen ursprünglich aus Frankreich; die, die ich hier sehe, wurden in Brutschränken mit Luftumwälzpumpen auf Federwildfarmen ausgebrütet. Das Grauhörnchen auf der Kastanie? Nordamerika. Kaninchen? Wurden im Mittelalter eingeführt. Filz, Fleisch, Fell, Federn aus allen Teilen der Welt. Und trotzdem gehört dieses Land ihnen.

Wir machen uns wieder auf den Weg, dieses Mal nach Hause. Es regnet jetzt stärker, und die Kaninchen sitzen so nah an ihrem Bau, dass Mabel keine Chance hat. Nachdem sie eines an einer Wildrosenböschung um Haaresbreite verfehlt hat, rufe ich sie zurück auf die Faust und atze sie. Sie ist müde. Auf ihrem Kopf und den winzigen Wimpernfederchen glitzern Wassertropfen. Wir schlendern zurück zum Auto. Ich bin auch müde und freue mich über die Spaziergänger, die auf uns zukommen. Ich kenne sie von früher: ein Rentnerpaar aus dem Ort, in dem meine Mutter aufgewachsen ist. Sie führen ihren weißschnauzigen Terrier an einer langen Leine Gassi, haben sich in Schals und dicke Jacken mit Druckknöpfen eingepackt und ziehen die Schultern gegen die Kälte und Nässe hoch. Ich treffe sie hier recht häufig und freue mich immer, sie zu sehen. Ich kenne ihre Namen nicht, und sie kennen meinen nicht; sie wissen aber, dass mein Habicht Mabel heißt. Ich winke ihnen zu; sie bleiben stehen und winken zurück.

»Hallo«, sage ich.

»Hallo! Wie geht's dem Habicht?«

»Ihr geht's gut«, erwidere ich glücklich. »Sie ist nur ein bisschen müde. Sie ist hier überall herumgeflogen. Es ist so schön heute. Ich habe Damwild gesehen!« Ich bin froh, dass ich das jemandem erzählen kann. »Eine große Herde, mit dunklem Fell, unten in der Talsohle.«

»Ja«, antwortet er. »Das Damwild. Ganz besondere Tiere, nicht? Selten. Wir sehen sie relativ oft.« Er lächelt. Wir genießen es, die Geheimnisse dieses Ortes miteinander zu teilen. Sie stimmt ihm zu: »Ja, sind sie nicht wunderschön? Wir haben sie auch mal gezählt, stimmt's?«

Er nickt. »Es sind normalerweise zwischen fünfundzwanzig und dreißig Tiere.«

»Genau dreißig!«, entgegne ich.

»Ein wundervoller Anblick.«

Sie wickelt sich den Schal enger um den Hals, als eine Sturmbö aufkommt. Er nickt immer noch bekräftigend, während der Regen dunkle Flecken auf seine Schultern malt. »Eine ganze Herde Damwild«, sagt er strahlend, bevor sich sein Gesichtsausdruck plötzlich verändert.

»Lässt uns das nicht hoffen?«, fragt er unvermittelt.

»Hoffen?«

»Ja«, fährt er fort. »Ist es nicht schön, dass es noch Dinge wie diese gibt, ein Stück gutes altes England trotz all dieser Migranten?«

Ich weiß nicht, was ich darauf erwidern soll. Seine Worte hängen in der Luft, es herrscht ein unbehagliches Schweigen. Die Blätter an den Haselnusszweigen rascheln. Ich nicke ihnen zum Abschied zu und bin unbeschreiblich traurig. Dann trotten Mabel und ich durch den Regen nach Hause.

Ein trübseliger Nachhauseweg. Ich hätte etwas erwidern sollen, aber dafür hatte ich mich zu sehr geschämt. Während ich vor mich hin stapfe, arbeitet der dunkle Faden, den die beiden zu spinnen begonnen haben, in mir weiter. Ich denke über den Kreidekult in den ländlichen Gegenden und seine Mythen der Blutsbande nach, über den verhassten Bronzefalken, über Görings Pläne, die Juden aus den deutschen Wäldern zu vertreiben. Ich denke an die finnischen Habichte, die die Brecklands zu ihrer Heimat gemacht haben, und an meinen Großvater, der auf den Western Isles, den Äußeren Hebriden, zur Welt gekommen war und bis zum Alter von zehn Jahren nur Gälisch gesprochen hatte. Ich denke an den litauischen Bauarbeiter, den ich beim Pilzesammeln im Wald getroffen und der mich verwirrt gefragt hatte, warum niemand in England weiß, welche Pilze essbar sind und welche nicht. Ich denke an all die komplizierten Geschichten der Landschaften und wie leicht es ist, sie beiseitezufegen, sie abzutun, und stattdessen bequemere, sicherere Geschichten zu etablieren.

Diese Geschichten sind nur für uns sicher. Die Felder, auf denen ich Mabel in Cambridge fliege, werden biologisch bewirtschaftet und wimmeln nur so von Leben. Diese hier nicht. Größere Säugetiere wie Damwild, Füchse oder Kaninchen gibt es hier schon, das stimmt, die Felder und Bäume ähneln denen in Cambridge; aber wenn man genauer hinsieht, stellt man fest, dass das Land doch recht öde ist. Außer dem, was angebaut wird, gibt es nur wenige andere Pflanzen. Es gibt kaum Bienen oder Schmetterlinge, denn der Boden wurde mit tödlichen Chemikalien besprüht. Vor zehn Jahren gab es hier noch Turteltauben. Vor dreißig Jahren zogen noch Grauammern und riesige Schwärme von Kiebitzen über dieses Land. Vor siebzig Jahren gab es hier noch Neuntöter, Wendehälse und Schnepfen. Vor zweihundert Jahren Raben und Birkhühner. All diese Vögel sind mittlerweile verschwunden.

Das gute alte England existiert nur in der Vorstellung – ein Land, das aus Worten, Holzschnitten, Filmen, Gemälden und pittoresken Stichen zusammengezimmert ist. Es existiert nur in den Köpfen der Menschen, und Menschen leben weder besonders lange, noch sehen sie genau hin. Wir sind sehr schlecht darin, uns andere als die gewohnten Dimensionen vorzustellen. Alles, was im Boden lebt, ist zu klein, als dass man sich groß darum kümmern müsste; der Klimawandel wiederum ist zu groß, als dass man ihn sich vorstellen könnte. Und was zeitliche Dimensionen angeht, sind wir nicht viel besser. Wir können uns nicht daran erinnern, was vor uns hier lebte, und wir können nicht lieben, was nicht ist. Ebenso wenig können wir uns vorstellen, was anders sein wird, wenn wir tot sind. Wir leben unsere siebzig plus Jahre aus und knüpfen unsere Knoten und Schnüre nur an uns selbst. Wir trösten uns mit Bildern und fegen die Hügel der Geschichte blank.

Und nicht nur die Hügel der Geschichte – auch die des Lebens. All das hier mag an das gute alte England erinnern, aber es ähnelt mitnichten dem Land von vor vierhundert, ja noch nicht einmal von vor einhundert Jahren. Ich bin fast zu Hause und immer noch furchtbar traurig, wütend und aufgebracht. Ich wünschte, wir würden nicht für Landschaften, für ein Land kämpfen, das uns daran erinnert, wer wir vermeintlich sind. Ich wünschte, wir würden stattdessen für Landschaften, für eine Natur kämpfen, in der das Leben in all seiner Vielfalt, in all seinen Ausprägungs- und Erscheinungsformen freien Lauf hat. Ich selbst bin dabei nicht unschuldig. Mit meinem Habicht wollte ich der Geschichte entfliehen. Die Dunkelheit vergessen, Görings Greifvögel vergessen, den Tod vergessen, alles, was vorher war, vergessen. Aber meine Flucht war falsch. Schlimmer als falsch: gefährlich. *Ich muss immer gegen das Vergessen ankämpfen,* nahm ich mir vor. Ich wünschte, ich wäre dem Paar hinterhergelaufen und hätte ihnen die Sache mit dem Damwild erklärt. Ich wünschte, ich hätte dort im Regen, im Matsch gestanden, mit einer Hand gestikulierend und einen Habicht auf der anderen Hand, und hätte vehement und voller Überzeugung von Geschichte und Blut gesprochen.

Später an diesem Abend entdecke ich in den Tiefen seiner Bücherregale die Tagebücher meines Vaters, in denen er alles über die Flugzeuge festgehalten hat: sechs gebundene Schreibhefte mit Leinenrücken. Ich ziehe eins wahllos aus dem Regal. 1956. Da war er sechzehn. Er hat die Seiten in Spalten aufgeteilt und mit Überschriften versehen, sorgfältig mit Tinte in Großbuchstaben geschrieben: *ZEIT. ANZAHL DER FLUGZEUGE. FLUGZEUGTYP. ANMERKUNGEN. KENNZEICHEN.* Ich sehe mir die erste Spalte an. Am fünfundzwanzigsten April beginnt er seine Beobachtungen um neun Uhr vierzig vormittags und beendet sie um sieben Uhr abends. Am sechsundzwanzigsten beginnt er um neun und endet um neun. *Zwölf Stunden lang in den Himmel hinaufsehen. Guter Gott.* Seine Eintragungen füllen Hunderte von Seiten und umfassen mehrere Tausend Flugzeuge. Vickers V70 Viscounts, F-86 Sabres, Airspeed Ambassadors, Lockheed Super Constellations, Gloster Meteors.

Über einen Besuch am Croydon Airport Ende Mai schrieb er: »Acht de Havilland Tiger Moths. Zwei Auster Aiglet trainers. Zwei Taylorcraft Plus Ds. Eine Auster 5. Drei De Havilland 104 Doves.« Ich habe keine Ahnung, was für Flugzeuge das sind. Er hat auch einen Schnappschuss von einer Tupolew Tu-104 in das Buch geklebt und ein paar Zeilen daruntergeschrieben: »Dieses Flugzeug ist zweifellos die zivile Version der Type 39 Badger, aber die Russen behaupteten, es sei ein völlig neues Flugzeug.« In dieser glühenden Pedanterie erkannte ich meine eigene kindliche Obsession mit Greifvögeln wieder. Plötzlich ist mir mein Vater sehr nahe. Aus dem Buch fällt eine weitere Fotografie. Ich hebe sie auf. *De Havilland 104 Dove, Croydon Airport, 2–4–56.* Ich gleiche das Kennzeichen mit dem auf der Liste ab. *G–AMYO. Morton Air Services.* Der Rand der Flugzeugpiste liegt im Nebel verborgen. Ich kann ein winziges Profil im Cockpit erkennen, die Andeutung eines Mannes, der sich nach vorn beugt, um das Kabinendach zu putzen, bevor das Flugzeug in den grauen Aprilhimmel abhebt.

Auf einmal wird mir klar, warum mein Vater Flugzeuge beobachtet hat. Er hatte mir erzählt, dass er mit seinen Freunden, als er klein war, durch das ausgebombte London gestromert war und Dinge gesammelt hatte. Alles: Schrapnells, Zigarettenschachteln, Münzen – meist Dinge, die in Serie hergestellt wurden. Dinge, die zu anderen Dingen passten und getauscht werden konnten, Serien, die vervollständigt werden konnten. Das Sammeln musste ihre in Scherben gegangene Welt wieder zusammengefügt, der durch den Krieg in Unordnung gebrachten Welt wieder einen Sinn gegeben haben. Und die Flugzeuge waren sicherlich eine Sammlung, die es wert war, vervollständigt zu werden: eine Serie wunderschöner sich bewegender Dinge mit Namen und Kennzeichen, und alle waren sie eng mit Gefahr und Überleben verknüpft. Aber das war noch nicht alles: Flugzeuge hatten Flügel. Sie flogen und flohen, und wer sie kannte, beobachtete und ihre Bewegungen verstand, konnte ebenfalls irgendwie fliegen und fliehen. Wer die Tupolew 104 abheben sah, wusste, dass sie Grenzen überfliegen würde, die man selbst nur in der Fantasie überwinden konnte. In ein paar Stunden wird sie auf einem verschneiten sowjetischen Flugplatz landen. Oder auf irgendeinem anderen der vielen Tausend. Beim Beobachten der Flugzeuge fliegst und fliehst du mit ihnen. Sie erweitern deine kleine Welt und breiten sie über die Meere aus.

In den Tagebüchern schenkt mein Vater seine ganze Aufmerksamkeit Dingen, die ich nicht kenne. Doch jetzt weiß ich, wofür diese Dinge sind. Es sind Aufzeichnungen einer geordneten Transzendenz. Das Tagebuch eines Beobachters. Als mein Vater von Geduld gesprochen hatte, fasste er die Magie in Worte, die das Warten und das Hinaufsehen in einen bewegten Himmel für ihn bedeutete.

Ich stelle das Buch zurück ins Regal. Dabei fällt mir auf, dass zwischen den nächsten beiden Tagebüchern ein Stückchen brauner Karton steckt. Was mag das sein? Ich ziehe es heraus. Ein leeres Stück Pappe mit ausgefranstem Rand. Ich drehe es um – und mein Herz setzt einen Schlag aus, denn auf der anderen Seite steckt unter einem acht Zentimeter langen durchsichtigen Klebestreifen ein silberner Schlüssel. Und darunter stehen fünf Worte, mit Bleistift geschrieben.

Wohnungsschlüssel.
Ich liebe Dich, Dad

Dad hatte mir den Schlüssel letztes Jahr mit der Post geschickt, damit ich seine Londoner Wohnung nutzen konnte, wenn er unterwegs war. Ich hatte ihn verloren – natürlich. »Meine Tochter, der zerstreute Professor«, hatte er gesagt und die Augen verdreht. »Egal. Ich lasse einen nachmachen.« Aber irgendwie ist er nicht dazu gekommen, und ich hatte seitdem nicht mehr daran gedacht. Mir ist schleierhaft, woher dieser Schlüssel kommt. Ich lese die Worte noch einmal und stelle mir seine Hand beim Schreiben vor. Dann denke ich daran, wie sie meine eigene winzige Hand gehalten hat, als ich die andere auf den Sarsen in Stonehenge gelegt habe. Damals war ich noch sehr klein gewesen, und es hatte keine Zäune gegeben, die die Besucher daran hinderten, zwischen den Steinen herumzulaufen. Ich hatte auf den Stein geblickt, der wie eine Tür aussah, aber ohne Wände dahinter.

»Ist es ein Haus, Daddy?«, hatte ich gefragt.

»Das weiß keiner«, hatte er geantwortet. »Es ist sehr, sehr alt.«

Ich hielt das Stück Pappe in der Hand und befühlte den grob mit der Schere geschnittenen Rand. Zum allerersten Mal begriff ich den Umfang meiner Trauer. Ich konnte genau fühlen, wie groß sie war. Das war sehr seltsam, als hielte ich etwas in der Größe eines Berges in meinen Armen. *Du musst Geduld haben,* hatte er zu mir gesagt. Wenn du etwas unbedingt sehen willst, musst du geduldig sein und warten. Mein Warten war nicht geduldig, aber die Zeit war trotzdem vergangen und hatte ihren sorgsamen Zauber gewirkt. Als ich dastand, das Stück Pappe in der Hand hielt und seine Ränder befühlte, hatte sich meine Trauer in etwas anderes verwandelt. In schlichte Liebe. Ich steckte den Karton wieder in das Bücherregal und flüsterte: »Ich liebe dich auch, Dad.«

29

Auftritt Frühling

Als Mandy die Tür öffnet, spiegelt sich mein Gesicht in dem entsetzten Ausdruck auf ihrem. »Um Himmels willen, Helen! Was ist passiert?«

»Mabel«, krächze ich schwach.

»Hast du sie verloren?«

»Nein!« Ich schüttle den Kopf. »Sie ist im Auto.« Und dann drei Bitten: »Mandy, hilfst du mir? Ich habe mich in den Daumen geschnitten. Kann ich dein Telefon benutzen? Ich brauche eine Zigarette.«

Mandy ist ein Engel. Ich sinke auf einen Küchenstuhl. Meine Knie tun weh. Brombeergestrüpp? Keine Ahnung. Mein Daumen blutet immer noch. Mandy gibt mir ein Fläschchen Jod zur Desinfektion, verbindet die Schnittwunde mit Steri-Strips und Mull, macht mir einen Kaffee und schiebt mir ein Päckchen Tabak mit Zigarettenpapier über den Tisch. Dann wartet sie, während ich im College anrufe, wo ich genau jetzt unterrichten sollte, und eine Entschuldigung vor mich hin stammle. Schließlich erzähle ich ihr meine jämmerliche und elende Geschichte.

Seit etwa einer Woche hatte es Vorzeichen gegeben: Ein Jahreszeitenwechsel stand unmittelbar bevor. Eine Schmeiß-fliege im Garten, die ersten zögerlichen violetten Krokusse auf dem Rasen. Kirschblüten, die an den Mauern von St John herabsegelten. Und eines Abends der Jubelgesang der Amseln, der sich von den Giebeln und gotischen Türmen der Stadt in den verdunkelnden Himmel erhob. Es wurde Frühling. Normalerweise freute ich mich über das blaue Band in den Lüften, über die allmählich länger werdenden Tage. Doch jetzt bedeutete Frühling keine Mabel mehr. Ich musste sie zum Gefiederwechsel in eine Mauserkammer stellen und würde sie monatelang nicht sehen können. Allein der Gedanke daran tat mir weh. Also versuchte ich, nicht daran zu denken und die Blumen und Fliegen zu ignorieren. Das machte aber alles nur noch schlimmer, denn in Mabels Habichtherz rührte sich etwas, und das war vielleicht der Frühling.

Ich hatte heute eine Stunde Zeit, sie zu fliegen. Nachmittags musste ich zum Unterricht; ich wusste, es würde knapp werden. Deshalb entschied ich mich für das alte Feld mit den Kaninchen. *Wir fangen ein Kaninchen*, dachte ich, *dann bringe ich Mabel nach Hause, hole meine Unterrichtsmaterialien und sause zum College.* Was sollte dabei schon schiefgehen?

Alles. Sie unternimmt den halbherzigen Versuch, ein Kaninchen zu fangen, dann entdeckt sie eine Hecke, lässt sich darauf nieder und blickt sich um. Als ich sie rufe, dauert es eine Weile, bis sie zu mir zurückkehrt. Eigentlich schrillen die Alarmglocken schon, doch auch die ignoriere ich. *Nur noch ein Flug,* tue ich mein schlechtes Gefühl ab. Doch Mabel macht mir einen gewaltigen Strich durch die Rechnung: Sie genießt die Sonne auf ihrem Rücken und die Ahnung, dass warme Luft in den beständigen graublauen Himmel aufsteigt. Sie verfolgt noch ein Kaninchen und segelt dann einfach weiter, von mir weg, schwingt sich über hohe Kastanien. Plötzlich merke ich, dass sie das Interesse an mir verloren hat. Ich könnte mich in den Hintern beißen. Nach dem letzten Debakel hier hatte ich mir geschworen, in Zukunft besser aufzupassen. Die Bäume stehen oberhalb einer Straße; da hier beunruhigend viele Autos, Lkws und Traktoren entlangfahren, will sie weg von den Bäumen und fliegt über die Straße in ein Wäldchen mit kleinen Schotterwegen. Ich folge ihr. Um mich herum lauter Kaninchen und PRIVAT: BETRETEN VERBOTEN-Schilder. Die sind Mabel egal – ebenso wie ich. Sie hat sich rund acht Meter über mir in einen Baum gesetzt und genießt die Aussicht. Ich wedle mit dem Handschuh und pfeife. Vergebens. Sie plustert das Bauchgefieder auf und schüttelt den Stoß: Habichtisch für *Ich bin glücklich und zufrieden.* Doch während sie da auf diesem unerreichbaren Ast sitzt und eine Minute nach der anderen verstreicht, fange ich angesichts ihrer Entspannung und Ruhe an zu verzweifeln. Ich habe mein Handy vergessen. Und meine Zigaretten. Und der Telemetrie-Empfänger liegt im Auto.

Kurz darauf entschlüpft sie wieder, durch das Hintertürchen des Waldes auf Land, das ich nicht kenne. Es stellt sich als liebliches, sanftes Feld voller Gräser heraus, die die Farbe von brauner Butter haben. Dahinter erstreckt sich in knapp dreihundert Meter Entfernung ein dunkelgrauer Wald. Und nirgendwo ist ein Habicht zu sehen. Also zurück zum Auto und zum Telemetrie-Empfänger; anschließend verbringe ich eine Ewigkeit damit, sie aufzuspüren. Hier gibt es überall ein Signal. *Piep. Piep. Piep.* In dieser Richtung beträgt die Signalstärke 5. Hier 7,5. Doch dann – 2. *Hä? Triangulieren! Triangulieren!* Ich richte die Antenne aus und drehe mich im Kreis. Bewegt sie sich? Muss sie wohl. Endlich entdecke ich sie, wie sie über dem Wald in der Ferne schwebt. Sie lässt sich von der aufsteigenden Luft tragen und zieht weite, von der Sonne gewärmte Kreise. Plötzlich taucht ein anderer Greifvogel auf der Bildfläche auf, und eine Weile lang tragen die beiden kleinere Rivalitäten aus.

Ich hingegen laufe, was das Zeug hält. Als ich am Wald an-
komme, sind beide Vögel verschwunden, nur die entfernten
Rufe eines Mäusebussards sind zu hören. Auf einmal: Bells.
Irgendwo da drin. Ich stürze mich in den Wald, und mich be-
schleicht sogleich ein mulmiges Gefühl. Der Wald ist nicht
dicht. Der Wald ist nicht ursprünglich. Der Wald ist bewohnt.
Ein Wald, in dem Fasane gehalten werden, ganz sicher. Der
Habicht macht mich schon wieder zur Kriminellen.

Da ist sie! Sie balanciert auf einem niedrigen Ast einer
Eiche, die über und über mit Efeu bedeckt ist, und starrt gebannt auf eine Ansammlung alter Futtersäcke und Behälter in
einer Pfütze. Ich pirsche mich näher heran. Sie macht diese
schlangenartigen, suchenden Bewegungen mit Hals und Kopf,
mit denen sie Entfernungen abschätzt und die bedeuten, dass
sie etwas entdeckt hat. Sie wird mich weiter ignorieren, bis sie
davon überzeugt ist, dass das, was sie entdeckt hat, verschwunden ist. Vielleicht ist es das ja auch. Ich schleiche mich in die
Richtung, in die sie sieht, und ehe ich mich's versehe, flattert
ein nasser Fasanenhahn direkt vor meinen Füßen auf und be-
spritzt mich mit Wasser. In Zeitlupe sehe ich die Sonne, die
durch seine Handschwingen scheint und in Balken und schroffe
Schatten zerbricht. Mabel macht eine elegante Hundertachtzig-
gradwendung in der Luft; ihr linker Fuß blitzt auf, doch die
wachsgelben Zehen mit den sechs Zentimeter langen schwarzen
Klauen verfehlen den Fasan knapp. Er flattert über einen drei
Meter hohen Hasendrahtzaun – o Schreck, den habe ich auch
nicht gesehen – und flüchtet sich in ein riesiges Lorbeer-Eiben-
Gehölz auf der anderen Seite. Mabel jagt ihm nach. Ich komme
nicht an sie heran – sie sind in einem verdammten Fasanen-
gehege gelandet! *Mist!* Das ist, wie ein Frettchen auf eine Kanin-
chenschau mitzunehmen, also nicht gut, gar nicht gut. Ich kann

sie mit den Flügeln schlagen hören; ich höre Bells und Kampf-
geräusche. Wie eine Ratte renne ich um das Gehege herum und
suche einen Eingang. Das hatte ich nicht gewollt. *O Gott, o Gott.*

Doch da ist ein Eingang, und er ist auch noch offen. Ich
werfe den Empfänger auf eine blaue Futtertonne und stürme in
das Gehege. Mabel ist nicht mehr *im* Gehölz – sie sitzt *auf*
einem Lorbeerstrauch. Sie dreht sich von mir weg und ist auch
schon wieder unterwegs durch die sonnengefilterten Zweige,
unglaublich schnell und entschlossen. *Scheiße! Scheiße!* Ich
renne hinterher, über Zweige und Äste, an kleinen Wellblech-
ställen vorbei, über Erde, von Hunderten Fasanenfüßen festge-
treten. Ich rechne jede Minute damit, das erzürnte »Oh!« eines
sehr wütenden Wildhüters zu hören. *Vielleicht hat er auch ein
Gewehr dabei,* denke ich, während sich Mabel in einer Explosion von leder- und cappuccinofarbenen Federn und schlagenden Flügeln auf eine Fasanenhenne an der gegenüberliegenden
Ecke des Geheges stürzt. Als ich bei ihr ankomme, sitzt sie in
einer schwarzen Lache sauren Waldwassers und mantelt über
dem Fasan. Plötzlich taucht unter ihrem Flügel eine weitere
Fasanenhenne auf, auch die umklammert sie mit tödlichem
Griff. Sie hält einen Fasan in jedem Fuß. *Oh, mein Gott. Ein
Gemetzel.* Sie hat das Stoßgefieder in der Pfütze ausgebreitet,
die Füße in einen Haufen Federn gegraben, ihr ganzes Wesen
scheint in einem rasenden, beängstigenden Takt zu vibrieren.

Die Fasane sind tot. Einen habe ich in die Tasche meiner
Falknerweste gesteckt, der andere wird gerade von meinem
auf Abwege geratenen Habicht gerupft. Ganze Büschel weicher
Konturfedern schweben durch die Luft und verfangen sich im
Hasendraht hinter ihr. Wir müssen hier weg. Schnell. Bevor ich
irgendwelche Erklärungen abgeben muss. Zitternd nehme ich
Mabel von ihrer Beute. Und dann passiert es: Ich verletze mich

fürchterlich am Daumen. Ich schneide nicht nur eine Fasanen-
sehne durch, sondern dabei mir selbst auch ins Fleisch. Von
meinem Daumen hängt ein breiter flacher Streifen Haut herunter. Nachdem ich Mabel wieder auf den Handschuh genommen
und ihren illegalen Preis in meine Tasche gepackt habe, mache
ich mir allmählich Sorgen darüber, wie viel Blut ich verliere.
Nicht nur meine Hand ist blutüberströmt, ich kann die Tropfen
auch auf den Waldboden fallen hören. Ich presse den Daumen
in den Stoff meiner Falknerweste. Sie ist voller Keime, ich weiß,
aber ich muss das Blut stillen. *Muss. Das. Blut. Stillen.* Ich blute
weiter, den ganzen Weg zum Auto zurück und zu Stuarts Haus.
Ich kann nie wieder dort hingehen. Nie wieder.

Im März 1949 reiste der Verleger Wren Howard von Jonathan
Cape auf die Kanalinseln, um White in seinem neuen Zuhause
einen Besuch abzustatten. White war auf die Insel Alderney
gezogen – eine perfekte Zuflucht vor der Steuerbehörde und
der Welt. Er hatte sich in Saint Anne ein weißes dreistöckiges
Haus mit Magnolienholztäfelung gekauft und es mit ganz neuen
Dingen eingerichtet: mit seinen eigenen surrealistischen Gemälden, mit einem Flügel im Ankleidezimmer, mit silbernen Ker-
zenleuchtern und einer kleinen Statue des römischen Kaisers
Hadrian. Auf den dunklen Vorhängen prangten Bouquets geisterhafter silberner Rosen, es gab Jazz-Schallplatten, Stühle im
jakobinischen Stil und ein Sofa, auf dem White Howard bat,
Platz zu nehmen.

Howard setzte sich. Ein sagenhaft unbequemes Sofa. Und
Howard stand wieder auf und untersuchte die Sitzfläche. Da lag
etwas, unter einem Kissen. Er fuhr mit der Hand darunter und
zog einen dicken Stapel Papier hervor. Fragte White, was das
sei. White machte ein besorgtes Gesicht: Es sei das Manuskript

eines Buchs, das er über Greifvögel geschrieben habe, erklärte er ihm. Er wollte eigentlich nicht, dass es veröffentlicht wurde, denn ein guter Falkner sei er erst nach dem Verfassen des Buchs geworden, eine Autorität auf dem Gebiet. Es gab Dinge in diesem Buch, an die er sich nur ungern erinnerte, außerdem hatte sich der Vogel verstoßen.

Howard blätterte die ersten Seiten durch und war begeistert. Er nahm es mit nach oben in das Gästezimmer und las das ganze Buch in einer Nacht. Am nächsten Morgen bestand er darauf, es mit nach London zu nehmen; er war sicher, dass es veröffentlicht werden sollte. White zögerte immer noch, doch in den folgenden Wochen brachten Howard und seine Freunde ihre gesamte Überredungskunst auf. Schließlich stimmte White doch zu, unter einer Bedingung: Er wollte dem Buch ein Postskriptum hinzufügen, in dem er darlegte, wie er den Vogel im Lichte späterer Erfahrungen hätte abtragen *sollen*.

Als *The Goshawk* 1951 erschien, entwickelte sich das Werk nicht gerade zum Bestseller, bescherte dem Verlag dafür aber eine außergewöhnlich große Anzahl an Leserbriefen. Einige davon waren sehr positiv, andere eher seltsam; ein Leser bot White einen Adler an. Wieder anderen Lesern gefiel das Buch ganz und gar nicht. Einen dieser Briefe aber vergaß White nie, denn er berührte einen enorm wunden Punkt. Er kam von einem Mann, der dreißig Jahre lang Vorträge über Vögel gehalten und sie sein ganzes Leben lang beobachtet hatte. »Wie man von Liebe zu einem Habicht sprechen kann, nachdem man unsere wundervollen Greifvögel einer solchen Tortur ausgesetzt hat, ist einem normalen Gehirn unbegreiflich«, hieß es in dem Brief. »Gibt es nicht schon genug Grausamkeit in der Welt? Müssen wir da noch welche zu unserem Vergnügen oder als Steckenpferd hinzufügen?«

»Nach diesem Brief konnte ich drei Tage lang nichts essen«, gestand White später, »dennoch habe ich ihn mit mehreren Seiten voller Verständnis, Entschuldigungen und Erklärungen beantwortet.« Dann wartete er seinerseits auf eine Antwort. Als sie kam, so White, verwendete der Verfasser »fünfmal das Wort ›normal‹ und schloss mit der Ansage, dass er nie wieder von mir zu hören wünsche. Es schien mir höflich, es dabei zu belassen.«

Ich bin in die Stadt zurückgezogen, in ein kleines Mietshaus in der Nähe des Flusses. Der kleine sonnige Garten endet in einem Dornengestrüpp, auf den Bürgersteigen streifen Katzen umher, das Dach ist voller Tauben. Es ist schön, in einem Haus zu wohnen, das ich eine Weile lang mein Eigen nennen kann. Für heute habe ich mir vorgenommen, Kisten auszupacken und die Bücherregale einzuräumen. Drei Kisten habe ich bereits geschafft, fünf muss ich noch. Als ich die nächste Kiste öffne, liegt ganz obenauf: *The Goshawk.*

Oh, denke ich und nehme es in die Hand. Es fühlt sich irgendwie merkwürdig an, denn ich habe eine ganze Zeit lang nicht an White gedacht. Während ich allmählich wieder fröhlicher wurde, verblasste seine Gegenwart mehr und mehr, seine Welt entfernte sich immer weiter von der meinen. Ich streiche über den abgewetzten Buchrücken, öffne das Buch und blättere auf die allerletzte Seite. Ich will noch einmal die Passage lesen, in der White aufgelistet hat, was Gos alles für ihn war: ein preußischer Offizier, Attila, eine ägyptische Hieroglyphe, ein geflügelter assyrischer Stier, »einer der irren Herzöge oder Kardinäle in den elisabethanischen Tragödien von Webster«. Eine Litanei aus menschlichen Dingen, in Stein gehauen und gepanzert, aus Anmerkungen in Büchern, aus geformtem und sonnengebranntem Lehm. Ich sehe durch das staubige Fenster auf Mabel, die im Garten sitzt. Sie hat gebadet und sich geputzt und beugt sich nun über ihre Bürzeldrüse; sie knabbert sanft daran und zieht dann jede Schwanzfeder einzeln durch ihren Schnabel, um sie wasserdicht zu machen. Ich weiß, dass sie zufrieden ist: die halb geschlossenen Augen, das Rascheln der Federn – all das sind Anzeichen guter Laune. Was sie denkt, kann ich nicht wissen, aber sie ist auf jeden Fall sehr lebendig.

Was für ein merkwürdiges, trauriges Ende Whites Liste doch ist. Ich schwöre mir mit dem geöffneten Buch in der Hand, meinen Habicht niemals auf eine Hieroglyphe, eine historische Persönlichkeit oder einen missverstandenen literarischen Schurken zu reduzieren. Natürlich werde ich das nicht. Ich kann es nicht. Weil sie kein Mensch ist. Von all den Lektionen, die ich in den Monaten mit Mabel gelernt habe, ist dies die wichtigste: dass es da draußen eine Welt voller Dinge gibt – Felsen und Bäume und Steine und Gras und alles, was kriecht, läuft und fliegt. Sie stehen alle für sich, doch wir machen sie uns begreiflich, indem wir ihnen Bedeutungen verleihen, die unsere eigenen Weltanschauungen stützen. In der Zeit mit Mabel habe ich gelernt, dass man sich menschlicher fühlt, wenn man erst einmal erfahren hat – und sei es auch nur in der Fantasie –, wie es ist, nicht menschlich zu sein. Und ich habe auch die Gefahr kennengelernt, die es birgt, wenn man die Wildheit, die wir mit einer Sache assoziieren, mit der Wildheit verwechselt, die ihr tatsächlich innewohnt. Habichte sind mit Tod, Blut und Gewalt verknüpft, aber keine Ausreden für Grausamkeiten. Wir sollten ihre Unmenschlichkeit zu schätzen wissen, weil das, was sie tun, nichts mit uns zu tun hat.

Ich stelle Whites Buch ins Regal und mache mir Tee. Ich bin in nachdenklicher Stimmung. Ich hatte den Habicht in meine Welt gebracht und dann so getan, als lebte ich in seiner. Jetzt fühlt sich das ganz anders an: Wir leben glücklich miteinander, aber jeder in seiner eigenen Welt. Ich sehe auf meine Hände – sie sind voller Narben. Dünne, weiße Linien. Eine stammt von Mabels Klauen, als sie so wütend, weil hungrig war. Die Narbe ist wie eine fleischgewordene Warnung. Eine andere stammt von einem Schwarzdorn, als ich mich auf der Suche nach meinem verloren geglaubten Habicht durch eine Hecke kämpfte. Und es gibt noch andere Narben, die aber nicht sichtbar sind. Narben, die sie nicht verursacht, sondern zu heilen geholfen hat.

30

Die Erde bebt

Es ist der 27. Februar, und ich bin ziemlich nervös. Morgen bringe ich Mabel zu meinem Freund Tony. Tony ist ein sehr alter Freund, ein begabter Falkner und ein unglaublich großzügiger Mensch. Er lebt mit seiner Familie in einem kleinen zitronengelben Haus im flachen südlichen Suffolk, eine halbe Stunde Fahrt vom Meer entfernt. Ich freue mich darauf, ihn zu sehen, bin aber trotzdem nervös, denn ich besuche ihn nicht, um Mabel bei ihm zu fliegen. Tony stellt meinem Habicht eine Gastvoliere für die Mausersaison zur Verfügung. Morgen schon werde ich hierher zurückkehren – ohne Mabel.

Ich muss das tun. Es ist an der Zeit, dass Mabel ihre Federn abwirft, eine nach der anderen, und neue nachwachsen. Für den Gefiederwechsel braucht sie sehr viel Energie und muss kröpfen, so viel sie kann; deshalb habe ich sie bereits die ganze letzte Woche mit Wachteln und Fasanen geatzt, bis es ihr beinahe zu den Ohren wieder herauskam. Dick und rund wie ein Truthahn ist sie jetzt, und insgeheim habe ich darauf gewartet, dass sie wild wird. *Ein gut genährter, satter Habicht ist ein wilder Habicht,* heißt es in den Büchern. Aber das stimmt nicht. Natürlich nicht. In diesem vollgefütterten Zustand ist Mabel zwar weniger willens, Fremde in ihrer Nähe zu dulden, doch mir gegenüber ist sie immer noch zahm wie ein Kätzchen. Heute Morgen zum Beispiel haben wir wieder Ball mit kleinen Papierkugeln gespielt, und in der vergangenen Stunde hat sie auf meiner Faust gedöst, während ich mir schlechte Fernsehsendungen angeschaut habe. »Wie recht du hast, Mabel«, seufze ich. »Schlafenszeit.« Ich setze sie auf ihren Sprenkel im Nebenzimmer, schalte das Licht aus und gehe nach oben ins Bett.

Es gibt Dinge, die so erschreckend sind, dass man sie zuerst nicht begreift. Dann können Sekunden des Unglaubens vergehen, in denen sich die Welt, in der man lebt, in eine Lüge verwandelt. In dieser Nacht erlebe ich kurz nach eins einen der schlimmsten Albträume meines Lebens. In letzter Zeit sind meine Träume nicht mehr so gewaltig und wieder voller Licht, doch in diesem steht jemand – oder etwas, denn es kann nichts Menschliches sein – an einem Ende meines Bettes und schüttelt es heftig, als wollte er – es – mich auf den Boden werfen. Es ist vor allem das Gefühl in dem Traum, das mich erschreckt. Es fühlt sich nicht an wie ein Albtraum. Es ist schlimmer. Mit einem Ruck fahre ich aus dem Schlaf auf.

Das Etwas schüttelt immer noch mein Bett. Ich kann sehen, wie es sich bewegt, höre es knarzen. Doch außer mir ist niemand im Zimmer. Ich bekomme eine Gänsehaut. Ich zittere und bin unfähig, mich zu bewegen. Irgendetwas ist ganz fürchterlich falsch. Angst stürzt Hunderte von Metern durch die Luft. Das Bett wackelt immer noch, sinnlos, heftig, entsetzlich, unmöglich.

Dann hört es auf.

Für ein paar Sekunden liege ich da, immer noch in Angst und Schrecken. Ich habe auch den Atem angehalten, wie mir jetzt bewusst wird. Schaudernd atme ich die Luft ein, tief und gierig. Der Lampenschirm über mir schwingt weiter hin und her.

Jetzt verstehe ich.

Ein Erdbeben. Es war ein Erdbeben. Hier, in England. Wo Erdbeben eigentlich nie vorkommen, oder? War es wirklich ein Erdbeben? Es muss eins gewesen sein. *Ja.* Ich kann es immer noch nicht ganz glauben. Ich springe aus dem Bett und spähe durch die Vorhänge. In jedem Haus in der Nachbarschaft brennt Licht. Auf der Straße laufen Menschen in Schlafanzügen umher. Das Telefon klingelt, ich hebe ab, es ist Christina.

»Erdbeben!«, ruft sie. »Hast du es auch gespürt?«

Ich fluche. Sie flucht zurück. Normale Worte fehlen uns; wir versuchen, uns gegenseitig mit Kraftausdrücken zu beschwichtigen. Doch das reicht nicht. Als ich auflege, bin ich immer noch völlig außer mir. Ich strecke meine Hände flach vor mir aus, Handflächen nach unten. Sie zittern. *Jetzt reiß dich zusammen, Helen. Es ist alles in Ordnung. Nichts ist kaputtgegangen. Alles gut.* Aber es ist nicht alles gut: Das Erdbeben hat all meine Untergangsängste aus der Kindheit wieder an die Oberfläche gebracht. All die Visionen davon, wie die Welt brennend und dampfend zugrunde geht. Eine sehr alte, tief sitzende Angst, die offenbar nie ganz verschwunden ist. Das Gewebe der Welt ist gerissen. Und ich kann die Fetzen nicht wieder zusammenflicken. Plötzlich fällt mit Mabel ein. Ich kenne die Geschichten, die davon erzählen, dass Tiere vor Erdbeben fliehen. *Mein Gott. Sie muss entsetzliche Angst haben.* Ich stürze die Treppe hinunter und in ihr Zimmer. Schalte das Licht an. Sie hat geschlafen. Nun wacht sie auf, zieht den Kopf von ihrem Deckgefieder und schaut mich mit klaren Augen an. Sie ist überrascht, mich zu sehen. Sie gähnt und entblößt dabei ihren Rachen, rosa wie der einer Katze, und ihre Zunge mit der schwarzen Spitze. Sie hat ihr cremefarbenes Gefieder über ihre Füße drapiert, sodass ich nur eine gelbe Zehe und eine kohlschwarze Klaue sehen kann. Den anderen Fuß hat sie bis zu

ihrer Brust hinauf angezogen. Sie hat das Beben auch gespürt.
Und ist dann einfach wieder eingeschlafen, völlig unbewegt
von der bewegten Erde. Bei ihr hat das Beben keine Panik,
keine Angst, nicht das Gefühl ausgelöst, dass etwas ganz furchtbar falsch ist. Sie fühlt sich in der Welt zu Hause. Sie ist hier.
Erfreut, mich zu sehen, dreht sie den Kopf nach unten, plustert
sich zu einem flauschigen, zufriedenen Mopp auf und schließt
dann auf meiner Faust langsam die Augen. Sie steckt ihren
Kopf ins Gefieder und schläft wieder ein. Sie ist kein Herzog,
kein Kardinal, keine Hieroglyphe und auch kein Fabelwesen,
aber in diesem Moment ist Mabel mehr als ein Habicht. Sie ist
ein Schutzgeist. Mein kleiner Hausgott. Manche Dinge geschehen nur ein- oder zweimal im Leben. Die Welt ist voller Zeichen
und Wunder, die kommen und gehen. Wenn wir Glück haben,
sind wir vielleicht genau dann am Leben und sehen sie. Ich
hatte geglaubt, die Welt würde untergehen, doch wieder hatte
mich mein Habicht gerettet. Und nun waren Schrecken und
Angst vorbei.

Auf der Fahrt nach Suffolk schläft Mabel die ganze Zeit über.
Tonys Haus liegt versteckt hinter Bäumen an einer Straße zwischen zwei Feldern und Ulmenhecken. Ich parke auf der Auf-
fahrt, nehme Mabel auf die Faust und gehe mit ihr über den
Rasen. Tony kommt uns entgegen, um uns zu begrüßen. Dann
schlendern wir gemeinsam zu der großen, weiß getünchten
Voliere hinter den Ställen. Er schließt auf, ich gehe hinein.
Mabels neues Zuhause ist riesig. Es gibt rindenbedeckte Äste
und mit Kunstrasen gepolsterte Sitzstangen, die ihre Füße mas-
sieren. Es gibt eine Badebrente, eine Schütte für die Atzung,
Pflanzenbewuchs auf dem Boden, Kiesabschnitte, einen nest-
artig ausgebauten Vorsprung, auf den sie sich legen kann, und

ein warmes, sonniges Fleckchen. Und über dem Dach aus Maschendraht den Himmel von Suffolk. »So, Mabes«, sage ich und nehme ihr die Haube ab. »Hier wirst du also in den nächsten Monaten wohnen.« Sie sieht auf meine Hand, die ihr die Geschühriemen abnimmt; jetzt steht sie ganz ohne Fesseln auf meiner Faust. Sie dreht den Kopf zur Seite und nach oben, um die ziehenden Wolken zu beobachten. Dann inspiziert sie ihre Umgebung. Sie folgt der Dachlinie bis zu den Ecken, sieht sich das Betonfundament an. Einen Augenblick lang sind wir wieder in dem abgedunkelten Raum an unserem allerersten gemeinsamen Tag. Ich erinnere mich an den Moment, in dem sie das erste Mal vergaß, dass ich da war, und zucke innerlich zusammen. Denn ich weiß: Nun wird sie mich wieder vergessen.

»Wir sehen uns nach dem Sommer wieder«, sage ich zu ihr. Vergessen. Erinnern. Ich strecke die Hand aus und fahre mit den Fingerspitzen an ihrer wie mit Regentropfen übersäten Brust entlang. Das neue Gefieder, ihr Alterskleid, wird steingrau und weiß gebändert sein. Die Erd- und Ockertöne werden verschwinden. Wenn ich sie das nächste Mal sehe, werden ihre Augen im Tieforange glühender Kohlen leuchten. Alles verändert sich. Alles bewegt sich voran. Ich hebe die Faust und werfe Mabel in Richtung der nächsten Sitzstange. Sie fliegt, landet, schüttelt ihr Stoßgefieder, entdeckt einen höheren Ast und hüpft darauf. Jetzt kehrt sie mir den Rücken zu. »Ich werde dich vermissen«, flüstere ich. Eine Antwort kann nicht kommen, und es gibt auch nichts zu erklären. Ich drehe mich um, gehe zur Tür hinaus und lasse meinen Habicht zurück. Draußen wartet Tony, er lächelt. »Komm ins Haus«, sagt er. Er weiß, wie ich mich fühle. Ich gehe hinein. Drinnen liegen die Hunde auf dem Küchenboden und wedeln mit dem Schwanz. Auf dem Herd pfeift der Teekessel, und im Haus ist es ganz warm.

Postskriptum

Um dieses Buch schreiben zu können, musste ich mehr über White herausfinden. Also verbrachte ich eine Woche im Harry Ransom Center in Texas, dem Archiv, in dem T. H. Whites Schriften und Tagebücher aufbewahrt werden. Von schmuddeligen englischen Wintern zu lesen und dabei in einer klimatisierten Bibliothek zu sitzen, war schon eine sehr merkwürdige Erfahrung; draußen stiegen Geier in Schräglage in zweiunddreißig Grad heißer Luft auf, und Grackeln hüpften über die sengenden Bürgersteige. Ich blätterte Seiten um, durchforstete Manuskripte, las Bücher, die ihm gehört hatten, und kehrte mit Stapeln von Notizen und Gedanken nach Hause zurück. Doch das schien immer noch nicht genug. Ich musste noch etwas anderes tun. Und so fuhr ich an einem heißen Julitag durch halb England nach Stowe. Die Schule gibt es immer noch, inzwischen steht das Anwesen jedoch Besuchern offen. Ich stellte mein Auto auf dem Parkplatz des National Trust ab, bezahlte den Eintritt, bekam eine Karte der Umgebung in die Hand gedrückt und ging den langen Weg zum Tor hinauf. »Links gibt es die schönsten Aussichten«, verriet der Mann im Wachhäuschen mir. Aus schierem Widerspruchsgeist wandte ich mich nach rechts und machte mich auf meine Suche. Der imposante palladianische Palast strahlte am Horizont, das metallische Sonnenlicht färbte die Lindenblätter schwarz und tauchte das Wasser des Sees in ein dunkles, schmerzhaftes Blau. Auf dem Wasser leuchteten Seerosen in dichten Gruppen. Tintenschwarze Schatten lagen unter den Bäumen im Park. Die Schwalben mussten in der zähflüssigen Luft kaum einen Flügelschlag machen. Hier also hatte White unterrichtet, in diesen Landschaftsgärten, die seit Hunderten von Jahren Touristen anzogen.

Nachdem ich eine Stunde lang an Tempeln mit kannelierten Säulen und bemalten Türen, an Kuppeln, Obelisken, Portiken und Zierbauten vorbeispaziert war, drehte ich allmählich durch. Nichts hier ergab irgendeinen Sinn. Griechische Tempel, römische Tempel, altsächsische Gottheiten auf Runensockeln, von Gelbflechte überwuchert. Ein riesiger gotischer Tempel aus rötlichem Eisenstein. Palladianische Brücken, Kalktuffgrotten und dorische Kapitelle. Außer den Bäumen schien nichts hier solide oder verständlich. Die Bauten verschandelten die Landschaft, als hätte eine durchgeknallte Zeitmaschine sie hier fallen lassen, und alle, so wurde mir plötzlich bewusst, wollten mir eine Lektion erteilen. Diese Landschaft atmete aristokratische Selbstgerechtigkeit und war einzig dazu da, den Betrachter über die Gefahren modernen Lasters und die Vorzüge antiker Tugend zu belehren. Vielleicht lag es an der Sonne, vielleicht war es ein beginnender Hitzschlag, aber allmählich hasste ich sie. Da die Ruhmeshalle Britischer Helden. Sieh sie dir an. *Pfui Teufel.* Ich machte kehrt und ging zum Auto zurück. Mir tat White entsetzlich leid. Der Ort hier war wunderschön und eine fabelhafte Lektion in Sachen Machtausübung, aber er war unwirklich. Ich wäre auch von hier geflohen. Ich war gerade dabei. Ich floh vom Anwesen der Schule, setzte mich ins Auto, fuhr ein Stück, stellte das Auto wieder ab und ging dann zu dem Ort, an den ich eigentlich wollte.

Da war es, Whites Cottage, Merlins Cottage; es stand ganz ruhig auf den Ridings auf der anderen Seite des Hügels. Es sah so – normal aus, so gar nicht wie ein magischer Ort. Über seine

Giebel huschten schwarze Blattschatten. Vor dem Cottage graste ein Grauschimmel. Stromkabel führten an Zaunpfosten entlang die grasbewachsenen Hänge hinunter. Der Wald hinter dem Cottage war noch da, allerdings nicht ganz: Der dunkle Abschnitt mit den Baumfalken war verschwunden. Dort befand sich jetzt eine Silverstone-Rennstrecke. Die Kapelle, zu der White mit Gos gepilgert war, ist bereits vor langer Zeit abgerissen worden und existiert heute nur noch als Name weiter, als Chapel Corner, eine Wegbiegung, unter der die längst Verstorbenen ruhen. Ich stand da in der heißen Sonne und vernahm plötzlich ein summendes, seltsames Geräusch, als würde an diesem windstillen Tag der Seewind durch die Eichen rauschen. Eine dieser Wintergeschichten? Das Rückwärtslaufen der Zeit? Oder doch ein Hitzschlag? Ich hätte etwas zu trinken mitnehmen sollen.

Ich stand noch lange da und betrachtete das Cottage. Es befand sich jetzt in Privatbesitz, ich wollte nicht näher herangehen, wollte denjenigen, der jetzt dort wohnte, nicht stören. Die Bäume waren gewachsen, die Scheune war nun eine Garage. Den Brunnen gab es wahrscheinlich immer noch. Auf einmal hörte ich ein Schnippeln und Kratzen und erstarrte. Hinter einem Strauch im Garten blitzte etwas Weißes auf, ein Hemd. Ein Mann kniete im Garten, er beugte sich über den Boden. Pflanzte er etwas an? Jätete er Unkraut? Betete er? Ich war zu weit weg; ich konnte seine Schultern sehen, nicht aber sein Gesicht oder irgendetwas anderes außer seiner Konzentration. Ich erschauerte, denn einen Augenblick lang war der Mann White gewesen, der seine geliebten Geranien pflanzte. Das Gefühl, von White verfolgt zu werden, war zurückgekehrt. Sollte ich zu dem Mann hingehen und mit ihm sprechen? Ich könnte. Ich könnte mit ihm sprechen. Er war nicht White, natürlich nicht, aber es gab hier immer noch Leute, die ihn gekannt hatten und mit denen ich sprechen konnte. Das Haus der Wheelers stand noch, auch die Teiche dahinter, in denen Gos gebadet und White geangelt hatte, gab es noch. Vielleicht schwammen immer noch dieselben Karpfen darin. Ich könnte mehr über ihn herausfinden, ihn wieder zum Leben erwecken, die Erinnerungen lebendig werden lassen. Einen Moment flammte die alte Sehnsucht wieder auf, Grenzen zu überschreiten und jemanden von der anderen Seite zurückzubringen.

Doch dann schob ich den Gedanken beiseite. Eine ungeheure Erleichterung erfasste mich, als hätte ich ein Tonnengewicht von meinen Schultern gewälzt und weggeworfen. White ist tot. Der Habicht ist weggeflogen. Achte die Lebenden, ehre die Toten. Lass sie in Frieden ruhen. Ich grüßte den Mann, auch wenn er mich nicht sehen konnte. Es war ein unbeholfener Gruß, und ich fühlte mich albern dabei. Dann drehte ich mich um und ging. Ich ließ den Mann, der kein Geist war, zurück und ging nach Süden. Über dem hellen Horizont verschwamm der Himmel wie Wasser.

Anmerkungen

Erscheinungsort London, außer es ist anders angegeben.

1: Geduld

S. 16 f.: »reisende Sande« (»Travelling Sands«) – John Evelyn, *Memoirs of John Evelyn*, William Bray, Henry Colbun (Hrsg.), 1827, Bd. 2, S. 433.

S. 17: »Es gibt verschiedene Arten« (»There are divers Sorts«) – Richard Blome, *Hawking or Faulconry*, The Cresset Press, 1929 (ursprünglich veröffentlicht als Teil von *The Gentlemen's Recreation*, 1686), S. 28 f.

S. 17 f.: Das umfassendste Werk zur Geschichte und Biologie von Habichten ist Robert Kenward, *The Goshawk* (Poyser Monographs) Poyser, 2006.

3: Kleine Welten

S. 36: »Er hat eine edle Natur« (»She is noble in her nature«) – Gilbert Blaine, *Falconry*, Philip Allan, 1936, S. 229 f.

S. 36: »Unter den zivilisierten Völkern« (»Among the cultured peoples«) – ebenda, S. 11.

S. 37: »Die plumpen Habichtler« (»Do not house your graceless austringers«) – Gace de la Bigne, zitiert nach John Cummins, *The Hound and the Hawk*, Weidenfeld and Nicolson, 1988, S. 221.

S. 37: »Man kann für einen Habicht« (»One cannot feel for a goshawk«) – Gilbert Blaine, *Falconry*, Philip Allan, 1936, S. 182.

S. 37: »Blutrünstig ... Abscheulich« (»Bloodthirsty ... Vile«) – Major Charles Hawkins Fisher, *Reminiscences of a Falconer*, John Nimmo, 1901, S. 17.

S. 42: »Als ich ihn das erste Mal sah« (»When I first saw him«) – T. H. White, *The Goshawk*, Jonathan Cape, 1951, S. 11 (künftig zitiert: *The Goshawk*).

S. 46: »Der Habicht ist die Geschichte« (»The Goshawk is the story«) – hinterer Umschlagtext, T. H. White, *The Goshawk*, Penguin Classics, 1979.

S. 47: »All diejenigen« (»For those with an interest«) – anonyme Rezension von *The Goshawk*, *The Falconer*, Bd. II, Nr. 5, 1952, S. 30.

S. 50: »den Bemühungen eines zweitklassigen Philosophen« (»would be about the efforts«) – *The Goshawk*, S. 27.

4: Mr White

S. 53: »1. Notwendigkeit, andere zu übertreffen« (»1) Necessity of excelling«) – T. H. White, unveröffentlichtes Manuskript des Tagebuchs »ETC«, Harry Ransom Humanities Research Center, University of Texas in Austin.

S. 53 f.: »Bennet heißt der Mann ... so glücklich bin ich.« (»Bennet is the name ... like a wagtail in the streets.«) – Brief von T. H. White an L. Potts, 18. Januar 1936, in T. H. White, *Letters to a Friend: The Correspondence between T. H. White and L. J. Potts*, François Gallix (Hrsg.), Alan Sutton, 1984, S. 62 f. (künftig zitiert: *Letters to a Friend*).

S. 55: »Weil ich Angst vor Sachen habe« (»Because I am afraid of things«) – T. H. White, *England Have My Bones*, Collins, 1936, S. 80 (künftig zitiert: *England Have My Bones*).

S. 56: »Man hat mir erzählt« (»I am told that my father«) –
T. H. White, zitiert nach Sylvia Townsend Warner, *T. H. White:
A Biography,* Jonathan Cape 1967, S. 27.

S. 56: »Ich stürze mich auf einen Vogel« (»I pounce upon a
bird«) – T. H. White, unveröffentlichtes Manuskript des Tagebuchs »ETC«, Harry Ransom Humanities Research Center, University of Texas in Austin.

S. 57: »Sie werden seinen Charakter verstehen« (»You will be
sympathetic«) – Sylvia Townsend Warner, unveröffentlichtes
Manuskript eines Interviews von François Gallix, 28. März
1974, S. 1, Harry Ransom Humanities Research Center, University of Texas in Austin.

S. 57: »Sein Nähkorb« (»His sewing basket«) – Sylvia Townsend Warner an William Maxwell, 22. Juli 1967, in *The Ele-
ments of Lavishness: Letters of Sylvia Townsend Warner and William
Maxwell 1938–1978,* Michael Steinmann (Hrsg.). Counterpoint,
New York, 2001, S. 179.

S. 58: »Eine Elster fliegt wie eine Bratpfanne« (»A magpie flies
like a frying pan«) – T. H. White, Eintrag vom 7. April 1939
in dem unveröffentlichten Manuskript »Journal 1938–1939«,
Harry Ransom Humanities Research Center, University of Texas
in Austin.

S. 59: »Sich zu verlieben« (»Falling in love«) – *England Have
My Bones,* S. 31.

S. 59: »Er war ein äußerst zartfühlender« (»He was an ex-
tremely tender-hearted«) – David Garnett, *The White/Garnett
Letters,* David Garnett (Hrsg.), The Viking Press, New York,
1968, S. 8.

S. 59: »Wenn man das Gefühl hat« (»The safest way to avoid
trouble«) – Henry Green, *Pack My Bag: A Self-Portrait,* Vintage,
2000 (erstmals veröffentlicht 1940), S. 58.

S. 60: »ist eines der besten Gesellschaftsspiele« (»is one of the best parlour games«) – T. H. White, Brief an Leonard Potts, 2. Februar 1931, in: *Letters to a Friend,* S. 15.

S. 60: »Darf man Zylinder« (»Can one wear topper«) – T. H. White, unveröffentlichter Brief an Ronald McNair Scott, 2. November 1931, Harry Ransom Humanities Research Center, University of Texas in Austin.

S. 60: »Ich glaube, ich habe mich nicht unpassend benommen« (»I believe I did not misbehave«) – T. H. White, unveröffentlichtes Manuskript »Hunting Journal 1931–1933«, Harry Ransom Humanities Research Center, University of Texas in Austin.

S. 60: »verbarg seine Individualität« (»Concealed its individuality«) – *England Have My Bones,* S. 15.

S. 62: »fast immer fatal … wie Efeu ersticken« (»almost always fatal … choke them like ivy«) – *England Have My Bones,* S. 120.

S. 62: »Unabhängigkeit – der Zustand« (»Independence – a state«) – *England Have My Bones,* S. 105.

S. 62 f.: »Sie so zu erziehen … um Futter anbetteln« (»Train them to place no reliance … more food«) – ebenda, S. 121.

S. 63: »es unmöglich war« (»It was impossible to impose«) – ebenda, S. 107.

S. 63: »Sein ganzes Leben hindurch« (»All though [sic] his life«) – T. H. White. *Der König auf Camelot.* Aus dem Engl. von Rudolf Rocholl. © 1976 Shaftesbury Publishing Company Limited. Klett-Cotta, Stuttgart 1976, S. 310 (künftig zitiert: *Der König auf Camelot*).

S. 64: »angespannt, selbstbezogen … wie die der Menschen« (»tense, self-conscious … that of the human«) – T. H. White, unveröffentlichtes Manuskript »Hunting Journal 1931–1933«, Harry Ransom Humanities Research Center, University of Texas in Austin.

S. 64: »kochte vor merkwürdiger Unruhe« (»boiling with a strange unrest«) – T. H. White, unveröffentlichtes Manuskript »A Sort of Mania«, Harry Ransom Humanities Research Center, University of Texas in Austin.

S. 64: »Diese Party hat keine Rassenzukunft« (»This party has no racial«) – Harriet Hall, *Bill & Patience: An Eccentric Marriage at Stowe and Beyond,* Book Guild Ltd., 2000, S. 53.

S. 65: »Mir ging es wie diesem armen Mann« (»I was like that unfortunate man«) – T. H. White, unveröffentlichtes Manuskript »A Sort of Mania«, Harry Ransom Humanities Research Center, University of Texas in Austin.

S. 65: »Es erforderte Mut … ist abgeschrieben« (»It needed courage … a complete write-off«) – T. H. White, Brief an Leonard Potts, 16. Mai 1936, in *Letters to a Friend,* S. 70.

S. 65: »Wir werden alle von einer großen Furcht überschattet« (»We all stand in the shadow«) – Denis Brogan, »Omens of 1936«, *Fortnightly Review,* 139 (Januar–Juni 1936), S. 1 f.

S. 65: »Herrscher der Menschen, überall auf der Welt« (»masters of men, everywhere«) – T. H. White, unveröffentlichtes Manuskript »A Sort of Mania«, Harry Ransom Humanities Research Center, University of Texas in Austin.

S. 66: »Noch am Tag der Jagd« (»From being on the day«) – Gilbert Blaine, *Falconry,* Philip Allan, 1936, S. 181.

S. 66: »Und der Satz war« (»The sentence was«) – T. H. White, unveröffentlichtes Manuskript »A Sort of Mania«, Harry Ransom Humanities Research Center, University of Texas in Austin.

6: Eine Kiste voller Sterne

S. 83: »Von allen Greifvögeln« (»Of all Hawks, she is doubt-less«) – Richard Blome, Hawking or Faulconry, The Cresset Press, 1929, S. 28.

S. 84: »Du bist bestimmt ein guter Beobachter« (»You're a good watcher«) – John Le Carré, *Dame, König, As, Spion,* List, 2012 (erstmals veröffentlicht 2002), S.25.

S. 87: »Es muss sich wie der Tod angefühlt haben« (»It must have been like death«) – *The Goshawk,* S. 11 f.

S. 88: *Die Zeit dort war zu schön … und schickten uns zur Schule (All that time was too beautiful … sent us to schools)* – T. H. White, unveröffentlichtes Manuskriptfragment »A Valentine«, Harry Ransom Humanities Research Center, University of Texas in Austin.

S. 89: »Lieber Gott, bitte mach … nicht hätte formulieren kön-nen« (»Please God, don't let me be beaten tonight … that charge«) – T. H. White, unveröffentlichtes Manuskript »Journals, Volume 6«, Eintrag vom 28. November 1957, T. H. White Col-lection, Queens' College Library, Queens' College, Cambridge.

S. 90: »Er nahm Cully auf die Faust« (»reassuming him like a lame man«) – *Der König auf Camelot,* S. 37.

7: Unsichtbar

S. 95: »Zornig und voller Angst« (»A headlong dive of rage«) – *The Goshawk,* S. 15.

S. 104: »Das Auge muss eine Komposition« (»Your eye must see a composition«) – Henri Cartier-Bresson, 1957, in Adam Bernstein, »The Acknowledged Master of the Moment«, *The Washington Post,* 5. August 2004, S. A01.

8: Das Rembrandt-Bild

S. 108: »Tage des Angriffs« (»Days of attack«) – *The Goshawk*, S. 36.

S. 109: »Ich war der Menschheit« (»I had only just escaped«) – T. H. White, in Sylvia Townsend Warner, *T. H. White: A Biography*, S. 90.

S. 110: »In meiner langen Zeit als Lehrer« (»I had been a schoolmaster«) – T. H. White, unveröffentlichtes Manuskript »A Sort of Mania«, Harry Ransom Humanities Research Center, University of Texas in Austin.

S. 110: »geduldigen Exkurs auf die Felder« (»Patient excursion into the fields«) – *The Goshawk*, S. 27.

S. 110: »dem merkwürdigen Wettbewerb … Klosterjungen« (»Dropped out of the curious … monastic boy«) – T. H. White, Eintrag vom 20. Januar 1938, unveröffentlichtes Manuskript des Tagebuchs »Horse«, Harry Ransom Humanities Research Center, University of Texas in Austin.

S. 111 f.: »auf einem Samt-Fauteuil« (»a velvet stoole«) – Edmund Bert, *An Approved Treatise of Hawkes and Hawking.* 1619, Nachdruck Thames Valley Press, Maidenhead 1972, S. 22.

S. 112: »Ich war verknallt wie ein Schulmädchen« (»I had a sort of schoolgirlish ›pash‹«) – T. H. White, unveröffentlichtes Manuskript »A Sort of Mania«, Harry Ransom Humanities Research Center, University of Texas in Austin.

S. 112: »Die alten Habichtmeister« (»The old hawk masters had invented a means«) – *The Goshawk*, S. 16.

S. 113: »Mensch gegen Vogel« (»Man against bird«) – ebenda, S. 28.

S. 113: »nur die Tragik aus der Stimme heraushalten« (»But the tragedy had to be kept out«) – ebenda, S. 64.

9: Initiationsritus

S. 122: »den Selbstverlust und den Verlust der Rationalität hinzunehmen« (»tolerate a loss of self«) – A. D. Hutter, »Poetry in psychoanalysis: Hopkins, Rosetti, Winnicott«, *International Review of Psycho-Analysis,* Nr. 9, 1982, S. 303–316, S. 305. Siehe auch: John Keats, Brief an Richard Woodhouse, 27. Oktober 1818, in John Keats, *Selected Letters,* Oxford University Press, Oxford, 2002, S. 147–149.

10: Dunkelheit

S. 128: »6.15–6.45 Habe Gos andauernd herumgetragen« (6.15–6.45 walked round + round Gos«) – T. H. White, unveröffentlichtes Manuskript des Tagebuchs »Flying Supplement«, Harry Ransom Humanities Research Center, University of Texas in Austin.

S. 131: »Ich trank zwar nicht so viel« (»It was not that one drunk enough«) – *The Goshawk,* S. 68.

S. 137: »Das Geheimnis des Erfolgs« (»The key to her management«) – Gilbert Blaine, *Falconry,* Philip Allan, 1936, S. 181.

S. 137: »große Geheimnis der Disziplin« (»The grand secret of discipline« – Edmund Michell, *The Art and Practice of Hawking,* Methuen, 1900, S. 83.

S. 137: »der Vogel dabei Veränderungen wahrnimmt … mit nichts vertraut gemacht wurde« (»Her eye doth still behold … acquainted with any thing«) – Edmund Bert, *An Approved Treatise of Hawkes and Hawking,* S. 16.

11: Weg von zu Hause

S. 144: »Was der Habicht brauchte« (»For the goshawk, the necessity«) – *The Goshawk,* S. 52.

S. 145: »die Familie kennenzulernen ... springt auf diesen Ausflügen immer wieder ab« (»all the family ... He bates repeatedly on these trips«), T. H. White, Eintrag von Donnerstag, 30. Juli, unveröffentlichtes Manuskript des Tagebuchs »Flying Supplement«, Harry Ransom Humanities Research Center, University of Texas in Austin.

S. 145: »Er hat lernen müssen« (»He had to learn to stand that bustle«) – *The Goshawk,* S. 101.

S. 145: »roten Mond aufgehen ... gelb hatte untergehen sehen« (»The red moon ... had seen to sink as a yellow one at dawn«) – ebenda, S. 53.

S. 146: Zur Sehnsucht nach ländlicher Idylle als Rettung der kulturellen Identität siehe Jed Esty, *A Shrinking Island: Modernism and National Culture in England,* Princeton University Press, 2003.

S. 148: »Ich dachte an das kleine Volk« (»I thought of the small race«) – *The Goshawk,* S. 81.

12: Ausgestoßen

S. 156: »Sie schnurrt und zirpt« (»She purrs and chirps«) – Humphrey ap Evans, *Falconry For You,* John Gifford, 1960, S. 36.

S. 156 f.: »merkwürdigen, etwas mürrischen Veranlagung« (»peculiar and somewhat sulky«) – Gilbert Blaine, *Falconry,* Philip Allan, 1936, S. 179.

S. 157: »Es gibt keinen eigenwilligeren Vogel« (»Never was

there a more contrary«) – Frank Illingworth, *Falcons and Falconry,* Blandford Press Ltd, 1948, S. 74.

S. 157: »weder sie noch ihresgleichen« (»did not like her or her kin«) – Charles Hawkins Fisher, *Reminiscences of a Falconer,* John Nimmo, 1901, S. 17.

S. 157: »unendlich schade« (»a thousand pities«) – Gage Earl Freeman und Francis Henry Salvin, *Falconry: Its Claims, History and Practice,* London, Longman, Green, Longman and Robert, 1859, S. 216.

S. 157 f.: »umgänglich und vertraut ... scheu und ängstlich ... imposant und mutig« (»sociable and familiar ... altogether shye and fearfull ... stately and brave«) – Simon Latham, *Lathams New and Second Booke of Falconry,* Roger Jackson, 1618, S. 3.

S. 158: »an sich selbst freuen könne ... meine Spielgefährtin« (»joye in her selfe ... my playfellow«) – Edmund Bert, *An Approved Treatise of Hawkes and Hawking,* S. 41 f.

S. 160: »verrücktes und argwöhnisches Temperament« (»crazy and suspicious«) – *The Goshawk,* S. 146 f.

S. 160: »Mann, der den Vogel zwei Monate lang« (»man who for two months«) – ebenda, S. 37.

S. 160 f.: »Am meisten verabscheut er es« (»The thing he most hates«) – T. H. White, Eintrag vom 14. August 1936, unveröffentlichtes Manuskript des Tagebuchs »Flying Supplement«, Harry Ransom Humanities Research Center, University of Texas in Austin.

S. 161: »mönchische Elite ... kleine beharrliche Sekte« (»monkish elite ... small, tenacious sect«) – Lord Tweedsmuir, »Gos and Others«, *Spectator Harvest,* Henry Wilson Harris (Hrsg.), Ayer Publishing, 1970, S. 7–9, S. 8.

S. 161: »Tief im Wesen ... geboren, nicht gemacht« (»deeply

rooted in the nature ... born, not made«) – Gilbert Blaine, *Falconry*, Philip Allan, 1936, S. 13.

S. 162: »Erst nachdem ich selbst schon« (»It was not until I had kept some hawks«) – T. H. White, unveröffentlichtes Manuskript »A Sort of Mania«, Harry Ransom Humanities Research Center, University of Texas in Austin.

S. 162: »die knochige Hand dieses Vorfahren« (»that ancestor's bony hand«) – *The Goshawk*, S. 18.

S. 162: »Wind im Gesicht« (»the wind in your face«) – J. Wentworth Day, *Sporting Adventure*, Harrap, 1937, S. 205.

S. 164: »Die Falknerei ist sicherlich von hoher Abkunft ... da täuscht er sich« (»Falconry is certainly of high descent ... I believe he was mistaken«) – Gage Earl Freeman und Francis Henry Salvin, *Falconry: Its Claims, History and Practice*, S. 3 f.

13: Alice fällt

S. 169: »Er hüpfte und sprang« (»Skipping and leaping«) – *The Goshawk*, S. 100.

S. 170: »hing offensichtlich von der Erfahrung und Urteilskraft ab« (»was evidently a matter of exquisite assessment«) – ebenda, S. 95.

S. 176: »Na, na, na« (»Now, now«) – ebenda, S. 105.

S. 176: »buckliger, fliegender Richard III.« (»a hump-backed aviating Richard III«) – ebenda, S. 106.

S. 177: »Ich spannte die Brustmuskeln an« (»I braced the breast muscles«) – ebenda, S. 107.

S. 177: »groß, tapfer und ehrenwert ... irgendetwas davon zu sein« (»grow up a big, brave ... any of these noble things«) – *England Have My Bones*, S. 349 f.

S. 178: »Ich rufe *Prosit*« (»I cry *prosit* loudly«) – T. H. White,

Eintrag von Donnerstag, 27. August, unveröffentlichtes Manuskript des Tagebuchs »Horse«, Harry Ransom Humanities Research Center, University of Texas in Austin.

S. 182: »die Weisheit der Sicherheit« (»the wisdom of certainty«) – T. H. White, unveröffentlichtes Manuskript »You Can't Keep a Good Man Down«, S. 261 f., Harry Ransom Humanities Research Center, University of Texas in Austin.

S. 182 f.: »Als jemand, der zwei Monate« (»To anybody who has spent two months«) – ebenda, S. 271.

S. 183: »Du bist von der Universität« (»You went back to school voluntarily«) – ebenda, S. 263.

15: Was die Glocke geschlagen hat

S. 202 f.: »furchteinflößenden Tritte ... im Grunde die fürchterliche Überraschung ... nur ein Mensch bin« (»Avoid the kicks which frighten me ... actually a horrible surprise ... only a man«) – T. H. White, Eintrag vom 25. August 1936, unveröffentlichtes Manuskript des Tagebuchs »Horse«, Harry Ransom Humanities Research Center, University of Texas in Austin.

16: Regen

S. 212: »rauschhaftes El Dorado« (»insensate El Dorado«) – *The Goshawk,* S. 124.

S. 214: »Sie hatte kaum Bruchdehnung. Sie war bereits zweimal gerissen.« (»It had hardly any breaking strain. It had already been broken twice.«) – ebenda, S. 123.

S. 215: »Blödes Mistvieh ... meine Schuld gewesen« (»You bloody little sod ... my fault«) – ebenda, S. 124.

17: Hitze

S. 221: »Er sieht mich immer noch als kaum geduldeten Feind, und ich ihn als Gegenwart des Todes« (»To him I am still the rarely tolerated enemy, and to me he is always the presence of death«) – T. H. White, Eintrag vom 2. September 1936, unveröffentlichtes Manuskript des Tagebuchs »Horse«, Harry Ransom Humanities Research Center, University of Texas in Austin.

S. 222: »Ich habe für diesen Habicht gelebt ... noch nie zuvor gesehen hat« (»I have lived for this hawk ... never seen before«) – *ebenda*.

S. 223: »allmählich sinnlich« (»growing sensual«) – Sylvia Townsend Warner, *T. H. White: A Life*, S. 29.

S. 223 f.: »Er ist bis zum Wahnsinn verängstigt ... in den Wahnsinn getrieben worden war« (»He has been frightened into insanity ... and persecution«) – T. H. White, Eintrag vom 2. September 1936, unveröffentlichtes Manuskript des Tagebuchs »Horse«, Harry Ransom Humanities Research Center, University of Texas in Austin.

18: Freiflug

S. 234: »Hassende Saatkrähen« (»Rooks observed to be mobbing«) – Gilbert Blaine, *Falconry*, Philip Allan, 1936, S. 199.

S. 237: »Ich kann mich nicht daran erinnern« (»I cannot remember that my heart stopped beating«) – *The Goshawk*, S. 136.

S. 239: »Liebe will nur ihr eigen Begehr« (»Love asketh but himself«) – William Blake, »The Clod and the Pebble«, falsch zitiert in *The Goshawk*, S. 147.

19: Auslöschung

S. 247: Bei der Ausstellung handelt es sich um die sagenhaften *Three Days of the Condor* von Henrik Håkansson, Kettle's Yard, Cambridge.

20: Verstecke

S. 259 f.: »Betrachte dies in unsrer Zeit ... sieh nur« (»Consider this, and in our time ... look there«) – © 1930 by W. H. Auden, »Consider this« in *The English Auden*, Edward Mendelson (Hrsg.), Faber & Faber, 1978, S. 46.

S. 263: »silbrig-golden durch blaue Dunstschleier« (»Silver gold through the blue haze«) – T. H. White, unveröffentlichtes Manuskript des Tagebuchs »ETC«, Harry Ransom Humanities Research Center, University of Texas in Austin.

S. 264: »Er war ein Mörder« (»He was a Hittite«) – *The Goshawk,* S. 214.

S. 264: »Ich weiche mittlerweile vor allem, was mir Angst macht, zurück« (»I now flinch from anything frightful«) – Siegfried Sassoon, unveröffentlichter Brief an T. H. White vom 15. Oktober 1952, S. 1, Harry Ransom Humanities Research Center, University of Texas in Austin.

S. 265: »wie ein Tonikum auf die nicht ganz so unverstellte Wildheit« (»tonic for the less forthright savagery«) – *The Goshawk,* S. 212.

S. 265 f.: »Zu einem bestimmten Zeitpunkt« (»At a particular point in the journey«) – T. H. White, »The Hastings Caves«, *Time and Tide Magazine,* 8. Dezember 1956, S. 152.

S. 266: »Dabei dürfte es zauberhaft sein« (»It will be charming to have a rest«) – *Der König auf Camelot,* S. 219.

21: Angst

S. 278: »ihm einen anderen Gos zu verschaffen« (»get for you a other passager Gos«) – *The Goshawk*, S. 187.

S. 278: »Plan für einen Wildfanghabicht ... abwechseln kann« (»Plan for a passage gos ... turns at this«) – T. H. White, Anmerkungen auf der Umschlaginnenseite von Edmund Berts *Treatise of Hawkes and Hawking*, Harry Ransom Humanities Research Center, University of Texas in Austin.

S. 278: »Irgendwie hat es mich aber sauberer gemacht« (»It made me feel cleaner«) – T. H. White, Brief an John Moore, in Sylvia Townsend Warner, *T. H. White: A Biography*, S. 92.

S. 280: »Ich würde es Lust nennen ... müssen sich genau so anfühlen« (»Think of Lust ... like that«) – *The Goshawk*, S. 204.

22: Apfeltag

S. 289: »Menschen und Tiere könnten sich ineinander verwandeln« (»humans and animals can turn into each other«) – Rane Willerslev, »Not Animal, Not Not-Animal: Hunting, Imitation and Empathetic Knowledge among the Siberian Yukaghirs«. *The Journal of the Royal Anthropological Institute*, Bd. 10, Heft 3 (Sept. 2004), S. 629–652, S. 625 [sic].

23: Gedenkfeier

S. 298: »Mit ihren grünen beschaulichen Wäldern« (»Nature in her green, tranquil woods«) – John Muir, *John of the Mountains: The Unpublished Journals of John Muir;* Linnie Marsh Wolfe (Hrsg.), 1938, nachgedruckt bei University of Wisconsin Press, Madison, Wisconsin, 1979, S. 208.

S. 298: »Auf Mutter Erde gibt es keinen Kummer, den Mutter Erde nicht heilen könnte« (»Earth hath no sorrows that earth cannot heal«) – ebenda, S. 99.

S. 301: Über das Trauern von Kindern und Erwachsenen siehe Melanie Klein, »Mourning and its relation to manic depressive states«. In: *The Writings of Melanie Klein*. Band 1: *Love, Guilt and Reparation*, The Hogarth Press, 1940, S. 344–369.

24: Medikamente

S. 309: »Parfay!« quath he – *Sir Orfeo and Sir Launfal*, Lesley Johnson und Elizabeth Williams (Hrsg.), The University of Leeds School of English, Leeds, 1984, S. 11.

S. 310: »Heimlich stahl er sich davon« (»He departed secretly«) – Geoffrey of Monmouth, *Vita Merlini*, John J. Parry (Hrsg. und Übers.), *Illinois Studies in Language and Literature* 10, 1925, S. 243–380.

S. 311: »mit der Leidenschaft eines Edgar-Wallace-Schurken« (»With the passion of an Edgar Wallace«) – T. H. White, »King Arthur in the Cottage«. *Readers' News,* Band 2, Heft 3, August 1939, S. 26 f., S. 26.

S. 311 f.: »Ich könnte nicht sagen« (»It seems impossible to determine«) – Brief an L. J. Potts, 14. Januar 1938, in: *Letters to a Friend,* S. 86 f.

S. 313: »Ich halt's nicht mehr lange aus.« (»I can't hold off much longer.«) – *Der König auf Camelot,* S. 82.

S. 313: »Wart hatte ihn höchlichst entsetzt« (»He was terrified of the Wart«) – *Der König auf Camelot,* S. 83.

S. 313 f.: »Jeder gut aussehende Mann« (»Every comely man«) – John Cheever, *The Journals,* Cape, 1990, S. 219.

S. 315: Die Geschichte von Puppy Mason findet sich in T. H.

White, unveröffentlichtes Manuskriptfragment »A Valentine«, Harry Ransom Humanities Research Center, University of Texas in Austin.

26: Die gehemmte Zeit

S. 338: »Königreich der eigenen Grammatik« (»Kingdom of Grammerie«) – Sylvia Townsend Warner, *T. H. White: A Life*, S. 99.

S. 338: »so, als ob er die Zeit hemmen, den Fortschritt, der natürlich wäre, aufhalten wollte« – Alfred Adler, *Praxis und Theorie der Individualpsychologie* (erstmals veröffentlicht 1920), Anaconda Verlag, 2012.

S. 338: »schien sich selbst neu zu erschaffen« (»seemed to be creating itself«) – *The Goshawk*, S. 186.

S. 339: »am falschen Ende der Zeit geboren ... hinten nach vorn leben« (»born at the wrong end of Time ... living forwards from behind«) – *Der König auf Camelot*, S. 35.

S. 339: »Als ich noch ein drittklassiger Lehrer im zwanzigsten Jahrhundert war« (»When I was a third-rate schoolmaster«) – T. H. White, *The Book of Merlyn: The Unpublished Conclusion to The Once and Future King*, University of Texas Press, Austin, 1977, S. 3.

S. 340: »Der aufrichtige Mann« (»A good man's example«) – ebenda, S. 128.

27: Die neue Welt

S. 342 f.: »Einer meiner Großväter ... gut verzichten« (»One of my grandfathers ... land management«) – Logan J. Bennett, »This is Ours to Fight For«, *Outdoor Life*, November 1942, Band 90, Heft 3, S. 32 f., 52, S. 32, 33, 52.

S. 352 f.: »Die Initiationszeremonie … der gesponnen und wieder entsponnen wird« (»The initiation ceremonies … weaving and unwoven«) – T. H. White, Eintrag vom 22. August 1939 in dem unveröffentlichten Manuskript »Journal 1938–1939«, Harry Ransom Humanities Research Center, University of Texas in Austin.

28: Wintergeschichten

S. 358: »Der Spaziergänger im Downland« (»The frequenter of downland«) – H. J. Massingham, *English Downland,* BT Batsford, 1936, S. 5.
S. 358 f.: Zum Kreidekult im England der Zwischenkriegsjahre siehe Patrick Wrights hervorragendes Buch *The Village that Died for England,* Jonathan Cape, 1995.

29: Auftritt Frühling

S. 375 f.: »Wie man von Liebe zu einem Habicht sprechen kann« (»How you can talk of love for a bird«) – T. H. White, unveröffentlichtes Manuskript »The Merlins«, S. 20, Harry Ransom Humanities Research Center, University of Texas in Austin.
S. 376: »einer der irren Herzöge« (»one of the lunatic dukes«) – *The Goshawk,* S. 215.

Danksagung

Mein Dank gilt zuerst denjenigen, die dieses Buch möglich gemacht haben, insbesondere zwei Menschen: meiner wundervollen Agentin Jessica Woollard, für ihre Freundschaft, ihre Sachkompetenz und ihre rückhaltlose Unterstützung, sowie meinem inspirierenden und außergewöhnlichen Lektor Dan Franklin von Jonathan Cape. Zudem möchte ich allen Mitarbeitern der Marsh Agency danken sowie Clare Bullock, Ruth Waldram, Joe Pickering und vielen anderen hinter den Kulissen bei Jonathan Cape.

Jean M. Cannon, Pat Fox, Margi Tenney und Richard Workman vom Harry Ransom Research Center an der University of Texas in Austin möchte ich für ihre Geduld, ihre Herzlichkeit und ihr Fachwissen danken, die sie mir bei meinem Besuch haben zuteilwerden lassen. Ebenso danke ich William Goldsmith in Buckinghamshire, der mich an der Stowe School herumgeführt hat.

Meine Liebe und mein größter Dank gilt meiner Mutter, meinem Bruder, Cheryl, Aimee, Bea und dem Rest meiner Familie dafür, dass ich diese Geschichte erzählen konnte, ohne mir auch nur einen Augenblick Gedanken darüber machen zu müssen, was ich sagen würde. Christina McLeish danke ich dafür, dass sie die beste aller Freundinnen und eine erstklassige Unterfalknerin ist; sie war mir sowohl nach dem Tod meines Vaters als auch beim Verfassen dieses Buchs eine ungeheure Hilfe. Außerdem danke ich Olivia Laing, deren eigene Bücher mir eine konstante Inspirationsquelle sind und deren weiser Rat und gute Laune mich am Schreiben gehalten haben. Stuart Fall und Amanda Lingham: Ihr habt mir in dunklen Zeiten eure Liebe geschenkt. Bei meiner amerikanischen Ersatzfamilie – Erin Gott und Paige Parkhill, Jim und Harriet Gott sowie Wyatt und Curran Gott – habe ich mich immer wie zu Hause gefühlt.

Noch viele andere Menschen haben mir mit ihrer Freundschaft, ihrer Liebe, mit Inspiration, Ermutigung und auf andere Art und Weise bei diesem Buch geholfen, und auch ihnen gilt mein aufrichtiger Dank: Pat Baylis, Steve Bodio, Lee Brindley, Tim Button, Tracy Carmichael, Jake Daum, Tim Dee, Steve Delaney, John Gallagher, Andrew Hunter, Tony James, Polly Appleby und Archie James, Conor Jameson, Boris Jardine, Nick Jardine, Bill Jones, Lauren Kassell, Tim Lewens und Emma Gilby, Josh Lida, Greg Liebenhals, John Loft, Robert Macfarlane und Julia Lovell, Robert und Margaret Mair, Scott McNeff, Gordon Mellor, Toby Metcalf, Patricia Monk, Adam Norrie, Rebecca O'Connor, Ian Patterson, Robert Penney, John Pittman, Marzena Pogorzaly, Joanna Rabiger, Mike Rampey, Joe Ryan für seine Buchfinken, Katharine Stubbs und Lydia Wilson. Und mein ganz besonderer Dank geht an Andrew Metcalf und Fiona Mozley. Und an Chris Wormell für sein wunderbares Coverbild.

Und schließlich gilt mein allergrößter Dank meinem Vater, der mir beigebracht hat, die bewegte Welt zu lieben, sowie meinem wunderschönen Habicht, der mir beigebracht hat, in dieser Welt zu fliegen, nachdem mein Vater aus ihr verschwunden war. Ich habe Mabel noch viele weitere Saisons geflogen, bevor eine plötzliche und unheilbare Infektion – Aspergillose, ein tödlicher, durch die Luft übertragener Pilz – sie aus ihrer Voliere in die dunklen Wälder geführt hat, in denen die Verlorenen und Toten hausen. Ich vermisse sie sehr.